魏晋南北朝城市发展变迁研究

A study of urban development and evolution from Wei Jin Nan Bei Dynasty

冯 剑 著

人 民 出 版 社

国家社科基金后期资助项目
出版说明

后期资助项目是国家社科基金设立的一类重要项目，旨在鼓励广大社科研究者潜心治学，支持基础研究多出优秀成果。它是经过严格评审，从接近完成的科研成果中遴选立项的。为扩大后期资助项目的影响，更好地推动学术发展，促进成果转化，全国哲学社会科学工作办公室按照“统一设计、统一标识、统一版式、形成系列”的总体要求，组织出版国家社科基金后期资助项目成果。

全国哲学社会科学工作办公室

目　　录

绪　论：魏晋南北朝城市研究的回顾与展望 ………………………… 1

一　魏晋南北朝城市研究的目的、意义 ………………………… 1

二　魏晋南北朝城市研究的回顾 ………………………… 4

三　魏晋南北朝城市研究的展望 ………………………… 15

第一章：魏晋南北朝时期城市体系的变迁 ………………………… 21

一　魏晋十六国时期的城市体系 ………………………… 22

二　南北朝时期的城市体系 ………………………… 34

小　结 ………………………… 48

第二章：魏晋南北朝时期城市规划与布局 ………………………… 50

一　城市选址、类型与修筑 ………………………… 50

二　文明碰撞融合下的城市空间格局与形状 ………………………… 58

三　宫殿、城墙、陵墓、市场、学校 ………………………… 70

四　城市住宅 ………………………… 93

小　结 ………………………… 106

第三章：城市与魏晋南北朝政治文明的变迁 ………………………… 108

一　进入城市——农耕网络与离散部落 ………………………… 108

二　民族融合下都城规制的创制与传播 ………………………… 124

三　都城规制的传播与华夏一统意识形成 ………………………… 131

小　结 ………………………… 138

第四章：魏晋南北朝时期的城市管理与民族融合 ………………………… 141

一　城市管理理念 ………………………… 141

二　治理的效果 ………………………… 148

三　城市管理与文明融合 ………………………… 154

小　结 …………………………………………………… 159

第五章：文明碰撞融合与魏晋南北朝时期的城市社会风俗 …………… 160
一　魏晋南北朝时期的城市社会物质生活 …………………………… 160
二　魏晋南北朝时期城市的社会风俗与文化娱乐 …………………… 170
三　城市社会风俗中的文明融合 ………………………………………… 188
小　结 …………………………………………………… 194

第六章：魏晋南北朝时期的城市祭祀、宗教 ……………………… 196
一　魏晋南北朝时期的城市祭祀 ………………………………………… 196
二　魏晋南北朝时期的城市宗教 ………………………………………… 207
三　儒释道三教碰撞与融合 ……………………………………………… 217
四　国家对城市民间宗教的控制管理 ………………………………… 224
小　结 …………………………………………………… 228

第七章：佛教与魏晋南北朝时期城市变迁 ………………………… 230
一　佛教传播与城市布局的变迁 ………………………………………… 231
二　佛教与城市政治 ……………………………………………………… 235
三　佛教与城市经济 ……………………………………………………… 242
四　城市佛教文明与南北中外文化交融 ……………………………… 246
小　结 …………………………………………………… 254

第八章：魏晋南北朝时期的城市文学艺术 ………………………… 255
一　魏晋南北朝时期城市文学 …………………………………………… 255
二　魏晋北朝时期的城市艺术 …………………………………………… 261
小　结 …………………………………………………… 280

结　语 …………………………………………………… 282

参考资料 …………………………………………………… 287
后　记 …………………………………………………… 302

绪论：魏晋南北朝城市研究的回顾与展望

魏晋南北朝时期的城市研究取得了许多重要成果，尤其是通过对都城的研究，学者提出了中华型城市或中世纪城市等概念，推动了中国城市研究的发展。但对这一时期城市总体研究依然付之阙如，区域地方城市的研究有待深入，研究视角也需要更新。

一　魏晋南北朝城市研究的目的、意义

城是中国特色政治和文化的根基。中国历史上城的扩散所致就是中华文明传播之处。① 在中国历史的发展中，城市是文明的中心，它们“既是人类文明的产物，也是孕育和创造文明的社会空间。”②因此，不同时期城市的特色体现了这个时期的文明特点，同时城市发展、变迁也是造成不同时期文明特色的根源。可见，对不同历史时期城市特点的把握，对理解这一时期的历史变迁与文明特色具有关键意义。

魏晋南北朝时期是中华文明的转型期。有学者指出魏晋南北朝是中国各民族走向新的国家进程的开始，是中华民族共同体意识茁壮成长的开始。魏晋南北朝时期民族间“汉化”“胡化”发展到“华化”的过程，就是确立中华民族共同体意识的历史起点。③ 在这种意识的形成与发展的场域中，城市无疑处于核心地位。正是不同民族与文明在城市中的碰撞与融合为这种意识的萌发创造了条件。在这个时期，中原农业文明、北方草原文明与域外文明发生了激烈的碰撞与大规模的深度融合。魏晋南北朝时期的城市，是文明碰撞融合的核心空间。各民族、文明在城市中碰撞融合的同时，对这一时期城市的布局、经济、政治和文化以及社会都产生了巨大的影响，使这一时期的城市文明走向不同以往的全新面貌，为之后的隋唐时期民族文化的大发展和大崛起奠定了基础，与同一时期西方城市及社会发展具有不同的特点。

---

① ［日］斯波义信著，布和译：《中国都市史》，北京大学出版社2013年版，第215页。

② 肖爱玲：《西汉城市体系的空间演化》，商务印书馆2012年版，第321页。

③ 吴楚克、王浩：《魏晋南北朝：中华民族共同体意识形成的历史关键期》，《中央社会主义学院学报》2021年第1期，第90—96页。

从不同的学科角度对城市有着不同的定义。① 城市与乡村皆从聚落而来,“城邑与乡村的分化,中心聚落演化为城邑并为一定区域的权力和经济中心,普通聚落则成为依附于中心聚落周围星散分布的村落”。② 魏晋南北朝时期所谓的城市主要是指县级以上的全国及地域中心聚落。中国古代政权控制基层所在为县级城市。县是地方社会与王朝国家权力相联接的地方③,也往往是地方区域政治、经济乃至文化中心。相比于西方的城市,中国城市的政治特征鲜明,为政治权力所塑造的中国城市与西方封建时代的自治城市有所不同。此外,魏晋南北朝时期,部分因动乱而出现的坞壁堡垒、边镇以及各地的军事城市有的也是这一时期城市体系中的一部分④,是这个特殊时期的产物。

作为文明中心的中国城市,在魏晋南北朝经历了一个大动荡、大波折、大变迁时期。来自北方的草原文明与中原的农业文明以及域外文明在城市中碰撞融合,为古老的中华文明注入了新的生机,是形成中华型城市或曰中世纪城市系统的关键时期。关于这一时期的主要历史特点,学者多有论述。如吕思勉先生曾指出:“此时代中,我国民族之所建树者……皆与民族之动荡迁徙有关,故民族之移徙,实此时代中最大之事也。四者惟何?一曰士庶等级之平夷。二曰地方畛域之破除。三曰山间异族之同化。四曰长江流域之开辟。”⑤朱大渭认为中国历史发展的三要素为汉胡民族大融合、中外(西域和印度)文化交流及儒释道三教圆融、北人南徙及经济重心之南移。其中第一条为核心,由第一条而引发其他两条。⑥ 日本学者内藤湖南提出了六朝隋唐史基本课题是贵族制度以及胡汉关系这两大主题。⑦ 他认为中国古代是汉文化向胡族地区发展扩大的时代。中世纪是受汉文化影响的胡族反过来打入中国内地的时代。⑧ 这一时期的胡族汉化,或者是胡汉融合并

① 参见李孝聪:《中国城市的历史空间》,北京大学出版社 2015 年版,第 2—15 页。

② 张旭华:《制度、经济与中原历史——魏晋南北朝史研究文集》,人民出版社 2018 年版,第 422 页。

③ 鲁西奇:《中国历史空间结构》,广西师范大学出版社 2014 年版,第 29 页。

④ 如松下宪一的《内蒙古白灵淖古城址现状》(《爱知学院大学文学部纪要》43)认为,六镇不是要塞,而是在交通要道上统领牧民的地方政府。堀内淳一、杨振红:《2014 年日本的魏晋南北朝史研究》,《中国史研究动态》2017 年第 3 期,第 53 页。

⑤ 吕思勉:《两晋南北朝史》,华中科技大学出版社 2016 年版,第 5 页。

⑥ 朱大渭:《六朝史论续编》,学苑出版社 2008 年版,第 245 页。

⑦ [日]谷川道雄:《魏晋南北朝隋唐史的基本问题总论》,[日]谷川道雄主编:《魏晋南北朝隋唐史学的基本问题》,中华书局 2012 年版,第 5 页。

⑧ [日]谷川道雄:《魏晋南北朝隋唐史的基本问题总论》,[日]谷川道雄主编:《魏晋南北朝隋唐史学的基本问题》,中华书局 2012 年版,第 15 页。

不等于单方面的同化于汉族的观点,在具体的史料上也得到了验证。① 对此古贺登提出了游牧文化的概念以及中国文化复合论的观点,逯耀东提出了草原文化的概念,朴汉济提出了胡汉体制说等等。② 汉族以外的各民族间的斗争与交流对北方地区的发展也有着决定性的影响。③ 南北中外文明的碰撞融合是这个时期城市文明变迁的主题,这个观点已经为文献和考古学的资料证实。在汉化与胡化的矛盾对立中,胡汉融合的新中华世界已经出现了。④ 需要指出的是,魏晋南北朝时期,域外文明对中华文明的影响也不容忽视,尤其是佛教文化在中国南北城市普遍流行,对城市文明的各个方面均产生了不可忽视的影响。

值得注意的是,近年以来,一些学者研究视域有了新的变化。他们主张采取新的资料和视角,细致地还原历史,跳出"汉化胡化""民族融合""起源与变迁"等宏大理论,有的站在北族立场,有的提出了内亚性观念与方法,对北方民族的历史演进及与中原华夏族的关系提出了新的看法。魏晋南北朝时期南方民族的研究也出现了走出起源、民族血缘与文化视角,对南方民族的原生文化的多样性、区域社会集团性研究受到重视,南方山越民族与华夏族的文化混合的复杂过程得到深入探讨。⑤

魏晋南北朝时期,以中原地区的农业文明与周边的游牧文明和佛教等外来的文明发生了碰撞与融合。城市是多元文明的冲撞与融合的中心场所,是新文明的孕育所。多元文明的碰撞与融合改变了这个时期的城市的面貌。建立在地理形势基础上的城市是南北政权攻防的主要根据地。⑥ 北方游牧文明的入侵导致了政权的更迭,原有的城市文明遭到了极大的破坏,战争与分裂导致了多元政治中心出现,改变了原有的城市空间分布。魏晋南北朝时期,是中国封建社会大动荡、大分裂时期,也是不同民族和文明的大碰撞、大融合时期,对中国城市发展变迁产生了重要影响。在长达 300 多年中,政权更迭频繁,内战不已,城市受到严

---

① [日]川本芳昭:《论胡族国家》,[日]谷川道雄主编:《魏晋南北朝隋唐史学的基本问题》,中华书局 2012 年版,第 80 页。

② [日]妹尾达彦:《城市的生活与文化》,[日]谷川道雄主编:《魏晋南北朝隋唐史学的基本问题》,中华书局 2012 年版,第 356 页。

③ 胡宝国:《东晋南朝的书籍整理与学术总结》,《中国史研究》2017 年第 1 期,第 59—72 页。

④ [日]川本芳昭:《论胡族国家》,[日]谷川道雄主编:《魏晋南北朝隋唐史学的基本问题》,中华书局 2012 年版,第 73 页。

⑤ 胡鸿:《重绘中古史的可能性(笔谈)·魏晋南北朝民族史研究的可能性》,《文史哲》2020 年第 6 期。

⑥ 陈金凤:《魏晋南北朝中间地带研究》,天津古籍出版社 2005 年版,第 4 页。

重破坏，尤其以黄河流域城市为甚。但南方城市却因北人南迁得到了新的发展机遇。城市的人口、空间、布局、管理、社会文化等发生了巨大的变迁。

文明的碰撞与融合还促进了边疆地区城市的发展，出现了新的城市和城市类型。中原城市的布局和管理方式发生了改变，并对南方城市产生了影响。北方政权的南迁，进一步整合了中华文明的不同区域文化，中原文化在南方重建中也发生了变迁，并与南方少数民族文化碰撞与融合，促进了南方城市的发展和繁荣。南北文明在碰撞中互相学习交流和借鉴，改变了中国城市的空间、结构布局，促进了城市经济的发展。文明的碰撞与融合还导致城市人口成分和结构的变迁，进而导致城市文化、社会风俗的变化。在这个时期佛教广泛传播，印度、西域文化与中原农业文明和游民文明的碰撞与融合，改变了城市的布局、建筑，佛教对南北政权的城市政治、经济、思想文化和社会风俗都产生了重要影响，并为南北文化融合与中国重新统一奠定了一定的文化心理基础。

总之，北方游牧文明、外来佛教文明和中原农业文明以及中国南方民族文明等文明因素的碰撞与融合导致了这个时期城市物质文明、制度文明和精神文明的发展与变迁。最终，这个时期城市文明的发展与变迁改变了中华文明的固有面貌，使中华文明焕发了新的生机，为隋唐时期中华文明的第二次崛起奠定了基础，为中华文明和中国道路注入了新的内涵和生机。然而以文明的碰撞与融合作为这个时期城市史研究的主题论著还不多见。

侯仁之先生认为对古代城市的研究对揭示现存城市的地理发展规律和特点，研究现有城市的起源、城址的演变、城市职能及城市面貌的形成和发展具有重要的价值。① 魏晋南北朝时期，城市的制度发生了巨大的变迁，对研究城市历史发展的规律性也具有现实意义。

二　魏晋南北朝城市研究的回顾

20 世纪对魏晋南北朝城市的研究还较为薄弱②，但进入新世纪以来，对魏晋南北朝城市研究日益深入，学者对这个时期城市的经济、政治、管理、建

① 辛德勇：《历史的空间与空间的历史——中国历史地理与地理学研究》，北京师范大学出版社 2013 年版，第 395 页。

② 曹文柱、李传军：《二十世纪魏晋南北朝史研究》，《历史研究》2002 年第 5 期。

筑、文化、风俗、生态等各个方面都有较为深入研究。这些成果对深入研究魏晋南北朝时期的城市具有一定的借鉴意义。

首先,对魏晋南北朝时期的都城和地方单体城市的研究有了一些新的进展。都城的形制变迁是中古城市研究的重要课题。李孝聪对魏晋南北朝时期主要都城的规制特点进行了总结,认为这一时期的都城规划不同政权相互影响,三重城、中轴线、宫城在北部中央、贯穿东西的横街、废除北市等是这一时期都城规划的主要特征。① 黄志宏认为皇城与郭区是中国古代都城空间结构的最主要分化城、郭关系从原来的“以西为尊”、“坐西朝东”的空间结构模式,转变为魏晋南北朝后的“坐北朝南”、东南西三面郭区围绕皇城的空间结构模式,并且从原有的“多宫殿”制逐渐转化为“单宫殿”制。最终,形成外城围绕皇城、皇城围绕宫城,具有棋盘格式中轴线布局的“重城式”都城空间结构。② 李自智对中国古代都城布局的中轴线问题进行了考古分析。③ 徐龙国指出魏晋南北朝时期逐渐建立起新的都城模式,如单一宫城、三城制、中轴对称布局、一门三道、坐北向南的朝向等等,这些都为后世都城所继承。而这些模式是这一时期不同都城相互影响而形成的。④ 张炜从北魏三座都城形制的变化来论证北魏不断汉化,走向文明之路。⑤ 钱国祥对阊阖门汉魏洛阳宫城形制进行了考察。⑥ 聂晓雨等根据近年汉魏洛阳城宫城太极殿、阊阖门等遗址考古发掘材料,结合相关文献记载,可以看出它所开创的单一宫城“建中立极”“五门三朝”等制度开启了都城布局和宫室制度的新时代,说明北魏洛阳城宫城形制对隋唐以降历代都城规划的影响及在中国古代都城建设史上有重要地位。⑦ 张鸣华认为东汉与北魏的都城布局基本上是一样的,东汉的南宫实际上位于洛阳城北部,而且北魏也有南、北宫。所以北魏洛阳并不是一种新的都城布局。⑧ 陈苏镇结合文献与新近的考古成果对洛阳的形制与内部细致的结构布局进行了新的考察。⑨ 牛润珍研究了中古时期的邺城,指出袁绍初治州城,讲究规整,奠定了邺内城外郭的基本格局。曹操于此建魏都,邺成为北方中心城市。曹操

① 李孝聪:《历史城市地理》,山东教育出版社2007年版,第124页。
② 黄志宏:《中国古代都城空间结构的演变》,《泉州师范学院学报》2009年第4期。
③ 李自智:《中国古代都城布局的中轴线问题》,《考古与文物》2004年第4期。
④ 徐龙国:《汉魏两晋南北朝都城模式及其演变》,《中原文物》2019年第1期。
⑤ 张炜:《略论北魏都城城市规划》,内蒙古大学考古与博物馆学硕士论文,2012年。
⑥ 钱国祥:《由阊阖门谈汉魏洛阳宫城形制》,《考古》2003年第7期。
⑦ 聂晓雨、程有为:《汉魏洛阳城宫城形制及其影响》,《中州学刊》2017年第8期。
⑧ 张鸣华:《东汉南宫考》,《中国史研究》2004年第2期。
⑨ 陈苏镇:《魏晋洛阳宫的形制与格局》,《考古学报》2021年第3期。

在此基础上进一步完善,形成了主要建筑沿中轴线左右对称、街区呈棋盘状的邺城城制。① 堀内明博、于德源论述了这个时期北魏平城的情况。② 邢福来等总结了统万城 2006 年以来考古调查、钻探、发掘及测绘工作的收获。③ 李书吉、崔彦华认为从十六国到北齐,平阳、平城、晋阳依次为少数民族建立的 3 个都城,顺序成为 3 个民族融合的中心,最后此中心固着在晋阳,诸多改革由此发端。东魏称"霸府",北齐正式建为陪都,为中古时期都城建制的范式,有极为重大的意义。④ 韦正对中国中古规整封闭式城市的渊源进行了综合分析。⑤ 孙险峰从鲜卑人时空意识的角度,对其都城及四郊的规制理念进行了分析。⑥ 王淳航对新中国成立六十年来对都城建康的研究进行了回顾。⑦

对地方城市的研究也日益增加,如薛晓强对这个时期新绛城市风貌进行了复原。⑧ 赵一匡研究了魏晋南北朝时期的金城郡在此时历史地位。⑨ 颜信研究了因时代变动而导致的长江流域城市社会结构的复杂性。⑩ 任重从中原城市对少数民族城市的影响上指出魏晋南北朝诸夷、蛮的城市有了长足的发展,根本上是因为受到了汉族城市的影响的缘故。诸蛮的城市与汉族城市并无根本性差异,这是由于其与汉族错居杂处所决定的。诸夷的官号和诸蛮的城堡砦栅,显示出其城市都带有明显的军事特色。⑪ 李孝聪对魏晋南北朝时期南北地方城市的规制特点进行了归纳,指出地方城市中都在衙署前出现了 T 字形街道框架,以及在一座城市内另筑子城,形成两重城的布局,对之后的街道和牙城形态布局有着一定影响。⑫ 对南方地方

① 牛润珍:《秦汉邺城钩沉》,《晋阳学刊》2011 年第 6 期。
② 堀内明博、于德源:《北魏平城》,《大同高等专科学校学报》1994 年第 4 期。
③ 邢福来等:《统万城遗址近几年考古工作收获》,《考古与文物》2011 年第 5 期。
④ 李书吉、崔彦华:《北齐陪都晋阳与欧亚大陆经济文化交流》,《中国经济史研究》2009 年第 2 期。
⑤ 韦正:《中国中古规整封闭式城市的渊源》,东北亚古代聚落与城市考古国际学术研讨会论文集、中国人民大学历史学院会议论文集,2012 年 10 月 19 日。
⑥ 孙险峰:《空间与时间:北魏宇宙观与政治文化研究》,郑州大学中国古代史博士论文,2016 年。
⑦ 王淳航:《六十年来六朝城市史研究回顾与展望》,《建国六十年来六朝史研究的回顾与展望学术研讨会》2009 年 9 月。
⑧ 薛晓强:《新绛城市历史地理研究》,陕西师范大学硕士论文,2016 年。
⑨ 赵一匡:《魏晋南北朝时期的金城郡》,《兰州学刊》1980 年第 3 期。
⑩ 颜信:《魏晋南北朝时期长江流域城市社会结构的特征》,《城市史研究》2020 年第 42 辑。
⑪ 任重:《魏晋南北朝夷蛮城市史的几个问题》,《广西民族研究》2002 年第 2 期。
⑫ 李孝聪:《历史城市地理》,山东教育出版社 2007 年版。

城市的研究也日渐深入。[①] 近年来,一些学者对地方城市体系进行了研究。[②]

近年来,结合建筑学、美学、地理学等对古代城市中的建筑规划形态研究成为古代城市研究中的一个亮点。成一农认为对古代城市形态的研究今后应当侧重于在研究方法上的修正,并以此为基础,以新的研究视角,提出新的问题、研究新的内容,以期能重新审视中国古代地方城市的城市形态。[③] 刘庆柱对古代城与郭的关系进行了考古学研究。[④] 刘佳从城市考古与建筑学的角度对邺城在魏晋南北朝时期的规划布局建筑等方面进行了考察。[⑤] 张国斌通过对《洛阳伽蓝记》中记载的关于北魏洛阳城城市规划、宫室营造、佛寺建筑、园林设计以及与城市相关造物设计的研究,从宏观上分析北魏城市设计文化的特点。[⑥] 张一兵的《明堂制度研究——明堂制度的渊源》梳理了中国古代明堂制度的发展和演变,认为明堂制度是我国古代社会中最为重要的制度之一,是古代城市中重要的宗教性建筑。[⑦] 王银田考察北魏平城的明堂遗址,认为与长安、洛阳另三处明堂遗址的比较中,可以看到孝文帝对汉文化的高度认同。[⑧] 叶知秋对 30 多年的汉魏洛阳城礼制建筑的发掘进行了总结。[⑨] 成一农对古代城市城墙的研究进行了综述。[⑩] 他认为城市不一定有城墙。刘涛等介绍了 2005—2006 年,对汉魏洛阳故城北魏内城的津阳门内大道及相关遗迹进行了抢救性发掘的成果——

① 参见蒋赞初:《六朝隋唐时期武昌与京口(润州)城的兴废及其城址的变迁》,《长江中下游历史考古论文集》,科学出版社 2001 年版,第 172—185 页;张学锋:《建康都城圈的东方——以破冈渎的探讨为中心》,《魏晋南北朝隋唐史资料》第 32 辑,上海古籍出版社 2015 年版;鲁西奇:《〈水经注〉所见汉水流域的城邑聚落及其形态》,《城墙内外:古代汉水流域城市的形态与空间结构》,中华书局 2011 年版,第 1—148 页。

② 如颜信:《魏晋南北朝时期长江流域城市社会结构的特征》,《城市史研究》2020 年第 42 辑。张克诚:《两晋至隋唐时期山东地区城市体系及演变研究》,山东建筑大学博士论文,2019 年 6 月等。

③ 成一农:《中国古代地方城市形态研究现状评述》,《中国史研究》2010 年第 1 期。

④ 刘庆柱:《中国古代都城遗址布局形制的考古发现所反映的社会形态变化研究》,《考古学报》2006 年第 3 期。

⑤ 刘佳:《魏晋南北朝时期邺城城市建设与更新发展钩沉》,河北工业大学硕士论文,2007 年 12 月。

⑥ 张国斌:《洛阳珈蓝记中的城市设计文化研究》,华东师范大学设计艺术学硕士论文,2011 年。

⑦ 张一兵:《明堂制度研究——明堂制度的渊源》,吉林大学中国古代史博士论文,2004 年。

⑧ 王银田:《北魏平城明堂遗址研究》,《中国史研究》2000 年第 1 期。

⑨ 叶知秋:《汉魏洛阳故城南郊礼制建筑遗址 1962—1992 年考古发掘报告》,《考古》2011 年第 7 期。

⑩ 成一农:《中国古代城市城墙史研究综述》,《中国史研究动态》2007 年第 1 期。

发掘明确了该道路的确切位置、时代和基本结构。① 任重、陈仪指出魏晋南北朝时期城市规划与管理的各种制度都发生了较大的变化,基本上是继承了秦汉的制度并有所发展,特别在官廨和私第的制度上更趋严格。② 傅晶对与城市规划密切结合等营造特征和发展性成就进行了研究。③ 姜智的《魏晋南北朝时期园林的环境审美思想研究》对了解这个时期的城市建筑园林规划与内涵有一定启发。④ 余开亮对东晋南朝时期的园林美学进行了探讨。⑤ 王佩环对中国古代室内设计的风格变迁进行了全面而直观的探讨。⑥ 钟晓青研究了魏晋南北朝建筑装饰特点。⑦ 王翠萍对北魏洛阳城的空间形态结构及其布局艺术的特点作一探讨,并从美学艺术及审美认知、城镇空间艺术、东方艺术特征等方面进行了分析研究。⑧ 徐龙国研究了两汉至魏晋南北朝时期的都城建筑的演变,认为西汉以后,夯土台基的高度则逐渐降低。高台建筑的衰落与土木技术的进步密切关联,由此导致建筑形式从高台到楼阁即由实到虚的转变。⑨

其次,对魏晋南北朝时代的城市经济变迁的研究有了新的进展:魏向东认为魏晋南北朝时期在商品经济呈现局部畸型发展的基础上,特别是在相对安定的南方地区,城市中出现了初具规模的市场体系,各有分工的专业市场出现,初步建立起了一套市场管理体制,对城市商品经济的发展起了一定的促进作用,也为此后中国经济重心的南移打下了基础。⑩ 张捷《南北朝"市"的研究》描写这个时期的城市中的市场和商业情况。⑪ 王鑫义指出从总体上看,军事、政治成分重于经济是这一时期淮河流域城市的突出特点,但自进入南北朝时期以后,淮河流域城市的经济成分明显增长。⑫ 张旭华、

① 刘涛、钱国祥、肖淮雁、郭晓涛、王睿:《河南洛阳市北魏洛阳城津阳门内大道遗址发掘简报》,《考古》2009 年第 10 期。
② 任重、陈仪:《魏晋南北朝城市规划与建筑管理》,《临沂师范学院学报》2004 年第 1 期。
③ 傅晶:《魏晋南北朝园林史研究》,天津大学建筑设计及其理论博士论文,2004 年。
④ 姜智:《魏晋南北朝时期园林的环境审美思想研究》,山东大学硕士论文,2012 年 10 月。
⑤ 余开亮:《六朝园林美学》,重庆出版社 2007 年版。
⑥ 王佩环:《中国古代室内设计风格变迁——中国古代室内设计初探》,武汉理工大学设计艺术学硕士论文,2005 年。
⑦ 钟晓青:《魏晋南北朝建筑装饰研究》,《文物》1999 年第 12 期。
⑧ 王翠萍:《北魏洛阳城的空间形态结构及布局艺术》,《西北建筑工程学院学报》(自然科学版)1998 年第 3 期。
⑨ 徐龙国:《两汉魏晋南北朝都城建筑的发展演变》,《中原文物》2020 年第 3 期。
⑩ 魏向东:《论魏晋南北朝时期的"市"》,《江苏社会科学》2004 年第 5 期。
⑪ 张捷:《南北朝"市"的研究》,华东师范大学中国古代史硕士论文,2006 年。
⑫ 王鑫义:《魏晋南北朝时期淮河流域的商业和城市》,《史学月刊》2001 年第 5 期。

王海燕研究了魏晋南北朝北方商业都会的兴衰。① 薛瑞泽认为洛阳的市场经历了五个历史发展阶段，即西周的发轫期、东周至西汉的发展期、东汉的兴盛期、魏晋南北朝的徘徊期、隋唐的鼎盛期等。因历史发展的曲折性，迭毁迭建成为洛阳市场变迁的显明特点。② 彭福华、任重指出魏晋南北朝时期的市场管理没有因战乱而萎缩，除了沿袭秦汉的大市、小市之外，这个时期市场的种类、规模、数量以及地点等都有了大不同于以往的发展，因此市场的管理也就更加复杂和成熟。③ 任重认为魏晋南北朝时期以城市为中心的经济模式很大程度上导致了城乡一体化的趋势。城市农业在此基础之上有了长足的发展。④ 任重还指出魏晋南北朝时期城市的粮食供应遭遇很大困难。各个政权根据当时的实际，通过各种有效的方式满足京都和地方城市的粮食供应。⑤ 蒋福亚认为"闭门为市"的实质，是吴国大地主凭藉私人武装，利用手中权力，垄断各自势力范围内的商业活动。⑥ 吴晓亮、曹宇认为北魏平城时期经济结构调整主要表现为游牧经济向农牧经济的转化，成为魏晋南北朝时期北方少数民族政权"汉化"的重要组成部分。⑦ 成乔明、李向民考察了中国古代艺术市场，指出魏晋至五代的雇佣性艺术市场，以受雇于弘扬佛事的佛教艺术市场为典范，市场消费的主体是王公贵族扶持下的僧院寺庙。⑧

对魏晋南北朝时期的城市政治与治理的研究也有新创获。魏斌指出南朝时期，建康东郊成为一处具有特殊文化意味的都城郊区。建康东郊的发展，是都城内部权力向郊外"溢出"的结果。⑨ 熊昕童研究了两晋南北朝时期的都护制度，指出都护由西晋时期的临时军队差遣到北朝进一步发展，形成督护郡县制度，形成督护郡县制度与州—郡—县并行的行政结构，成为州郡长官支配下属郡县的有效手段。⑩ 王兴振指出，北魏时期的军镇州郡化

① 张旭华、王海燕：《魏晋南北朝北方商业都会的兴衰》，《许昌师专学报》1998 年第 2 期。
② 薛瑞泽：《西周至隋唐洛阳市场的变迁》，《洛阳师范学院学报》2006 年第 6 期。
③ 彭福华、任重：《魏晋南北朝的市场管理》，《江汉论坛》2004 年第 12 期。
④ 任重：《魏晋南北朝的城市与农业》，《上海交通大学学报》（哲学社会科学版）2005 年第 3 期。
⑤ 任重：《魏晋南北朝城市的粮食供应》，《扬州大学学报》（人文社会科学版）2006 年第 4 期。
⑥ 蒋福亚：《"闭门为市"释》，《首都师范大学学报》（社会科学版）2010 年第 1 期。
⑦ 吴晓亮、曹宇：《北魏平城经济结构转型研究》，《云南民族大学学报》（哲学社会科学版）2012 年第 2 期。
⑧ 成乔明、李向民：《中国古代艺术市场考论》，《长江论坛》2007 年第 4 期。
⑨ 魏斌：《南朝建康的东郊》，《历史研究》2014 年第 6 期。
⑩ 熊昕童：《两晋南北朝督护制度考索》，《史学月刊》2020 年第 12 期。

有“改镇立州”“废镇立州”“废镇存州”三种方式，三者共同推动军镇政区及军镇体制的州郡化。① 王子今研究了孙吴时代的“吏”在城乡联系中的特殊作用。② 王大建指出魏晋南北朝时期的豪族与游侠都活跃在历史舞台上。游侠豪族或建立自己的武装，或依附于各路豪杰，在战乱中建功立业。豪族中的佼佼者发扬轻财重义、互助互利的传统，在共同体内担当了领导责任。以侠扬名的豪杰，靠信、义招聚民众与勇士，成就大业。③ 侯旭东从地方豪右与东魏北齐政权关系的角度具体分析了双方斗争的经过，并结合此间出现的地方行政区划由大量膨胀到天保七年一举大量并省，指出行政区划增减与豪右和朝廷关系的消长变化之间有密切的联系。天保七年并省州郡县应是高氏政权打击豪右其中一环。④ 基层政权的管理问题是城市政治的核心问题之一。周能俊论述了孙吴对荆州地区的社会控制及其影响。⑤ 闫功迅研究了魏晋南朝的县令长家世和任迁情况及对地方的治理。⑥ 张金龙认为北魏洛阳里坊名称已知 92 里，以选取反映儒家文化所倡导的道德准则及其褒义词作为里坊命名的基本原则，里坊的管理者是洛阳令及下辖文职官吏，其管理制度是魏晋南朝向隋唐过渡的桥梁。⑦ 任重、陈仪指出魏晋南北朝的里是从先秦宗族聚居群体发展起来的属于“国”中的一级行政区划，进入秦汉，里演变为一个既代表户籍编制单位又同时是一级基层组织的特定概念。在魏晋南北朝，里作为一级带有户籍编制意义的基层组织，并不等同于村；里主要出现于城市以及与城市相关的人口密集地域，并因而形成与村的地理差别。⑧ 成一农认为坊成为城市的管理单元具有一定的偶然性，里在城市中的作用更大，直到唐代中期，坊才在城市中普及。⑨ 刘临安认为从秦汉的闾里制，经魏晋南北朝隋唐的里坊制，再到两宋的坊巷制，聚居制度从早期以社会政治功能为基础逐渐转变到以社会经济功能为基

① 王兴振：《北魏军镇州郡化问题新探》，《历史地理研究》2019 年第 1 期。

② 王子今：《走马楼简牍所见“吏”在城乡联系中的特殊作用》，《浙江社会科学》2005 年第 5 期。

③ 王大建：《魏晋南北朝时期的豪族与游侠》，《山东大学学报》（哲学社会科学版）2003 年第 2 期。

④ 侯旭东：《地方豪右与魏齐政治：从魏末启立州郡到齐天宝七年并省州县》，《中国史研究》2004 年第 4 期。

⑤ 周能俊：《孙吴的荆州政策与社会控制》，上海师范大学中国古代史硕士论文，2010 年。

⑥ 闫功迅：《魏晋南朝县令长家世与任迁探析》，河北师范大学中国古代史硕士论文，2010 年。

⑦ 张金龙：《北魏洛阳里坊制度探微》，《历史研究》1999 年第 6 期。

⑧ 任重、陈仪：《魏晋南北朝的里》，《西安交通大学学报》（社会科学版）2003 年第 2 期。

⑨ 成一农：《里坊制及相关问题研究》，《中国史研究》2016 年第 3 期。

础。这一转变适应了当时社会经济发展的需要，表明了古代社会文明的一个伟大进步。① 岳焕宽认为魏晋南朝各代政权为加强民族聚集地区的统治，设置了数量众多的专职管理机构，其中最为重要的是专职校尉和中郎将。这些专职校尉郎将身兼多种职能，在体现怀柔思想的同时也具有一定的压迫性质，在对当时民族聚集地区的管理上发挥了重要作用。② 治安是这个时期城市社会治理中的一个重要的问题。诸山指出魏晋南北朝的历朝政府对于城市治安高度重视，因时制宜，制定了一系列行之有效的法令法规，最终形成了一套较为完善的治安管理制度。③ 城市的人口和人口控制问题是基层政权的基本职能和问题之一。由淑敏通过对这个时期的具体官员的研究，分析了曹魏时期长安城的人口变动与地方治理的情况及其影响。④ 尹建东对豪族在这个时期的社会地位和影响进行了分析。⑤

城市是文化、教育、时尚风俗以及舆论的中心。对这个时期城市文化的研究也有了进展。张燕指出了魏晋时期郑玄学术兴起有着政治原因，为打压刘表势力，曹操在恢复全国学校制度的同时，以郑学为政治角力的工具。⑥ 王柳芳从文学视角对两汉魏晋南北朝时期的城市发展进行了分析，探讨了城市与文人活动的关系，展示了当时的城市社会的风貌和城市结构空间与想象空间。⑦ 黄清敏对这一时期的教育制度作较为深入的探讨。⑧ 李军研究了魏晋南北朝高等教育管理体制的演变，认为从高等教育方面来看，这个时代发生了中国历史上第二次大变革、大转轨。⑨ 曲凤东对魏晋南北朝时期的家庭教育进行了考察，全方位地展现了魏晋南北朝时期家庭教育的面貌。⑩ 于云翰研究了魏晋南北朝时期城市风俗。⑪ 张丽君描绘这个

① 刘临安：《中国古代城市中聚居制度的演变及特点》，《西安建筑科技大学学报》1996 年第 1 期。

② 岳焕宽：《魏晋南北朝地区校尉郎将制度考》，青海师范大学中古代史硕士论文，2011 年。

③ 诸山：《魏晋南北朝城市治安管理论略》，《扬州大学学报（人文社科版）》2007 年第 2 期。

④ 由淑敏：《曹魏时期长安城人口变动与地方治理》，陕西师范大学历史地理学硕士论文，2012 年。

⑤ 尹建东：《两汉魏晋南北朝关东豪族研究》，四川大学中国古代史博士论文，2002 年。

⑥ 张燕：《建安许都官学令考——兼论汉魏之际郑学地位之上升》，《史林》2011 年第 2 期。

⑦ 王柳芳：《城市与文学——以两汉魏晋南北朝为考察对象》，苏州大学文学博士论文，2011 年。

⑧ 黄清敏：《魏晋南北朝教育制度述论》，福建师范大学历史学博士，2003 年。

⑨ 李军：《魏晋南北朝高等教育管理体制的演变》，《中国史研究》1996 年第 2 期。

⑩ 曲凤东：《儒学与魏晋南北朝时期的家庭教育》，曲阜师范大学专门史硕士论文，2007 年。

⑪ 于云翰：《魏晋南北朝时期城市风俗探论》，《社会科学辑刊》1998 年第 5 期。

时期的城市社会赌博的风俗。① 刘甫晟认为在魏晋南北朝时期，博戏不论在种类上还是在普及面上，开展得都较为深入。博戏活动传播了思想文化，维护了儒家传统伦理观、丰富了业余生活内容、开发了游戏者智力。但助长社会奢靡风气、加速了政府腐化。② 李传军分析了歌谣在城市社会政治生活中的影响。③ 柯慰臣研究了这个时期上层人物的消费观念和行为及影响。④ 卜冬雪介绍这个时期的节日文化，展现了当时城市节日文化的风俗。⑤ 孙逊认为江南都市文化的发展源远流长。从魏晋南北朝至宋代为江南都市文化的发展期，其中“晋室南迁”和“宋王朝南渡”给江南都市文化发展提供了新的历史机遇。⑥ 曹峻揭示了百越都城文化的海洋性特色。⑦

城市是祭祀、宗教活动的中心。姚声正、徐桂林、刘全对魏晋南北朝时期的建康城市佛教情况进行了研究。⑧ 饶宗颐对青州城与佛教的关系进行了研究，指出法显曾在此居住。⑨ 雷富饶研究了这一时期北朝城市宗庙祭祀的情况。⑩ 姜波对汉代到隋唐都城礼制建筑的研究认为，礼制建筑的位置逐步从宫城向城郊移动，标志着神权逐步沦为皇权的附庸。⑪ 康乐从祭祀角度探讨北魏国家政治结构与政治文化认同。⑫

最后，对古代城市生态问题的关注是这个时期以来的一个新亮点，依然方兴未艾。吴宏岐、郭用和考察了从秦汉到魏晋南北朝城市地址的变迁。⑬ 武冠芳研究了生态环境变迁与魏晋南北朝社会的相互影响，还以北魏由平城迁都洛阳为例，进行了气候学原因的分析。⑭ 王淳航对六朝城市生态的

① 张丽君：《魏晋南北朝赌博研究》，江西师范大学中国古代史硕士，2009年。
② 刘甫晟：《魏晋南北朝时期博戏及博戏赌博现象初探》，成都体育学院体育人文社会学硕士论文，2012年。
③ 李传军：《歌谣俗语与两汉魏晋南北朝社会》，北京师范大学中古代史博士论文，2005年。
④ 柯慰臣：《魏晋社会上层生活消费研究》，江西师范大学中国古代史硕士论文，2012年。
⑤ 卜冬雪：《六朝节日研究》，兰州大学中国古代史硕士论文，2010年。
⑥ 孙逊：《江南都市文化：历史生成与当代视野》，《学术月刊》2009年第2期。
⑦ 曹峻：《百越都城海洋性初探》，厦门大学考古及博物馆学硕士论文，2002年。
⑧ 姚声正、徐桂林、刘全：《魏晋南北朝城市文化的特色——以建康佛教文化为例》，《兰台世界》2009年第7期。
⑨ 饶宗颐：《早期青州城与佛教的姻缘》，《中国史研究》2001年第3期。
⑩ 雷富饶：《北朝宗庙祭祀制度研究》，兰州大学中国古代史硕士论文，2011年。
⑪ 姜波：《汉唐都城礼制建筑研究》，文物出版社2003年版。
⑫ 康乐：《从西郊到南郊——国家祭典与北魏政治》，台北：稻禾出版社1995年版。
⑬ 吴宏岐、郭用和：《濮阳城址的历史变迁》，《中国历史地理论丛》1999年第1期。
⑭ 武冠芳：《魏晋南北朝北方地区生态环境研究》，山西大学专门史硕士论文，2009年。

研究进行了回顾。①

日本学者对这个时期的城市尤其是都城史研究也有了较为深入的进展。日本学者在关于中国中古向近世转变的争论中,城市研究是一个重要的方面。② 佐川英治、小尾孝夫梳理了汉至六朝都城研究史,对大量都城复原图和发掘成果进行了严谨的考证。③ 一些日本学者认为都城是社会的缩影。都城的构造反映了该地区以及该时代的政治制度、价值观和对外关系等。有必要去明确这些特征和时代变迁背后的社会动向,并在此基础上,重新构筑都城史。在日本学者看来都城史研究阐明的领域非常之广,包括政治史、制度史、社会史、经济史、文化史、建筑史,甚至对外关系、民族问题、时代划分理论等课题。对北魏洛阳,有角山典幸的研究。日本学者关于统万城的研究虽然在统万城的西城有皇宫这一点上达成了某种程度的一致,但除此之外各自的主张都大相径庭。如都城外郭、都城中心、都城的复原图等问题。之前日本学者对北魏平城的布局和空间构成的研究大多利用《水经注》和《魏书》等资料。之后考古带来了新的资料,例如对宫城位置和蒙古包居住区的推测以及对鹿苑的研究等。日本学者对北周长安的宫城地理位置经考古得以明确,指出在汉到唐宫城正殿的构造中,北周的长安宫具有划时代性。宫城的中枢地位在北周到隋唐具有连续性。关于六朝建康的研究日本学者与中国学者有着不同的观点,一是南朝后期朝堂的布局,如郭湖生认为在太极殿东侧。日本学者认为在太极殿南门太阳门前。这个问题关系到宫城的空间而且关系到对皇帝集权问题。二是梁代对宫城的改造。日本学者认为改造的一大特点就是左右对称结构的出现,对长安隋唐时期的太极宫形成有着密切的关系。东西轴和南北轴都是宫城空间构成的轴线,是魏晋南北朝时期除平城和北周长安以外其他宫城的共同构造。大体上东西轴可以被概括为以太极殿为中心的东西方向延伸的构造。其代表性的构成要素,除太极殿外,还包括东堂、西堂、尚书省、朝堂等。中日学者们对朝堂和尚书省是否在此轴内存在分歧。郭湖生认为太极殿和朝堂并列是魏晋南北朝时期的特点,是一种并列制,这种制度的消失发生在向隋唐宫城构造的转变中,如北齐的邺南城。日本学者对太极殿北侧内省的研究则提出梁陈时期内省官僚组织的发展,尚书地位与宫城内部动向相关。内田昌功分析

① 王淳航:《六十年来六朝城市史研究回顾与展望》,《建国六十年来六朝史研究的回顾与展望学术研讨会》2009 年 9 月。

② 参见谷川道雄、李凭:《魏晋南北朝隋唐史的基本问题总论》,《国际汉学》2003 年第 2 期。

③ 堀内淳一、杨振红:《2014 年日本的魏晋南北朝史研究》,《中国史研究动态》2017 年第 3 期,第 56 页。

了魏晋南北朝宫城一些建筑如东西堂、朝堂以及宫门等，指出云龙门为中心的东西向是人和信息流动的中心。他还指出东西轴的意义有三点：一是魏晋南北朝宫城结构；二是隋唐长安宫的形成，从魏晋南北朝到隋唐宫城空间的转换，可以用东西轴的消失来概括；三是皇权变化与轴线的变迁的关系。①

还有日本学者从东亚以及全球的视角观察这个时期，认为这个时期是一个“汉民族与异民族、异文化之间的大对抗、大融合时期。”他们强调了南方“蛮族”对中国文化的融入以及中国城市文化对东亚国家的影响。② 有的日本学者还提出了“都城圈社会”的概念。③

最新出版的西方学者关于魏晋南北朝史著作指出了这个时期城市发展变迁的三个特点：第一，中国的分裂以及人口向南方长江流域一带的扩张，创造了遍布各地的都会，这些城市因各地地理风貌和文化氛围不同而相互区分开来，比如那些南方的城市就和北方的城市截然不同。第二，新的文学与文化形式的出现，决定了精英在城市中需要开辟新的空间来从事这些活动。有一点在南方尤为显著，就是出现了半公开的园林，随之兴起的还有地处乡间的庄园。第三，制度化的宗教的兴起，特别是佛教，导入了新式的建筑与城市规划，寺庙成为一种新的公共空间。④

总的看来，中外学者对这个时期的城市史研究取得了很大的成就，在城市的许多方面进行了较为深入的研究，对了解这个时代的城市特点有借鉴意义。但对这个时期文化、生态的研究还不多见。对城市的建筑还有进一步研究的必要，对城市的政治、经济的变迁研究还有进一步深入的空间，对区域和单体城市的研究还需要进一步拓展。

尽管对魏晋南北朝时期的城市研究近年来有了很大的发展，但对这个时期城市总体的面貌依然没有十分清晰的认识。⑤ 学术界对魏晋南北朝时

---

① ［日］内田昌功：《近年来的魏晋南北朝隋唐都城史研究》，《中国中古史研究》编委会：《中国中古史研究：中国中古史青年学者联谊会会刊（第二卷）》，中华书局 2011 年版，第 232—241 页。

② ［日］川本芳昭著，余晓潮译：《魏晋南北朝：中华的崩溃与扩大》，广西师范大学出版社 2014 年版。

③ 张学锋：《〈“都城圈”与“都城圈社会”研究文集〉——以〈六朝建康为中心〉编辑前言》，《晓庄学院学报》2020 年第 1 期，第 26—28 页。

④ ［加］卜正民主编：［美］陆威仪著，李磊译，周媛校：《分裂的帝国：南北朝》，中信出版社 2016 年版，第 86 页。

⑤ 张捷：《近二十年来魏晋南北朝城市研究综述》，《淮阴师范学院学报》（哲学社会科学版）2005 年第 27 卷，第 517—523 页。王淳航：《六十年来六朝城市史研究回顾与展望》，《江苏省六朝史研究会会议论文集》2009 年 9 月 26 日，第 144—155 页。

期的城市宏观研究成果目前还比较缺乏,从整体上对魏晋南北朝时期城市研究相对薄弱。对这个时期城市研究的主要著作多为单体、某一方面或区域城市的研究,如郭黎安的《六朝建康》①、卢海鸣的《六朝都城》②、前田正名的《平城历史地理学研究》③、刘淑芬的《六朝的城市与社会》④、李凭的《北魏平城时代》⑤、任重的《魏晋南北朝城市管理研究》⑥、成一农的《空间与形态——三至七世纪中国历史城市地理研究》⑦、牛润珍的《古都邺城研究:中世纪东亚都城制度探源》⑧等。其中除任重和成一农的著作涉及了这一时期城市的总体特征外,其他著作大多是对单体都城城市或者区域中心城市的研究。任重对魏晋南北朝时期城市的规模、发展趋势、人口、城市管理的机制、治安、市场、市政、基层组织、粮食和社会保障等方面进行了研究,取得了一定的成果。成一农的著作对这个时期的城市分布、布局等地理空间特征以及地方城市布局、子城问题、里坊制、都城布局的演变等问题提出了不同于前人的结论,并对城市研究的方法问题进行了讨论。但总的来说,魏晋南北朝时期城市的研究对中小城市关注不够,对城市发展变迁的研究与民族文明的碰撞融合的时代特征没有紧密结合,对这个时期城市文明的总体风貌和特色依然有待深入探讨。此外,在魏晋南北朝一些重要问题的讨论中,如城市体系、城市布局、离散部落、民族融合与华夏意识、城市管理、宗教、文艺以及对这一时期整体特征的概括等问题上,关于城市的作用和地位有待进一步深入探讨。正如有学者指出的,在细致微观的研究之上,对魏晋南北朝重要的问题进行宏观的考察,应该是新世纪学术发展总体突破的一个路径。⑨

三　魏晋南北朝城市研究的展望

通过对这一时期城市研究的深入,学者提出中世纪都城系统的概念。

---

① 郭黎安:《六朝建康》,香港天马图书有限公司2002年版。

② 卢海鸣:《六朝都城》,南京大学出版社2002年版。

③ 前田正名:《平城历史地理学研究》,李凭等译,书目文献出版社1994年版。

④ 刘淑芬:《六朝的城市与社会》,台湾学生书局1992年版。

⑤ 李凭:《北魏平城时代》,社会科学文献出版社2000年版。

⑥ 任重:《魏晋南北朝城市管理研究》,中国社会科学出版社2003年版。

⑦ 成一农:《空间与形态——三至七世纪中国历史城市地理研究》,兰州大学出版社2012年版。

⑧ 牛润珍:《古都邺城研究:中世纪东亚都城制度探源》,中华书局2015年版。

⑨ 曹文柱、李传军:《二十世纪魏晋南北朝史研究》,《历史研究》2002年第5期,第165页。

中国古代都城的考古学研究，把中世纪的都城系统发展序列具体化为：邺（曹魏十六国）—洛阳（北魏）—邺南城（东魏北齐）—大兴（隋）—长安（唐）。① 牛润珍则以中华型城市概念进行了概括。② 不同学者从不同视角对魏晋南北朝时期城市研究虽有着不同的看法，但不同民族与文明的碰撞融合无疑是这一时期城市发展与变迁的历史背景与基本动力。

近些年来，对魏晋南北朝时代的城市研究日益深入，对这个时期城市的经济、政治、管理、建筑布局、文化、风俗、生态环境等各个方面都有微观或宏观的考察和研究。这为撰写这个时期城市的历史变迁提供了基础。但对魏晋南北朝城市研究还需要有新的视角与理论。

熊铁基先生针对秦汉史的研究曾指出：改革开放以来秦汉史的研究相对实证研究的繁荣，理论方法论研究方面则显得有些孱弱和苍白，人们有意无意地疏远了那些宏观性课题，弱化了学术探讨的思辨理性；而这些，则又反过来制约了实证研究的纵深化发展，有些问题的探讨显然已经形成难以突破的瓶颈。③ 这个论述对魏晋南北朝时期的历史研究也是适用的。在研究中重视理论问题，从宏观上把握这个时期的历史特点，是非常重要的。

在史学研究的理论与方法问题上，吴承明先生提出的"史无定法"④与何一民教授提出的"同层引进"的原则，对于城市史研究的理论选择具有指导意义。城市史研究涉及学科广泛，在研究中针对不同的研究内容，应用不同的理论进行说明。城市史作为一个新兴的史学研究领域，不仅是研究的对象，也是一种研究视角。

城市史研究需要综合新的理论，应以文明史的视角为核心，综合运用历史学、考古学、历史地理学、城市学、传播学等学科研究方法和基本理念对这个时期的城市史进行新的研究、归纳，总结出这个时期的城市发展和变迁的特色以及对中国文明发展变迁的影响。

1. 文明的视野：一部城市史，也是一部人类文明史。因此研究城市史，不仅是研究一个国家或一个地区城市的兴起发展的兴衰史，而且要提升到人类文明史的高度来思考。文明可以分为物质文明、制度文明和精神文明。人类文明的发展具有连续性和继承性，但同时也具有明显的阶段性，经历了农业时代、商业时代、工业时代和信息时代等不同的历史发展阶段，因而研

① 韩建华：《"中国中世纪都城系统"的考古学观察——以长安城为中心》，《西部考古》2017年第3期。

② 牛润珍：《古都邺城研究——中世纪东亚都城制度探源》，中华书局2015年版。

③ 熊铁基：《我的三十年秦汉史研究报告》，《史学月刊》2011年第5期。

④ 吴承明：《经济史：历史观与方法论》，《中国经济史研究》2001年第3期。

究城市史要从人类文明的阶段性特征出发,把握城市史的阶段性规律。不同的历史时期,城市的发展原因、发展动力,城市的功能、结构,城市的地位、作用都具有明显的差别,因而研究不同发展阶段的城市特征具有重要的意义。

学者对于中国古代文明的特质有许多总结。① 从城市史的视角来看,中国古代文明可以概括为城市—农耕文明。首先,中国文明的经济文化基础虽然在乡村,但城市为统领乡村的中心,是文明重心所在,或者可以说是乡村文明的结晶与精华。古代都市一直都与其腹地农村组成不可脱节的对应关系而发展起来。② 从《水经注》一书可见,中国的都市多分布在沿河流域,是广阔乡村网络中的中心点。城市与乡村有着不可分割的同质关系。其次,城市—农耕文明是古代中国文明与其他文明尤其是西方文明区分的标志。文明是"具有边界的文化区域、借鉴和抵制。"③在秦汉时期,当时的人们就已经认识到了城市与农耕是中国中原文明与周边游牧文明最大的不同之处。中原文明周边的游牧文明正是在不断抵制与借鉴中国城市与农耕文明中与中原文明融合发展的。正如逯耀东所说:农业文化的特质中,筑城是一个重要因素。筑城不仅是农业社会的特殊技巧,也是农业文化发展过程中必须经历的阶段。中国上古史就是由最初村居外的夯土围墙,然后将筑城技巧高度发挥,筑砌出万里长城的一段筑城史。当草原文化向农业文化转变时,农业发展到一定程度后,也开始筑城。因此透过筑城过程,也可以了解其文化转变的程度。④ 与中世纪的西欧文明相比,中国城市—农耕文明也有其独特之处。中世纪的欧洲文明,可以概括为城堡—农蓄文明,城市是中世纪欧洲文明体制外的产物,由此在一定程度上决定了中西文明不同的发展道路。

魏晋南北朝时期,中原的城市—农耕文明受到了来自北方游牧文明与域外佛教文明的冲击。在不同文明的碰撞与交融中,中国城市文明的内涵发生了巨大的变迁。从城市形制、制度到人口、经济、风俗、祭祀与宗教等方面都出现了新的风貌。中华文明的特质也具有了新的内涵。通过对这一时

---

① 李治安:《从"五朵金花"到"皇权""封建"之争》,《中国经济史研究》2020 年第 5 期,第 5 页。对中国古代社会特征有富民社会、农商社会、帝制农商社会、赋役临民理政、南北整合等多重探索。

② [日]斯波义信著,布和译:《中国都市史》,北京大学出版社 2013 年版,前言。

③ [法]费尔南·布罗代尔:《论历史》,刘北成、周立红译,北京大学出版社 2008 年版,第 228 页。

④ 逯耀东:《从平城到洛阳——拓跋魏文化转变的历程》,中华书局 2006 年版,第 22 页。

期城市文明内涵的研究,对中国文化历史发展规律以及中华文明的独特魅力会有更为深入的理解。①

2. 比较的方法:比较有纵向比较和横向比较。从纵向比较可见历史变迁,从魏晋南北朝三百多年的时间内,城市的发展变换兴衰是这个时期历史变迁的表征与内在动力之一。通过对这个历史时期不同阶段的城市文明特点进行比较,才能看到历史变迁的轨迹。② 横向比较可见文明道路性质的不同。中西文明发展道路的不同,与中西城市的不同地位和性质有着重要的关系。从城市的不同制度出发,韦伯认为西方的自治城市中,诞生了资产阶级和资本主义。而中国城市是政治的中心,资本主义因素受到了专制主义的压制而无法发展,韦伯的"分析所得到证实的仅仅是其对中国城市的分析——中国城市既缺乏集体认同也缺乏自主性。"③厉以宁认为"西欧资本主义的起源都应当从封建社会中体制外权力中心(城市)和体制外异己力量(市民以及由市民分化出来的资产阶级)的形成原因、过程和后果方面去寻找。"而"为什么不曾出现体制外的权力中心和体制外的异己力量,这与中国封建社会前期城市的性质有着直接关系。"④

有学者认为在中西封建社会中,从整体上看,城市大都具有经济中心、政治中心、服务中心、文化中心等多种职能,但在西欧,大多数城市是先由经济中心、服务中心、文化中心继而发展为政治中心的,而中国大多数城市则是其政治中心、服务中心、文化中心的职能在先,然而逐渐扩展为经济中心。在城市是先具有政治职能还是先有经济职能的发展时序上,中西是相反的。这种差异是中西封建社会结构发展的差异性导致的,值得深入研究。⑤

也有些学者研究认为,封建时代中西古代城市既有不同也有很大的相同之处。在城市空间布局、城市功能、城市与乡村关系、城市与政治关系等方面都有着很大的相似之处。这些对韦伯等人的城市论点提出了挑战。⑥

---

① 参见胡鸿:《秦汉帝国扩张的制约因素及突破口》,《中国社会科学》2014 年第 5 期,第 184—203 页。华夏网络这一概念由胡鸿在前人研究的基础上提出,是指地理意义上华夏国家所控制的郡、县、乡、里等聚落以及其间的交通线所连成的网络,进而还包括在此地理空间网络中流通的物资、信息、文化以及政治权力,在帝国中央权力的统一调度下,可以在某一结点集中广大区域甚至整个网络的力量。而这一力量的重心就是区域中心城市。

② 花勇:《比较历史分析方法的当代复兴》,《中国社会科学报》2017 年 3 月 2 日。

③ [以]S·N·艾森斯塔特:《现世的超越论与世界的建构——韦伯的〈儒教与道教〉及中国历史和文明的形式》,苏国勋、刘小枫主编:《社会理论的诸理论》(II),华东师范大学出版社 2005 年版,第 440 页。

④ 厉以宁:《资本主义的起源——比较经济史研究》,商务印书馆 2003 年版,第 417、451 页。

⑤ 马克垚主编:《中西封建社会比较研究》,学林出版社 1997 年版,第 243 页。

⑥ 马克垚主编:《中西封建社会比较研究》,学林出版社 1997 年版。

对城市史的深入研究需要对这些问题进行进一步深入的探讨。

3. 注意跨学科的综合考察:城市史的研究会涉及社会学、政治学、经济学、城市学、建筑学等理论和方法。正如布罗代尔所说,“每一位学者在从事他自己的正规专业、忙于开垦他自己的花园时,也应该努力注意邻人的工作”。[①] 社会生活是统一的,而社会学科的研究往往都有着自己独有的园地,只有打破不同学科的藩篱,才能最大可能地还原统一的社会生活。总之,通过运用比较和跨学科的考察,达到通史写作中对三通的要求,即横通、纵通与汇通。所谓的横通就是在不同国家、不同学科等比较参考中考察;纵通就是在历史时间的长河中把握历史事件与现象的定位,最后达到融会贯通的要求。

文化传播理论也是一门综合多种人文社科理论的跨学科理论,传播学旨在理解人类如何创制、交换和解读信息。因此传播学研究将科学与人文研究结合起来。[②] 传播就是把分散的人捆绑在一起的力量,无论好坏吉凶。传播具有造就或摧毁政治秩序的力量。[③] 传播学的视角对魏晋南北朝中外民族文明的碰撞交融有着一定的解释力。传播是人类共处的基础所在,他产生了社会联结。[④] 作为传播学中分支的文化传播是指人类文化由文化源地向外辐射传播或由一个社会群体向另一个群体的散布过程,存在于社区、群体等一系列人类群落之中。同时,文化传播也是人类特有的各种文化要素的传递扩散和迁移继传现象,是各种文化资源和文化信息在时间和空间中的流变、共享、互动和重组,是人类生存符号化和社会化的过程,是传播的编码和读者的解码互动阐释的过程,是主体间进行文化交往的创造性的精神活动。[⑤] 魏晋南北朝时期城市是民族文明传播的大熔炉,中外南北不同的民族文化传播在城市中碰撞融合,产生出了新的制度、文化和杰出人物,促进了民族的大融合。城市的布局、形制规制本身就是一个文明的符号,对政权的合法性与文明认同都具有实质与象征性的意义。

4. 宏观与微观研究的结合:在综合前人具体微观的研究成果的基础之

---

① [法]费尔南·布罗代尔:《论历史》,刘北成、周立红译,北京大学出版社 2008 年版,第 20 页。

② [美]斯蒂芬·李特约翰著,史安斌译:《人类传播理论》,清华大学出版社 2004 年版,第 13 页。

③ [美]彼得斯著,何道宽译:《交流的无奈:思想传播史》,华夏出版社 2004 年版,第 10 页。

④ [美]詹姆斯·凯瑞著,丁未译:《作为文化的传播》,中国人民大学出版社 2020 年版,第 21 页。

⑤ 刘峰、王莉莉:《文化传播视域下齐鲁文化的传承与嬗变》,吉林文史出版社 2018 年版,第 39 页。

上，尽量运用基本资料，扩展新的资料，运用新的方法和视角，对这个时期的城市文明进行全方位、多角度的论述。研究这个时期的城市史的资料主要有文字资料和考古实物、简帛等资料。文字资料最为主要的是二十四史中这个时期的正史以及一些通史、志书等著作。主要有《三国志》、《晋书》、《宋书》、《齐书》、《梁书》、《陈书》、《魏书》、《北齐书》、《周书》、《北史》、《南史》、《五代史志》、《隋书》、《资治通鉴》等。此外，还有大量的私人撰述、历史地理、诗词歌赋等资料可以反映当时城市发展和城市生活的情况。

不断发掘的城市考古成果及简牍、碑刻资料对研究这个时期正在具有越来越大的意义。城市考古发掘不断进展，对当时城市遗址的发掘，对研究这个时期的城市史具有越来越重要的价值。近年来出版的考古著作有韦正的《魏晋南北朝考古》①、罗宗真的《魏晋南北朝考古》等。② 近代以来，魏晋南北朝时期的墓志、碑刻、简牍等资料被大量发掘，引发了学界的重视，除赵万里收集的魏晋墓志之后，新集成考释的墓志有赵超的《汉魏南北朝墓志汇编》（天津古籍出版社 1992 年版）；罗新、叶炜的《新出魏晋南北朝墓志疏证》（中华书局 2005 年版），王连龙：《新见北朝墓志集释》（中国书籍出版社 2013 年版）以及大量散见的碑刻等。据 2016 年的统计，魏晋南北朝史的研究成果，墓志和吴简成为该领域最为重要的新资料。③ 它们与正史资料、考古资料一起成为了解这个时期历史变迁最为基本的一手材料。

综上所述，魏晋南北朝城市史需要在新的理论方法与视野之下，利用新的资料，做出新的成绩。

---

① 韦正：《魏晋南北朝考古》，北京大学出版社 2013 年版。

② 罗宗真：《魏晋南北朝考古》，文物出版社 2019 年版。

③ 范兆飞：《2016 年的魏晋南北朝史研究》，《中国史研究动态》2017 年第 3 期，第 5—13 页。

第一章：魏晋南北朝时期城市体系的变迁

魏晋南北朝时期，游牧文明与中原农业文明发生了碰撞，战乱和内乱等导致中国城市受到了空前的全方位的破坏。同时，文明的碰撞与融合使魏晋南北朝时期在中国历史上出现了一次空前的城市建设运动，一批新的城市出现在中国历史舞台上。从统一到分裂，再到走向统一，魏晋南北朝时期城市体系也发生了巨大的变迁。①

魏晋南北朝时期，在政治动乱和民族文明的碰撞融合中出现了"地理大交流"。② 战乱中，城市不仅是政治经济中心，而且是人们逃避战乱的安全堡垒。在北方动乱中，城市往往成为不同集团对抗的地标。政治中心从一元走向多元，城市的类型和功能及形制较秦汉时期有所变迁。

在魏晋南北朝时期，北方先后出现了许都、邺城、平城、洛阳等多个中心城市和城市体系。南朝则以建康、荆州、成都等城市为中心形成了不同区域的中心城市体系。有日本学者围绕都城城市体系提出了"都城圈社会"的概念。③ 近年来，一些学者对地方城市体系进行了研究。④

相比于秦汉，魏晋南北朝时期城市体系的变迁，在层级上主要表现为中心多元化，在地方上主要体现为郡县二级体系转为州郡县三级体系，还出现了具有时代特色的军镇城镇体系，封国城市体系等也出现了新的变化。城市体系与政治分裂导致城市体系区域化分割，但不同政权间的互动交往以及交通的拓展依然使区域城市体系间有着密切的联系。

---

① 冯剑、何一民：《中国城市通史·秦汉魏晋南北朝卷》，四川大学出版社 2020 年版，第 25—42 页。

② 陈桥驿：《水经注论丛》，浙江大学出版社 2008 年版，第 412 页。陈桥驿先生认为中国在公元四世纪到六世纪之间，发生了一场规模庞大的"地理大交流"，它涉及数量巨大的人群，在自然地理环境和人文地理环境上的变异。在国际地学史上，也只有十五世纪以后的"地理大发现"才可与它相比。

③ 张学锋：《〈"都城圈"与"都城圈社会"研究文集〉——以〈六朝建康为中心〉编辑前言》，《晓庄学院学报》2020 年第 1 期，第 26—28 页。

④ 如颜信：《魏晋南北朝时期长江流域城市社会结构的特征》，《城市史研究》2020 年第 42 辑。张克诚：《两晋至隋唐时期山东地区城市体系及演变研究》，山东建筑大学博士论文，2019 年 6 月等。

一 魏晋十六国时期的城市体系

1. 分裂导致多元中心城市体系出现

中国古代王朝国家的空间控制方式,主要是通过控制核心区以控制全国。[①] 核心区的核心城市就是都城,而汉末核心区域及城市遭到了毁灭性的破坏,国家走向了分裂,魏晋南北朝时期城市体系出现了大变动。首先是从一元中心的城市体系,变成了多元中心时代。传统的中心城市长安、洛阳兴衰起伏,一些新兴的中心城市随着政权的变换而兴衰不定。

汉末的分裂导致城市体系的中心开始从一元走向了多元。三国时期,魏国的统治中心几经变化,从许都到邺城,最后还是回到了洛阳。古城成都成为蜀国城市体系的中心,吴国的中心则在建业和武昌之间移动。建业城在孙权的经营之下,开始成为魏晋六朝时期的中心城市。十六国时期,北方和南方都出现了多个中心城市,全国进入了大动乱大分裂的局面,北方先后出现了十几个政权。汉末到永嘉之乱期间,先后形成了以邺城、中山为轴心的汉文化中心区。[②] 南方也出现了几个新兴的中心城市,如建业、武昌、广州、成都等。

魏晋南北朝时期,因为国家分裂与战乱导致原来中央集权之下统一的城市空间等级体系完结了,取而代之的是因分裂而形成的不同区域中心城市空间。原来以关洛地区为核心的秦汉帝国瓦解了。到了魏晋时期,关中地区被视为荒残夷狄地区。[③]

三国时期,曹魏形成了以邺城和洛阳等所谓五都为中心的空间布局体系。196 年,曹操强行挟持汉献帝离开洛阳到许,许遂成为后汉的国都。许都城分内外二城,周围 15 里。220 年,曹丕将都城迁至洛阳。221 年,将许都改称许昌,作为陪都。与长安(西汉故都)、谯郡(曹操故里)、邺、洛阳合称"五都"。[④]

曹魏时期,洛阳为五都之一。220 年,曹丕从河北等地迁居民数万户到洛阳,并在汉宫的基础上重建洛阳宫城。先后修筑建始殿、凌云台、芳井园等,使洛阳宫城初具规模。魏明帝时期又修宗庙,并在东汉南宫崇德殿的旧

---

① 鲁西奇:《中国历史空间结构》,广西师范大学出版社 2014 年版,第 165 页。
② 李凭:《北魏平城时代》,社会科学文献出版社 2000 年版,第 282 页。
③ 鲁西奇:《中国历史空间结构》,广西师范大学出版社 2014 年版,第 48 页。
④ 何一民:《中国城市史》,武汉大学出版社 2012 年版,第 183 页。

基上修建太极殿，这是我国历史上皇宫正殿称太极殿的开始。此后又增修了一系列殿、阁、观、庙。229 年，魏明帝又征民工数万修筑京城。从而形成内城（宫城）、郭城（外城）的套城格局。外城呈东西宽，南北窄的长方形，城垣开有 12 道城门，门皆双阙。宫城在外城正中央，也呈长方形，设有四门。宫城内的宫殿由西向东分四排列，计 20 座。洛阳恢复了昔日的巍峨状观。① 曹操于 212 年为提高邺城地位，划 14 个县属魏郡，加上原有的 15 个县共 29 个县，为冀州境内第一大郡。② 为邺城日后的中心地位奠定了基础。

蜀国则以成都为中心，刘备在成都称帝后对成都城市加以改建。改建后的成都城垣周长 20 里、高 7 丈。刘禅好兴土木，在成都建造了大量的宫殿、楼阁，其巍峨壮观堪与长安、洛阳比美。③ 同时，以成都为中心，构建起了大城市区，“备于是起馆舍，筑亭障，从成都至白水关，四百余区。”④

吴国则在武昌与建业间构筑江南的政治空间布局。211 年，孙权自京口迁秣陵，改名建业。229 年，孙权称吴大帝，自武昌还都建业。孙权定都建业后，即开始大规模的建城活动。建业北依附舟山及玄武湖，南临秦淮河，东凭钟山西麓，西隔冶城山与石头城相望。吴国除修建业外，还先后对会稽、曲阿、吴、京口、武昌等城进行修筑。⑤

魏晋十六国时期，北方动乱，北方黄河流域核心城市一时衰落，人口的南迁导致南方城市经济有了发展。建康、广州、荆州、江州等南方城市都有了很大的发展。北方城市在经历了动乱后也有所恢复，邺城、中山、平城、凉州、统万、晋阳、龙城等城市则因其地方区域经济、战略中心的地位而成为区域政治中心。

十六国时期的都城

国名	城名	国名	城名
汉（前赵）	左国城、平阳、长安	前秦	长安
成汉	成都	后秦	长安、泥城
后赵	襄国、邺	后燕	中山、晋阳
前凉	姑臧	西燕	长安、长子

① 何一民：《中国城市史》，武汉大学出版社 2012 年版，第 183—184 页。
② 张旭华：《制度、经济与中原历史——魏晋南北朝史研究文集》，人民出版社 2018 年版，第 423 页。
③ 何一民：《中国城市史》，武汉大学出版社 2012 年版，第 185 页。
④ 《三国志》卷 32《蜀书·先主传》注引《典略》，第 887 页。
⑤ 何一民：《中国城市史》，武汉大学出版社 2012 年版，第 186 页。

续表

国名	城名	国名	城名
冉魏	邺	前燕	大棘城、龙城、蓟城、邺
南燕	滑台、广固	西秦	大夏、枹罕
大夏	统万城、上邽、平凉	西凉	酒泉
北凉	姑臧	北燕	龙城、昌黎
后凉	姑臧	代国	盛乐
南凉	廉川	北魏	盛乐
西平	平城		

（何一民:《中国城市史》,武汉大学出版社 2012 年版,第 189—190 页。）

此外,还有一个仇池国,是氐族的后裔,与“前秦苻氏、后凉吕氏、仇池杨氏同源于武都,即《后汉书·西南夷列传》所记载的白马氐。仇池杨氏从公元 196 年开始到公元 518 年,共 333 年。在初兴的杨茂搜、杨难敌和中兴的杨盛、杨难当时期最为繁盛。地方占有甘、陕、川等地。”①仇池国以仇池和武都一带为其统治中心。

为适应当时民族冲突与融合的需要,有的政权还采取双都制度,出现了双中心城市体系。如石勒“虽都襄国,又营邺宫。”②屈孑“定都统万。勒铭城南,颂其功德。以长安为南都。”③北魏的盛乐和平城,东魏北齐时期的邺城与晋阳都曾同时为都城。④

魏晋时期,一些原来处于边缘的城市,在战乱和分裂中崛起为区域中心城市。如左国城(今山西离石)汉为皋狼县,战略地位十分重要。140 年,南匈奴的南单于庭入驻该城,改名左国城,由此一度成为北方少数民族匈奴、鲜卑、羯、氐、羌的政治中心。⑤

后赵都城襄国(今河北邢台)也在十六国时期曾经有辉煌的发展。312 年,羯族人石勒率军进据襄国,以此为据点,不数年间,统一了北方。后来石勒自称大单于、赵王,以襄国为都城,史称后赵。赵国建立后,按都城规格对襄国进行大规模建设,前后经十八年建造才完工,称做建平大城。352 年,

① 李祖桓:《仇池国志》,书目文献出版社 1986 年版,第 7 页。

② 《魏书》卷 95《石勒传》,第 2050 页。

③ 《魏书》卷 95《屈孑传》,第 2057 页。

④ 崔彦华:《北魏前期“盛乐—平城”两都格局——兼论北魏金陵之所在》,《中国魏晋南北朝史学会会议论文集》2011 年。崔彦华:《“邺—晋阳”两都体制与东魏北齐政治》,《社会科学战线》2010 年第 7 期。

⑤ 何一民:《中国城市史》,武汉大学出版社 2012 年版,第 190—191 页。

冉闵灭后赵,刘显也曾在襄国称帝。①

龙城(今辽宁朝阳)在十六国时期先后作为前燕、后燕、北燕都城。咸康八年(342),慕容皝将都城由棘城迁移到了龙城。新建的宫殿命名为和龙宫。396年,后燕被北魏击败,退至龙城,众将拥幼主慕容熙为帝称大单于,旋即扩建龙城,修筑宫室,成为辽西的一座壮观的城市。东晋十六国时期,龙城作为前燕、后燕、北燕的都城和陪都长达百年之久。② 其作为慕容部落的宗教祭祀中心地位一直维持,成为慕容垂的旧都,以其"宗庙所在,复使会镇幽州,委以东北之重,高选僚属以崇威望。"③

夏国的都城统万城(今陕西省靖边县境内),位于鄂尔多斯草原南部的萨拉乌苏河畔。当时水草丰美,山川秀丽,气候宜人。407年,匈奴首领赫连勃勃建大夏国。413年,赫连勃勃以叱干阿利领将作大匠,发岭北十万之众,在朔方水北,黑水之南,营建都城。"或以山水,或以义立名,今都已建,万堵斯作,克成弗远,宜立美名",故而取名"统万城",寓"统一天下,居临万郡"之意。431年,赫连氏后裔争权内讧,北魏乘机灭掉夏国。统万城也随夏灭亡而衰败。536年,统万城为东魏攻陷而再遭严重破坏。④

长安曾先后成为前赵、前秦、后秦、西燕的都城。刘曜为重建长安,曾迁巴、氐等族20余万人充实长安,并试图大修宫殿城池,但只进行了一些简单的建设。因而,前赵时的长安,仅只是一个小城市。后赵时期,石勒曾派石苞代镇长安,"发雍、洛、秦、并州十六万人,修长安未央宫"。351年,前秦建立,苻健称帝,也以长安为都城。357年,苻坚建都长安后,也大兴土木,着力营建宫室。并先后迁燕地五宫百官及鲜卑万余户、关东豪强及其他少数民族十数万户到长安和关中地区。从而使长安又成为像样的都城。为后秦、西燕建都长安奠下基础。418年,赫连勃勃攻陷长安,改长安为"南台",长安失去小朝廷首都地位,城市又开始出现衰落。⑤

姑臧(今甘肃武威)先后为前凉、后凉都城,南凉、北凉也曾一度建都于此。姑臧位于甘肃武威,原名盖臧,为匈奴所筑,后音讹为姑臧。城呈龙形,故又名"卧龙城"。西汉建姑臧县,隶武威郡。东汉时为武威郡治所。因地处中西交通要道,发展较快,曹魏时置凉州,以姑臧为州治所。晋惠帝时,张轨大筑姑臧城。317年,张寔建前凉,以姑臧为都。张骏、张重华

① 何一民:《中国城市史》,武汉大学出版社2012年版,第191页。

② 何一民:《中国城市史》,武汉大学出版社2012年版,第191—192页。

③ 《晋书》卷124《慕容宝载记》,第3093页。

④ 何一民:《中国城市史》,武汉大学出版社2012年版,第192—193页。

⑤ 何一民:《中国城市史》,武汉大学出版社2012年版,第193—194页。

执政时,多次大规模修建了武威城,建灵钧台。仿照魏晋洛阳的规模和形制来建造姑臧。姑臧人文荟萃,经济繁盛。从而成为西北地区的政治、经济、文化中心。376年,前秦攻灭前凉,置凉州刺史,镇守姑臧,将前凉豪右七千余户徙往关中。386年,氐族贵族吕光建后凉,仍以姑臧为国都。后凉亡后,南凉国也一度将都城由乐都迁此。不久,北凉王沮渠蒙逊以步骑三万攻克姑臧,又将北凉国都由张掖迁此。①

泥城,位于陕西耀县。348年,后秦大将姚苌叛离苻坚,建后秦国,据泥城为都。姚苌在泥城先后修建秦王殿、魏王楼等宫殿楼阁,在宫殿外修城垣濠沟及军营堡寨等军事设施,其城邑的范围以今耀县金乡为中心。②

2. 地方州郡县城市体系

魏晋南北朝时期,地方城市体系变动主要体现为郡县二级体系转为州郡县三级体系。以郡县为主干的地方城市体系,因为北方草原民族的南下而呈现为州郡县与军镇二元城市体系。但随着文明的融合,军镇体系逐步退出了历史舞台。曹魏全境十二州,其中边境八州之中分置五个都督区,蜀在边缘诸郡也分置都督区。西晋在十九州之上又设了八个都督。都督区与州级行政区有上下统辖关系,还与州郡级行政区在地域上有交错现象。③

三国时期的州承袭东汉末期,成为实际上的一级城市层级,在郡之上。但是因为战乱,其规模则大打折扣,“虽有十二州,至于民数,不过汉时一大郡。”④州设置也有变动,“太祖时不置凉州,自三辅拒西域,皆属雍州。文帝即王位,初置凉州,以安定太守邹岐为刺史。”⑤因为战乱,郡县不断变动,“郡国县道多所置省,俄或还复,不可胜纪。”⑥变动的原因之一在于增加县数而便于控制。曹操在上《縻竺领嬴郡太守表》中指出:“泰山郡界旷远,旧多轻悍,权时之宜,可分五县为嬴郡,拣选清廉以为守将。偏将军縻竺,素履忠贞,文武昭烈。请以竺领嬴郡太守,抚慰吏民。”⑦曹魏时期在设置屯田区的地区,均有民屯机构和郡县政权机构两套组织系统并行存在。它们虽然同设在一个地区内,但各在不同地点设置治所,一般是民屯系统机构在所在城

① 何一民:《中国城市史》,武汉大学出版社2012年版,第195页。
② 何一民:《中国城市史》,武汉大学出版社2012年版,第196页。
③ 周振鹤:《中国历史政治地理十六讲》,中华书局2013年版,第58—59页。
④ 《三国志》卷14《魏书·蒋济传》,第453页。
⑤ 《三国志》卷15《魏书·张既传》,第474页。
⑥ 《三国志》卷4《魏书·少帝纪》,第127页。
⑦ 《三曹集》,岳麓书社1992年版,第44页。

外另建新城治事,如孙礼为荥阳典农都尉时,治所设在荥阳城东二十里的垂陇城,许昌典农都尉的治所设在颖阴县城东北。① 邓艾屯田开辟石鳖城。②

吴国也承袭了州郡体制并有所变动,"吴黄武五年,分交州之南海、苍梧、郁林、高梁四郡立为广州,俄复旧。永安六年,复分交州置广州,分合浦立合浦北部,以都尉领之。"③由于开疆拓土,东南、西南少数民族部落的征服,吴就新增置了三十个郡,蜀也增置了十三个郡。④ 增置郡县一般就会设置中心城市治所。

依照《晋书》的统计,三国时期,增置郡县分布的情况如下:"魏武定霸,三方鼎立,生宁版荡,关洛荒芜,所置者十二,新兴、乐平、西平、新平、略阳、阴平、带方、谯、乐陵、章武、南乡、襄阳。所省者七,上郡、朔方、五原、云中、定襄、渔阳、庐江。而文帝置七,朝歌、阳平、弋阳、魏兴、新城、义阳、安丰。明及少帝增二,明,上庸也;少,平阳也。得汉郡者五十四焉。蜀先主于汉建安之间初置郡九,巴东、巴西、梓潼、江阳、汶山、汉嘉、硃提、宕渠、涪陵。后主增二,云南、兴古。得汉郡者十有一焉。吴主大皇帝初置郡五,临贺、武昌、珠崖、新安、庐陵南部。少帝、景帝各四,少,临川、临海、衡阳、湘东。景,天门、建安、建平、合浦北部。归命侯亦置十有二郡,始安、始兴、邵陵、安成、新昌、武平、九德、吴兴、东阳、桂林、荥阳、宜都。得汉郡者十有八焉。"⑤

晋书中州郡县体系记载三国时期州郡县的变迁

序号	州名	沿革
1	司州	魏氏受禅,即都汉宫,司隶所部河南、河东、河内、弘农并冀州之平阳,合五郡,置司州。
2	豫州	魏武分沛立谯郡,魏文分汝南立弋阳郡。
3	平州	后汉末,公孙度自号平州牧。及其子康、康子文懿并擅据辽东,东夷九种皆服事焉。魏置东夷校尉,居襄平,而分辽东、昌黎、玄菟、带方、乐浪五郡为平州,后还合为幽州。及文懿灭后,有护东夷校尉,居襄平。
4	并州	灵帝末,羌胡大扰,定襄、云中、五原、朔方、上郡等五郡并流徙分散。建安十八年,省入冀州。二十年,始集塞下荒地立新兴郡,后又分上党立乐平郡。魏黄初元年,复置并州,自陉岭以北并弃之。

① 余鹏飞:《三国经济史》,河南大学出版社 1992 年版,第 159 页。
② 余鹏飞:《三国经济史》,河南大学出版社 1992 年版,第 203 页。
③ 《晋书》卷 15《地理志下》,中华书局 1974 年版,第 466 页。
④ 何兹全:《魏晋南北朝史略》,北京出版社 2018 年版,第 28 页。
⑤ 《晋书》卷 14《地理志上》,中华书局 1974 年版,第 405—407 页。

续表

序号	州名	沿革
5	雍州	献帝时又置雍州,自三辅距西域皆属焉。魏文帝即位,分河西为凉州,分陇右为秦州,改京兆尹为太守,冯翊、扶风各除左右,仍以三辅属司隶。
6	凉州	献帝时,凉州数有乱,河西五郡去州隔远,于是乃别以为雍州。末又依古典定九州,乃合关右以为雍州。魏时复分以为凉州,刺史领戊己校尉,护西域,如汉故事,至晋不改。
7	秦州	魏始分陇右置焉,刺史领护羌校尉,中间暂废。及泰始五年,又以雍州陇右五郡及凉州之金城、梁州之阴平,合七郡置秦州,镇冀城。
8	梁州	献帝初平六年,以临江县属永宁郡。建安六年,刘璋改永宁为巴东郡,分巴郡垫江置巴西郡。刘备据蜀,又分广汉之葭萌,涪城、梓潼、白水四县,改葭萌曰汉寿,又立汉德县,以为梓潼郡;割巴郡之宕渠、宣汉、汉昌三县宕渠郡,寻省,以县并属巴西郡。
9	益州	灵帝又以汶江、蚕陵、广柔三县立汶山郡。献帝初平元年,刘璋分巴郡立永宁郡。建安六年,改永宁为巴东,以巴郡为巴西,又立涪陵郡。二十一年,刘备分巴郡立固陵郡。蜀章武元年又改固陵为巴东郡,巴西郡为巴郡,又分广汉立梓潼郡,分犍为立江阳郡,以蜀郡属国为汉嘉郡,以犍为属国为硃提郡。刘禅建兴二年,改益州郡为建宁郡,广汉属国为阴平郡,分建宁永昌立云南郡,分建宁〈片羊〉柯立兴古郡,分广汉立东广汉郡。魏景元中,蜀平,省东广汉郡。
10	宁州	
11	荆州	后汉献帝建安十三年,魏武尽得荆州之地,分南郡以北立襄阳郡,又分南阳西界立南乡郡,分枝江以西立临江郡。及败于赤壁,南郡以南属吴,吴后遂与蜀分荆州。于是南郡、零陵、武陵以西为蜀,江夏、桂阳、长沙三郡为吴,南阳、襄阳、南乡三郡为魏。而荆州之名,南北双立。蜀分南郡,立宜都郡,刘备没后,宜都、武陵、零陵、南郡四郡之地悉复属吴。魏文帝以汉中遗黎立魏兴、新城二郡,明帝分新城立上庸郡。孙权分江夏立武昌郡,又分苍梧立临贺郡,分长沙立衡阳、湘东二郡。孙休分武陵立天门郡,分宜都立建平郡。孙皓分零陵立始安郡,分桂阳立始兴郡,又分零陵立邵陵郡,分长沙立安成郡。荆州统南郡、武昌、武陵、宜都、建平、天门、长沙、零陵、桂阳、衡阳、湘东、邵陵、临贺、始兴、始安十五郡,其南阳、江夏、襄阳、南乡、魏兴、新城、上庸七郡属魏之荆州。
12	扬州	献帝兴平中,孙策分豫章立庐陵郡。孙权又分豫章立鄱阳郡,分丹杨立新都郡。孙亮又分豫章立临川郡,分会稽立临海郡。孙休又分会稽立建安郡。孙皓分会稽立东阳郡,分吴立吴兴郡,分豫章、庐陵、长沙立安成郡,分庐陵立庐陵南部都尉,扬州统丹杨、吴、会稽、吴兴、新都、东阳、临海、建安、豫章、鄱阳、临川、安成、庐陵南部十四郡。江西庐江、九江之地,自合肥之北至寿春悉属魏。

续表

序号	州名	沿革
13	交州	桓帝分立高兴郡,灵帝改曰高凉。建安八年,张津为刺史,士燮交趾太守,共表立为州,乃拜津为交州牧。十五年,移居番禺,诏以边州使持节,郡给鼓吹,以重城镇,加以九锡六佾之舞。吴黄武五年,割南海、苍梧、郁林三郡立广州,交趾、日南、九真、合浦四郡为交州。戴良为刺史,值乱不得入,吕岱击平之,复还并交部。赤乌五年,复置珠崖部。永安七年,复以前三郡立广州。及孙皓,又立新昌、武平、九德三郡。蜀以李恢为建宁太守,遥领交州刺史。晋平蜀,以蜀建宁太守霍弋遥领交州,得以便宜选用长吏。
14	广州	吴黄武五年,分交州之南海、苍梧、郁林、高梁四郡立为广州,俄复旧。永安六年,复分交州置广州,分合浦立合浦北部,以都尉领之。孙皓分郁林立桂林郡。

(资料来源:《晋书》卷14《地理志上》,第406—407页。)

晋代统一后,州郡体系进一步推广到全国,数目较前代有所扩大,"凡十九州,司、冀、兖、豫、荆、徐、扬、青、幽、平、并、雍、凉、秦、梁、益、宁、交、广州。郡国一百七十三,仍吴所置二十五,仍蜀新置十一,仍魏所置二十一,仍汉旧九十三,置二十三。"①

八王之乱,周边少数民族乘机入主中原,北方不久就进入动乱的十六国时期,州郡体系出于政治军事需要也大有变动,如北方政权沮渠蒙逊"僭号河西王。……分荆州十郡置湘州。"②东晋在江南"改元建武割有扬、荆、梁三州之土,因其故地,分置十数州及诸郡县,郡县户口至有不满百者。"③后来也进行过合并改建,"然今江南六州之土,尚又荒残,方之平日,数十分之一耳。三省军校无兵者,九府寺署可有并相领者,可有省半者,粗计闲剧,随事减之。荒残之县,或同在一城,可并合之。"④

3. 封国与属国城市体系

曹魏有一些分封的诸侯王,如"太和六年,改封诸王,皆以郡为国,据复封彭城。"⑤孙吴也有诸侯国的建制,"凡十一王,王给三千兵。"⑥曹丕对分封制度进行了改革,颁布《改封诸王为县王诏》:"先王建国,随时而制。汉

① 《晋书》卷14《地理志上》,第407—408页。
② 《晋书》卷19《安帝恭帝》,第263页。
③ 《魏书》卷96《司马叡传》,第2092—2093页。
④ 《晋书》卷67《温峤传》,第1788—1789页。
⑤ 《三国志》卷20《魏书·武文世王公传》,第581页。
⑥ 《三国志》卷48《蜀书·嗣主传》,第1170页。

祖增秦所置郡，至光武以天下损耗，并省郡县。以今比之，益不及焉。其改封诸王皆为县王。”①

西晋建立后，许多官员要求实行分封制度，以吸取历史经验，拱卫皇权，诸侯城市体系形成：“大晋诸王二十余人，而公侯伯子男五百余国。”②诸侯城市体系的结构如下：“晋文帝为晋王，命裴秀等建立五等之制，惟安平郡公孚邑万户，制度如魏诸王。其余县公邑千八百户，地方七十五里；大国侯邑千六百户，地方七十里；次国侯邑千四百户，地方六十五里；大国伯邑千二百户，地方六十里；次国伯邑千户，地方五十五里；大国子邑八百户，地方五十里；次国子邑六百户，地方四十五里；男邑四百户，地方四十里。武帝泰始元年，封诸王以郡为国。邑二万户为大国，置上下中下三军，兵五千人；邑万户为次国，置上军下军，兵三千人；五千户为小国，置一军，兵千五百人。王不之国，官于京师。罢五等之制，公侯邑万户以上为大国，五千户以上为次国，不满五千户为小国。太康元年，平吴，大凡户二百四十五万九千八百四十，口一千六百一十六万三千八百六十三。而江左诸国并三分食一，元帝渡江，太兴元年，始制九分食一。”③西晋的分封制度也是食邑，但是与军权相联系，这就为八王之乱埋下了伏笔。④

曹魏部分承袭了东汉的属国城市体制，“魏兴，西域虽不能尽至，其大国龟兹、于寘、康居、乌孙、疏勒、月氏、鄯善、车师之属，无岁不奉朝贡，略如汉氏故事。……逾乌丸、骨都，过沃沮，践肃慎之庭，东临大海。”⑤在西域曹魏也继续了属国的治理方式，设立校尉，“顷者西域外夷并款塞内附，其遣使者抚劳之。’是后西域遂通，置戊己校尉。”⑥在西部对待羌和氐族等少数民族，建立了一些属国，“苏则，太祖崩，西平麹演叛，称护羌校尉。则勒兵讨之。演恐，乞降。文帝以其功，加则护羌校尉，赐爵关内侯。”⑦对待氐族人，曹魏也采取了属国的治理形式，“氐人皆降。国家分徙其前后两端者，置扶风、美阳，今之安夷、抚夷二部护军所典是也。”⑧在东北，“建武二十五年，乌丸大人郝旦等九千余人率众诣阙，封其渠帅为侯王者八十余人，使居塞内，布列辽东属国、辽西、右北平、渔阳、广阳、上谷、代郡、雁门、太原、朔方

① 《三曹集》，岳麓书社1992年版，第132页。
② 《晋书》卷48《向雄传》，第1348—1349页。
③ 《晋书》卷14《地理志上》，第413—415页。
④ 周一良：《魏晋南北朝史札记》，中华书局1985年版，第157页。
⑤ 《三国志》卷30《魏书·东夷传》，第840页。
⑥ 《三国志》卷2《魏书·文帝纪》，第79页。
⑦ 《三国志》卷16《魏书·苏则传》，第491页。
⑧ 《三国志》卷30《魏书·东夷传》注《魏略西戎传》，第858—859页。

诸郡界,招来种人,给其衣食,置校尉以领护之,遂为汉侦备。"①曹魏少帝五年,为安置内附的鲜卑人"置辽东属国,立昌黎县以居之。"②

西晋统一后,四周也布列了四夷属国城市体系"是以东夷西戎,南蛮北狄,狂狡贪悍,世为寇雠者,皆感义怀惠,款塞内附,或委命纳贡,或求置官司。"③"凡四夷入贡者,有二十三国。"④十六国时期,西域依然从属于一些北方政权,如沮渠蒙逊灭亡凉政权后,"鄯善王比龙入朝,西域三十六国皆称臣贡献。"⑤

4. 军镇城市体系的设立

晋代开始出现了军镇的设置,"大司马王浚承制假立太子,置百官,署征镇。"⑥十六国动乱时期,五胡政权出于政治军事需要而逐步开创拓展了具有民族特点的军镇体系。张平"跨有新兴、雁门、西河、太原、上党、上郡之地,垒壁三百余,胡晋十余万户,遂拜置征、镇,为鼎峙之势。"⑦"广阿泽在定、冀、相三州之界,土广民稀,多有寇盗,乃置镇以静之。"⑧到了前秦苻坚形成了较为完整的军镇体系,"洛既平,坚以关东地广人殷,思所以镇静之……分三原、九嵕、武都、汧、雍十五万户于诸方要镇……领护鲜卑中郎将,镇龙城;大鸿胪韩胤领护赤沙中郎将,移乌丸府于代郡之平城;中书令梁谠为安远将军、幽州刺史,镇蓟城;毛兴为镇西将军、河州刺史,镇枹罕;王腾为鹰扬将军、并州刺史,领护匈奴中郎将,镇晋阳;二州各配支户三千;苻晖为镇东大将军、豫州牧,镇洛阳;苻睿为安东将军、雍州刺史,镇蒲坂。"⑨一些附属前秦的民族政权也成为军镇体系的一部分,苻坚"分诸氐羌为二十部护军,各为镇戍,不置郡县。"⑩

北方因战乱,出现了一系列坞堡之类的防御性的军事堡垒,为防御而兴建的坞、堡、戍、垒城大量出现,加上州城、县城为增强其防御功能,每加以增

① 《三国志》卷30《魏书·乌丸传》注引《魏书》,第833页。
② 《三国志》卷4《魏书·少帝纪》,第120页。
③ 《晋书》卷2《景帝文帝》,第40页。
④ 《晋书》卷97《四夷》,第2530页。
⑤ 《宋书》卷98《氐胡》,第2414页。
⑥ 《晋书》卷5《孝怀帝孝愍帝》,第123页。
⑦ 《晋书》卷110《慕容俊载记》,第2839—2940页。
⑧ 《魏书》卷51《韩茂传》,第1129页。
⑨ 《晋书》卷113《苻坚载记上》,第2903页。
⑩ 《魏书》卷101《氐传》,第2227—2228页。

固、拓筑，是此一时期筑城的两个特色。①

曹操统一北方后，大部分坞堡消失。十六国时期又急剧增加。北魏统一后减少，江南在侯景之乱时出现较多的坞堡，之后绝迹。②

坞垒的修筑是魏晋南北朝时期新现象，为战乱与南北文明碰撞而形成，它的产生基于东汉以来地主大土地所有制及其部曲佃客制的发展，以及封建宗法思想和以血缘和地域为核心的宗乡观念。③ 坞堡的人口较多，小者数百千家，多的达十万人。部分坞堡是政府要求人们修筑的，因为州县府城无法保护人们。④ 还有一些是民间人们为自保而修筑。十六国时期，坞堡政治上在晋王朝和北方游牧民族之间摇摆，实为自身安全而拥众自立，“三辅豪右多杀其令长，拥三十余壁”。⑤ 一些地方的豪强地主庄园经济变成了军事化的坞壁，坞壁里的生产者同时又是私人武装，必要时，部曲、佃客奴僮、宗族都可作战，保护庄园。经济的军事化说明两种文化冲突的尖锐化。⑥

关于坞堡等军事堡垒是否为城市的问题，学术界还有一些不同的看法。一些学者认为，“坞堡是小规模的城，是州县之外，人们自保的单位。石季龙时期，上郡之地，垒壁三百余，胡晋十余万户。”⑦从聚到村，是魏晋南北朝时期聚落形态发生的一次重大变化。聚到村是自然变迁，屯和坞堡也演变成村落。⑧ 唐长孺认为坞堡就是一个大军营，镇所统之户即是军营所统之户。没有郡县隶属关系，没有军治和民治的分别。就是一个统治人民的基层组织。⑨ 陈寅恪认为坞堡自给自足，城大坞小。南朝商业与城市都较发达。北朝则以农业与坞为重要。⑩ 谷霁光指出小城叫做坞，垒则更着重于军事设置。……大的坞主，在坞垒联合基础上据有大的城隍，又与城主无别。坞垒的形式，再推广一些，就有所谓保聚。⑪ 还有的学者认为坞堡等壁

① 刘淑芬：《六朝的城市与社会》，台北：台湾学生书局 1992 年版，第 355 页。
② 任重、陈仪：《魏晋南北朝城市管理研究》，中国社会科学出版社 2003 年版，第 27 页。
③ 赵克尧：《论魏晋南北朝的坞壁》，《历史研究》1980 年第 6 期。
④ 刘淑芬：《六朝的城市与社会》，台北：台湾学生书局 1992 年版，第 371—373 页。
⑤ 《晋书》卷 107《石季龙下》，第 2790 页。
⑥ 李红艳：《十六国北朝时期草原文化与山东文化的冲突与合和》，殷宪、马志强：《北朝研究》（第二辑），北京燕山出版社 2008 年版，第 234 页。
⑦ 刘淑芬：《六朝的城市与社会》，台北：台湾学生书局 1992 年版，第 369 页。
⑧ 张旭华：《制度、经济与中原历史——魏晋南北朝史研究文集》，人民出版社 2018 年版，第 431 页。
⑨ 任重、陈仪：《魏晋南北朝城市管理研究》，中国社会科学出版社 2003 年版，第 24 页。
⑩ 陈寅恪著，万绳楠整理：《魏晋南北朝史讲演录》，黄山书社 1987 年版，第 140—141 页。
⑪ 谷霁光：《府兵制度考释》，上海人民出版社 1962 年版，第 79—80 页。

垒城市化的倾向,是附近城市的补充,都以城市为中心,战后多为乡村。它们本质上是军事性的城堡。战乱是它们出现的原因,具有一定的地方自治的色彩。① 刘淑芬认为坞堡是六朝筑城运动中的一环,可以称为小城。北方修建长城也是此时筑城运动的一个部分。②

魏晋以来,豪宗强族普遍修筑坞堡营垒,即所谓营垒、所在囤聚。他们自号太守、刺史,各据一城,各为坞主。③ 坞堡堡垒的统治者的合法性有的得到了北魏政权的承认,形成了后来的宗主督护制度。如北魏时期安同"筑坞于宋子,以镇静郡县。"④但也有一些军事性的堡垒发展成为城市的,如位于西北军事贸易要地的高昌原来称为高昌壁,随着内地制度文明传播,高昌逐渐发展为高昌郡的中心治所。⑤ 有些城市因为其重要的战略地位也坞堡化,如武昌城在湖北鄂州市区,在汉代鄂县城基础上建立,为一大军事堡垒,为低矮的临江山城,规划手法与铁瓮和石头城相似。⑥

堡是临时营聚的,以城为其枢纽;北魏的城多与军、镇、防、戍相联系。⑦坞堡有的具有城的规模,有的日后发展成为州县城。如东晋的大栅坞,北魏太武帝时期成为豫州的州治。⑧ 坞堡无疑是魏晋南北朝时期具有一定聚落性质的基层组织,随着时代的发展,坞堡具有不同的特点,有的发展为城市,有的消失,可见坞堡可以说是初级城市。如白超垒或白超坞,东魏筑为城,故名白超城。⑨ 魏晋南北朝时期的动乱为坞堡的形成与发展提供了社会环境,坞堡是维护地方安定的一个重要工具,在不同的时代,不同地区也会有地域上的特色。中国坞堡林立时期可以与中世纪的欧洲城堡相比较,两者有许多相似之处。

出于战争的需要,魏晋南北朝时期军事性城市增加,出现一些纯粹的军事性城市。如曲城、陈仓城、武川镇城、郭公城、函谷道旧城、方伯堆城、虎牢、临齐城、六壁城、石门城、青泥城、缘淮诸城等。

---

① 任重、陈仪:《魏晋南北朝城市管理研究》,中国社会科学出版社 2003 年版,第 19—21 页。

② 刘淑芬:《六朝的城市与社会》,台北:台湾学生书局 1992 年版,第 371—373 页。

③ 谷霁光:《府兵制度考释》,上海人民出版社 1962 年版,第 271 页。

④ 《魏书》卷 30《安同传》,第 712 页。

⑤ 唐长孺:《魏晋时期有关高昌的一些资料》,唐长孺:《山居存稿》,武汉大学出版社 2013 年版,第 309 页。

⑥ 韦正:《魏晋南北朝考古》,北京大学出版社 2013 年版,第 40 页。

⑦ 任重、陈仪:《魏晋南北朝城市管理研究》,中国社会科学出版社 2003 年版,第 26 页。

⑧ 刘淑芬:《六朝的城市与社会》,台北:台湾学生书局 1992 年版,第 370 页。

⑨ 罗新、叶炜:《新出魏晋南北朝墓志疏证》,中华书局 2005 年版,第 394 页。

城市史中关于城市是从城而来还是从市而来，有着不同的见解。① 魏晋南北朝时期许多城市都是从军事堡垒而逐渐发展为城市。西域的一些城市也是如此，如交河故城从最初的军事堡垒变成最后的宗教圣地，期间经历了多次大规模的改建，每次都在不同的指导思想之下进行，建筑技术和材料也发生了革命。②

二 南北朝时期的城市体系

1. 中心城市的变迁

北朝时期，平城、洛阳、长安、邺城等先后为城市体系的中心，南方的建康成为南朝城市体系的中心。建康城由郭城、都城（京师）、宫城（台城）构成，之外有石头城、西州、东府以及秣陵和丹阳等州治作为外围。③ 逐步形成了以建康为中心的都城城市圈。

北魏之初，建筑都城，猗卢以盛乐为北都，于大同南筑小平城，统领南部，南部以晋人为多。④ 初步构建了自己的城市体系，体现了建国初期不同族群分治的构思。之后移都平城，在桑干河盆地建成了以平城为中心的城市体系。孝文帝迁都洛阳后，洛阳再度成为北方的城市体系中心。一些区域城市体系在混战中不断变换归属。⑤ 而北魏分裂后，北齐的晋阳和邺城为其政治中心，而北周的中心则在长安。

北魏时期，大体先后经历了平城和洛阳两个中心体系时代。北魏政权建立初期还不愿定居城市，后来逐渐南下，定都建制，都城不断变动，但一直是南北双都。晋代拓跋部落“从琨求句注陉北地。琨大喜，乃徙马邑、阴馆、楼烦、繁畤、崞五县人于陉南，更立城邑，尽献其地。东接代郡，西连西河、朔方数百百。帝乃徙十万家以充之。”⑥之后“城盛乐以为北都，修故平城以为南都。帝登平城西山，观望地势，乃更南百里，于㶟水之阳黄瓜堆筑新平城，晋人谓之小平城。使子六修镇之，统领南部。”⑦后来“桓帝中子惠

① 参见李月：《刘易斯·芒福德及其城市理论》，《都市文化研究》2014 年第 2 期。

② 李肖：《交河故城的形制布局》，文物出版社 2003 年版，第 272 页。

③ 贺云翱：《六朝瓦当与六朝都城》，文物出版社 2005 年版，第 84 页。

④ 何兹全：《魏晋南北朝史略》，北京出版社 2018 年版，第 127 页。

⑤ 罗新、叶炜：《新出魏晋南北朝墓志疏证》，中华书局 2005 年版，第 163 页。

⑥ 《北史》卷 1《魏本纪》，第 5 页。

⑦ 《北史》卷 1《魏本纪》，第 5 页。

帝贺傉立，……四年，帝始临朝，以诸部人情未悉款顺，乃筑城于东木根山，徙都之。”①平城成为北都，而洛阳成为南都，南北分立也成为北魏内部矛盾对立的滥觞。

平城时代离散诸部，与它相伴随的分土、定居、使役等措施是拓跋珪推行的最有积极意义的改革。② 离散诸部后四方四维置八部帅监督的京畿之地的范围就在地理上大同盆地。③ 北魏建国之初将大同盆地及其周围山区划分为畿内与畿外两个区域，在畿内，安置的是内徙新民和经离散后的部民，他们在那里主要从事农业生产；在畿外，安置的是未被离散的游牧部落，他们继续从事游牧活动。无论是畿内还是畿外，都被划分为四方四维归八部大夫管理，畿外的四方四维归八部帅监督。④ 平城畿内附近形成了一个经过规划的城市体系，就是雁门郡所在地。这里的大同盆地与周围地区相阻隔，使这里有利于政治上的统治和军事上的攻防。⑤

平城畿内城邑的发展过程主要有三个阶段：第一阶段为道武帝、明元帝和太武帝三代，恢复了秦汉以来大部分旧县建置的州郡县三级行政体系。第二阶段到迁都洛阳为止，周边的城邑 17 个县级以上城邑，6 个是新建的，是雁北城邑的大发展阶段。迁都洛阳后是第三个阶段，孝昌年间战乱后大部分成为废墟。⑥

雁北城邑分布的特点是都位于平城与其他地区特别是中原地区联系的交通干线上，恰似一把面向东南方向展开的折扇，平城位于扇柄，其他城市位于扇骨上。这样布局非常有利于与其他地区尤其是中原地区交往，也反过来推动了平城畿内城邑的发展。平城畿内城邑最密集的地区是桑干河上游地区。在黄水河与浑河在内的狭长谷地内分布了 7 座城市，也是计口授田和更选屯卫的中心地区，是成为畿内后发展最早和最快的地区。⑦

四世纪初到五世纪末，平城与各地形成了重要的交通网。其一条是自平城出发经长川、牛川、白道而通往漠北的道路。还有一条翻越句注山、雁门关、沿河南下的路线。对西域方面，则有一条经过鄂尔多斯沙漠东南边缘地区，沿秦州路和河西路通往西域各国的道路。对东方各方面而言，可以从

① 《北史》卷 1《魏本纪》，第 6 页。
② 李凭：《北魏平城时代》，社会科学文献出版社 2000 年版，第 4 页。
③ 李凭：《北魏平城时代》，社会科学文献出版社 2000 年版，第 53 页。
④ 李凭：《北魏平城时代》，社会科学文献出版社 2000 年版，第 59 页。
⑤ 李凭：《北魏平城时代》，社会科学文献出版社 2000 年版，第 285 页。
⑥ 李凭：《北魏平城时代》，社会科学文献出版社 2000 年版，第 341—342 页。
⑦ 李凭：《北魏平城时代》，社会科学文献出版社 2000 年版，第 345 页。

上谷、密云、龙城前往,也可以由阳高、天镇、张家口而由多伦转往。东南方有一条南下经过浑源县,过当时的沙泉、灵丘等,沿滱水东南下,翻过马关,到达中山城,达到河北平原的大门,将北魏国家的根据地与至关重要的河北农业区联系在一起。通过这些交通网络,平城成为物资的集散地和各族人们的聚居地,发挥着作为国际城市的特殊作用。①

洛阳可谓是中国都城中的都城,长久以来一直被视为中国、中华的中心。② 北魏孝文帝迁都洛阳,命令李冲等重建洛阳,经过多年大规模的营建,洛阳重新恢复了昔日巍峨壮观的规模,甚至胜过汉魏时期。

重要城市的空间往往不单单包括这个城市,还有周边的城市群,如邺城因其重要的地缘政治优势,成为这个时期兴起的重要政治中心。从袁绍开始经营邺城,到曹魏、石赵、冉魏、前燕以及东魏、北齐等都以之为中心,北魏时期,邺城也是具有重要地位的中心城市之一。邺城在北魏置相州治,辖魏郡、广平、阳平、汲郡、顿丘、清河等六郡。③ 形成一个以邺城为中心的城市群,在魏晋南北朝时期,一度聚集了大量的人口,成为民族文明交流的中心地区之一。虽然经历多次战火,反复兴衰,但在这个时期,邺城无疑是北方最为重要的政治中心城市之一。④

东晋南朝时期,存在着以南京为核心的长江下游的江南地区、武昌和成都为中心的长江中上游的荆州和益州地区以及以广州为中心的南方地区等三大主要区域。

以南京为核心的江南地区,形成了城市群,“京尹虽居都邑,而境壤兼跨,广袤周轮,几将千里。萦原抱隰,其处甚多。”⑤南京的地理区位优势是守中与制衡。守中是指建康处在几个大的区域单元之间,以它为中心,南方城市分布格局与区域交通网呈 T 字形展开。⑥ 建康是一座消费城市,粮食、财赋、商品和人口则主要来自富庶的吴会地区。⑦ 建康既是六朝时期南中国的都城,也是扬州的治所所在,还是丹阳郡和丹阳郡治下几个县的驻地。在城市空间形态上,建康是散布在秦淮河河谷平原地带的一组城市(城垒)

① 前田正名著,李凭、孙耀、孙蕾译:《平城历史地理学研究》,书目文献出版社 1994 年版,第 115 页。

② [日]川本芳昭著,余晓潮译:《魏晋南北朝:中华的崩溃与扩大》,广西师范大学出版社 2014 年版,第 13 页。

③ 牛润珍:《古都邺城研究——中世纪东亚都城制度探源》,中华书局 2015 年版,第 145 页。

④ 参见牛润珍:《古都邺城研究——中世纪东亚都城制度探源》,中华书局 2015 年版。

⑤ 《南齐书》卷 40《武十七王》,第 694 页。

⑥ 陈刚:《六朝建康历史地理及信息化研究》,南京大学出版社 2012 年版,第 72 页。

⑦ 陈刚:《六朝建康历史地理及信息化研究》,南京大学出版社 2012 年版,第 81 页。

空间组合。它的中心地带在秦淮河下游北岸的都城的空间组合。包括台城和南岸的长干里一带,再加上西面的石头城、西州城和东面的清溪、秦淮河之间的东府城。[①] 建康秦淮河北岸为建康县,南岸为秣陵县,当时整个城市的范围为:"西至石头,东至倪塘,南至石子冈,北过蒋山。东西南北各四十里。"[②]建康县—丹阳郡—扬州是以行政等级为标准划分的区域空间。[③] 卢海鸣考证了六朝台城位置较为准确地代表了台城在大行宫一带的观点。建康都城在六朝时期可能并没有较为完整的城墙存在,可能是由一组子城包括石头城、白下垒、东府城、西州城、丹阳郡、太子东宫、冶城、仓城等一系列堡垒、府县构成的一个城市体系。[④] 建康市区的大致面积在 96 平方公里左右。[⑤] 建康城周围还建有一些卫星城。东南四里有东府城,城周 3 里,是东晋以来宰相办公的地方。城西南冶城附近建有西州城,是诸王府和扬州刺史的治所。域南秦淮河南岸是丹阳郡城,另外城西是石头城。随着经济发展和人口增加,城与城之间也成为市民居住区和商市及手工业作坊。为了安置北方大量南下的人口,在建康附近还先后设了琅琊、淮南、广州、高阳、堂邑、南东海、南兰陵、南东平等 9 个侨郡,其中琅琊下属临沂、即丘、阳都、怀德四个侨县均在建康近郊,并有县城,从而形成了以建康为中心的城市群。[⑥] 从南京外围区域看来,大江以北有寿阳、历阳、广陵,大江以西有芜湖、姑孰、丹阳、秣陵,大江以东有江乘、京口、曲阿、句容,这些城市组成了完整的区域城市网络和外围军事环卫体系。以城市自身或紧邻而言,都城之外又有众多城垒,如石头城、白下垒、新亭垒、西州城、东府城、丹阳郡城、冶城等环绕,如众星捧月共同构成建康的城市空间格局。这样使南京具有了制衡南方区域的政治军事和经济格局的优势地位。[⑦] 南京下游的京口根本在广陵。广陵不固,京口之势危殆;京口之防或疏,建康之危立至。[⑧] 彭城是江淮北部边境的门户要地,六朝时常于此设兖州。[⑨] 这样以建康为中心,将南方政权的疆域划分为上游的荆益地区、下游的吴会地区、江北的

---

① 陈刚:《六朝建康历史地理及信息化研究》,南京大学出版社 2012 年版,第 5 页。

② (宋)乐史撰,王文楚等点校:《太平寰宇记》卷 90《江南东道二·昇州》,中华书局 2007 年版,第 1774 页。

③ 陈刚:《六朝建康历史地理及信息化研究》,南京大学出版社 2012 年版,第 81 页。

④ 陈刚:《六朝建康历史地理及信息化研究》,南京大学出版社 2012 年版,第 195 页。

⑤ 陈刚:《六朝建康历史地理及信息化研究》,南京大学出版社 2012 年版,第 128 页。

⑥ 何一民:《中国城市史》,武汉大学出版社 2012 年版,第 210—211 页。

⑦ 陈刚:《六朝建康历史地理及信息化研究》,南京大学出版社 2012 年版,第 72 页。

⑧ 陈刚:《六朝建康历史地理及信息化研究》,南京大学出版社 2012 年版,第 70 页。

⑨ 陈刚:《六朝建康历史地理及信息化研究》,南京大学出版社 2012 年版,第 71 页。

徐兖地区。[①]

六朝历代政权，均以据有荆州及益州为国本。只有巩固这两个经济与军事要区，则上游的物资民力可用，而大江天堑形势才足以凭依，这是保障南国疆域安全的首要大事。[②] 张弘策曾这样分析这一地区的重要性："以郢州居中流之要，雍部有戎马之饶，卿兄弟英武，当今无敌，虎据两州，参分天下，纠合义兵，为百姓请命，废昏立明，易于反掌。"[③]

以广州（番禺）为中心城市的岭南地区成为对外贸易交流的重要口岸，与远到波斯的域外各国往来密切，财富丰厚，成为一大都会，进而成为南方的区域政治中心。到了南朝时期，广州城市与各地有了更为密切的联系，"陈朝是第一个发端于岭南的政权，……这反映了汉民族从江南延伸至福建、广东等南方世界，与当地各民族融合这样一种中国历史的大趋势。"[④]

2. 郡县城市体系的变迁

南北朝时期，南北依然各自以州郡县体系为主体形成地方城市体系。北方承袭了固有的州郡体系，是文明融合的表现。四世纪末北魏占据河北地区之后，即在其统治区域确立起以州郡县制度为主体的地方行政体制，之后随着统治区域的扩大，不断调整。[⑤] 北魏"凡分魏、晋旧司、豫、青、兖、冀、并、幽、秦、雍、凉十州地，及宋所失淮北为三十八州矣。"[⑥]《魏书·地形志》记载 111 个州[⑦]，之下为郡、县，形成了庞大的州郡县体系。北魏郡县有大小之别："京畿百年以上给大郡板，九十以上给小郡板，八十以上给大县板，七十以上给小县板。"[⑧]"初限县户不满百罢之。"[⑨]北齐时期高洋下诏整顿州郡设立："豪家大族，鸠率乡部，托迹勤王，规自署置。或外家公主，女谒内成，昧利纳财，启立州郡。离大和小，本逐时宜，剖竹分符，盖不获已"，以至于"百室之邑，便立州名；三户之民，空张郡目。"[⑩]"于是并省三州、一百

① 陈刚：《六朝建康历史地理及信息化研究》，南京大学出版社 2012 年版，第 75 页。

② 陈刚：《六朝建康历史地理及信息化研究》，南京大学出版社 2012 年版，第 69 页。

③ 《梁书》卷 11《张弘策》，第 206 页。

④ ［日］川本芳昭著，余晓潮译：《魏晋南北朝：中华的崩溃与扩大》，广西师范大学出版社 2014 年版，第 164 页。

⑤ 张金龙：《魏晋南北朝文献丛稿》，甘肃教育出版社 2017 年版，第 271 页。

⑥ 《南齐》卷 57《魏虏传》，第 989 页。

⑦ 《魏书》卷 106 下《地形志二下》，第 2607—2643 页。

⑧ 《魏书》卷 9《肃宗纪》，第 227 页。

⑨ 《北史》卷 1《魏本纪》，第 23 页。

⑩ 韩国磐：《魏晋南北朝史纲》，人民出版社 1983 年版，第 499 页。

五十三郡、五百八十九县、二镇二十六戍。"[①]北魏胡族管理制度中长期存在着护军制和镇戍制与郡县制并行的情况，展现了部落解散和编户化的长期性和复杂性。[②] 魏晋南北朝时期，地方豪强势力发展，中央政府为笼络他们，在他们所在地区设置州县，同时为奖励军功，造成了大量州县繁盛的现象。为了加强地方管制，从北齐到隋朝，一直对州县进行省并工作。[③] 可见，从实体上说，城市体系与行政体系间还有许多不合之处。

南北朝时期，行政体系有了很大的变动，在数量上，县的总数增加到3200多个，郡的总数也达到了600多个，同时公元前106年为监察的州此时也有240个左右。行政区划数大幅增加。人口也减少到汉代的三分之一。这是分裂和混乱导致的。[④] 南北民族的融合也对南朝时期的行政区划有影响，如在南方许多新的县的设置都是在讨伐獠之后进行的，……说明非汉族居住的地方的中国内地化，即意味着纳入中央统治的州县的设置。[⑤]经过刘宋几十年的攻伐，长江沿线豫、荆、雍等州的降服的蛮民更多，以荆蛮设立郡县。《南齐书·州郡志》载豫州、郢州、司州、雍州的宁蛮设府管领下以蛮民设立的郡县有四十四郡一百三十九县。[⑥] 南朝州郡体系因为战争等因素而人口变动，"地理参差，其详难举，实由名号骤易，境土屡分，或一郡一县，割成四五；四五之中，亟有离合，千回百改，巧历不算，寻校推求，未易精悉。"[⑦]

南朝刘宋政权州22个，郡228个，1099县。南齐州23个。南方政权还设立侨州，一方面召诱北方人们，同时昭示自己的正统地位，"自南伪相承，窃有淮北，欲擅中华之称，且以招诱边民，故侨置中州郡县。自皇风南被，仍而不改，凡有重名，其数甚众。"[⑧]侨州郡县之制始自东晋元帝侨立怀德县（后改费县）、琅琊郡于京邑所在的丹阳郡，而大致定形于南朝宋，齐梁时期稍有变更，至隋统一全国而废止，历时270年。[⑨] 永嘉之后，大约九十余万

---

① 《北齐书》卷3《文宣纪》，第62—63页。

② 侯旭东：《北魏境内胡族政策初探——从〈大代持节豳州刺史山公寺碑〉说起》，《中国社会科学》2008年第5期。

③ 罗新、叶炜：《新出魏晋南北朝墓志疏证》，中华书局2005年版，第439页。

④ ［日］斯波义信著，布和译：《中国都市史》，北京大学出版社2013年版，第19页。

⑤ ［日］川本芳昭著，余晓潮译：《魏晋南北朝：中华的崩溃与扩大》，广西师范大学出版社2014年版，第181页。

⑥ 何兹全：《魏晋南北朝史略》，北京出版社2018年版，第182页。

⑦ 《宋书》卷35《州郡志一》，第1028页。

⑧ 《魏书》卷64《张彝传》，第1433页。

⑨ 陈刚：《六朝建康历史地理及信息化研究》，南京大学出版社2012年版，第103页。

人去南方，在长江中下游现在江苏一带就有三十三个侨郡和七十五个侨县。① 侨州郡县的设置对召诱北方人口、安抚流民、促进生产有现实作用，侨流人口为侨州郡县所安置，对促进当地经济发展和开发上具有重要作用。②

南朝政权将州郡体系进一步向南方扩展，如宁州的设立将州郡体系扩展到了原来的不毛之地，对中原文明向周边的传播具有一定的作用："巴西广袤一千，户余四万，若彼立州，镇摄华獠，则大帖民情。从垫江已还，不复劳征，自为国有。"③南朝在梁武帝进一步开拓了疆域，扩大了南朝城市体系的范围："除暴宁乱，奄有旧吴，天监十年，有州二十三，郡三百五十，县千二十二。其后务恢境宇，频事经略，开拓闽、越，克复淮浦，平俚洞，破柯，又以旧州遐阔，多有析置。大同年中，州一百七，郡县亦称于此。"侯景之乱后，"台城沦陷，坟籍散逸，注记无遗，郡县户口，不能详究。"到了陈朝城市体系范围更为缩小，"土宇弥蹙，西亡蜀、汉，北丧淮、肥，威力所加，不出荆、扬之域。州有四十二，郡唯一百九，县四百三十八，户六十万。后齐承魏末丧乱，与周人抗衡，虽开拓淮南，而郡县僻小。天保之末，总加并省，洎乎国灭，州九十有七，郡一百六十，县三百六十五，户三百三万"。到了北周和隋朝初年，改革制度，一统全国，南北朝时期的城市体系完结，"周氏初有关中，百度草创，遂乃训兵教战，务谷劝农，南清江汉，西兼巴蜀，卒能以寡击众，戡定强邻。及于东夏削平，多有省废。大象二年，通计州二百一十一，郡五百八，县一千一百二十四。"④

汉至北魏《水经注》记载的行政区划变迁

朝代/区划		州	郡国	侯国	县邑
西汉		13	103	241	1346
东汉		13	105	150	1030
三国	魏	13	105		712
	吴	4	44		339
	蜀	2	22		138

① 何兹全：《魏晋南北朝史略》，北京出版社2018年版，第92页。
② 陈刚：《六朝建康历史地理及信息化研究》，南京大学出版社2012年版，第105页。
③ 《魏书》卷65《邢峦传》，第1442页。
④ 《隋书》卷29《地理志上》，第806—807页。

续表

朝代/区划	州	郡国	侯国	县邑
晋	19	173	211	1109
宋	22	306		1255
齐	24	428		1471
北魏	111	602	61	1461
《水经注》记载的行政区划数	154	900	336	2500

（资料来源：陈桥驿：《水经注论丛》，浙江大学出版社 2008 年版，第 369 页。）

从空间分布来看，城市体系也在魏晋南北朝时期较前有了大变，“在空间分布上，不仅表现为体系重心由黄河流域向长江流域转移，以及分布范围进一步扩大，而且出现了沿运河、沿江两条发展轴线。应特别指出的是，这一时期城市之间的联系更加紧密，整体结构由相对封闭走向相对开放，成为魏晋南北朝隋唐城镇体系最突出的特征。”①这一趋势与大都城的结构走向封闭有着明显的不同，体现了下层级的市镇经济功能的增强，也是民族冲突与融合之下城市类型日益多样化的反映。

3. 军镇城市体系

北方少数民族政权，在承袭汉族政权州郡体系的同时，还以统治需要承袭了晋代以来的军镇，设立了具有民族特点的军镇体系。十六国州郡体制为少数民族政权所继承，而同时他们设立的军镇体制，以部族的军队为主，镇压各地的重要军事政治要地为中心的体系，到北魏开始改镇为州，两种体系开始合并，这是民族制度文明融合的表现。②

北魏时期，军镇也多有设立，如在迁都洛阳后设立北方六镇。在胡人居住地区，北魏早期曾设置许多军镇。以后，这些军镇逐渐改置州郡。③ 据严耕望先生的考证，北魏军镇的设立非常广泛，除六镇外还设有赤城、昌平、北平、崎城、和龙、云中、平城等之外，在河北地区东设有九原、枋头、河内、平

① 顾秉林：《中国城镇体系——历史·现状·展望》，商务印书馆 1992 年版，第 77 页。

② 牟发松：《十六国北朝政区演变的背景、特征及趋势略论——以特殊政区为中心》，《华中师范大学学报（人文社会科学版）》2017 年第 5 期。

③ 唐长孺：《北魏末年的山胡敕勒起义》，唐长孺：《山居存稿》，武汉大学出版社 2013 年版，第 55 页。

原、离石、吐京、柏壁、降城、蒲阪、龙门、乐陵等。在河南地区设立了虎牢、洛城、陕城、大谷、襄城、鲁阳、新野、泚阳、盘阳、东阳、梁国、临济、东莱、彭城、谷阳、宿豫、汝阴、梁城、郯城等。西北有高平、长安、杏城、三堡、石龟、三县、安定、雍城、上邽、陇西、仇池、武都、骆谷、葭芦、武兴、隆城、薄谷律、榆中、枹罕、鄯善、凉州、敦煌、焉耆以及河南诸镇等。北齐在洛阳西设立了恶城、新城、严城、河南四镇。① 这些军镇均为夯土筑墙，有马面、角楼和门楼，墙基都较两汉时期的边城为大，城门少，至多三个。内筑高大的台基工事，有的在城外还有屏障等支撑设施。② 军镇也成为胡汉文明融合的空间，军镇的建立包括强化占领区军事控制和安置归附的民族、国防治安等考虑。军镇是地方的军政单位，由鲜卑军府统帅的部落成员和各地移民、犯罪、其他少数民族构成。具有羁縻和军事性的二重性格。③ 北朝时期军人城居，军将即为城主，以城名加在军将官衔之上，表示官职、军府及其地区，已开隋唐军府因地立称的先声。④

但是，随着北魏汉化的深入，军镇与中央以及军镇内部的矛盾不断深化，民族不断融合，二元化的城市体系走向了一元，尚书令高崇"时即申闻，求改镇为州。"⑤"始光三年诏一切罢之，以属郡县。"⑥州郡与军镇二元体系的逐步合并，是北方文明融合的表现之一。军镇州郡化应细分为"改镇立州""废镇立州""废镇存州"三种方式。⑦ 北魏虽然改镇为州，但是军镇依然存在。⑧

军镇在北朝不断改立为州，后来有些军镇演变成了一些小市镇，"市镇制度，最开始可能是五胡十六国时代，胡人统治下，设军镇以期镇压，后来形成了北魏军镇制度。军队是专门消费不生产的，所以有些商贩来推销消费品；又因为军镇多设在交通要道，而且治安比较有保障，所以慢慢形成小的商业中心，也有很多人聚居其地。"⑨如清河人崔宽"诱接豪右、宿盗魁帅，与相交结，倾衿待遇，不逆微细。是以能得民庶忻心，莫不感其意气。又弘农出漆蜡竹木之饶，路与南通，贩贸来往。家产丰富，而百姓乐之。诸镇之中，

① 严耕望：《魏晋南北朝地方行政制度》（史语所专刊四十五），台湾 1963 年，第 691—750 页。
② 任重、陈仪：《魏晋南北朝城市管理研究》，中国社会科学出版社 2003 年版，第 37 页。
③ 梁伟基：《北魏军镇制度探析》，《中央民族大学学报》1998 年第 2 期。
④ 谷霁光：《府兵制度考释》，上海人民出版社 1962 年版，第 60 页。
⑤ 《魏书》卷 18《太武五王》，第 429—430 页。
⑥ 《魏书》卷 110《食货六》，第 2850 页。
⑦ 王兴振：《北魏军镇州郡化问题新探》，《历史地理研究》2019 年第 1 期，第 68—82 页。
⑧ 梁伟基：《北魏军镇制度探析》，《中央民族大学学报》1998 年第 2 期。
⑨ 严耕望：《治史三书》，上海人民出版社 2011 年版，第 13 页。

号为能政。及解镇还京,民多追恋。"①

南方政权因为政治军事的需要和统治阶级的内部矛盾,也出现了类似北方的军镇体系。南朝时期,对境内少数民族,也如汉代一样设立都尉校尉进行统治:刘宋时期"荆、雍州蛮,盘瓠之后也。分建种落,布在诸郡县。荆州置南蛮,雍州置宁蛮校尉以领之。世祖初,罢南蛮并大府,而宁蛮如故"。② 南朝对南方少数民族和外国采取扶绥政策,设立一系列名号,"雍州置宁蛮校尉,广州置平越中郎将,北凉、南秦置西戎校尉,南秦、梁州置平戎校尉,宁州置镇蛮校尉,西阳、南新蔡、晋熙、庐江等郡,置镇蛮护军,武陵郡置安远护军,巴陵郡置度支校尉。皆立府,随府主号轻重而不为定。"③

4. 属国城市体系

南北朝时期,魏晋原有的属国城市体系依然存在,并且有所扩展。西来的佛教文明在属国城市体系的链接中,起到了重要的作用。魏晋南朝各代政权设立专职校尉郎将身兼多种职能,促进了民族地区的经济开发、文明进步和各民族之间的交往融合,开创了中原王朝治理少数民族居住地区的新思路。④

北魏逐步统一北方,一些周边的国家向北魏称臣纳贡,也成为北魏属国城市体系部分。在东北"高句丽……世祖时,钊曾孙琏始遣使者安东奉表贡方物,并请国讳。世祖嘉其诚款,诏下帝系外名讳于其国,遣员外散骑侍郎李敖拜琏为都督辽海诸军事、征东将军、领护东夷中郎将、辽东郡开国公、高句丽王。敖至其所居平壤城。"⑤西域国家也成为北魏的属国体系之一部分,"太延中,魏德益以远闻,西域龟兹、疏勒、乌孙、悦般、渴般陀、鄯善、焉耆、车师、粟特诸国王始遣使来献。已而琬、明东还,乌孙、破洛那之属遣使与琬俱来贡献者十有八国。自后相继而来,不间丁岁,国使亦数十辈矣。"⑥

---

① 《魏书》卷24《崔宽传》,第625页。

② 《宋书》卷97《夷蛮传》,第2396页。

③ 《隋书》卷26《百官志上》,第740—741页。

④ 岳焕宽:《魏晋南朝民族地区校尉郎将制度考》,青海师范大学,中国古代史硕士论文,2011年。

⑤ 《魏书》卷100《高句丽》,第2215页。

⑥ 《魏书》卷102《西域》,第2260页。

北魏西域属国城市体系表

国家	都城与城市	方位	与北魏关系
鄯善国	都扞泥城，古楼兰国也，所都城方一里。	去代七千六百里	拜交趾公韩牧为假节、征西将军、领护西戎校尉、鄯善王以镇之，赋役其人，比之郡县。
且末国	都且末城	在鄯善西，去代八千三百二十里	后役属鄯善
于阗国	所都城方八九里，部内有大城五，小城数十	自高昌以西，诸国人等深目高鼻，唯此一国，貌不甚胡，颇类华夏。城东二十里有大水北流，号树枝水，即黄河也，	后每使朝献
蒲山国，故皮山国也。	居皮城	在于阗南，去代一万二千里。其国西南三里，有冻凌山。后役属于阗。悉居半国，故西夜国也，一名子合。其王号子，治呼犍。在于阗西，去代万二千九百七十里。	太延初，遣使来献，自后贡使不绝。
车师国，一名前部	其王居交河城		正平初，遣子入侍，自后每使朝贡
且弥国	都天山东于大谷	在车师北，去代一万五百七十里。	本役属车师
焉耆国	都员渠城	在车师南	既见尽为度归所克，乃奔龟兹，龟兹以其婿，厚待之。
龟兹国	都延城	在尉犁西北，白山之南一百七十里	自后每使朝贡
姑默国	居南城	在龟兹西，去代一万五百里	役属龟兹
温宿国	居温宿城	在姑默西北，去代一万五百五十里	役属龟兹
尉头国	居尉头城	在温宿北，去代一万六百五十里	役属龟兹
乌孙国	居赤谷城		太延三年遣使者董琬等使其国，后每使朝贡。
疏勒国	其都城方五里，国内有大城十二，小城数十		每岁常供送于突厥

续表

国家	都城与城市	方位	与北魏关系
悉万斤国	都悉万斤城	在迷密西,去代一万二千七百二十里	每使朝贡
洛那国,故大宛国也	都贵山城	在疏勒西北,去代万四千四百五十里	太和三年。遣使献汗血马,自此每使朝贡。
罽宾国	都善见城	在波路西南,去代一万四千二百里。	每使朝献
吐呼罗国	国中有薄提城,周币六十里。城南有西流大水,名汉楼河	去代一万二千里	土宜五谷,有好马、驼、骡。其王曾遣使朝贡。
副货国	国中有副货城,周币七十里。	去代一万七千里。东至阿副使且国,西至没谁国,中间相去一千里;南有连山,不知名;北至奇沙国,相去一千五百里。	宜五谷、萄桃,唯有马、驼、骡。国王有黄金殿,殿下金驼七头,各高三尺。其王遣使朝贡。
南天竺国	有伏丑城,周币十里,城中出摩尼珠、珊瑚。城东三百里有拔赖城,城中出黄金、白真檀、石蜜、蒲萄。	去代三万一千五百里	世宗时,其国王婆罗化遣使献骏马、金、银,自此每使朝贡。
叠伏罗国	国中有勿悉城。城北有盐奇水,西流。有白象,	去代三万一千里	有阿末黎,木皮中织作布。土宜五谷。世宗时,其国王伏陀末多遣使献方物,自是每使朝贡。
嚈哒国,大月氏之种类也,亦曰高车之别种,其原出于塞北。	都马许水南二百余里,去长安一力一白里。其王都拔底延城,盖王舍城也。其城方十里余,多寺塔,皆饰以金。	去长安一万一百里	自太安以后,每遣使朝贡。永熙以后,朝献遂绝。初,熙平中,肃宗遣王伏子统宋云、沙门法力等使西域,访求佛经。时有沙门慧。其国南去漕国千五百里,东去瓜州六千五百里。生者亦与俱行,正光中还。慧生所经诸国,不能知其本未及山川里数,盖举其略云。
朱居国		在于阗西	其人山居。有麦,多林果。咸事佛。语与于阗相类。役属嚈哒。

续表

国家	都城与城市	方位	与北魏关系
钵和国		在渴槃西	其土尤寒，人畜同居，穴地而处。又有大雪山，望若银峰。其人唯食饼麨，饮麦酒，服氈裘。有二道，一道西行向嚈哒，一道西南趣乌苌。亦为嚈哒所统。
康国者，康居之后也	旧居祁连山北昭武城，都于萨宝水上阿禄迪城，多人居		西域诸国多归之。米国、史国、曹国、何国、安国、小安国、那色波国、乌那曷国、穆国皆归附之。太延中，始遣使贡方物，后遂绝焉。

（资料来源：《魏书》卷一百二《西域列传》，第 2261—2280 页。）

这些西域国家表示归附北魏政权，它们多以都城为中心，形成城市国家政权，分布在西域广大地区，以这些国家的城市尤其是都城①，成为东西方经济文化交流的中转站，对促进中原与西方文明的交流起着重要的促进作用。②

东晋南朝时期，江左政权与西北诸国建立广泛的联系，促进了二者的经济文化交流。西北地区丰富的物产、武器、科技及文化尤其是音乐舞蹈大量传入江左，江左的文化科技也大量输往西北诸国。③ 南朝时期与南方和西南的许多海外国家建立了属国关系。周边尤其是南方属国以中国城市宫殿建筑的壮丽和佛寺恢弘而倾心向化，如“西南夷诃罗驼国，元嘉七年，遣使奉表曰：……愿自今以后，赐年年奉使。今奉微物，愿垂哀纳。”④呵罗单国、阇婆婆达国、天竺迦毗黎国、天竺迦毗黎国等也都以南朝“城郭馆宇，如忉利天宫，宫殿高广，楼阁庄严”“犹如化城，宫殿庄严，街巷平坦”⑤而纷纷表示“愿见信受，诸有所请，唯愿赐听。”⑥南齐时期，扶南国在给南齐政权的上

① 《魏书》卷一百二《西域列传》，第 2261—2280 页。

② 孟凡人：《试论北魏洛阳城的形制与中亚古城形制的关系——兼论丝路沿线城市的重要性》，《汉唐与边疆考古》第 1 辑，科学出版社 1994 年版。

③ 黎虎：《东晋南朝与西北诸国的交往》，黎虎：《魏晋南北朝史论》，学苑出版社 1999 年版，第 444—483 页。

④ 《宋书》卷 97《夷蛮列传》，第 2380 页。

⑤ 《宋书》卷 97《夷蛮列传》，第 2385 页。

⑥ 《宋书》卷 97《夷蛮列传》，第 2383—2384 页。

书中表示中国“王威严整,朝望国轨,慈愍苍生,八方六合,莫不归伏。”[①]南朝时期“海南诸国,大抵在交州南及西南大海洲上,自梁革运,其奉正朔,修贡职,航海岁至,逾于前代矣。”[②]《洛阳珈蓝记》中记载“拔拖至扬州岁余,随扬州比丘法融来至京师。京师沙门问其南方风俗,拔拖云……凡南方诸国,皆因成郭而居……亦与西域、大秦、安息、身毒诸国往来。”[③]此书后面还有大量的对西域及西方各国城市的描述,可见人们对当时南北中西城市的空间分布与特色有着较为清晰的认识。

交通体系将中国城市链接为网络,中心城市处在交通网络的中心,魏晋南北朝时期,出现了新的交通格局,在分裂中延续着统一的趋势。先后形成了邺城、成都、健康、平城等一批新的交通中心的网络。南方的交通也一度出现了新的发展。[④] 水系使中国城市空间连为一体,同时也使各地具有不同的区域特点。交通特别是河流交通,进一步说是水系本身几乎促成了有史以来中国的定居点及聚落的发展。这种交通培育都市的规律性应比其他国家更为突出。也就是说,就定居、交换、生产和交通来看,中国人是生活在水边、低地和盆地的。[⑤] 总之,说中国的水运发达,实际上是各水系并存的大地域联合体。大地域都各自存在土地利用率高的下游地域的中心地区,也同时存在朝水源方向接近分水岭且水源利用率低的边缘部分。这样就出现了北中国、西北中国、长江上游、长江下游、东南沿海、岭南、云南、贵州等八个大地域。[⑥] 京口是会稽与健康交通上的枢纽。当年孙权在江东迁徙治所,就是沿着这条路线移动的。[⑦] 南方以淮河、长江和珠江为主的水运交通非常发达。陆路以健康为中心,南通荆州、交州、东通三吴。会稽。向北由广陵可达齐鲁,由寿春可至中原,由襄阳可达武关。从益州经吐谷浑而入西域这条道路为维护西域与内地的关系,特别是联结了南朝与西域之间的政治、经济和文化,曾经起到了颇大的作用。[⑧] 北方北魏平城时期,修建井陉路、沙泉路。河西猎道、灵丘道等。迁都洛阳后修建了许多道路,通向各方州郡。前秦时期,对长安通往各州的道路两旁修建了槐树

① 《南齐书》卷58《东南夷列传》,第1015页。
② 《梁书》卷54《诸夷列传》,第783页。
③ 杨衒之撰,周祖谟校释:《洛阳珈蓝记校释》,中华书局1987年版,第175页。
④ 陈苏镇编著:《恢弘与古朴:秦汉魏晋南北朝的物质文明》,北京大学出版社2009年版,第58页。
⑤ [日]斯波义信著,布和译:《中国都市史》,北京大学出版社2013年版,第69页。
⑥ [日]斯波义信著,布和译:《中国都市史》,北京大学出版社2013年版,第71页。
⑦ 田余庆:《东晋门阀政治》,北京大学出版社1989年版,第83页。
⑧ 朱大渭:《六朝史论续编》,学苑出版社2008年版,第359页。

和柳树，每20里设一亭，每40里设置一所驿站，为旅行者提供食宿。在路边人们开作坊，作买卖。魏晋南北朝时期海上交通继汉代发展，依然有不少朝贡者从海上来。① 六朝时期江左与东北地区交通不断，十分活跃频繁，造成了江左在战略上对中原地区远交近攻的态势，海上通道的开通，对江左地区与东北间的贸易往来及民族经济文化交流也产生了积极的影响。②

魏晋南北朝时期由于民族文明的碰撞与融合，城市的空间分布也有着很大的变化。正如有学者指出的，经过5个世纪的发展，公元7世纪末的县治，无论是数量、具体位置，还是空间分布都已经与东汉末年截然不同。……不可否认的是，如果没有自东汉末年以来来自亚洲内陆的各个民族的渗入、扰动，……中国城市的地理分布格局将会完全不同。③

小　结

魏晋南北朝时期，战争、动乱和民族矛盾以及自然灾害导致这个时期的城市受到了极大的而且是全方位的破坏。全国范围内的城市都受到了冲击。但这个时期也是中国历史上一个城市建设的高峰期，出于安全、防卫以及政治上的炫耀、享乐等因素，城市建设也得到空前的发展。城市建设成为农业文明传播的重要方式与内容。这个时期城市的兴建也是文明融合的方式之一。

罗马帝国崩溃后，新的游牧民破坏了罗马的城市结构，城市经济经历了长期的缓慢发展。而中国的游牧民则重新建造了国都，……这种不同的结果，原因在于中国华北的中央欧亚游牧民族政权强大与中国城市建设传统的优点融合。④ 这种历史发展道路上的差异，导致中西方城市有着不同的文化特色。隋唐政权建立后有至少100多座秦汉时期的郡县废弃不用，在附近另建新城。这一现象与欧洲在罗马帝国解体后大多数罗马军城被遗弃

① 陈苏镇编著：《恢弘与古朴：秦汉魏晋南北朝的物质文明》，北京大学出版社2009年版，第59页。

② 黎虎：《六朝时期江左与东北地区的交通》，黎虎：《魏晋南北朝史论》，学苑出版社1999年版，第422—443页。

③ 成一农：《空间与形态——三至七世纪中国历史城市地理研究》，兰州大学出版社2012年版，第55页。

④ [日]妹尾达彦：《城市的生活与文化》，[日]谷川道雄主编：《魏晋南北朝隋唐史学的基本问题》，中华书局2012年版，第365页。

是一致的。[1] 这一时期欧洲的很多城市起源自修建于高处的城堡或者防御坚固的教堂。此后随着商业的复兴和贸易的复苏,环绕二者,城市发展起来;新建的城市中有很多是认为有规划的,并以棋盘格街道作为城市规划的基础。这些与3—7世纪中国的城市极为相似。[2] 而造成这一现象背后的动力都是来自欧亚草原民族的涌入。

与秦汉时期相比,魏晋南北朝时期,城市体系出现了巨大的变迁。表现在出现了多个中心城市,城市体系中心出现了双重结构。这个时期,郡县城市与军镇体系在南北方都出现,这是文明碰撞造成分裂导致的。动乱和人口流动以及政治需要,使这个时期的州郡县数量出现了巨大的扩展和变迁,这也是这个时期民族冲突与文明融合所导致的结果。魏晋南北朝时期,城市体系虽然因动乱而有较大的变动,但以三级城市体系为主干,以王侯国、属国城市体系为辅助的多元一体的城市体系格局依然存在。游牧文明与中原文明的冲突融合以及外来佛教文明对重构这个时期的城市体系起到了重要作用,体现了这个时期多元文明交融的特征。秦汉以来形成的多元一体的城市体系格局没有根本的改变,体现了中华文明特有的包容性与延续性特征。

---

① 马克垚主编:《中西封建社会比较研究》,学林出版社1997年版,第192页。

② 成一农:《空间与形态——三至七世纪中国历史城市地理研究》,兰州大学出版社2012年版,第233页。

第二章:魏晋南北朝时期城市规划与布局

魏晋南北朝时期,城市空间布局在文明融合之下较秦汉时期发生了较大变化,三重成郭、围绕中轴线布局宫殿、住宅、宗庙、城门等形态最终确立,成为后世城市尤其是都城布局的基本形制。战乱与民族、文明融合使城市规制产生了不同以往的新特色。

一　城市选址、类型与修筑

城市规划是有预先目的、有意识进行的城市发展的设计。[①] 郭湖生从中国古代城市建设史的视角提出了中国建设史上的战国体系、邺城体系和汴京体系的理论。[②] 魏晋南北朝时期的平城、建康、邺城、洛阳等城市应为邺城体系的代表作。牛润珍指出邺城集当时城市设计之精华,为东亚型城市之滥觞。[③] 这些城市规制互相模仿,不断成熟,影响深远。

1. 城址的选择

芮沃寿曾经指出:中国古代城市在城址选择和城市规划上,存在着一种古老而烦琐的象征主义,在世事沧桑变迁中却始终不变地言传下来。这种象征主义集中体现在《周礼·考工记》。[④] 实际上,在中国城市的选址中起到主要作用的还有地理、政治、战略位置等因素。

中国城市选址与自然环境尤其是山水系有着密切关系。中国历代城池的基本观念可以归纳为以山为城,江湖为池。崇墉深池,街巷相冲。[⑤] 北魏时期著名的地理学著作《水经注》完全是以水道来分割城市区域的,可见水对于城市选择的重要性。城市的修筑对水源的考虑非常重要,水是城市的

---

① 成一农:《空间与形态——三至七世纪中国历史城市地理研究》,兰州大学出版社 2012 年版,第 217 页。

② 陈刚:《六朝建康历史地理及信息化研究》,南京大学出版社 2012 年版,第 167 页。

③ 牛润珍:《古都邺城研究——中世纪东亚都城制度探源》,中华书局 2015 年版。

④ 鲁西奇:《中国历史空间结构》,广西师范大学出版社 2014 年版,第 328 页。

⑤ 韩东洙:《清代府城的城制与营建活动之研究——以省城分析为主》,台湾大学建筑与城乡研究所硕士论文,1996 年,第 136 页。

生命线、交通线。韦伯有些过分地强调了水的作用:之所以有这些差异是因为在埃及、西亚、印度与中国等地,灌溉对文明的发展是极具关键性的。水利问题决定了官僚政治、臣属的服役、臣属对国王官僚系统的依赖等现象的存在。① 日本学者斯波义信也指出:“在中国历史上,由于河流水系提供了有利于居住、生产和物质交换的条件,人们更乐于居住在河流的交汇处。虽有如南京等利用山体和高地建城的例子,但是大多数城市都在平地上挖地基,用挖出来的土建 5—10 米厚的城墙。”②如桑干河流域治所城市主要分布在两河交汇的三角地带,在主要河流的河谷平原之外,也就是高原、台地鲜有治所城市分布。③ 自古以来中国的都市都是在河流水系的周围形成和发展的,一些都市的名字都与水有关。中国南北方河流周围的低地面积有很大不同,19 世纪末中国内地 18 个省共有 1276 个县,其中 70%的县城在 400 米以下的低地。即使在平均高度以上的城镇也都属于所在省份的最低处。④

具体来说,对于一个城市,水是城市的屏障、血脉和灵气所在,没有水城市居民不仅难以存活,而且安全也没有保障。早期的郭,只是利用原有山川加以连结用作屏障。⑤ 利用河流及其堤防作为屏障,原是古人惯用的方法。⑥ 如“山图遏涟水筑西城,断虏骑路,并以溉田。”⑦水对城市的安全也有着重要作用,“城中多石,无井,常食海水。贼绝其路。城内先有一池,时旱久涸,一朝天雨,泉流涌溢。贼以为神,应时骇散。”⑧水在城市空间的分割中也有着重要作用,如南京以鼓楼—北极阁—九华山一线为分界,城南属秦淮河流域,城北则属金川流域。⑨ 南京城市水空间的演变主要受到历代城市建设的影响。⑩ 水路交通是六朝时期的主要交通方式之一。以京口—建康、姑孰—建康、岭南—建康线为主。⑪

北朝中心平城也是一个超大规模的城市,其存在的根基也是受到了水

---

① [德]马克斯·韦伯:《经济与历史支配的类型》,广西师范大学出版社 2004 年版,第 267 页。

② [日]斯波义信著,布和译:《中国都市史》,北京大学出版社 2013 年版,第 46 页。

③ 孙靖国:《桑干河流域历史城市地理研究》,北京大学历史系 2009 级博士毕业论文,第 46 页。

④ [日]斯波义信著,布和译:《中国都市史》,北京大学出版社 2013 年版,第 52 页。

⑤ 杨宽:《中国古代都城制度史》,上海人民出版社 2006 年版,序言。

⑥ 杨宽:《中国古代都城制度史》,上海人民出版社 2006 年版,序言。

⑦ 《南齐书》卷 29《吕安国周山图周盘龙王广之列传》,第 541 页。

⑧ 《北齐书》卷 29《李浑浑弟绘李玙郑述祖列传》,第 394 页。

⑨ 陈刚:《六朝建康历史地理及信息化研究》,南京大学出版社 2012 年版,第 134 页。

⑩ 陈刚:《六朝建康历史地理及信息化研究》,南京大学出版社 2012 年版,第 165 页。

⑪ 陈刚:《六朝建康历史地理及信息化研究》,南京大学出版社 2012 年版,第 129 页。

的滋润。浑水从旋鸿池流出后，先南流，又东折，再南折，然后从永固县的东方南流而下滋润着平城。并且经过明堂、辟雍等。① 平城都市景观就是展开在这些纵横的水网上，如浑水、武周川水的大小支流等。位于平城南方不远处的祁夷水流域早已建筑了不少城邑和宫殿。② 桑干河上游地区是雁门郡主要辖区，398 年到 495 年大约一个世纪的期间，桑干河上游地区成为北魏国家的根据地。③ 在迁都之前，拓跋部就有意将都城迁到平城以南，桑干河上游地区。后来修筑了故平城，称为南都，与北都盛乐遥遥相对。又在灅水北岸的黄瓜堆修筑了新平城。④ 平城内水也是重要的资源与景观，统治者进行了大规模的开拓："凿渠引武川水，注之苑中，疏为三沟，分流宫城内外。又穿鸿雁池。"⑤后来又"穿城南渠通于城内，作东西鱼池。"⑥"发八部五百里内男丁筑浧南宫，门阙高十余丈。引沟穿池，广苑囿。规立外城方二十里，分置市里，经途洞达。三十日罢。"⑦"发京师六千余人筑苑，起自旧苑，东苞白登，周回四十余里。"⑧

其他自然条件对城市的存在也有着重要影响，自然环境导致广阔的中国有着大约五种不同自然区域，北方旱作地区、南方稻作地区、草原区域、高原地区与沙漠绿洲区域。⑨ 这对不同区域的城市有着巨大的影响，如平城北部的巨大的鹿苑，最初不是一个附属的设施，而是一个幅员辽阔的牧场，起到了将游牧世界的家畜转化为农耕世界的生产力的重任，使北魏拥有五胡十六国的强有力的经济基础，为北魏的统一作出了贡献。但鹿苑的机能在献文帝之后衰落，平城定都的意义就失去了。孝文帝时期是面临着北魏发展系统全面崩溃的危机时代，孝文帝的诸项改革就是在这种背景下发生的。⑩

---

① [日]前田正名著，李凭、孙耀、孙蕾译：《平城历史地理学研究》，书目文献出版社 1994 年版，第 7 页。
② [日]前田正名著，李凭、孙耀、孙蕾译：《平城历史地理学研究》，书目文献出版社 1994 年版，第 20 页。
③ [日]前田正名著，李凭、孙耀、孙蕾译：《平城历史地理学研究》，书目文献出版社 1994 年版，第 23 页。
④ [日]前田正名著，李凭、孙耀、孙蕾译：《平城历史地理学研究》，书目文献出版社 1994 年版，第 96 页。
⑤ 《北史》卷 1《魏本纪第一》，第 19 页。
⑥ 《北史》卷 1《魏本纪第一》，第 20 页。
⑦ 《北史》卷 1《魏本纪第一》，第 23 页。
⑧ 《北史》卷 1《魏本纪第一》，第 33 页。
⑨ 鲁西奇：《中国历史空间结构》，广西师范大学出版社 2014 年版，第 10 页。
⑩ [日]佐川英治：《游牧与农耕之间：北魏平城鹿苑的机能及其变迁》，《中国中古史研究》编委会：《中国中古史研究：中国中古史青年学者联谊会会刊（第二卷）》，中华书局 2011 年版，第 102—136 页。

占卜在中国也叫风水,实际是对自然环境的考察。南北城市选择有相似之处,如建康与北魏的洛阳比较,二城的地理环境非常相似。北有山,南有水,东西绕江。建康近似正方形,洛阳长方形。[①] 建康的选址主要在于对自然环境的要求,不仅是对洛阳的思念。邺城城址选择明显考虑到了风水。[②] 鲁西奇认为城市文化权力的另一个来源是所谓的风水。风水的南方来源及其对地形地物的运用,与礼制形成对立,并在很大程度上消解了礼制的硬性规定。风水理论及其在城市布局中的运用,表现的乃是一种地方性与地方文化权力。[③] 从魏晋南北朝时期看,都城的选择也需要风水的勘察,这也是统一性与地方性的一种互动。

古代凡是定都、修宅、建陵都要占卜,南北皆然。在北方如孝文帝迁都就提到了占卜问题:"后高祖外示南讨,意在谋迁,斋于明堂左个,诏太常卿王谌,亲令龟卜。"[④]北朝魏贵族造宅选墓地也占卜,"腾之初治宅也,奉车都尉周特为之筮,不吉,深谏止之,腾怒而不用。特告人曰:必困于三月、四月之交。至是果死"。[⑤] 北齐时,清都人赵辅和"少以明易善筮为馆客。高祖崩于晋阳,葬有日矣,世宗书令显祖亲卜宅兆相于邺西北漳水北原。"[⑥]东晋南朝都城和镇戍的选择也需要占卜:"时元帝初镇鄴,导令璞筮之,遇《咸》之《井》。"[⑦]

城市选址看地形与气望也是非常重要,所谓气望实际就是战略地位,如张纮建议孙权建都建业:"秣陵,楚武王所置,名为金陵。地势冈阜连石头,访问故老,云昔秦始皇东巡会稽经此县,望气者云金陵地形有王者都邑之气,故掘断连冈,改名秣陵。今处所具存,地有其气,天之所命,宜为都邑。"[⑧]五凉都城"姑臧今虽虚弊,地居形胜,可西一都之会。"[⑨]统万城"近详山川,究形胜之地,遂营起都城,开建京邑。背名山而面洪流,左河津而右重塞。高隅隐日,崇墉际云,石郭天池,周绵千里。其为独守之形,险绝之状,固以远迈于咸阳,超美于周洛。"[⑩]其他兴起的重要的政治军事重镇如浔阳、

① 刘淑芬:《六朝的城市与社会》,台北:台湾学生书局1992年版,第150—154页。
② [德]阿尔弗雷德·申茨:《幻方——中国古代的城市》,中国建筑工业出版社2009年版,第167页。
③ 鲁西奇:《中国历史空间结构》,广西师范大学出版社2014年版,第330页。
④ 《魏书》卷19中《景穆十二王列传》,第464—465页。
⑤ 《魏书》卷94《阉官列传》,第2028页。
⑥ 《北齐书》卷49《方伎列传》,第677页。
⑦ 《晋书》卷72《郭璞葛洪列传》,第1901页。
⑧ 《三国志》卷53《吴书·张纮传》注引《江表传》,第1246页。
⑨ 《晋书》卷126《秃发乌孤秃发利鹿孤秃发傉檀载记》,第3147页。
⑩ 《晋书》卷130《赫连勃勃载记》,第3211—3212页。

襄阳、汉口等都以此选择城址，“浔阳地居中流，密近畿甸。若留屯盆口，内藩朝廷，外援夏首，保据形胜，控制西南。”①“建安，淮南重镇，彼此要冲，得之，则义阳易图；不得，则寿阳难保。”②“襄城控带京、洛，实当今之要地，如有动静，易相应接。”③“汉口路通荆、雍，控引秦、梁，梁运资储，仰此气息；所以兵压汉口，连结数州。”④“据襄阳之城，断黑水之路。昏虐君臣，自相鱼肉；我居上流，威震遐迩，长驱南出，进拔江陵，则三楚之地一朝可收，岷、蜀之道自称断绝。又命扬、徐二州声言俱举，建业穷蹙，鱼游釜中，可以齐文轨而大同，混天地而为一。”⑤足见城址的选择对政治军事的重要作用。但人为因素对城市的战略地位也有着反作用，如刘裕以“襄阳外接关、河，欲广其资力，乃罢江州军府，文武悉配雍州，湘州入台租税，悉给襄阳。”⑥南京虽有地望，然“晋氏南迁，以扬州为京畿，谷帛所资皆出焉；以荆、江为重镇，甲兵所聚民在焉，常使大将居之。三州户口，居江南之半，上恶其强大，故欲分之。癸未，分扬州浙东五郡置东扬州，治会稽；分荆、湘、江、豫州之八郡置郢州，治江夏；罢南蛮校尉，迁其营于建康。”⑦

军事和战略需要是修筑城市的重要因素，往往形成互相支撑的城市防御体系群。南阳地区自古为兵家要地，自春秋以降，各种势力围绕南阳纷争十分激烈。诸葛亮的《隆中对》对南阳极为重视，以荆州和益州为基地，兵出宛、叶，都是南阳北方的重镇。以关羽的败亡为标志，东汉围绕南阳争夺落下了帷幕，三国鼎立也开始了。⑧ 三国时期，蜀国“起馆舍，筑亭障，从成都至白水关，四百余区。”⑨魏晋南北朝时期，滑台、虎牢、洛阳，盖此三城每每并论，成为一个整体的军事防御体系。⑩ 重要的战略要地要由亲人和亲信的人把守：曹操《诸儿令》：“今寿春、汉中、长安，先欲使一儿各往领之。”⑪曹操在《赐杜畿令》中指出：“顾念河东，吾股肱郡，充实之所，足以制天下，故且烦卿卧镇之。”⑫

---

① 《资治通鉴》卷第134《宋纪十六・顺皇帝下》，中华书局2011年版，第4277页。
② 《资治通鉴》卷第143《齐纪九・东昏侯下》，中华书局2011年版，第4542页。
③ 《资治通鉴》卷第162《梁纪十八・高祖武皇帝(十八)》，中华书局2011年版，第5114页。
④ 《资治通鉴》卷第144《齐纪十・和皇帝》，中华书局2011年版，第4569页。
⑤ 《资治通鉴》卷第144《齐纪十・和皇帝》，中华书局2011年版，第4584页。
⑥ 《资治通鉴》卷第125《宋纪七・太祖文皇帝中之下》，中华书局2011年版，第4000页。
⑦ 《资治通鉴》卷第128《宋纪十・世祖武皇帝上》，中华书局2011年版，第4088页。
⑧ 宋超：《秦汉史论丛》，中国社会科学出版社2012年版，第250—260页。
⑨ 《三国志》卷32《蜀书・先主传》注引《典略》，第887页。
⑩ 周一良：《魏晋南北朝史札记》，中华书局1985年版，第315页。
⑪ 《三曹集》，岳麓书社1992年版，第23页。
⑫ 《三曹集》，岳麓书社1992年版，第21页。

晋代十六国时期,中原动乱,进入了一个历史筑城高潮,连城防御的城市群体更为多见,如石勒“遣石季龙率众四万,自轵关西入伐曜,河东应之者五十余县,进攻蒲坂。”①慕容皝“后徙昌黎郡,筑好城于乙连东,使将军兰勃戍之,以逼乙连。又城曲水,以为勃援。”②慕容垂“攻拔鄴郛,丕固守中城,垂堑而围之,分遣老弱于魏郡、肥乡,筑新兴城以置辎重,拥漳水以灌之。”③乞伏国仁“置武城、武阳、安固、武始、汉阳、天水、略阳、漒川、甘松、匡朋、白马、苑川十二郡,筑勇士城以居之。”④

南北朝时期,城市战略体系修筑更为系统,如在北方中原地区,“南、北二中,复阙固守。长安、鄴城,股肱之寄;穰城、上党,腹背所凭。四军五校之轨,领、护分事之式,征兵储粟之要,舟车水陆之资,山河要害之权,缓急去来之用,持平赴救之方,节用应时之法,特宜修置,以固堂堂之基。持盈之体,何得而忽?居安之辰,故应危惧矣。”⑤“城青、齐、兖、泾、平、营、肆七州所治东阳、历城、瑕丘、平凉、肥如、和龙、九原七城。”⑥南齐时期“遣骁骑将军张佛护、直阁将军徐元称、屯骑校尉姚景珍、西中郎参军徐景智、游荡军主董伯珍、骑官桓灵福等据竹里为数城。”⑦

随着城市修筑的加强,攻城的手段在魏晋南北朝时期也有很大的发展。六朝时期攻城的器具包括:楼车、冲车、钩梯等。攻城手段还有火攻和水灌等。⑧ 攻城战术可谓无所不用其极,推动技术手工业的发展,如拓跋焘“南侵陈、颍,遂围汝南悬瓠城。行汝南太守陈宪保城自固,贼昼夜攻围之,宪且守且战,矢石无时不交。虏多作高楼,施弩以射城内,飞矢雨下,城中负户以汲。又毁佛浮图,取金像以为大钩,施之冲车端,以牵楼堞。城内有一沙门,颇有机思,辄设奇以应之。贼多作虾蟆车以填堑,肉薄攻城。”⑨这个时期也出现了许多攻城战具的发明家,如崔慧景“造诸攻具及飞楼、橦车、登城车、登堞车、阶道车、火车,并高数丈,一车至二十轮,陈于阙前,百道攻城并用焉。”⑩攻城作战的场景也异常惨烈,南北朝交战,北魏“乃作大车载土,四面

① 《晋书》卷103《刘曜载记》,第2700页。
② 《晋书》卷109《慕容皝载记》,第2817页。
③ 《晋书》卷123《慕容垂载记》,第3083页。
④ 《晋书》卷125《乞伏国仁载记》,第3114—3115页。
⑤ 《魏书》卷78《孙绍张普惠列传》,第1723—1724页。
⑥ 《魏书》卷9《帝纪第九·肃宗纪》,第226页。
⑦ 《南齐书》卷51《裴叔业崔慧景张欣泰列传》,第875页。
⑧ 刘淑芬:《六朝的城市与社会》,台北:台湾学生书局1992年版,第359页。
⑨ 《宋书》卷72《文九王列传》,第1856页。
⑩ 《梁书》卷56《侯景列传》,第844页。

俱前,欲以填缕",萧道恭"辄于缕内列艨冲斗舰以待之,魏人不得进。又潜作伏道以决缕水",萧道恭"载土㹠塞之。相持百余日,前后斩获不可胜计。"①

营建以都城为中心的各层级中心城市,固然有很多具体的考虑,但最基本的动因则仍主要是借此以宣示王朝的合法性或正统性权威、突显凌驾于臣民之上的国家权力,并在更大空间范围和社会范围内攫取更多的权力。②秦汉时代,长安代表的是中国东、西部之结合;首都居在最前线,领导着全国国力向外发展的一种斗争态势。洛阳代表的是中国稳定状态,南、北部的融洽。③ 魏晋时代,秦汉以来以长安和洛阳为中心的城市体系发生重要转变,作为文明中心的洛阳与长安都遭到了巨大的破坏。中原城市体系的中心在不断变换,洛阳、邺城、晋阳、中山等都曾一度辉煌,"冀州之渤海、长乐二郡,先帝始封之国,义旗初起之地。并州之太原、青州之齐郡,霸业所在,王命是基。"④汉末到永嘉之乱期间,形成了以邺城、中山为轴心的汉文化中心区。⑤

汉末魏晋动乱中大量士人逃到荆州、江南以及成都等地。荆州、成都等城市一时聚集了一些人才。西北的凉州和江南的建康在动乱中保留了汉文明的文化根基。凉州文化在北魏统一北方后,对平城具有一定的影响,而江南的建康则是正统汉文化的代表。在北朝时期,北魏平城、洛阳以及邺城都先后成为北方文明的中心。

魏晋南北朝时期,城市的类型有了新的发展。文明的碰撞中也出现了新的城市类型,考古成果表明魏晋南北朝时期的城市遗址的主要类型除了各地方政权的都城外,有的模仿中原城市,如三燕龙城、大夏统万城、凉州姑臧城;有的颇具民族特点,如青海湖畔的吐谷浑伏俟城;还有东北山地的高丽政权为了应付频繁的战争,实施了山城与平地相结合的双城制的都城形式。其他类型的城址有北魏政权为了抵挡北方民族的骚扰在今内蒙古境内建立了若干军镇;今新疆境内的绿洲地区具有佛教性质的建筑城址;高丽政权在险要地建立的山城。⑥

曲阜的地位在魏晋时期上升,在三国魏文帝时期"以议郎孔羡为宗圣

① 《梁书》卷10《蔡道恭列传》,第194页。
② 鲁西奇:《中国历史空间结构》,广西师范大学出版社2014年版,第327页。
③ 钱穆:《国史大纲》,商务印书馆2001年版,第234页。
④ 《北齐书》卷3《帝纪第四·文宣》,第51页。
⑤ 李凭:《北魏平城时代》,社会科学文献出版社2000年版,第282页。
⑥ 韦正:《魏晋南北朝考古》,北京大学出版社2013年版,第14页。

侯,邑百户,奉孔子祀。令鲁郡修起旧庙,置百户吏卒以守卫之,又于其外广为室屋以居学者。"①北朝时期,孔府的宗教文化地位继续得到了提高,孝文帝诏令"兖州为孔子起园柏,修饰坟垅,更建碑铭,褒扬圣德。戊辰,行幸碻磝。太和庙成。"②曲阜延续了文化祭祀中心的地位,且较历代有所提升。

因为战乱导致一些流民自发形成的城市,"炽磐以长安兵乱将始,乃招结诸部二万七千,筑城于嵻良山以据之。"③又如田畴在"徐无山中,营深险平敞地而居,躬耕以养父母。百姓归之,数年间至五千余家。畴谓其父老曰:"诸君不以畴不肖,远来相就,众成都邑。"④

从不同的自然区域经济文化环境看,可以将这一时期分为中原城市、草原城市、南方城市、高原城市以及绿洲城市,不同区域的城市有着不同景观,并在魏晋南北朝时期互相交流影响,体现了同一性之下的多样性。⑤

2. 城市的修筑

城市筑城修城的人力主要来自服役的工匠,还有强征的农民、城市人口以及罪犯和战争的俘虏等。石季龙"使尚书张群发近郡男女十六万,车十万乘,运土筑华林苑及长墙于邺北。"⑥南齐时"上欲修治白下城,难于动役。系宗启谪役在东民丁随宇之为逆者。"⑦屈孑"性骄虐,视民如草芥。蒸土以筑都城,铁锥刺入一寸,即杀作人而并筑之。所造兵器,匠呈必死,射甲不入即斩弓人,如其入也便斩铠匠,凡杀工匠数千人。"⑧还有士兵,如北周修造洛阳时动用了"山东诸州兵"近 4 万人。⑨ 谢安时期,扩建建康的宫殿,动用内外军人六千人,耗时五个月。⑩

筑城的方法多用版筑,表治城池,修起楼堞,多解榜板,拟以备用。⑪ 魏晋南北朝时期,城墙大量用砖,取代了以前土夯的办法。晋成帝时期,建康宫周回八里,筑有两重城墙,有五门,其中南门为大司马门。在宫城修筑楼

① 《三国志》卷 2《魏书 · 文帝纪》,第 77 页。
② 《魏书》卷 7 下《高祖纪下》,第 177 页。
③ 《晋书》卷 125《乞伏炽磐载记》,第 3121 页。
④ 《三国志》卷 11《魏书 · 田畴传》,第 341 页。
⑤ 鲁西奇:《中国历史空间结构》,广西师范大学出版社 2014 年版,第 51 页。
⑥ 《晋书》卷 107《石季龙载记下》,第 2782 页。
⑦ 《南齐书》卷 56《幸臣列传》,第 975—976 页。
⑧ 《魏书》卷 95《铁弗刘虎列传》,第 2059 页。
⑨ 《周书》卷 7《帝纪 · 宣帝》,第 118 页。
⑩ 刘淑芬:《六朝的城市与社会》,台北:台湾学生书局 1992 年版,第 57 页。
⑪ 《宋书》卷七十九《文五王列传》,第 2046 页。

观,用砖造城墙。① 一些城市用蒸土筑城,三合土修筑的统万城经历 1500 年东西城墙依然完好。其他的城墙也多坚硬。如武川等。② 当时以黏土、沙、石灰三种原料,用夯版筑城较为普遍。如统万城、北魏洛阳、后赵邺城、大夏的延州丰林县城、北魏怀朔镇都类似。③

城市的建筑材料多为土木石砖瓦,是中国建筑不同于西方石块为主的特色,"武帝时居杜陵南山下,有成瓦□数千处,引凉州材木东下以作宫室,为功不难。"④梁习"使于上党取大材供邺宫室。"⑤"京洛材木,尽出西河,朝贵营第宅者,皆有求假。"⑥石勒"将营邺宫,廷尉续咸上书切谏。……起明堂、辟雍、灵台于襄国城西。时大雨霖,中山西北暴水,流漂巨木百余万根,集于堂阳。"⑦洛阳建春门城墙基和宫城阊阖门曾发现包砖痕迹和铺地砖,在北魏宫城阊阖门台基也曾发现不晚于魏晋时期城门的包砖沟槽。⑧ 向井佑介《北魏平城的瓦工房》(《洛北史学》16)根据设在平城郊外的瓦工房出土实物,认为这个工房通过迁来后燕的工匠,在 4 至 5 世纪前半叶发挥着瓦供应基地的功能。⑨ 洛阳宫城用瓦生产者的技术似乎更高。北魏有相当严密的工匠制度,生产的砖瓦质量明显超过魏晋十六国,应该与工匠制度有直接关系。⑩ 周边朝贡国家有用砖石的,如"狼牙修国,在南海中。……其国累砖为城,重门楼阁。"⑪

二 文明碰撞融合下的城市空间格局与形状

在考古壁画中可见东汉时期城市的一般格局。壁画中的辽东城西傍山脉,城外西北、东北各有一小城,是当时辽东城的外围据点。辽东城近长方形,具内外城郭。内城位于外城的西南隅,面积约等于郭城的一半。内城南部正中有一两层大建筑。外郭四隅有角楼,北墙设有大小不等的女墙。城

① 刘淑芬:《六朝的城市与社会》,台北:台湾学生书局 1992 年版,第 51 页。
② 刘淑芬:《六朝的城市与社会》,台北:台湾学生书局 1992 年版,第 385—392 页。
③ 朱大渭:《六朝史论续编》,学苑出版社 2008 年版,第 282 页。
④ 《三国志》卷 6《魏书·董二袁刘传》,第 177 页。
⑤ 《三国志》卷 15《魏书·刘司马梁张温贾传》,第 469 页。
⑥ 《周书》卷 18《王罴子庆远列传》,第 291 页。
⑦ 《晋书》卷 105《石勒载记下》,第 2748 页。
⑧ 韦正:《魏晋南北朝考古》,北京大学出版社 2013 年版,第 281 页。
⑨ [日]堀内淳一、杨振红:《2014 年日本的魏晋南北朝史研究》,《中国史研究动态》2017 年第 3 期,第 52 页。
⑩ 韦正:《魏晋南北朝考古》,北京大学出版社 2013 年版,第 285 页。
⑪ 《梁书》卷 54《诸夷列传》,第 795 页。

内东部空白处书有辽东城三字榜题。郭城东墙、内城东西墙各开一门,三门直对,其间应为横街。内蒙古和林格尔东汉护乌桓校尉壁画墓中发现的繁阳、宁城等城布局与辽东城相似,可知这种布局是东汉州郡县城的常规。东西向的道路,外城北墙的防御设施,突出了威严的戒备状态。内外东墙城门都有门楼,城外东南方向还有高大的建筑,似乎表明辽东城的东门是主门。①

许宏提出了大都无城的说法。他认为从魏晋到明清时代,专制皇权越是加强,都城就越中规中矩、方方正正。后“大都无城”时代都城具有三大特征:城郭兼备、出现纵贯全城大中轴线和旨在强化对都市居民统一管理的严格意义上的里坊制。② 这一变化主要是在魏晋南北朝时期发生的。魏晋南北朝时期都城的设计有了重大的变化,一改秦汉时期以西控东的东西狭长的布局而一变为以北控南的布局。

相较于前代,魏晋南北朝时期城市格局出现了较大变迁。首先是城市布局空间的范围扩大。三国以来,随着战争的频繁,城市的修筑出现了越来越大的趋势。③ 这也是南北文明碰撞的结果之一。无休止的战争,无休止的内乱,对人口的极度需求给魏晋南北朝的城市打上了深刻的烙印。人口向城市集中导致城市的大型化。④ 如北魏平城周回三十二里。⑤ 北齐南城邺城周回二十五里。⑥ 北朝时期洛阳的规模也“逾于汉魏远矣”。⑦ 其他地方城市也有许多进行了扩建,修建了外郭城市,或者在城市内部又建城市。

从城市格局看,魏晋南北朝主要有两种形态。一为回城,一为单城。大小城即回城在原始城市就有雏形了。回城即套城,套城由内外城组成,或称为小城和大城、罗城和子城、中城,在魏晋南北朝时期初步统计共有三十三座。其中三座建于魏晋以前,三座建于魏晋以后。魏晋南北朝建十七座,加内外城十座,共计二十七座,占总数百分之八十二,其中完全新建约占半数,可见套城形制有较大的发展。⑧

① 韦正:《魏晋南北朝考古》,北京大学出版社 2013 年版,第 197 页。

② 张春海:《“无邑不城”并非通则——访中国社会科学院考古研究所研究员许宏》,中国社会科学网—中国社会科学报,2016 年 11 月 25 日。

③ 刘淑芬:《六朝的城市与社会》,台北:台湾学生书局 1992 年版,第 393 页。

④ 韦正:《魏晋南北朝考古》,北京大学出版社 2013 年版,第 14 页。

⑤ 《魏书》卷 2《太宗纪》,第 62 页。

⑥ 《北齐书》卷 18《高隆之传》,第 236 页。

⑦ 《周书》卷 7《宣帝纪》,第 124 页。

⑧ 朱大渭:《魏晋南北朝时期的套城》,《齐鲁学刊》1987 年第 4 期,第 54 页。

杜金鹏、王学荣等在偃师商城大城内探出小城。① 春秋末期实行双城制更为成熟，都城不仅筑大城，还修筑一些小城，以拱卫国都。春秋战国时期，各国筑城的规模和外部形制都突破了西周礼制。城郭制形成，它们大多经过多次修筑而成，或在原有城市外围修筑城市，或在原有的城市旁边新修筑城市。② 魏明帝营建洛阳，仿三台筑金墉城，内有高台，外有马面、护城河等。西晋末年又于金墉城北筑一小城，成为洛阳垒，金墉城成为以后的兵家必争之地。③ 学者普遍认为金墉城是受邺城三台位置影响之效仿，但可能更是主要考虑到洛阳的地形，城北邙山高峻，对城市一览无余。④ 北魏洛阳除了金墉城外，还有"洛阳小城，永嘉中所筑。"⑤魏晋南北朝大多都城都是回城。北魏洛阳宫城、内城、郭城三重城垣的布局为历代三重都城布局原型。⑥ 邺城有两个城，一个是老城，即北城，后来北齐修筑了南城。高欢建邺南城时，城垣按龟型设计、夯筑，利用仿生学的原理，增强都城的防御功能，这在中国古代建筑史上堪称一个创举。⑦ 后燕邺城的布局基本上分为三大块，即内城、隔城和外郭城。⑧ 魏晋南北朝时期的动乱导致城市的堡垒化，都城都采用了大小相倚的双城制。其中建康、平城和洛阳最为典型。人口都在百万以上，或在城墙上修建角楼、马面以加强防御，或增加宫城城墙的层数，或在都城北面建立苑囿以作退路，还建立坞堡性质的小城以备自守。城市成为政治军事性的封闭体，经济活动和人身自由几乎没有存在的空间，构成魏晋南北朝城市的显著时代特色。⑨ 建康的石头城、东府城、西州城等就都是一个小城。⑩ 统万城有内外城之分，内城又分为东西城。⑪外郭的范围略大于东西城。东西城合用一墙。城中发现的遗物很少，可能

---

① 曲英杰：《古代城市》，文物出版社2006年版，第3页。
② 王立华：《中国城市的起源与形成：先秦城市的发展与变迁》，四川大学历史文化学院博士论文，2016年3月，第132页。
③ 张旭华：《制度、经济与中原历史——魏晋南北朝史研究文集》，人民出版社2018年版，第426页。
④ 李孝聪：《历史城市地理》，山东教育出版社2007年版，第117页。
⑤ 杨衒之撰，周祖谟校释：《洛阳珈蓝记校释》，中华书局1987年版，第56页。
⑥ 张旭华：《制度、经济与中原历史——魏晋南北朝史研究文集》，人民出版社2018年版，第427页。
⑦ 牛润珍：《古都邺城研究——中世纪东亚都城制度探源》，中华书局2015年版，第260页。
⑧ 牛润珍：《古都邺城研究——中世纪东亚都城制度探源》，中华书局2015年版，第144页。
⑨ 韦正：《魏晋南北朝考古》，北京大学出版社2013年版，第14页。
⑩ 任重、陈仪：《魏晋南北朝城市管理研究》，中国社会科学出版社2003年版，第27页。
⑪ 任重、陈仪：《魏晋南北朝城市管理研究》，中国社会科学出版社2003年版，第27页。

与游牧生活有关。[①] 作为大夏国都的统万城,初建时的规模可能只有西城和部分外城。[②] 史念海等考证认为长安城的小城(苻健)、子城(北魏)、皇城(西魏)等就是石虎在未央宫基础上修的未央城。[③]

魏晋南北朝时期一般城市回数增加。长江以北的套城已经非常普遍。[④] 城市的一般结构在魏晋南北朝时期体现为多重城市结构[⑤],这与战争防御的需要相关。如三重城市有时是为防御而临时构成的,魏人攻毁虎牢外城,毛祖德在里面筑三重城以拒之。[⑥] 南方如建康那种三重城市的结构并不多见。在地方城市中,双城在魏晋南北朝时期是一个普遍的现象。[⑦] 考古发掘证明,复城的修筑普遍出现一个城由两个以上的小城组成,郭城内套有多重城郭。魏晋南北朝时期的复城共有二十三座,多在长江以北,特别是淮河和黄河的中下游。金城是城内低地填土而建的小城。在于加强防御能力。洛阳的金墉城为长方形,是由三个南北相连的小城组成。[⑧] 虎牢城西北隅有小城、周三里、北面列观,临河。[⑨] 滑台城有三重,中小城谓之滑台城。[⑩] 武阳大城东南小城。……城东西二里,南北一里半。[⑪] 始筑两宫,开四门,穿北城,累石为渎,通池流于城中,造鱼池、钓台、戏马之观。……赵石建武七年,始筑小城,……小城隔城,兴复宫观。[⑫] 峣柳城东西有二城。[⑬] 东北有小城,刘公更广开之,皆垒石高四丈,列堑环之,小城西又有一城,是大司马琅邪王所修,因项羽故台,经始即构,宫观门阁,惟新厥制。[⑭] 腾城故

---

① 韦正:《魏晋南北朝考古》,北京大学出版社 2013 年版,第 46 页。

② 邢福来:《关于统万城东城的几个问题》,《考古与文物》2014 年第 5 期,第 109—113 页。

③ 史念海、史先智:《论十六国和南北朝时期长安城中的小城、子城和皇城》,《中国历史地理论丛》1997 年第 1 期,第 1—12 页。

④ 朱大渭:《魏晋南北朝时期的套城》,《齐鲁学刊》1987 年第 4 期,第 54—61 页。

⑤ 关于子城问题的讨论主要有:郭湖生:《子城制度——中国城市史专题研究之一》《东方学报(京都)》,第 57 卷,1985 年;朱大渭:《魏晋南北朝时期的套城》,《六朝史论》,中华书局 1998 年版,第 79—101 页;成一农:《中国子城考》,《古代城市形态研究方法新探》,社会科学文献出版社 2009 年版,第 94—125 页。成一农认为中国子城萌芽于汉、产生于南北朝、普及于唐宋,在元末消失。

⑥ 何兹全:《魏晋南北朝史略》,北京出版社 2018 年版,第 167 页。

⑦ 任重、陈仪:《魏晋南北朝城市管理研究》,中国社会科学出版社 2003 年版,第 27 页。

⑧ 刘淑芬:《六朝的城市与社会》,台北:台湾学生书局 1992 年版,第 385—392 页。

⑨ 郦道元:《水经注》,郭超主编《四库全书精华》,中国文史出版社 1998 年版,第 3779 页。

⑩ 郦道元:《水经注》,郭超主编《四库全书精华》,中国文史出版社 1998 年版,第 3780 页。

⑪ 郦道元:《水经注》,郭超主编《四库全书精华》,中国文史出版社 1998 年版,第 3827 页。

⑫ 郦道元:《水经注》,郭超主编《四库全书精华》,中国文史出版社 1998 年版,第 3831 页。

⑬ 郦道元:《水经注》,郭超主编《四库全书精华》,中国文史出版社 1998 年版,第 3877 页。

⑭ 郦道元:《水经注》,郭超主编《四库全书精华》,中国文史出版社 1998 年版,第 3909 页。

城在腾西北,城周二十里,内有子城。① 下邳县城有三重,大城中……南门谓之白门,……中城,吕布所守也。小城,晋中兴,②莒城……其城三重,并悉崇峻,惟南开一门。内城方十二里,郭周四十许里。③ 南郑、大城周四十二里,城内有小城,南凭津流,北结环雉,金墉漆井,皆汉所修筑。④ 黄城西,故弋阳县也。城内有二城,西即黄城也。⑤

周边城市也有许多存在双城制度。平壤城有大小二城,大城为平壤市内的古城,小城一般认为是安鹤城,也有认为是清岩里城。⑥ "龟兹者,西域之旧国也。……所都曰延城。……城有三重,外城与长安城等。"⑦"林邑南五里有温公二垒,……城内小城,周围三百二十步,合堂瓦殿,南壁不开,……屋有五十余区,……郭无市里,邑寡人居。" ⑧

魏晋南北朝时期,城市中的礼仪、宴乐的场所向军事防御重地转变。如铜雀台,在动乱时可以登台观望。曹操修筑的邺城继承了秦汉以来在城内构筑高台的传统,在宫城之外,城的一隅构筑三台,以互相支持。直到北齐时期对三台还进行过修缮。⑨ 还有一些其他形式的城型,也与防卫的需要有关,其实就是子城,叫法不同而已,如隔城:"清河太守贺耕聚众定陵以叛,南应翟辽,慕容农讨斩之,毁定陵城。进师入鄴,以鄴城广难固,筑凤阳门大道之东为隔城。"⑩还有角城:"萧衍角城戍主柴庆宗,以城内附。鉴遣淮阳太守吴秦生率兵千余赴之。衍淮阴援军已来断路,秦生屡战破之,乘胜而进,遂克角城。"⑪"义阳人朱序"镇襄阳。……领百余婢并城中女子于其角斜筑城二十余丈。贼攻西北角,果溃,众便固新筑城。丕遂引退。襄阳人谓此城为夫人城。"⑫

魏晋南北朝时期,文献中的金城一般也是指子城。⑬ 邺城的三台是军

---

① 郦道元:《水经注》,郭超主编《四库全书精华》,中国文史出版社 1998 年版,第 3920 页。
② 郦道元:《水经注》,郭超主编《四库全书精华》,中国文史出版社 1998 年版,第 3923 页。
③ 郦道元:《水经注》,郭超主编《四库全书精华》,中国文史出版社 1998 年版,第 3925 页。
④ 郦道元:《水经注》,郭超主编《四库全书精华》,中国文史出版社 1998 年版,第 3936 页。
⑤ 郦道元:《水经注》,郭超主编《四库全书精华》,中国文史出版社 1998 年版,第 3951 页。
⑥ 韦正:《魏晋南北朝考古》,北京大学出版社 2013 年版,第 69 页。
⑦ 《梁书》卷 54《诸夷》,第 813 页。
⑧ 郦道元:《水经注》,郭超主编《四库全书精华》,中国文史出版社 1998 年版,第 3988 页。
⑨ 任重、陈仪:《魏晋南北朝城市管理研究》,中国社会科学出版社 2003 年版,第 30 页。
⑩ 《晋书》卷 123《慕容垂载记》,第 3087 页。
⑪ 《魏书》卷 16《道武七王》,第 398 页。
⑫ 《晋书》卷 81《朱序传》,第 2133 页。
⑬ 成一农:《空间与形态——三至七世纪中国历史城市地理研究》,兰州大学出版社 2012 年版,第 78 页。

事和筑城史上的一个重要里程碑,在洛阳效仿其修筑金城后,其他地方城市多有修筑金城,诸如聊城故城内有金城、周匝有水,南门有驰道。① 摄城俗称郭城,东西三里、南北二里,东西隅有金城,城卑下,墟郭尚存,左右多坟垅。② 昌邑县大城内东北有金城。③ 彭城大城之内有金城。④ 夔城……跨据川阜,周回一里百一十八步,西北背枕深谷,东带乡口溪,南侧大江。城内西北角有金城,东北角有圆土狱,西南角有石井,口径五尺。⑤ 中古时期的中国城市盛行二重城或三重城式的子城制度,子城的形态与功能皆可与西欧城市的城堡类比。⑥ 但这些子城是在大城存在的情况下为加强防御而后修建的,与下面这种子城有所不同。

在汉代,子城只存在于边境城市中数量不多……因此汉代应是子城的萌芽时期。⑦ 3—7 世纪,子城的定义比较明确,是地方城市中的各种城中之城之一,指的是环绕衙署修筑的小城。⑧ 这一时期形成的子城,尤其是那些最初的戍城或者作为军事控制手段建立的州郡治所的发展基本上是以子城为核心逐步扩展的。⑨ 3—7 世纪子城的产生和发展在很大程度上可以归结于内陆亚洲各族的涌入。⑩ 魏晋南北朝时期为强化城市防卫功能,城市中出现了通常居于高处的子城,城市围绕子城不断发展,构成了内外重城的格局。子城的产生与军事戍守有关,为保护构成城市中复杂人员的主导地位的居民。⑪

北魏北部的镇布局特点是小的子城与大的外郭城组成重城形制,子城多在南部,有一门或二门,内有高台,衙署所在,北附郭城,背向后方,凭险而设,外郭城面积大而少建筑,向北防御性突出。城外分布居民建筑可能为农

① 郦道元:《水经注》,郭超主编《四库全书精华》,中国文史出版社 1998 年版,第 3785 页。
② 郦道元:《水经注》,郭超主编《四库全书精华》,中国文史出版社 1998 年版,第 3786 页。
③ 郦道元:《水经注》,郭超主编《四库全书精华》,中国文史出版社 1998 年版,第 3807 页。
④ 郦道元:《水经注》,郭超主编《四库全书精华》,中国文史出版社 1998 年版,第 3909 页。
⑤ 郦道元:《水经注》,郭超主编《四库全书精华》,中国文史出版社 1998 年版,第 3974 页。
⑥ 马克垚主编:《中西封建社会比较研究》,学林出版社 1997 年版,第 198 页。
⑦ 成一农:《空间与形态——三至七世纪中国历史城市地理研究》,兰州大学出版社 2012 年版,第 82 页。
⑧ 成一农:《空间与形态——三至七世纪中国历史城市地理研究》,兰州大学出版社 2012 年版,第 75 页。
⑨ 成一农:《空间与形态——三至七世纪中国历史城市地理研究》,兰州大学出版社 2012 年版,第 94 页。
⑩ 成一农:《空间与形态——三至七世纪中国历史城市地理研究》,兰州大学出版社 2012 年版,第 96 页。
⑪ 成一农:《空间与形态——三至七世纪中国历史城市地理研究》,兰州大学出版社 2012 年版,第 231 页。

业居民，预警可以到城内躲避。[①] 此外，还有北方民族为军事目的而修建的一些军镇，"军镇，为军事而设，不是为商业或行政而设。最开始可能是五胡十六国时代，胡人统治下，设军镇以期镇压，后来形成了北魏军镇制度。军队是专门消费不生产的，所以有些商贩来推销消费品；又因为军镇多设在交通要道，而且治安比较有保障，所以慢慢形成小的商业中心。"[②]这些军镇外郭扩展成为罗城。魏晋南北朝时期的地方城市在继承汉魏旧城之上，出现了与边地城市类似的子城与外罗城重城隔墙的形态，宫殿衙署在子城，罗城高大空荡，与长期战乱有关。[③] 北城市内也多具有多重结构，周、召分伯以陕城为东西之别，东城就是虢邑之上阳，虢仲所都为南虢，大城中有小城。[④]在南方城市也有类似的情况，南朝地方城市规模与北朝城市相差不大，但对地形依托更多，沿江城垒军事功能突出，后来在岗丘之下营造容纳平民与商贾的大城，形成子城与罗城共存的形态。[⑤] 如夏口就是先建立了军事性的子城，后来子城为地方州镇治所所在，随着其地位提高以及居住需求和商业发展，罗城也日益多扩展。[⑥] 欧洲中世纪城堡产生的原因与中国的子城，尤其是来源于戍城的子城，极其相似。而它们都构成了后世城市发展的基础。[⑦]

钟翀利用考古学勘测的成果对唐宋以来的江南子城研究，认为重城形制在先秦秦汉之时就已经在江南地区普及，重城中的小城与后世子城有着密切关联。唐代出现了子城修建的高潮，宋代子城演化成熟。其生长模式为早期城市——子城（州府军级城市）及周围街市——围护城市全体的罗城。[⑧] 从魏晋南北朝时期的城市形制来源看，有些城市的子城、小城、金城等尤其是都城，是在原有城市内部后来建立的。而有些城市是从小城、子城发展起来，先是作为军镇，后来因为地理和政治的原因成为治所等，逐步发展扩大出现罗城，形成重城的布局。

还有一重的单体城市，如许多南方城市多充分利用地形的便利，甚至不惜将城市建于或移到依山傍水之处，孙吴铁瓮城、武昌城、曹魏合肥新城都

---

① 李孝聪：《历史城市地理》，山东教育出版社 2007 年版，第 136 页。

② 严耕望：《治史三书》，上海人民出版社 2011 年版，第 13 页。

③ 李孝聪：《历史城市地理》，山东教育出版社 2007 年版，第 135 页。

④ 郦道元：《水经注》，郭超主编《四库全书精华》，中国文史出版社 1998 年版，第 3775 页。

⑤ 李孝聪：《历史城市地理》，山东教育出版社 2007 年版，第 146 页。

⑥ 魏斌：《城楼、沙洲与寺院：南朝夏口的城市风景》，《唐研究》2021 年第 26 卷，第 93—118 页。

⑦ 成一农：《空间与形态——三至七世纪中国历史城市地理研究》，兰州大学出版社 2012 年版，第 97 页。

⑧ 钟翀：《江南子城的形态变迁及其筑城史研究》，《史林》2014 年第 4 期，第 1—14 页。

是典型的例证。南方的丘陵地貌导致城市的布局不像中原地区规整。①

在山区出现了一些山城,成为这个时期较有特点的城市。如氐人为防御而修建的仇池也颇具特色,仇池国的中心仇池,就是一座山城,“百倾,周回九千四十步,天形四方,因山筑城,四面壁立。”②“四方壁立,自然有楼橹却敌状,高并数丈。有二十二道可攀缘而升,东西二门,盘道可七里,上有冈阜泉源。氐于上平地立宫室果园仓库,无贵贱皆为板屋土墙,所治处名洛谷。”③除山城外,仇池国中还有堡、戍、城等各种军事化的镇戍类型聚落等。④

汉代至三国两晋时期,在中国东北地区还兴起了一些重要的城市,特别是高句丽的都城国内城和丸都城具有重要的地位和影响。公元前 37 年,高句丽建国,都纥升骨城(今辽宁桓仁县境)。公元前 3 年,迁都于鸭绿江中游右岸的国内城(今吉林集安),另在国内城西北 2.5 公里的高山上构筑守备城——“尉那岩城”,其周长 2686 米。墙垣四面共有六个城门,东西面各两门,南北面各一门,两相对应。城门间有通衢,构成东西二横道、南北一直道。丸都山城的整体布局基本完备,成为高句丽时期唯一的一处以大型宫殿址为核心规划整体布局的山城王都。丸都城平面呈椭圆形,方圆近七公里,经考古实测总长度为 6951 米。全城共建有五座城门,东墙北墙各二门,南墙一瓮门,西墙无门。城墙凭借自然山势的走向构筑,在山崖陡峭险峻处筑低矮城垣或不筑。在高句丽建都纥升骨城和丸都城的 400 多年期间,还在东北地区兴建了若干个大小城市或军事城堡。427 年,高句丽迁都于朝鲜半岛的平壤,丸都城为陪都。⑤ 这一地区城市遗址以山城为主,见之于史籍的大概有 170 多座,发现超过百座。分布的地理布局特点为:1. 以桓仁和集安为中心的江河流域;2. 分布自辽东半岛南端开始,北至金州、营口、海城、辽阳、沈阳、抚顺、铁岭、开原、到西丰、辽源一线,是高句丽后期西部的重要防线。东部的海庄河、岫岩一带也有重要作用。3. 分布在辽东到平壤沿线,途经中国凤城、丹东等,是后期平壤通往中原的重要道路。⑥

文明碰撞导致城市外面军事设施也大大发展,不同于以往,普遍设立角楼、马面,城址面积超过汉代,有佛教遗物的发现。⑦ 如洛阳城和金墉城均

---

① 韦正:《魏晋南北朝考古》,北京大学出版社 2013 年版,第 35 页。
② 李祖桓:《仇池国志》,书目文献出版社 1986 年版,第 221 页。
③ 《南齐书》卷 59《氐羌》,第 1027 页。
④ 李祖桓:《仇池国志》,书目文献出版社 1986 年版,第 221—245 页。
⑤ 何一民:《中国城市史》,武汉大学出版社 2012 年版,第 187—188 页。
⑥ 韦正:《魏晋南北朝考古》,北京大学出版社 2013 年版,第 61 页。
⑦ 韦正:《魏晋南北朝考古》,北京大学出版社 2013 年版,第 51 页。

有马面，墙台呈长方形。① 内地城市出现马面和瓮城的设计。钟鼓楼的出现和普及，为治安和防御之用。② 统万西城高大而且有马面，没座长 18.8 米，宽 16.4 米。在设施上统万城还有城墙角的高楼为具有发射工事的塔状高层建筑和马面墙台中有仓库可以储备藏兵等两个特点。③

这个时期，城郊为军事需要多有城栅，长围，沟堑、垒等，南北朝时期设立尤多，如刘裕"大军进广固，既屠大城。超退保小城。于是设长围守之，围高三丈，外穿三重堑。"④萧衍司州刺史蔡道恭"闻英将至，遣其骁骑将军杨由率城外居民三千余家，于城西南十里贤首山即岭为三栅，作表里之势。"⑤"景又遣仪同于子悦、张大黑率兵入吴，……于是各立城栅拒守。"⑥"时有五城郡氐酋赵雄杰等扇动新、潼、始三州民反叛，……于郡东南隔水置栅，断绝驿路。"⑦"津以贼既乘胜，士众劳疲，栅垒未安，不可拟敌。"⑧萧衍……于关南四十里麻阳旧栅起城。⑨ "世祖留据盆城，众议以盆城城小难固，不如还都。……立水栅，旬日皆办。"⑩可见当时为战争的需要，修筑城栅等作为城市的外围保障设施在当时非常普遍。

北方草原地区城市在文明的融合中也呈现出中原文明的特征，同时也是出于战争防御的需要，鲜卑人在北方建造的军事城镇具有行政区划的性质，相当于州。⑪

城名	地点	形状	规模（米）	附记	比定
城圐圙城	达尔罕茂明东南希日穆仁苏木	大小二城，西侧大城近方形，小城日字形。	大城 452×426，小城 238×89	大城四面四门，有马面，四角有角楼，西南角有子城，小城中分割为南北两部分。四角有楼，南部东部城角有壕。	武川

① 孟凡人：《试论北魏洛阳城的形制与中亚古城形制的关系》，《汉唐与边疆考古》第 1 辑，科学出版社 1994 年版，第 94 页。
② 刘淑芬：《六朝的城市与社会》，台北：台湾学生书局 1992 年版，第 385—392 页。
③ 任重、陈仪：《魏晋南北朝城市管理研究》，中国社会科学出版社 2003 年版，第 27 页。
④ 《宋书》卷 1《武帝本纪上》，第 16 页。
⑤ 《魏书》卷 19 下《景穆十二王》，第 498 页。
⑥ 《梁书》卷 56《侯景传》，第 851 页。
⑦ 《周书》卷 11《晋荡公护传》，第 178—179 页。
⑧ 《魏书》卷 58《杨播传》，第 1297 页。
⑨ 《魏书》卷 37《司马悦传》，第 858—859 页。
⑩ 《南齐书》卷 29《周山图传》，第 541 页。
⑪ 李孝聪：《历史城市地理》，山东教育出版社 2007 年版，第 136 页。

续表

城名	地点	形状	规模(米)	附记	比定
乌兰花土城子	四子王旗南	正方形	900×900	南北各一门,中部有三处基址。	抚冥
库伦图城卜子城	四子王旗东北	长方形	455×422	四面都有马面、角楼	
克里孟古城	察右后旗西北韩勿拉乡	梯形	东300米,西700米,南北1500米。	西墙一门,北墙一马面,四角有角楼,城中南北向隔墙,东城内基址甚多。	柔玄
城圐圙城	固阳东北白领卓尔乡	近似长方形,南墙凸出	东西约1300米,南北约1100米,西北角子城,长方形,220×360。	东、北、南有门,北、西、南有马面,四角有角楼,有瓦当、石兽、铁犁铧等,有佛寺。	怀朔
二份子城	武川西北二份子乡	长方形,东北、西南角内折	744×690	北、东、南三面有马面。东南角不详,其余三面有角楼	武川
土城梁古城	武川县西南大青山乡	南北二城,略近长方形	南城边长百米左右,北城约400×300	南城中部靠北有基址,出土瓦当、铜铁簇、犁铧等。	武川
坝口子村城	呼和浩特西北攸攸板乡	长方形	550×360	北部有东西隔墙,有建筑遗址	白道城
土城子城	兴和县西北	方形	边长500	东、北墙各一门,东北、西南角各有土台	长川城
云中城	托克托县东北古城乡	不规则	周长8000	四面可能有门,多有基址,西南角有汉代子城	云中
石子弯城	准格尔旗沙圪堵镇	长方形	240×160	南墙有门。中部偏北有长方形基址,出土富贵万岁瓦当等。	

(资料来源:韦正:《魏晋南北朝考古》,北京大学出版社2013年版,第49页。)

北魏时期为防御北方的奚、蠕蠕等在北边“险要修立城戍以防之”。①北齐时期,长城得到了进一步的修筑,“是年,于长城内筑重城,自库洛拔而

① 《北齐书》卷2《神武下》,第22页。

东至于坞纥戍,凡四百余里。”①北周“筑武功、郿、斜谷、武都、留谷、津坑诸城,以置军人。”②

北方周边民族建立的城址内文化堆积较薄,没有发现过多的建筑痕迹,反映了这些民族虽然在都城建制上接受了中原文化体制的范式,但整体上民族依然没有改变经营畜牧以毛毡为屋的生活方式,筑城的目的可能是出于骑兵机动作战回旋休息、安置俘虏、保护安全以及保持大量劳动力的功能,并不想采纳农耕政权设立郡县的地方行政管理制度。③

西域城市布局也因地制宜,如交河故城是西域著名城市,自西汉姑师国立国至元代毁于战火,前后延续1300多年。其城市格局演变分为西汉至高昌郡、麴氏高昌至唐西州时期、回鹘高昌时期。城市布局有3个特点:1. 依托自然地形进行城市规划;2. 城门道路依据地形特点因地制宜;3. 城市内建设按照功能分区规划。④

南方城市与北方城市相比不是十分规则,多依照地形特点而建。南方也出现了民族融合的气象。从南方一些城市名称可见当时南方汉民族与当地土著民族的融合与城市关系的情况。⑤ 因北人南下,江南城市得以开发,传统中原城市的布局向南方扩展,诸如“豫章郡居此州之半。太守臣宁入参机省,出宰名郡,而肆其奢浊,所为狼籍。郡城先有六门,宁悉改作重楼,复更开二门,合前为八。私立下舍七所。臣伏寻宗庙之设,各有品秩,而宁自置家庙。又下十五县,皆使左宗庙,右社稷,准之太庙,皆资人力,又夺人居宅,工夫万计。宁若以古制宜崇,自当列上,而敢专辄,惟在任心。”⑥北方城市的布局与南方特殊的地理文化环境结合,如林邑城“治二水之间,三方际山,南北瞰水。东西涧浦,流凑城下。城西折十角,周围六里,一百七十步,东西度六百五十步,砖城二丈,上起砖墙一丈,开方隙孔、砖上倚板,板上五重层阁,阁上架楼,楼高者七八丈,下者五六丈。城开十三门,凡宫殿南向,屋宇二千一百余间,市居周绕,阻峭地险。故临邑兵器战具,悉在区粟,多城垒。自林邑王范胡达始,秦余徙民,染同夷化。”⑦可见在这些城市中,北方中原文明与南方少数民族文化开始互相融合。

---

① 《北齐书》卷3《文宣纪》,第63—64页。

② 《周书》卷5《武帝上》,第73页。

③ 李孝聪:《历史城市地理》,山东教育出版社2007年版,第144页。

④ 李肖:《交河故城的形制布局》,文物出版社2003年版。

⑤ 陈桥驿:《水经注论丛》,浙江大学出版社2008年版,第429—430页。

⑥ 《晋书》卷七十五》《王湛传》,第1986—1988页。

⑦ 郦道元:《水经注》,郭超主编《四库全书精华》,中国文史出版社1998年版,第3985页。

魏晋南北朝城市表

名称	地理位置	性质	形制	考古遗存
武昌城	鄂州城区,俗称吴王城	三国初,孙权国都	长方形,周长3300米,东西1100米,南北500米。	码头、角楼、台墩、城豪、铜渣和烧土堆
建康城	南京市区	六朝古都		
铁瓮城	江苏镇江北固山	晋陵郡治	呈梯形,依山而建,南北340米,东西220米。	
浔阳城	江北	六朝浔阳城,浔阳郡治所	3平方公里	庭园、作坊
巫县故城	重庆巫山县城北	西晋巫县故城		
邺城	河北临漳西南20公里邺镇	曹魏、后赵、冉魏、前燕、东魏都城	北部宫殿区、南为衙署和居民区,链接南垣中门即中阳门与南北大道与北区宫殿形成中轴线。	
邺南城		北魏、北齐都城		
古城台城址	青海西宁市区	魏西平郡西城		四个城角有烽堆
伏俟城	青海共和县境内		城门向西大道有中轴线。	
统万城	陕西靖边北	夏国都城	长方形,分为外郭城,东城和西城。	有角楼和马面
平城	山西大同北	北魏都城		明堂遗址
怀朔镇	固阳北30公里	六镇重镇	不规则的五边形。	角楼、马面
抚冥镇	四王子旗	六镇重镇	方形,边长900米。	马面和角楼
土城子城	内蒙古兴和西北15公里	六镇重镇	正方形,周长2000米。	
纥升骨城	辽宁桓仁县	高句丽建国都城	靴型	城外有百座高丽墓葬
国内城	吉林集安旧城区	高句丽都城	方形,周长2686米。	马面和角楼
丸都城	集安被丸都山	拱卫国内城	近似圆形,周长6951米。	瓮门、涵洞、石头建筑

续表

名称	地理位置	性质	形制	考古遗存
国北新城	抚顺北郊高尔山		不规则多边形，周长 7000 米。	瓮城、水道等
催阵堡山城	辽宁铁岭东南 17 公里	高句丽的金山城	展开的掌型，周长 5202 米。	

（资料来源：曲英杰：《古代城市》，文物出版社 2006 年版，第 141—165 页。）

一般来说，中国的城市形状都是方形的。“地方”是史前形成沿用至明清的超越视野之上的空间秩序和格局。中国古代无论是对地理知识的归纳，还是人文空间事物的规划，都尊崇方形。它既是基本的地理认知，也是推崇“方则分定”的社会等差意识形态的反映。① 但在魏晋南北朝时期，圆形的城市也非常多见，除上表中以外，诸如武川城圆角而不方、四门列观、城内惟台殿而已。② 其城长圆不方。③ 代城……城圆匝而不方，周四十七里，开九门，更名其故城曰东城。④ 白茅城圆而不方。⑤ 石潼故城，城圆而不方。⑥ 北方还有一些特殊形状的城市，如晋阳西北有三角城，也叫徒人城、内置却敌、外安、龙尾为三面，故名三角城。⑦ 城市的修筑因地制宜，并没有完全依照礼制。2000 多年前古罗马帝国和汉帝国建造的城市外缘多是方形的城墙，东西方当时并没有谁影响谁的问题。采用圆形或不规则曲线城墙的城市，一般选址是在岗丘上或山地的河岸边，主要是照顾地形之便。唐代城市被后世沿用的坊市制度造成的方形或近似方形的城墙轮廓大都能保存下来，与后来的扩展区域有较为清晰的对比。这一点同欧洲中世纪以来成长的城市形态也是较为一致的，这个一致性说明东西方城市发展演化的道路基本是相同的。⑧ 当然，这只是在城市的形状上来说的。

三　宫殿、城墙、陵墓、市场、学校

魏晋南北朝时期城市的布局在文明的碰撞融合中出现了中轴线，对后

① 崔天兴：《“地方”：被遗忘的空间秩序》，《光明日报》2016 年 9 月 3 日。
② 郦道元：《水经注》，郭超主编《四库全书精华》，中国文史出版社 1998 年版，第 3776 页。
③ 郦道元：《水经注》，郭超主编《四库全书精华》，中国文史出版社 1998 年版，第 3769 页。
④ 郦道元：《水经注》，郭超主编《四库全书精华》，中国文史出版社 1998 年版，第 3839 页。
⑤ 郦道元：《水经注》，郭超主编《四库全书精华》，中国文史出版社 1998 年版，第 3950 页。
⑥ 郦道元：《水经注》，郭超主编《四库全书精华》，中国文史出版社 1998 年版，第 3962 页。
⑦ 罗新、叶炜：《新出魏晋南北朝墓志疏证》，中华书局 2005 年版，第 168 页。
⑧ 马克垚主编：《中西封建社会比较研究》，学林出版社 1997 年版，第 193—194 页。

世产生了巨大的影响。围绕中轴线，城市的宫殿、城墙、陵墓、市场、住宅及宗庙、寺院呈现出新的布态。城市空间尤其是都城空前扩大，布局更为封闭，体现了这个时代的特点。

1. 宫　殿

从战国到汉朝，都城的概念逐渐由一个拥有宗庙的城市，演变为一个坐拥显著宫殿与城楼的城市。这反映出国家在概念上的转变：从一个古老的、基于祖先崇拜的、贵族统治的神权国家，变为君权为绝对中心的、划分疆域的国家。① 城市中的宫殿是秦汉之后古代城市中心所在，秦汉皇宫的殿建于台基之上，南边有东西两阶。室在殿北正中，有户、牖与殿相通。室两侧有房，堂两侧有箱。左房向北敞开，有阶。两箱分别向东西敞开，亦有阶。殿前有内外两个庭院。内院称庭或中庭，庭前有门，其外有大门。② 魏晋南北朝时期，天人合一的理念反映到了宫殿的建筑中，其他建筑制度都以宫殿为基准：曹魏邺城的布局立意体现了天人合一与统一南北等内涵，大朝宫殿位于南北中轴线上，居北半部中央，恰似紫薇垣所处天象的位置，这种构思、结构与布局，开启了后来的宫城与皇城制度。③ 谢安修筑建康"宫室用成，皆仰模玄象，合体辰极。"④"粲……好兴造宫室，相国之府仿像紫宫。"⑤当把天子居住于地上的国都作为一种终极模式的示范地时，该地点就应处于天体中心北极星的正下方，成为适合接收天传下的精气的圣地。⑥

阴阳五行的哲学理念体现在古代宫殿的建筑之中，体现着具有农业文明特色的理念，最典型的是姑臧城："于姑臧城南筑城，起谦光殿，画以五色，饰以金玉，穷尽珍巧。殿之四面各起一殿，东曰宜阳青殿，以春三月居之，章服器物皆依方色；南曰硃阳赤殿，夏三月居之；西曰政刑白殿，秋三月居之；北曰玄武黑殿，冬三月居之。其傍皆有直省内官寺署，一同方色。及末年，任所游处，不复依四时而居。"⑦

刘庆柱指出，宫殿的布局史中，赵国的邯郸宫布局对后世宫殿的布局具

① ［加］卜正民主编：［美］陆威仪著，李磊译，周媛校：《分裂的帝国：南北朝》，中信出版社2016年版，第86页。

② 陈苏镇：《秦汉殿式建筑的布局》，《中国史研究》2016年第3期。

③ 牛润珍：《古都邺城研究——中世纪东亚都城制度探源》，中华书局2015年版，第36—54页。

④ 《晋书》卷79《谢尚谢安列传》，第2074页。

⑤ 《晋书》卷102《刘聪载记》，第2678页。

⑥ ［日］斯波义信著，布和译：《中国都市史》，北京大学出版社2013年版，第50页。

⑦ 《晋书》卷86《张轨列传》，第2237—2238页。

有着重要的影响。赵王城即宫城由东城、西城和北城组成。西城的南北排列三座大型夯台，应为三座大型高台建筑宫殿建筑基址，这是目前所知中国古代都城之中、宫城之内南北排列最早的三大殿，其对后代都城之宫城的大朝正殿建设影响深远。西城中的龙台是宫城之中规模最大、等级最高的宫殿建筑，它应该是宫城中的大朝正殿。龙台的居中、居前、居高特点，突出反映了王权至高无上的思想，它对以后历代大朝正殿布局形制设计，影响深远。①

在东汉末年宫殿遭到大规模毁灭后，曹魏时期随着局部统一和社会安定，宫殿又开始修筑。邺城的宫殿也得到了进一步的修筑，"立文昭皇后寝园于邺。王朗往视寝园，见百姓多贫困，而帝方营修宫室。"②魏明帝大修宫殿于五都，"既作许昌宫，又治洛阳宫，起昭阳太极殿，筑总章观，高十余丈。""复立崇华殿，更名曰九龙。"③"大治洛阳宫，起昭阳、太极殿，筑总章观。"④"帝愈增崇宫殿，彫饰观阁，凿太行之石英，采谷城之文石，起景阳山于芳林之园，建昭阳殿于太极之北，铸作黄龙凤皇奇伟之兽，饰金墉、陵云台、陵霄阙。"⑤宫殿的布局体现着等级秩序；又于列殿之北，立八坊，诸才人以次序处其中，贵人夫人以上，转南附焉，其秩石拟百官之数。帝常游宴在内，乃选女子知书可付信者六人，以为女尚书，使典省外奏事，处当画可，自贵人以下至尚保，及给掖庭洒扫，习伎歌者，各有千数。通引谷水过九龙殿前，为玉井绮栏，蟾蜍含受，神龙吐出。使博士马均作司南车，水转百戏。岁首建巨兽，鱼龙曼延，弄马倒骑，备如汉西京之制，筑闾阖诸门阙外罘罳。"⑥孙吴的建业宫殿也非常宏大，"有太初宫，方三百丈，权所起也。昭明宫方五百丈，皓所作也。"⑦

晋代司马炎称帝后，大修宫殿，并扩建洛阳城，南北加宽 9 里 70 步，东西加宽 6 里 10 步，从而使洛阳城市面积扩大。新建城垣仍修有 12 道门，每门各有三条大道，中间是御道，专供皇帝用。此时期的洛阳仍分为外城郭和宫城两部分，外城郭西墙长约 4290 米，北墙长约 3700 米，东墙长约 3895 米，南墙长约 2400 米，周长约 14345 米。宫城仍在城中部，开设有 4 门。宫

① 刘庆柱：《关于赵王城在中国古代宫城发展史上的地位》，《邯郸学院学报》2009 年第 1 期，第 17—19 页。

② 《资治通鉴》卷 70《魏纪二 · 世祖文皇帝下》，中华书局 2011 年版，第 2277 页。

③ 《资治通鉴》卷第 73《魏纪五 · 烈祖明皇帝中之下》，中华书局 2011 年版，第 2355 页。

④ 《三国志》卷 3《魏书 · 明帝纪》，第 104 页。

⑤ 《三国志》卷 25《魏书 · 辛毗杨阜高堂隆传》，第 712 页。

⑥ 《三国志》卷 3《魏书 · 明帝纪》注引《魏略》，第 105—106 页。

⑦ 《三国志》卷 48《吴书 · 三嗣主传》注引《太康三年地记》，第 1167 页。

城内自西向东建有五排宫殿建筑,共 38 座宫殿,互相对称,井然有序。外城内为手工业、商业及居住区。①

十六国时期统治者对宫殿也进行过大规模的营造,石勒“将营邺宫……起明堂、辟雍、灵台于襄国城西。……于是令少府任汪、都水使者张渐等监营邺宫,勒亲授规模。”②并指画规制“其拟洛阳之太极起建德殿。”③石虎“于襄国起太武殿,于鄴造东西宫,至是皆就。太武殿基高二丈八尺,以文石碎之,下穿伏室,置卫士五百人于其中。东西七十五步,南北六十五步。皆漆瓦、金铛、银楹、金柱、珠帘、玉壁,穷极枝巧。又起灵风台九殿于显阳殿后,选士庶之女以充之。后庭服绮縠、玩珍奇者万余人”④“于邺起台四十余所,营长安、洛阳二宫,作者四十余万人。又欲自邺起阁道,至于襄国。”⑤刘耀在长安“命起酆明观,立西宫,建陵霄台于滈池,又将于霸陵西南营寿陵。……复欲拟阿房而建西宫,模琼台而起陵霄。”⑥李寿在成都“发州郡工巧以充之,广修宫室,引水入城,务于奢侈。又广太学,起宴殿。”⑦慕容熙“大筑龙腾苑,广袤十余里,役徒二万人。起景云山于苑内,基广五百步,峰高十七丈。又起逍遥宫、甘露殿,连房数百,观阁相交。凿天河渠,引水入宫。又为其昭仪苻氏凿曲光海、清凉池。”⑧吕光称王后“仍于南门外临水起堂,名曰靖恭之堂,以议朝政,阅武事。又立泮宫,增高门学生五百人。起嘉纳堂于后园,以图赞所志。”⑨总之,十六国时期,割据一方的霸王为了炫耀自己的安全、权威和享乐,无不大修宫殿。

拓跋部作为游牧民族开始对建筑城市不感兴趣,“昭成初欲定都于㶟源川,筑城郭,起宫室,议不决。后闻之,曰:‘国自上世,迁徙为业。今事难之后,基业未固。若城郭而居,一旦寇来,难卒迁动。’乃止。”⑩

北魏建国后,为适应统一与民族融合的趋势,也开始了大修宫殿。先是大修平城。平城的营建出现过两次高潮,第一次是 398—434 年,道武帝、明元帝和太武帝三代。476—492 年为文明太后时期。第一次高潮主要是宫

① 何一民:《中国城市史》,武汉大学出版社 2012 年版,第 185 页。
② 《晋书》卷 105《石勒载记下》,第 2748 页。
③ 《晋书》卷 105《石勒载记下》,第 2737 页。
④ 《晋书》卷 106《石季龙载记上》,第 2765 页。
⑤ 《魏书》卷 95《石虎列传》,第 2052 页。
⑥ 《晋书》卷 103《刘曜载记》,第 2689 页。
⑦ 《晋书》卷 121《李雄李班李期李寿李势载记》,第 3045 页。
⑧ 《晋书》卷 124《慕容熙载记》,第 3105 页。
⑨ 《晋书》卷 87《凉武昭王列传》,第 2259 页。
⑩ 《魏书》卷 13《皇后列传》,第 323 页。

城的规划和宗庙、社稷等建筑。宫城12门。使平城初具规模。第二次主要是扩建改建和新建了一些建筑。增建了永安、太和、安昌、坤德、乾象等六座宫殿。①

北魏平城是由两部分组成,北部是宫城,南部是郭城。北魏平城是新建城邑。司州和代尹和平城县设在平城故城。② 定都平城之初,平城作为都城十分粗糙,北魏太祖迁都平城时期,平城还是一幅草原文化的图景。"什翼圭始都平城,犹逐水草,无城郭,木末始土著居处。佛狸破梁州、黄龙,徙其居民,大筑郭邑。截平城西为宫城,四角起楼,女墙,门不施屋,城又无堑。南门外立二土门,内立庙,开四门,各随方色,凡五庙,一世一间,瓦屋。其西立太社。佛狸所居云母等三殿,又立重屋,居其上。饮食厨名'阿真厨',在西,皇后可孙恒出此厨求食。初,姚兴以塞外虏赫连勃勃为安北将军,领五部胡,屯大城,姚泓败后,入长安。佛狸攻破勃勃子昌,娶勃勃女为皇后。义熙中,仇池公杨盛表云'索虏勃勃,匈奴正胤'是也。可孙昔妾媵之。殿西铠仗库屋四十余间,殿北丝绵布绢库土屋一十余间。伪太子宫在城东,亦开四门,瓦屋,四角起楼。妃妾住皆土屋。婢使千余人,织绫锦贩卖,酤酒,养猪羊,牧牛马,种菜逐利。太官八十余窖,窖四千斛,半谷半米。又有悬食瓦屋数十间,置尚方作铁及木。其袍衣,使宫内婢为之。伪太子别有仓库。"③还在北部修筑了方圆数十里的鹿苑,其中在灅水南岸的南池附近修建了灅宫。太宗时期除了修建各种建筑外,还着手修建西苑外垣墙、长城等,特别是外郭的修建,使之成为具有中国特色的双城墙的城市。④

随着平城不断扩展为当时特大城市,其建筑规模也随着国力不断发展,且融合了南北文明特色,反映其政治制度之变迁,平城最终成为百万人口的大城市。世祖时期,兴建了规模宏大的畿上塞,进一步与游牧民族分隔,对平城的东部进行了营造,至此,平城有了北、西、南、东四宫。在原有土屋、土门的基础上出现了琉璃砖瓦建筑物。高祖时期,推行汉化政策,平城中枢地带出现了许多中原风格的堂宇,平城都市景观展开达到了高潮。⑤ 先是"广西宫,

① 李凭:《北魏平城时代》,社会科学文献出版社2000年版,第299—300页。

② 李凭:《北魏平城时代》,社会科学文献出版社2000年版,第295页。

③ 《南齐书》卷57《魏虏列传》,第984页。

④ [日]前田正名著,李凭、孙耀、孙蕾译:《平城历史地理学研究》,书目文献出版社1994年版,第111—112页。

⑤ [日]前田正名著,李凭、孙耀、孙蕾译:《平城历史地理学研究》,书目文献出版社1994年版,第111—112页。

起外垣墙,周回二十里。"[①]不久又"发八部五百里内男丁筑灅南宫,门阙高十余丈;引沟穿池,广苑囿;规立外城,方二十里,分置市里,经涂洞达。三十日罢。"[②]"自佛狸至万民,世增雕饰。正殿西筑土台,谓之白楼。万民禅位后,常游观其上。台南又有伺星楼。正殿西又有祠屋,琉璃为瓦。宫门稍覆以屋,犹不知为重楼。并设削泥采,画金刚力士。胡俗尚水,又规画黑龙相盘绕,以为厌胜。"[③]后来又"起丰宫于平城东北。"[④]"筑宫于西苑。"[⑤]"发京师六千人筑苑,起自旧苑,东包白登,周回三十余里。"[⑥]"营故东宫为万寿宫,起永安、安乐二殿,临望观,九华堂。"[⑦]"行幸定州,次于新城宫。"[⑧]"大治宫室,皇太子居于北宫。"[⑨]到平城建筑大体成熟时"平城外郭,周回三十二里",成为一个巨大的城市。[⑩]

孝文帝决定迁都进入洛阳之后,开始经营洛阳及附近城市,"诏征司空穆亮与尚书李冲、将作大匠董爵经始洛京。……起滑台宫。……帝之南伐也,起宫殿于邺西。"[⑪]为了表示自己不忘旧京,"高祖孝于太后,乃于永固陵东北里余,豫营寿宫,有终焉瞻望之志。及迁洛阳,乃自表缠西以为山园之所,而方山虚宫至今犹存,号曰'万年堂'云。"[⑫]李冲成为洛阳的总督造"尚书冲器怀渊博,经度明远,可领将作大匠;司空、长乐公亮,可与大匠共监兴缮。其去故崇新之宜,修复太极之制,朕当别加指授。"[⑬]可见洛阳的规划为孝文帝亲自指导。北魏洛阳的修造仿效"两京模式"[⑭]并参照南北中外文明,是建筑都城历史上的一大综合成就。乃至尔朱荣"欲迁都晋阳,……帝与荣登高,见宫阙壮丽,列树成行,……由是罢迁都之议。"[⑮]

北周对洛阳进行了一次重新修造,规模更为宏大,"于是发山东诸州

① 《魏书》卷2《帝纪第三·太宗纪》,第64页。
② 《魏书》卷1《帝纪第二·太祖纪》,第42页。
③ 《南齐书》卷57《魏虏列传》,第986页。
④ 《魏书》卷2《帝纪第三·太宗纪》,第54页。
⑤ 《魏书》卷2《帝纪第三·太宗纪》,第59页。
⑥ 《魏书》卷2《帝纪第三·太宗纪》,第61页。
⑦ 《魏书》卷3《帝纪第四·世祖纪上》,第70页。
⑧ 《魏书》卷3《帝纪第四·世祖纪上》,第86页。
⑨ 《魏书》卷4《帝纪第四·世祖纪下》,第104页。
⑩ 《魏书》卷2《帝纪第三·太宗纪》,第62页。
⑪ 《魏书》卷7下《帝纪第七下·高祖纪下》,第173页。
⑫ 《魏书》卷13《皇后列传》,第330页。
⑬ 《魏书》卷53《李孝伯李冲列传》,第1182页。
⑭ 《魏书》卷41《源贺列传》,第934页。
⑮ 《资治通鉴》卷124《梁纪八·高祖武皇帝(八)》,中华书局2011年版,第4832页。

兵,增一月功为四十五日役,起洛阳宫。常役四万人,以迄于晏驾。并移相州六府于洛阳,称东京六府。”①“所居宫殿,帷帐皆饰以金玉珠宝,光华炫耀,极丽穷奢。及营洛阳宫,虽未成毕,其规模壮丽,逾于汉魏远矣。”②

东晋南朝的城市建设在继承两汉以来城市建设的风格和技术的基础上,也有所发展。建康城市的建设可作为此一时期南方城市建设的代表。魏晋南北朝时期随着北方大量移民来到南方,北方城市的规划理念也带入了南方,并依据不同的地理和人文环境有所变化。③

建康是在三国时期吴国都城建业的基础上建成的,因避晋愍帝司马业讳,而改称建康。孙吴时代,建业成为经济繁盛的大都市。280 年,晋灭吴,建康日渐荒落。317 年,东晋定都建康,对建康城市的建设以宫城建设为主体,进行重点建设。自晋氏渡江以来,宫室草创,朝宴所临,东、西二堂而已。晋孝武末,始作清暑殿。宋兴,无所增改。上始大修宫室,……坏高祖所居阴室,于其处起玉烛殿。④ 吴太初宫被改为建康宫。建康宫外建城两重,周长约 8 里,呈正方形,外层挖有濠沟,宽 5 丈,深 7 尺。宫城又称台城,从最初 1 座门增设至 6 座城门。东晋文武百官及其官员阶层的人居住在台城外,房屋建筑、街道缺乏整体规划,也没建坚固的城墙,外廓用土、竹围筑、廓门称为篱门。建康城的形制为南北稍长,东西略窄,周围 20 里。太宁三年(328),苏峻作乱,起兵攻入建康,省及诸营寺署,一时荡尽。337 年,新造建康宫建成。378 年,又加重建,重修后的宫城内宫殿林立,内外殿宇房屋有 3500 多间,正殿是宏伟壮观的太极殿,此外还有若干殿宇,并有重楼复道通往御花园。东晋以后,历经宋、齐、梁、陈四朝,皆以建康为国都,经济繁荣,人口不断增加。南齐时,撤除土墙和篱门,改建砖城,并建有 12 道大门,城市的规模也扩大,南北延伸至石子冈(今雨花台)、蒋山(今紫金山)、西至石头城,东到倪城。⑤

建康城周围还建有一些卫星城。东南四里有东府城,城周 3 里 19 步,是东晋以来宰相办公的地方。城西南治城附近建有西州城,是诸王府和扬州刺史的治所。域南秦淮河南岸是丹阳郡城,另外城西是石头城。随着经济发展和人口增加,城与城之间也成为市民居住区和商市及手工业作坊。为了安置

① 《周书》卷 7《宣帝本纪》,第 118 页。
② 《周书》卷 7《宣帝本纪》,第 124 页。
③ [加]卜正民主编:[美]陆威仪著,李磊译,周媛校:《分裂的帝国:南北朝》,中信出版社 2016 年版,第 86 页。
④ 《资治通鉴》卷 129《宋纪十一·世祖武皇帝下》,中华书局 2011 年版,第 4134 页。
⑤ 何一民:《中国城市史》,武汉大学出版社 2012 年版,第 209—210 页。

北方大量南下的人口,在建康附近还先后设了琅琊、淮南、广州、高阳、堂邑、南东海、南兰陵、南东平等9个侨郡,其中琅琊下属临沂、即丘、阳都、怀德四个侨县均在建康近郊,并有县城,从而形成了以建康为中心的城市群。①

台城是建康都城史上最鲜明的文化印记。台城专指东晋南朝时期的建康宫城。② 南朝时期,先后对宫城也有增修扩建。如刘宋孝武帝时建有正光、玉烛、紫极诸殿,并在石头城筑长乐宫,在东府城修未央宫,以南第为长杨官。南齐时建有仙华、神仙、玉寿、芳乐、仁寿诸殿。另外,由于南朝时统治阶级内部争权夺利斗争十分尖锐,故梁朝时又增建了第三层宫城。这种三层宫城的格局在我国宫城建筑史上极为少见,是特殊政治形势下的产物。③

宫殿不仅是国家最为宏伟的建筑,而且也是最高等级的建筑,超过宫殿级别的建筑属于违制,如北周主以"路寝会义、崇信、含仁、云和、思齐诸殿,皆晋护公专政时所为,事穷壮丽,有逾清庙,悉可毁撤。雕之物,并赐贫民。缮造之宜,务从卑朴。""并、邺诸堂殿壮丽者准此。"④宫殿是权力的中心,宫殿的建筑和布局体现了权力的分配关系。⑤

2. 园林、高台

与宫殿配合的还有台、观、阁、水池等城池是既有军事功能也是娱乐的场所,其中园林是这个时期与前代不同的最为突出的城市景观。魏晋南北朝时期各时代在中心城市中皆有大规模的园林修建,体现出了南北中外文明融合的特色。⑥ 园林与附近的庄园成为都会中的地位的象征,就像在汉代社会中,塔楼、院墙与宅邸等从空间上反映出不同的社会阶级一样。⑦ 城市中的园林是城市建筑重要的组成部分,是统治者的娱乐场所,也是人们活动场所,是城市中尤其是城市上层活动的公共空间,如东昏侯"车驾于乐游苑内会,如三元,京邑女人放观。"⑧

---

① 何一民:《中国城市史》,武汉大学出版社2012年版,第210—211页。

② 陈刚:《六朝建康历史地理及信息化研究》,南京大学出版社2012年版,第188页。

③ 何一民:《中国城市史》,武汉大学出版社2012年版,第211页。

④ 《资治通鉴》卷173《陈纪七·高宗宣皇帝中之下》,中华书局2011年版,第5482页。

⑤ [日]内田昌功:《近年来的魏晋南北朝隋唐都城史研究城》,《中国中古史研究》编委会:《中国中古史研究:中国中古史青年学者联谊会会刊(第二卷)》,中华书局2011年版,第232—241页。

⑥ 傅晶:《魏晋南北朝园林史研究》,天津大学建筑设计及其理论博士论文,2004年。

⑦ [加]卜正民主编:[美]陆威仪著,李磊译、周媛校:《分裂的帝国:南北朝》,中信出版社2016年版,第94页。

⑧ 《南齐书》卷7《东昏侯本纪》,第100页。

魏晋南北朝时期都市中的园林帝王贵族们也是不遗余力地修造:如三国时期,曹操在邺城修建三台,并"作玄武池以肄舟师。"①魏明帝在大修宫殿的同时还修建了亭台楼阁以及池塘苑囿园林等,"黄龙、凤皇,九龙、承露盘,土山、渊池,此皆圣明之所不兴也,其功参倍于殿舍。"②又"起土山于芳林园西北陬,使公卿群僚皆负土成山,树松竹杂木善草于其上,捕山禽杂兽置其中。"③十六国时期,刘曜"命起酆明观,立西宫,建陵霄台于滈池。"④东晋时"穆帝将修后池,起阁道。"⑤石季龙"凿北城,引水于华林园。城崩,压死者百余人。"⑥燕王熙"作龙腾苑,方十余里,役徒二万人。筑景云山于苑内,基广五百步,峰高十七丈。"⑦还在苑中建起逍遥宫,"连房数百,凿曲光海。"⑧北魏太武帝"发长安五千人浚昆明池。"⑨魏太祖在平城"穿城南渠通于城内,作东西鱼池。"⑩魏帝还发"代都六千人筑苑,东包白登,周三十余里。"⑪后来在"崇光宫在北苑中,又建鹿野浮图于苑中之西山,与禅僧居之。"⑫北齐时"文襄于邺东起山池游观,时俗眩之。孝瑜遂于第作水堂、龙舟,植幡槊于舟上,数集诸弟宴射为乐。武成幸其第,见而悦之,故盛兴后园之玩,于是贵贱慕斅,处处营造。"⑬北周武帝"改武游园为道会苑。"⑭

南朝帝王贵族也大力修筑园林,南方都城建康把半公共领域的兴起当做展现文化力的活动之所以能够发生的背景,这其中最重要的就是城市园林与乡村庄园。⑮ 如东晋桓玄"大筑城府,台馆山池莫不壮丽。"⑯刘宋时期,文帝模仿洛阳在宫城北修建华林园,为大将作张永规划,迁移北郊筑乐

---

① 《三国志》卷1《魏书·武帝纪第一》,第30页。
② 《三国志》卷3《魏书·明帝纪》注引《魏略》,第110—111页。
③ 《三国志》卷3《魏书·明帝纪》注引《魏略》,第110—111页。
④ 《晋书》卷103《刘曜载记》,第2689页。
⑤ 《晋书》卷83《顾和袁瑰列传》,第2173页。
⑥ 《晋书》卷103《石季龙载记下》,第2782页。
⑦ 《资治通鉴》卷113《晋纪三十五·安皇帝戊》,中华书局2011年版,第3606页。
⑧ 《资治通鉴》卷113《晋纪三十五·安皇帝戊》,中华书局2011年版,第3626页。
⑨ 《魏书》卷4《帝纪第四·世祖纪下》,第93页。
⑩ 《魏书》卷1《帝纪第二·太祖纪》,第36页。
⑪ 《资治通鉴》卷119《宋纪一·高祖武皇帝》,中华书局2011年版,第3800页。
⑫ 《资治通鉴》卷133《宋纪十五·太宗明皇帝下》,中华书局2011年版,第4237页。
⑬ 《北齐书》卷11《文襄六王列传》,第144页。
⑭ 《周书》卷5《帝纪第五·武帝上》,第74页。
⑮ [加]卜正民主编:[美]陆威仪著,李磊译,周媛校:《分裂的帝国:南北朝》,中信出版社2016年版,第93页。
⑯ 《晋书》卷99《桓玄卞范之段仲文列传》,第2591页。

游苑。[1]“筑北堤，立玄武湖，筑景阳山于华林园。”[2]筑上林苑于玄武湖北。[3] 孝武帝时期修造正光、玉烛、紫极大殿，在玄武湖北造上林苑，城内修造联络南北的驰道，从阊阖门到朱雀门，从承明门到玄武湖。[4] 南齐太子“性奢靡，治堂殿、苑囿过于上宫，费以千计，……启于东田起小苑，使东宫将吏更番筑役，营城包巷。”[5]“以晋明帝为太子时立西池，乃启世祖引前例，求东田起小苑，上许之。永明中，二宫兵力全实，太子使宫中将吏更番役筑，宫城苑巷，制度之盛，观者倾京师。”[6]东昏侯“于阅武堂起芳乐苑。山石皆涂以五采；跨池水立紫阁诸楼观，壁上画男女私亵之像。”[7]“又于苑中立市，太官每旦进酒肉杂肴，使宫人屠酤。潘氏为市令，帝为市魁，执罚，争者就潘氏决判。”[8]梁武帝增太极殿为十三间，在城西修建江潭苑，在秣陵修建建兴苑。[9] 成帝时期，城外的沟堑内种植橘树，宫墙内种植石榴，殿台三省种植槐树，宫南夹路出朱雀门种垂杨和槐树。[10] 陈后主时期对宫殿的修饰和台阁的修建达到了历史的一个高峰，陈后主“至德二年，乃于光照殿前起临春、结绮、望仙三阁。阁高数丈，并数十间，其窗牖、壁带、悬楣、栏槛之类，并以沈檀香木为之，又饰以金玉，间以珠翠，外施珠廉，内有宝床、宝帐、其服玩之属，瑰奇珍丽，近古所未有。”[11]总之，建康城在宫城内建 10 多座小巧玲珑的园圃。宫城北面鸡笼山和覆舟山的皇家苑林也扩大，内建若干华丽的堂榭楼阁。历朝统治者还大肆扩建玄武湖周围的苑林宫室，如宋文帝时筑冬宫、北堤、禾游园、华林园。齐武帝时建新林苑、元圃园等。玄武湖内修有方丈、瀛洲、蓬莱三神山。湖山苑林楼阁亭台成为建康城市建设的一个特色。[12]

北方的都城洛阳，与建康以及其他南方的主要城市一样，也是园林城市。[13]

---

① 刘淑芬：《六朝的城市与社会》，台北：台湾学生书局 1992 年版，第 59 页。
② 《资治通鉴》卷 124《宋纪六 · 太祖文皇帝中之中》，中华书局 2011 年版，第 3991 页。
③ 《资治通鉴》卷 129《宋纪十一 · 世祖武皇帝下》，中华书局 2011 年版，第 4117 页。
④ 刘淑芬：《六朝的城市与社会》，台湾学生书局 1992 年版，第 62 页。
⑤ 《资治通鉴》卷 138《齐纪四 · 世祖武皇帝下》，中华书局 2011 年版，第 4402 页。
⑥ 《南齐书》卷 21《文惠太子列传》，第 401 页。
⑦ 《南齐书》卷 7《东昏侯本纪》，第 104 页。
⑧ 《南齐书》卷 7《东昏侯本纪》，第 104 页。
⑨ 刘淑芬：《六朝的城市与社会》，台北：台湾学生书局 1992 年版，第 67 页。
⑩ 刘淑芬：《六朝的城市与社会》，台北：台湾学生书局 1992 年版，第 55 页。
⑪ 《陈书》卷 7《张贵妃列传》，第 131—132 页。
⑫ 何一民：《中国城市史》，武汉大学出版社 2012 年版，第 211 页。
⑬ [加]卜正民主编：[美]陆威仪著，李磊译，周媛校：《分裂的帝国：南北朝》，中信出版社 2016 年版，第 101 页。

园林还有着军事等功能，如北魏时期在园林中训练军队“发近州武勇四万人及京师二万人，合六万人为武士，于苑内立征北大将军府，选忠勇有志干者以充其选。下置官属，分为三军，二万人专习弓射，二万人专习戈盾，二万人专习骑槊。修立战场，十日一习，采诸葛亮八阵之法，为平地御寇之方，使其解兵革之宜，识旌旗之节，器械精坚，必堪御寇。使将有定兵，兵有常主，上下相信，昼夜如一。”①园林还有着政治功能，也是政治斗争的后花园，如“叔孙建，以公事免，守邺城园。”②

魏晋南北朝时期，战争频繁，具有军事作用的高台在城市空间中占有突出地位，它既可以作为城市防御的要地，也可以练兵、休闲，成为城市中的一道风景。因战乱导致作为礼仪、宴乐的场所向军事防御重地转变。如曹魏时期铜雀台等三台对其他城市影响很大。③ 三国时期，曹操建筑了许多高台、铜雀台，在动乱时可以登台观望。曹操修筑的邺城继承了秦汉以来在城内构筑高台的传统，在宫城之外，城的一隅构筑三台，以互相支持。邺城呈东西长方形，三台城西苑的西北，铜雀台高 10 丈，有 100 间屋子，金虎台高 8 丈，有 109 间，冰井台高 8 丈，有屋 140 间。上有冰室，井深 15 丈。三台由浮桥式阁道相连。之后，直到北齐时期对三台还进行过修缮。④ 曹魏时期，魏明帝又在洛阳城西北角建金墉城。城小而固，为攻敌戍守要地。金墉城由三座南北毗连的小城组成，平面略呈“目”字形，南北长约 1048 米、东西宽约 255 米，部分城垣残高 6 米左右。版筑夯墙，土质纯净，结构坚实。它北靠邙山，南依大城，地势高亢，形同堡垒，实为洛阳城的军事要塞。⑤

两晋十六国时期，统治者也修了不少大台：石季龙“还襄国，大赦，讽弘命己建魏台，一如魏辅汉故事。”⑥慕容政权“建留台于龙城”。⑦ 张茂筑灵钧台“周轮八十余堵，基高九仞。”⑧台还有学台，范宁“宁在郡……取郡四姓子弟，皆充学生，课续五经。又起学台，功用弥广。”⑨北朝时期也修筑了不少台，魏帝偿“作白台于城南，高二十丈。”⑩北齐时再次营建邺城三台，

① 《魏书》卷 54《游雅高闾列传》，第 1202 页。

② 《魏书》卷 29《奚斤叔孙建列传》，第 703 页。

③ 《三国志》卷 1《魏书 · 武帝纪》，第 32 页。

④ 任重、陈仪：《魏晋南北朝城市管理研究》，中国社会科学出版社 2003 年版，第 30 页。

⑤ 何一民：《中国城市史》，武汉大学出版社 2012 年版，第 184 页。

⑥ 《晋书》卷 105《石勒载记下》，第 2755 页。

⑦ 《晋书》卷 123《慕容垂载记》，第 3087 页。

⑧ 《晋书》卷 86《张轨列传》，第 2231 页。

⑨ 《晋书》卷 75《王湛列传》，第 1986—1988 页。

⑩ 《魏书》卷 2《帝纪第三 · 太宗纪》，第 57 页。

"发丁匠三十余万营三台于邺下，因其旧基而高博之，大起宫室及游豫园。至是，三台成，改铜爵曰金凤，金兽曰圣应，冰井曰崇光。十一月甲午，帝至自晋阳，登三台，御乾象殿，朝宴群臣，并命赋诗。"①

高台建筑与城墙结合形成了具有特色的城市防御体系，如洛阳城和金墉城均有马面，墙台呈长方形，与墙体同样夯筑而成，面积大小不等。金墉城是魏明帝在洛阳西北建立的，仿效三台。由三座南北相连的小城堡组成，彼此有门道相通，平面呈目字形。南北长1048米，东西宽255米，面积为26万平方米。城门八座，城墙厚12—13米，门均为单洞。外面三面为谷水，城墙、马面与护城河组成完备的防御体系。②

城市中的武库与仓库具有重要的战略和政治意义，魏晋南北朝时期城市武库是重要所在，武库的储备关系国家命运，元嘉七年"太祖遣到彦之经略河南，大败，悉委弃兵甲，武库为之空虚。后太祖宴会，有荒外归化人在坐，上问琛：'库中仗犹有几许？'琛诡答：'有十万人仗。'旧武库仗秘不言多少，上既发问，追悔失言，及琛诡对，上甚喜。"③北魏"太尉穆崇率骑六千往赴之。增启京师十二门。作西武库。"④武库也是控制城市及军权的重要抓手，"以北城有武库，欲移俨于外，然后夺其兵权"。⑤

3. 陵　　墓

陵墓是城市作为文化宗教中心的重要象征性建筑。魏晋南北朝时期墓葬基本面貌承袭东汉之旧，北方地区因为提倡薄葬之风而有所俭省，南方地区因为大族势力的膨胀而有所发展。北方的动乱导致十六国时期的墓葬规模衰退，另一方面，具装马甲、仪仗俑、武士俑等民族文化因素集中在墓葬中。中原文化向四周扩散，以南方为主要去向。司马氏政权南渡，打断了孙吴西晋演化的进程，中原丧葬文化成为南方地区的主流，南朝只有局部革新。河西乃至新疆东部吐鲁番受到中原地区影响后出现了大规模家族墓地、高水平的墓室和画像砖。华北的文化对乌桓和鲜卑文化结合创造出灿烂的三燕文明，对高句丽乃至日本都有重要影响。拓跋鲜卑将华北、辽东、河西文化精华掠聚于平城，其墓葬式样、陶器、服饰出现。太和改革后，北魏政权急剧汉化，等级制度、家族墓地、汉式服饰陶俑和墓

① 《北齐书》卷3《文宣本纪》，第65页。
② 罗宗真：《魏晋南北朝考古》，文物出版社2019年版，第16页。
③ 《宋书》卷81《刘秀之顾琛顾觊之列传》，第2076页。
④ 《魏书》卷1《太祖本纪》，第35页。
⑤ 《北齐书》卷12《文宣四王孝昭六王武成十二王列传》，第160—161页。

志在墓葬中有所体现。北齐和北周的墓葬构成了隋唐墓葬制度的主要来源。①

曹操墓葬在邺城附近。② 孙吴建业高级的墓葬区有两处,一是南部的上坊,一是西南的马鞍山一带。东晋对皇陵的规划模仿西晋,在城北今南京城中部鼓楼—北极阁—小九华山—富贵山一线的低岗比拟北邙山。其他的贵族墓地在象山、郭家山、幕府山一带。城南是次一等的墓地,其次是东郊的尧化门一带。南朝宋陈的帝陵分布在城南。③ 北魏的墓葬有 300 座左右,主要分布在东南郊区,东郊多为贵族而南郊多为平民。④ 而邺城的陵墓在西部,邺西北有东魏北齐帝王陵墓,高欢、孝静帝等皆葬于此。⑤

魏晋南北朝时期,帝王贵族陵墓规模宏大,是城市文明重要的组成部分,"吴景帝时,戍将于广陵掘诸冢,取版以治城,所坏甚多。复发一大冢,内有重阁,户扇皆枢转可开闭,四周为徼道通车,其高可以乘马。又铸铜为人数十枚,长五尺,皆大冠朱衣,执剑列侍灵座,皆刻铜人背后石壁,言殿中将军,或言侍郎、常侍。似公主之冢。破其棺,棺中有人,发已班白,衣冠鲜明,面体如生人。棺中云母厚尺许,以白玉璧三十枚藉尸。兵人辈共举出死人,以倚冢壁。有一玉长一尺许,形似冬瓜,从死人怀中透出堕地。两耳及鼻孔中,皆有黄金如枣许大,此则骸骨有假物而不朽之效也。"⑥陵墓的规模很大,看来墓葬里的人死亡时间不是很长,应为身份高贵的人。陵墓一般在城市郊区,统治阶级的墓葬有一定的规制,如三国魏皇后墓,"立文昭皇后寝庙于邺。"⑦曹魏的文德郭后"营陵于首阳陵涧西,如终制。"⑧

十六国时期,五胡首领营造巨大的陵墓以显示自己的权威,如刘曜"将葬其父及妻,亲如粟邑以规度之。负土为坟,其下周回二里,作者继以脂烛,怨呼之声盈于道路。游子远谏曰:臣闻圣主明王、忠臣孝子之于终葬也,棺足周身,椁足周棺,藏足周椁而已,不封不树,为无穷之计。伏惟陛下圣慈幽被,神鉴洞远,每以清俭恤下为先。社稷资储为本。今二陵之费至以亿计,计六万夫百日作,所用六百万功。二陵皆下锢三泉,上崇百尺,积石为山,增土为阜,发掘古冢以千百数,役夫呼嗟,气塞天地,暴骸原野,哭声盈衢,……

---

① 韦正:《魏晋南北朝考古》,北京大学出版社 2013 年版,第 76 页。
② 2008 年在安阳发现了曹操墓,并在学术界产生了争论。
③ 韦正:《魏晋南北朝考古》,北京大学出版社 2013 年版,第 39 页。
④ 韦正:《魏晋南北朝考古》,北京大学出版社 2013 年版,第 33 页。
⑤ 牛润珍:《古都邺城研究——中世纪东亚都城制度探源》,中华书局 2015 年版,第 249 页。
⑥ 《三国志》卷 48《吴书·三嗣主传》注引《葛洪抱朴子》,第 1162 页。
⑦ 《三国志》卷 3《魏书·明帝纪》,第 92 页。
⑧ 《三国志》卷 3《魏书·明帝纪》,第 104 页。

乃使其将刘岳等帅骑一万,迎父及弟晖丧于太原。疫气大行,死者十三四。上洛男子张卢死二十七日,有盗发其冢者,卢得苏。曜葬其父,墓号永垣陵,葬妻羊氏,墓号显平陵。”①后刘耀“至自河西,遣胡元增其父及妻墓高九十尺。”②刘耀为其家人建造陵墓耗费了大量的物力,显然是为了炫耀,显示其权威。慕容俊“使昌黎、辽东二郡营起廆庙,范阳、燕郡构皝庙,以其护军平熙领将作大匠,监造二庙焉。”③冯跋为显示其与高云的情义,“立云庙于韭町,置园邑二十家,四时供荐”。④

北魏时期,平城畿内建筑中陵寝占了很大的比重,尤其在平城和桑干城周边。⑤ 平城时代,平城墓葬大约以如浑水为界,集中分布在平城的南郊和东郊。东郊的高等级墓葬从南至北排列。⑥ 敦煌墓葬布局城西以中小型为主,城东有较高身份的墓主。⑦ 北魏文昭贵人“先葬城西长陵东南,陵制卑局。因就起山陵,号终宁陵,置邑户五百家。”⑧“葬昭成皇帝于金陵,营梓宫,木柿尽生成林。”⑨北朝后期,城市的陵墓也有着一定的等级规律,北朝时期洛阳的墓葬以孝文帝为中心。⑩ 洛阳东至偃师一带,北魏墓葬密集,与北魏政府对都城地区墓葬的统一规划有关。⑪ 有些人死后葬在城里,如席盛葬于恒农胡城县胡城乡胡城里。⑫ 还有些人回家乡安葬,回归故里入家族墓地,如赵征兴死于邺城,却葬于彭城,彭城可能是世家故居。⑬

东魏、北齐的帝陵和勋贵墓地集中分布在邺城遗址的西北,东魏墓以孝静帝墓为中心,异姓勋贵的墓地在其南,北齐的墓地以高欢的义平陵为中心,异姓勋贵的墓葬散布于东魏、北齐两大帝陵区之间。墓葬的排列秩序一般长辈在南、幼辈在北,同一辈分一般自东向西一线排列。东魏北齐墓区的规划受到洛阳北魏陵墓的一定影响。⑭ 北周武帝陵的规模与其他墓葬没有

① 《晋书》卷103《刘曜载记》,第2692—2693页。
② 《晋书》卷103《刘曜载记》,第2695页。
③ 《晋书》卷119《慕容俊载记》,第2839页。
④ 《晋书》卷125《冯跋(冯素弗)载记》,第3129页。
⑤ 李凭:《北魏平城时代》,社会科学文献出版社2000年版,第342页。
⑥ 韦正:《魏晋南北朝考古》,北京大学出版社2013年版,第213页。
⑦ 韦正:《魏晋南北朝考古》,北京大学出版社2013年版,第226页。
⑧ 《魏书》卷13《皇后列传》,第336页。
⑨ 《魏书》卷1《太祖纪》,第19页。
⑩ 韦正:《魏晋南北朝考古》,北京大学出版社2013年版,第98页。
⑪ 罗新、叶炜:《新出魏晋南北朝墓志疏证》,中华书局2005年版,第109页。
⑫ 罗新、叶炜:《新出魏晋南北朝墓志疏证》,中华书局2005年版,第98页。
⑬ 罗新、叶炜:《新出魏晋南北朝墓志疏证》,中华书局2005年版,第181页。
⑭ 韦正:《魏晋南北朝考古》,北京大学出版社2013年版,第99页。

明显区别,宇文俭等人的墓葬规模与身份也无对应关系。北周墓葬不仅总体上比较简朴,而且似乎没有明确的等级规定。①

北方城市的大臣和百姓的陵墓在城郊,慕容德“如齐城,登营丘,望晏婴冢,顾谓左右曰:礼,大夫不逼城葬。平仲古之贤人,达礼者也,而生居近市,死葬近城,岂有意乎?”②北魏大臣葬在洛阳是孝文帝汉化政策重要的组成部分③,“内侍长董丑奴营坟墓,将葬于城东,高祖登城楼以望之。京都文士为作哀诗及诔者百余人。乃诏为叡立祀于都南二十里大道右,起庙以时祭荐,并立碑铭,置守祀五家。”④

六朝墓葬选择在两山之间的山腰上即山冲,大族多聚族而葬,多为砖室墓,墓前有排水沟。⑤ 南京城市周边也是帝王后妃陵墓安置地,主要散布在江宁、句容、丹阳等地。多在低湿之地,前临原野。⑥ 刘宋“帝后蕃王诸陵,宜有守卫。”“有司奏帝陵各置长一人,兵有差,王陵五人,妃嫔三人。”⑦南齐武帝临终前要求“可用东三处地最东边以葬我,名为景安陵。丧礼每存省约,不须烦民。百官停六时入临,朔望祖日可依旧。诸主六宫,并不须从山陵。内殿凤华、寿昌、耀灵三处,是吾所治制。”⑧一般墓葬在城市周边,如“周瑜……祖母亡,还葬东城。”⑨考古学上显示东晋南京家族墓地特点有,1. 同一家族墓地按照一定规律排列,不同家族墓葬的排列规律不尽相同。2. 同一家族内墓葬的规模区别不大。3. 同一家族墓群内墓葬的规模区别不大。4. 不同家族墓葬的规格与现实社会中的地位并不相称。⑩ 从武昌的鄂城发现六朝墓志数量上看,吴、西晋、东晋三朝有百余座墓葬,南朝仅有四十座,重要性日益下降。⑪

六朝墓志到梁朝基本成型,特点是正方形有石志;有提额,撰写有墓主姓名、官职等;志文与铭文分开,志文为墓葬的序,以铭文为主;铭文规范,为四言韵文;墓主夫妇合葬但各立墓志;墓志出土地在甬道两侧;多用楷书书

① 韦正:《魏晋南北朝考古》,北京大学出版社 2013 年版,第 110 页。
② 《晋书》卷 127《慕容德载记》,第 3169 页。
③ 《魏书》卷 83 下《外戚列传》,第 1833—1834 页。
④ 《魏书》卷 93《恩幸列传》,第 1990 页。
⑤ 罗宗真:《魏晋南北朝考古》,文物出版社 2019 年版,第 96 页。
⑥ 张一兵、周宪主编,朱希祖著:《朱希祖六朝历史考古论集》,南京大学出版社 2009 年版,第 123 页。
⑦ 《宋书》卷 2《高帝本纪下》,第 33 页。
⑧ 《南齐书》卷 3《武帝本纪》,第 61—62 页。
⑨ 《三国志》卷 54《吴书 · 周瑜鲁肃吕蒙传》,第 1267 页。
⑩ 韦正:《魏晋南北朝考古》,北京大学出版社 2013 年版,第 127 页。
⑪ 罗宗真:《魏晋南北朝考古》,文物出版社 2019 年版,第 31 页。

写;多无志盖。[①] 反映出六朝帝王及世家豪族联姻相互拉拢,总揽朝政的情况。[②] 汉代与魏晋时期的墓志字数少,到北魏时期,墓志长而且多于石上刻,有阴阳面,阳面为墓主生平,有的还是奉旨由人写作的,阴面多为诗词,讴歌墓主。有墓盖文。[③]

城市的墓葬也反映了当时南北中外文明交流的情形,从平城墓葬看出北魏早期对各种文化兼收并蓄、不断消化的实际情况。[④] 从司马金龙墓葬中可见南方士大夫注重孝道,北魏这个阶段竭力效仿南方的图景。[⑤] 河西地区的墓葬中的汉文化因素自东至西逐渐减少,体现了当地早期文化因素融合也由东向西渐次变化的面貌。[⑥] 库车墓葬表明了前凉对新疆腹地的巨大投入。[⑦]

4. 城墙与城门

一般认为,中国古代的主要城市大都围绕着城墙。章生道认为无城墙型的城市中心至少在某种意义上不算正统的城市。[⑧] 城墙是城市的标志。有学者认为中国古代城墙是城市作为城市的标志之一。也有学者指出中国古代城市不都是有城墙的。城墙不光是防御性的,而且具有权力的象征意义,将城市与城郭区分开来。成一农认为,城墙不一定是城市重要的标志。刘淑芬认为魏晋北朝出现了一次大规模的筑城运动,不过似乎没有注意到当时有些新设立的地方城市没有修筑城墙。[⑨] 坊墙的消失并不能代表坊制的消失,也不能代表人民生活的自由。中世纪城市革命中坊市分隔制度消灭的观点及其意义仍需进一步研究。[⑩] 汉代和魏晋时期有些地方城市没有城墙,唐代在安史之乱之前很多地方城市也只有子城,两宋很多地方城市也长期没有城墙。[⑪]

魏晋南北朝时期,因为军事战争的需要,城墙普遍地存在于城市中,具有防御作用。同时,尤其是都城的城墙不断得到修筑,以显示权威,昭示政

---

① 罗宗真:《魏晋南北朝考古》,文物出版社 2019 年版,第 152 页。
② 罗宗真:《魏晋南北朝考古》,文物出版社 2019 年版,第 154 页。
③ 赵超:《汉魏南北朝墓志汇编》,天津古籍出版社 1992 年版。
④ 韦正:《魏晋南北朝考古》,北京大学出版社 2013 年版,第 218 页。
⑤ 韦正:《魏晋南北朝考古》,北京大学出版社 2013 年版,第 222 页。
⑥ 韦正:《魏晋南北朝考古》,北京大学出版社 2013 年版,第 227 页。
⑦ 韦正:《魏晋南北朝考古》,北京大学出版社 2013 年版,第 250 页。
⑧ 鲁西奇:《中国历史空间结构》,广西师范大学出版社 2014 年版,第 331 页。
⑨ 成一农:《古代城市形态研究方法新探》,社会科学文献出版社 2009 年版,第 40 页。
⑩ 成一农:《古代城市形态研究方法新探》,社会科学文献出版社 2009 年版,第 88 页。
⑪ 成一农:《古代城市形态研究方法新探》,社会科学文献出版社 2009 年版,第 89 页。

权的合法性。城墙还有其他实用性的功能。

魏晋南北朝时期城墙、城隍与城楼是一个城市外部的标志，主要是防御外敌，县一级的都市则有城隍庙。① 没有城隍的城市则非常危险，如平原无城隍之守。② 陆逊上书曰“辽东戎貘小国，无城隍之固，备御之术。”③玄盛“乃修敦煌旧塞东西二围，以防北虏之患，筑敦煌旧塞西南二围，以威南虏。”④慕容超“修城隍，简士马，畜锐以待之。”⑤韦叡“之安陆，增筑城二丈余，更开大堑，起高楼。”⑥“表治城池，修起楼堞，多解榜板，拟以备用。”⑦慕容俨“随方御备，瑱等不能克……城中先有神祠一所，俗号城隍神，公私每有祈祷。于是顺士卒之心，乃相率祈请，冀获冥祐。……先是郢城卑下，兼土疏颓坏，俨更修缮城雉，多作大楼。又造船舰，水陆备具，工无暂阙。”⑧封隆绘“改授合州刺史。……乃造城隍楼雉，缮治军器，守御所须毕备，人情渐安。”⑨陆襄“先已帅民吏修城隍，为备御，及贼至，连战破之，生获琛，余众逃散。”⑩从以上可见，城墙的功能是防御。鲁西奇认为所谓城墙的主要功用在于保护城市，严格说来，并非完全如此。⑪ 但在南北朝动乱时期，城墙的防御功能依然是非常重要的。

城墙不仅是军事防御的场所，也是人们消闲甚至宴乐的场所以及仪式性的公共空间，贵族日常宴饮、娱乐，展示皇权的威严常常在城墙之上，如曹植有诗“嘉宾填城阙，丰膳出中厨。吾与二三子，曲宴此城隅。”⑫“荣祖善弹，弹鸟毛尽而鸟不死。海鹄群翔，荣祖登城西楼弹之，无不折翅而下。”⑬赫连勃勃“性凶暴好杀，无顺守之规。常居城上，置弓剑于侧，有所嫌忿，便手自杀之，群臣忤视者毁其目，笑者决其唇，谏者谓之诽谤，先截其舌而后斩之。夷夏嚣然。”⑭

---

① ［日］斯波义信著，布和译：《中国都市史》，北京大学出版社 2013 年版，第 66 页。

② 《资治通鉴》卷 70《魏纪二·世祖文皇帝下》，中华书局 2011 年版，第 2256 页。

③ 《资治通鉴》卷 72《魏纪四·烈祖明皇帝中之上》，中华书局 2011 年版，第 2331 页。

④ 《晋书》卷 87《凉武昭王列传》，第 2264—2265 页。

⑤ 《晋书》卷 128《慕容超载记》，第 3181 页。

⑥ 《资治通鉴》卷 147《梁纪三·高祖武皇帝（三）》，中华书局 2011 年版，第 4674 页。

⑦ 《宋书》卷 79《文五王列传》，第 2046 页。

⑧ 《北齐书》卷 20《慕容俨列传》，第 280—281 页。

⑨ 《北齐书》卷 21《封隆之子子绘列传》，第 305 页。

⑩ 《梁书》卷 27《陆襄列传》，第 409—410 页。

⑪ 鲁西奇：《中国历史空间结构》，广西师范大学出版社 2014 年版，第 332 页。

⑫ 《三曹集》，岳麓书社 1992 年版，第 362 页。

⑬ 《南齐书》卷 28《苏荣祖列传》，第 530 页。

⑭ 《晋书》卷 130《赫连勃勃载记》，第 3213 页。

魏晋南北朝时期城市城墙的变迁也体现了文明的融合。游牧民族的城墙有着与中原民族的不同特色，依托原有的一道城墙，外接新增筑之郭城，是盛乐、伏俟城以及统万城等几座游牧民族都城的共同特点。这种外接郭城的形制同样应是对邺城城市布局的一种变更和革新。由此观之，依托原先宫城的一个外城墙、于其外增筑郭城可能已经成为这些游牧民族的一个重要传统。北魏迁洛之后，同样在其外城修筑了郭城。东魏迁都邺城之后，在原先曹魏邺城之南增筑新城，前者的南城墙成为后者的北城墙。这些恐怕也是这种传统的一种体现。因此，颇疑此后这种源自邺城而新创的郭城建制形式已转化成为北方游牧民族都城特有的、惯用的一种方式。①

北魏在都城中实行里坊制度，坊间用墙间隔起来。宫川尚志等认为坊墙制是防御席卷当时城民的种族间的战乱而产生的。② 坊墙制是当时少数鲜卑统治者进攻华北，建造北魏平城的外郭是主要为了人为地使多数被统治者以部族、出身、身份为单位分别居住。因为在当时的国都，诸种族、部族最为错综复杂，国都是多种身份与职业集聚的场所。③ 里坊制是新的统治者的游牧民的政治组织能力与华北的传统文化在建造新都时融合起来的产物。在建造计划性城市时与中国华北传统文化——秦汉里制的分隔传统与华北平原上使用版筑的建筑技术以及天圆地方为代表的传统宇宙论融合的结果。④ 国都的坊墙制从平城到北魏洛阳——东魏、北齐邺城——隋朝大兴城——隋唐洛阳这样的谱系继承下来的。⑤

魏晋南北朝时期的城墙大多有马面和角楼，马面在汉代就有，多在战争频繁的军事城市，如汉代辽宁阜新高林台城址在城门外修筑马面来代替瓮城，这种防御形式较为独特。而且，一般城址马面凸出墙体外不过几米，像这种向外凸出 10 多米的比较少见。这类马面能增加弓矢投石的有效射程，有利于古城的防御。⑥ 在魏晋南北朝时期，马面较为普遍地在城市的城墙

① 王静：《中古都城建城传说与政治文化》，社会科学文献出版社 2013 年版，第 217 页。
② ［日］妹尾达彦：《城市的生活与文化》，［日］谷川道雄主编：《魏晋南北朝隋唐史学的基本问题》，中华书局 2012 年版，第 362 页。
③ ［日］妹尾达彦：《城市的生活与文化》，［日］谷川道雄主编：《魏晋南北朝隋唐史学的基本问题》，中华书局 2012 年版，第 364 页。
④ ［日］妹尾达彦：《城市的生活与文化》，［日］谷川道雄主编：《魏晋南北朝隋唐史学的基本问题》，中华书局 2012 年版，第 365 页。
⑤ ［日］妹尾达彦：《城市的生活与文化》，［日］谷川道雄主编：《魏晋南北朝隋唐史学的基本问题》，中华书局 2012 年版，第 360 页。
⑥ 赵洪南：《辽宁阜新发现 2000 多年前的汉代独特马面》，新华社 2017 年 3 月 9 日。

上修筑。邺城东南角有角楼建筑……城角建楼的制度当溯源于邺。①

魏晋北朝时期,各地遍布城壁坞堡,著籍户口多居于城壁之内;有的城市在城壁之外形成附郭街区,大抵为非著籍的商人、流移户口所居。特别是在北朝后期所筑城郭,多属戍城,规模很小,城内除官署外,就是以军兵及其家属为主体的所谓城民,普通民众大多居于城外,形成附郭居住。这样,城墙复将不同身份的居民群体分隔开来,形成城内与城外的对立。② 当然城墙还有着权力象征的一面,是一种权力符号。③ 魏晋南北朝时期,城墙不仅范围大,而且对体现王朝的正统性也有着重要的意义,所以对城墙的修建都不遗余力。

城门与宫门也如城墙一样,不仅有着防御的意义,也体现出王朝正统。作为具有正统象征的洛阳,城门 13 个,还有许多著名而重要的宫殿大门,这些门不仅具有防御、隐藏宫殿的功能,而且还是举行一些礼仪的重要场所与背景。如著名的洛阳閶阖门、端门等。④ 其他区域重要城市的城门多重,如建康自晋以来,建康宫之外城唯设竹篱,而有六门。会有白发虎樽者,言"白门三重关,竹篱穿不完。"上感其言,命改立都墙。⑤ 六门的设计成为建康当时的代称。东建开阳门、建春门,南为清明门、西南由西明门、西由凌阳门,南为宣阳门。六门的设计有助于建康城的郊区的发展。建康在南朝刘宋时期,建康城门不断开通,"二十年春正月,于台城东西开万春、千秋二门。"⑥新作閶阖门、广莫门,成为八门。⑦ "改先广莫门曰承明,开阳曰津阳。"⑧南齐高帝时期进行了都城大墙的改建,将竹篱改为砖造。⑨ 梁武帝时期对建康的城门和宫门进行了修建,如宫城南的端门、大司马门外立神龙和仁虎阙,越城之南作国门。在秦淮河两岸修筑塘,以防水患。增造一重宫墙。在宫墙上建三重楼和开二道门。⑩ "十年是岁,初作宫城门三重楼及开二道。"⑪到梁朝时期,钟山茂林佛寺,成为佛教的中心。贵族在城东清溪岸

① 牛润珍:《古都邺城研究——中世纪东亚都城制度探源》,中华书局 2015 年版,第 35 页。
② 鲁西奇:《中国历史空间结构》,广西师范大学出版社 2014 年版,第 334 页。
③ 鲁西奇:《中国历史空间结构》,广西师范大学出版社 2014 年版,第 332 页。
④ 陈苏镇:《魏晋洛阳宫的形制与格局》,《考古学报》2021 年第 3 期,第 381—400 页。
⑤ 《资治通鉴》卷 135《齐纪一 · 太祖高皇帝》,中华书局 2011 年版,第 4311 页。
⑥ 《宋书》卷 5《文帝本纪》,第 90 页。
⑦ 陈刚:《六朝建康历史地理及信息化研究》,南京大学出版社 2012 年版,第 187 页。
⑧ 《宋书》卷 5《文帝本纪》,第 96 页。
⑨ 刘淑芬:《六朝的城市与社会》,台北:台湾学生书局 1992 年版,第 63 页。
⑩ 刘淑芬:《六朝的城市与社会》,台北:台湾学生书局 1992 年版,第 67 页。
⑪ 《梁书》卷 2《武帝本纪中》,第 51 页。

一片狭长的区域修造园宅。成帝时期,建康宫周回八里,筑有两重城墙,有五门,其中南门为大司马门。在宫城修筑楼观,用砖造城墙。① 统万城四门有着象征意义,“名其南门曰朝宋门,东门曰招魏门,西门曰服凉门,北门曰平朔门。”②北邺城南门为我国古代保存唯一完好的券顶式城门,下面有地洞,传说中的转军洞。③ 都城宫门如城门一样也有着同样的意义,如后燕时“拟邺之凤阳门,作弘光门,累级三层。”④北魏北方有许多的小型城址,军镇多为只有南门,有的有南北门,防区内有高台,有的有郭城。大夏统万城分东西城,内城(城门向东开),为胡族旧俗。⑤

城门的开闭也有讲究:“广陵城旧不开南门,云开南门者,不利其主,至诞乃开焉。”⑥城门有钥匙,中书博士郑羲曰:“不如直入其城,夺其管籥。”⑦

5. 城市中的市场

市场是城市中重要的组成部分,在城市的日常生活中具有多种功能,在不同群体的参与下,市呈现出复杂的面貌:它包容了日常生活、知识交换、统治实施、思考对象;在世间发挥了多种沟通作用:供求双方的沟通,不仅是有形物品的交换,还包括财务与知识的交换;城乡生活的沟通与了解,因为市不仅服务于城镇,同样辐射周围农村;亦是信息的交流聚散地;同时也是朝廷与百姓沟通之处,平时市吏代表官府施治,与士人打交道,行刑之时,不仅是卑微的市司,还出现了皇帝的诏旨、要员监刑,多种力量交织于此。⑧

不同城市中的市场地位是不同的,斯波义信认为中国有两种城市体系,这两种体系的结构本来就不同。行政都市体系归结起来是一种独立、普通且上下关系明确的结构。而经济都市体系从表面上看就像胜者晋级的对战方式那样逐步自下往上升,与此同时在横向的关系上却出现相邻二者重合这样一种复杂的体系。中国政治中心有一个,但是经济中心有六个。⑨ 中国都市生态特色有两点:一是官绅区和工商区两个中心并存的结构;另一则是工商中心区的位

① 刘淑芬:《六朝的城市与社会》,台北:台湾学生书局 1992 年版,第 51 页。
② 《晋书》卷 130《赫连勃勃载记》,第 3213 页。
③ 任重、陈仪:《魏晋南北朝城市管理研究》,中国社会科学出版社 2003 年版,第 32 页。
④ 《晋书》卷 124《慕容宝慕容盛慕容熙慕容云载记》,第 3106 页。
⑤ 罗宗真:《魏晋南北朝考古》,文物出版社 2019 年版,第 43 页。
⑥ 《宋书》卷 79《文五王列传》,第 2035 页。
⑦ 《资治通鉴》卷 131《宋纪十三·太宗明皇帝上之下》,中华书局 2011 年版,第 4194 页。
⑧ 侯旭东:《北朝村民的生活世界——朝廷、州县与村里》,商务印书馆 2010 年版,第 226 页。
⑨ [日]斯波义信著,布和译:《中国都市史》,北京大学出版社 2013 年版,第 87 页。

置取决于和交通要道之间的关系。[①] 因此，经济性中心地的都市层级自上而下为中心首府、地域首府、地域都市、大都市、地方都市、中心市场街、中间市场街和标准市场街八个层次。在中级中心区其店铺应在300—900家。[②]

秦汉时期在北门一带，为北市南朝，之后，市场位置在东西南，北部为宫殿区。三国时期，酒泉人杨阿若“少游侠，常以报仇解怨为事”，故时人为之号曰：“东市相斫杨阿若，西市相斫杨阿若。”[③]

三国时期黄河中下流各城市商业区的布局仍采用两汉时的里市分设的制度。[④] 司马懿在长安设立军市。[⑤] 孙吴在都城设立大市，在军队设立军市。在舟船停泊处还有交易市场和储货用的仓库。[⑥] 三国间还进行边境城市互市。[⑦]

洛阳与建康，二者宫殿都在宫城偏北。陈寅恪认为北魏洛阳李冲建造，受到了河西姑臧和凉州的影响，故此北宫南市。那波利贞认为南朝北市的布局是对商业的蔑视，而北魏依据地理环境和发展需要将南部设计为市场民居，是不尊传统的民族性格导致的。二人都认为南部的水运发达也是南部设立市场的原因。建康北宫南市的布局早于北魏。原因在于当时建康城市的环境、儒家的式微和王导的性格导致的。[⑧] 著名的《木兰辞》中有东市、西市。邺城里坊内有宾馆，供往来侣商贩居住。市场定期开市，市内建有旗亭，设官管理市场交易。邺市长官为市长，市长与一些大商人常常成为至交。[⑨] 邺都的市则有平乐市、建康市。两市均为专门市场，经营品种各有分工。邺都街区建置为里。[⑩] 洛阳废后市，设立西大市，周回八里，东小市，还是四通市，全部在宫城南，为中古都城一个重要变革。[⑪]

在市场中，工商业者按行业集中在一起开店，并将此称为行列或者列肆，因此使得相当于后行会的商业、市场组织自然地萌芽。[⑫] 如平城外城与外郭皆建里坊，布置市场。[⑬]《洛阳珈蓝记》中记载了北魏洛阳的市场，都是

---

① ［日］斯波义信著，布和译：《中国都市史》，北京大学出版社2013年版，第98页。
② ［日］斯波义信著，布和译：《中国都市史》，北京大学出版社2013年版，第73页。
③ 《三国志》卷18《魏书·阎温传》注引《世语》，第552—553页。
④ 余鹏飞：《三国经济史》，河南大学出版社1992年版，第348页。
⑤ 余鹏飞：《三国经济史》，河南大学出版社1992年版，第349页。
⑥ 余鹏飞：《三国经济史》，河南大学出版社1992年版，第351页。
⑦ 余鹏飞：《三国经济史》，河南大学出版社1992年版，第354页。
⑧ 刘淑芬：《六朝的城市与社会》，台北：台湾学生书局1992年版，第175页。
⑨ 牛润珍：《古都邺城研究——中世纪东亚都城制度探源》，中华书局2015年版，第72页。
⑩ 牛润珍：《古都邺城研究——中世纪东亚都城制度探源》，中华书局2015年版，第131页。
⑪ 罗宗真：《魏晋南北朝考古》，文物出版社2019年版，第20页。
⑫ ［日］斯波义信著，布和译：《中国都市史》，北京大学出版社2013年版，第9页。
⑬ 李孝聪：《历史城市地理》，山东教育出版社2007年版，第119页。

同业者集中在同一里坊,“东市有通商、达货二里。里内之人尽皆工巧屠贩为生,资财巨万。有刘宝者,最为富室。州郡都会之处皆立一宅,各养马十匹。至于盐粟贵贱,市价高下,所在一例。舟车所通,足迹所履,莫不商贩焉。是以海内之货,咸萃其庭,产匹铜山,家藏金穴。宅宇逾制,楼观出云,车马服饰,拟于王者。”①“市南有调音、乐律二里,里内之人,丝竹讴歌,天下妙妓出焉。”②“市北有慈孝、奉终二里,里内之人以卖棺椁为业。”③“别有阜财、金肆二里,富人在焉。凡此十里,多诸工商货值之民。千金比屋,层楼对出。”④市场中南北中外的货物都有,反映出当时南北中外交流的状况。中国过去是一个宝石社会、青铜社会、漆器社会。而且一直是一个陶器社会,却从来不是一个玻璃社会。玻璃多从西方进口。⑤

金银当时主要作为装饰,而不是用为货币。考古文献表明,魏晋南北朝时期货币发行混乱,反映出政治不稳定;用钱的地方少,商品经济活动范围有限;谷、帛与钱并用的情况普遍;盗铸情况盛行,缺钱状况严重。⑥ 最为常见的是村民需要时常到附近州、郡或县城,以都城附近设的市中买卖物品,寻医问卜。⑦

6. 学校和夷馆

作为文化中心的城市中往往有学校或者学馆,平城时代早期则“起太学于城东,祀孔子,以颜回配。”⑧邺宫学馆当在太子宫附近,位于邺城内东北部。⑨ 孔庙、学馆、国子寺在城南启夏门外。⑩ 在建康,梁武帝“修建庠序,别开五馆”⑪。随着城市的发展,城市空间不足导致一些学校、学馆等建筑外溢出去,以建康为例,在东晋初期建立的建康外郭,由五十六所篱门标示,成为城邑与郊外的分界。建康外郭(篱门线)呈南北长而东西窄的狭长形状。篱门以外、钟山到秦淮河两岸的东郊地区,环境优越,经历了显著的从田

---

① 杨衒之撰,周祖谟校释:《洛阳珈蓝记校释》,中华书局 1987 年版,第 157 页。
② 杨衒之撰,周祖谟校释:《洛阳珈蓝记校释》,中华书局 1987 年版,第 158 页。
③ 杨衒之撰,周祖谟校释:《洛阳珈蓝记校释》,中华书局 1987 年版,第 160 页。
④ 杨衒之撰,周祖谟校释:《洛阳珈蓝记校释》,中华书局 1987 年版,第 161 页。
⑤ 罗宗真:《魏晋南北朝考古》,文物出版社 2019 年版,第 226 页。
⑥ 罗宗真:《魏晋南北朝考古》,文物出版社 2019 年版,第 203 页。
⑦ 侯旭东:《北朝村民的生活世界——朝廷、州县与村里》,商务印书馆 2010 年版,第 335 页。
⑧ 《北史》卷 2《魏本纪》,第 42 页。
⑨ 牛润珍:《古都邺城研究——中世纪东亚都城制度探源》,中华书局 2015 年版,第 132 页。
⑩ 牛润珍:《古都邺城研究——中世纪东亚都城制度探源》,中华书局 2015 年版,第 218 页。
⑪ 《陈书》卷 24《周弘正弟弘直弘直子确袁宪列传》,第 312 页。

地到园宅的开发过程。与之相伴随的,则是寺院、道馆、学馆、隐舍等宗教、文化性建筑的建立和扩张。南朝时期,建康东郊成为一处具有特殊文化意味的都城郊区。① 一般郡县城市也建有学馆之类,如崔纂"转河东太守。太学旧在城内,游乃移置城南闲敞之处,亲自说经,当时学者莫不劝慕,号为良守。"②

三国时期,城市中有将外族或者外国人由单独的馆驿与其他城市居民分开:"招通河西鲜卑附头等十余万家,缮治陉北故上馆城,置屯戍以镇内外,夷虏大小,莫不归心,诸叛亡虽亲戚不敢藏匿,咸悉收送。于是野居晏闭,寇贼静息。招乃简选有才识者,诣太学受业,还相授教,数年中庠序大兴。"③建康城东有六馆,在外郭篱门外安置北方人。国际性不如洛阳。④陈后主曾下诏设立招待外夷的馆舍:"夷狄吾民,斯事一也,何独讥禁,使彼离析?外可即检任子馆及东馆并带保任在外者"。⑤

北魏迁都洛阳后,"于洛水桥南御道东作四馆,道西立四里:有自江南来降者处之金陵馆,道西立四里;有自江南来降者处之金陵馆,三年后赐宅于归正里;自北夷来降者处燕然馆,赐宅于归德里;自东夷降者处扶桑馆,赐宅于慕化里;自西夷降者处崦嵫馆,赐宅于慕义里。"⑥在洛水南铜驼街的御道两侧设置了四夷馆和四夷里,体现了北魏民族政策的开放性,一方面提供了民族交流的机会,另一方面因族别国别不同而设立馆、里制度对后世的客馆制度产生了影响。⑦ 四夷馆主要是用来安置四方的投附者,四里则是侨民的居住区。这些投附者在馆中呆三年后才安置在四里成为北魏的正式居民。北魏对吸引南来的归附者非常用心。南朝的投附者多被安置在归正里,民间号为吴人坊。⑧ 西域人在慕义里住的有万家,吴人北降住在归正里的有三千多家。其他朝鲜、柔然、日本、北狄等有一些。⑨ 邺城南馆为接待外宾之地,一直在城南设馆。⑩

---

① 魏斌:《南朝建康的东郊》,《中国史研究》2016 年第 3 期。
② 《魏书》卷 57《高祐崔挺列传》,第 1267 页。
③ 《三国志》卷 26《魏书 · 牵招传》,第 732 页。
④ 刘淑芬:《六朝的城市与社会》,台北:台湾学生书局 1992 年版,第 184 页。
⑤ 《陈书》卷 6《后主本纪》,第 108 页。
⑥ 《资治通鉴》卷 149《梁纪五 · 高祖武皇帝(五)》,中华书局 2011 年版,第 4746 页。
⑦ 马志强:《近五六年来北朝史研究概述》,殷宪、马志强:《北朝研究》(第二辑),北京燕山出版社 2008 年版。
⑧ 黎虎:《汉唐外交制度史》,兰州大学出版社 1998 年版,第 178—179 页。
⑨ 刘淑芬:《六朝的城市与社会》,台湾学生书局 1992 年版,第 184 页。
⑩ 牛润珍:《古都邺城研究——中世纪东亚都城制度探源》,中华书局 2015 年版,第 220 页。

四 城市住宅

韦伯曾指出,凡是非现代国家,君主如何能持续控制行政机构和军队,都会成为一个长期而且在某种程度上无法克服的问题。国家越大则情况越是如此,因为只有当被支配者被安置于常规而又易于控制的范围内时,才能相当成功地左右他们的行为。① 城市尤其是都城中贵族住宅的安置,也体现了这种控制的要求。秦汉时期城市的住宅与宫殿市场混杂,前朝后市的左右建有民宅。祭坛是左祖庙右社稷。宫殿面南,所以左为东,右为西。② 魏晋南北朝时期,中轴线的确立使宫殿、贵族住宅与平民住宅开始有了新规制,在城市中有了更为整齐规制的安排。刘淑芬对六朝建康的住宅进行了描述,并与北魏洛阳进行了比较。③ 对魏晋南北朝城市住宅的总体描述还有待进一步深化。

1. 魏晋时期的城市住宅

汉末三国时期官员的住宅非常大,能有多套住宅,如曹操“筑室城外,“春夏习读书传,秋冬弋猎,以自娱乐。”④“于谯东五十里筑精舍,欲秋夏读书,冬春涉猎。”⑤魏晋时期的邺城东西 3.5 公里,南北 2.5 公里,其宫苑集中于北部,南部为居民区。⑥ 邺城第一次将宫殿和居民区分开,孟凡人认为受到了当时西域诸国如大月氏的影响,与塔克西拉的锡尔开普城布局有异曲同工之妙。⑦ 魏晋时期,洛阳城东、西似乎有着等级区分,邓艾余子在洛阳者悉伏诛。徙其妻及孙于西城。⑧ 孙吴时期建业的大致轮廓是秦淮河北岸为宫城府署区,南岸为吏民杂居的住宅区。⑨ 贵族在城东清溪岸一片狭

---

① 基金项目:国家社科基金后期资助项目“魏晋南北朝城市发展与变迁研究”,项目编号(21ZSB097)。[英]安东尼·吉登斯著,胡宗泽、赵刀涛译,王铭铭校:《民族—国家与暴力》,生活·读书·新知三联书店 1998 年版,第 95 页。

② [日]斯波义信著,布和译:《中国都市史》,北京大学出版社 2013 年版,第 9 页。

③ 刘淑芬:《六朝的城市与社会》,台北:台湾学生书局 1992 年版。

④ 《三国志》卷 1《魏书·武帝纪》注引《魏书》,第 4 页。

⑤ 《三曹集》,岳麓书社 1992 年版,第 10 页。

⑥ 李凭:《北魏平城时代》,社会科学文献出版社 2000 年版,第 344 页。

⑦ 孟凡人:《试论北魏洛阳城的形制与中亚古城形制的关系》,《汉唐与边疆考古》第 1 辑,科学出版社 1994 年,第 103 页。

⑧ 《资治通鉴》卷第 78《魏纪十·元皇帝下》,中华书局 2011 年版,第 2529 页。

⑨ 刘淑芬:《六朝的城市与社会》,台北:台湾学生书局 1992 年版,第 43 页。

长的区域修造园宅。[①] 贵族的住宅有皇帝赐予的,内部不仅有宅院而且有花园和祭祀的庙观:魏明帝“思念舅氏不已。……特为起大第,车驾亲自临之。又于其后园为像母起观庙,名其里曰渭阳里,以追思母氏也。”[②]

城市中的普通人也非常注重住宅的建设,以长宜子孙,如李衡“本襄阳卒家子也,汉末入吴为武昌庶民。衡每欲治家,妻辄不听,后密遣客十人于武陵龙阳汜洲上作宅,种甘橘千株。临死,敕兒曰:‘汝母恶我治家,故穷如是。然吾州里有千头木奴,不责汝衣食,岁上一匹绢,亦可足用耳。’衡亡后二十余日,兒以白母,母曰:‘此当是种甘橘也,汝家失十户客来七八年,必汝父遣为宅。’汝父恒称太史公言,‘江陵千树橘,当封君家’。吾答曰:‘且人患无德义,不患不富,若贵而能贫,方好耳,用此何为!’吴末,衡甘橘成,岁得绢数千匹,家道殷足。晋咸康中,其宅址枯树犹在。”[③]

晋代时期实行品级制度,官员依照品级在城市中有一定规模的宅院。西晋限制官员在城市中的住宅数量,实行官品制度:“及平吴之后,有司又奏:诏书王公以国为家,京城不宜复有田宅。今未暇作诸国邸,当使城中有往来处,近郊有刍藁之田ˊ。今可限之,国王公侯,京城得有一宅之处。近郊田,大国田十五顷,次国十顷,小国七顷。城内无宅城外有者,皆听留之。”[④]但依然没有阻止王公大臣相继大造官署住宅,显示自己的地位,如司马冏“居攸故宫,置掾属四十人。大筑第馆,北取五谷市,南开诸署,毁坏庐舍以百数,使大匠营制,与西宫等。凿千秋门墙以通西阁,后房施钟悬,前庭舞八佾,沈于酒色,不入朝见。”[⑤]

晋代贵族的住宅有的为帝王所赐:左长史范晷为山涛请命“涛旧第屋十间,子孙不相容。帝为之立室。”[⑥]周处死后,“追赠平西将军,赐钱百万,葬地一顷,京城地五十亩为第,又赐王家近田五顷。”[⑦]有的还是同僚朋友提供,“慎行爱士,老而弥笃。尚书闵鸿、太常薛兼、广川太守河南褚沈、给事中宣城章辽、历阳太守沛国武嘏,并与瞻素疏,咸藉其高义,临终托后于瞻。瞻悉营护其家,为起居宅,同于骨肉焉。”[⑧]北方动乱后,世家大族南逃,南方世家大族的别墅建在建康城东南方,大约是在太湖一带。后来与晋朝庭一

① 刘淑芬:《六朝的城市与社会》,台北:台湾学生书局 1992 年版,第 51 页。
② 《三国志》卷 5《魏书·后妃传》,第 163 页。
③ 《三国志》卷 48《吴书·三嗣主传》注引《襄阳记》,第 1157 页。
④ 《晋书》卷 36《食货志》,第 790 页。
⑤ 《晋书》卷 59《司马冏列传》,第 1606 页。
⑥ 《晋书》卷 43《山涛列传》,第 1227 页。
⑦ 《晋书》卷 58《周处列传》,第 1570—1571 页。
⑧ 《晋书》卷 68《纪瞻列传》,第 1824 页。

起南迁的北方移民,则将他们的别墅建在会稽郡以东。① 司马道子开东第,筑山穿池,功用巨万。② 东晋末桓玄篡位时期,在建康开三门,筑东城府,从此成为宰相和扬州刺史居所,西州成为宗室诸王所在地。③ 建康园宅分布在秦淮河以北,反映出了建康布局的阶级区分。④

在北方十六国时期,贵族的住宅也有为国君所赐,如苻坚"封天锡重光县之东宁乡二百户,号归义侯。初,苌等将征天锡,坚为其立第于长安,至是而居之。"⑤"苻坚祖苻洪,从石季龙徙邺,家于永贵里。"⑥对政敌苻坚采取分而治之的策略,分别在不同的城市中立宅:"太元元年,苻坚遣伪并州刺史苻洛伐犍,破龙庭,禽犍还长安,为立宅,教犍书学。分其部党居云中等四郡"。⑦

晋代城市中的住宅集中,多为茅草或者木质,一遇火灾,损失严重。永昌二年(323 年)饶安、东光、安陵三县火灾,烧毁七千余家,死亡五万多人。义熙九年(413 年),南京大火烧毁了数千家。⑧

2. 北朝城市的住宅

北魏时期,平城住宅规建最为突出的特色就是里坊制度。虽然里坊制度在城市中为最基本的自然区分,由来已久。但平城的里坊制度是草原文化过渡到农业文化的产物。洛阳的都市计划由大规模的整齐的按照不同社会等级和经济功能区分的里坊制度,受到了平城的影响。⑨ 494 年迁都洛阳新的布局规则是将社会的不同等级分开。⑩ 这一时期,被称为里的城市居民开始使用坊这种新名称(坊墙制)。重要的是作为聚落的一种方式,城和鄙也就是城市和农村相对照的关系变得清晰起来,农村的乡村和都市的坊郭开始区别开来。⑪ 里坊制度有三个要点:1. 三品以上官员以外,门

① [加]卜正民主编:[美]陆威仪著,李磊译,周媛校:《分裂的帝国:南北朝》,中信出版社 2016 年版,第 96 页。

② 《资治通鉴》卷 108《晋纪三十·烈孝宗武皇帝下》,中华书局 2011 年版,第 3473 页。

③ 刘淑芬:《六朝的城市与社会》,台北:台湾学生书局 1992 年版,第 58 页。

④ 刘淑芬:《六朝的城市与社会》,台北:台湾学生书局 1992 年版,第 127 页。

⑤ 《晋书》卷 113《苻坚载记上》,第 2898 页。

⑥ 《晋书》卷 113《苻坚载记上》,第 2898 页。

⑦ 《南齐书》》卷 57《魏虏列传》,第 983 页。

⑧ 《晋书》卷 16《五行上》,第 806—807 页。

⑨ 逯耀东:《从平城到洛阳——拓跋魏文化转变的历程》,中华书局 2006 年版,第 21 页。

⑩ [德]阿尔弗雷德·申茨:《幻方——中国古代的城市》,中国建筑工业出版社 2009 年版,第 179 页。

⑪ [日]斯波义信著,布和译:《中国都市史》,北京大学出版社 2013 年版,第 19 页。

不得对街道开门。2. 坊门昼启夜闭,夜禁制度。3. 不准侵占街道种植蔬果。①

北魏时洛阳城内的里,是北魏迁都洛阳后于景明元年(公元502年)征调5万人一次性建成的,共有320里坊。这是中国古代都城史上第一次有计划地将居民的里全部建成。② 其具体布局为“其郭城绕宫城南,悉筑为坊,坊开巷。坊大者容四五百家,小者六七十家。每南坊搜检,以备奸巧。”③北魏城市空间的等级性和职业性是非常突出的,“伏见洛京之制,居民以官位相从,不依族类。然官位非常,有朝荣而夕悴,则衣冠沦于厮竖之邑,臧获腾于膏腴之里。物之颠倒,或至于斯。古之圣王,必令四民异居者,欲其业定而志专。业定则不伪,志专则不淫。故耳目所习,不督而就;父兄之教,不肃而成。仰惟太祖道武皇帝创基拨乱,日不暇给,然犹分别士庶,不令杂居;伎作屠沽,各有攸处。但不设科禁,卖买任情,贩贵易贱,错居混杂。假令一处弹筝吹笛,缓舞长歌;一处严师苦训,诵诗讲礼。宣令童龀,任意所从,其走赴舞堂者万数,往就学馆者无一。此则伎作不可杂居,士人不宜异处之明验也。故孔父云里仁之美,孟母弘三徙之训,贤圣明诲,若此之重。今令伎作家习士人风礼,则百年难成;令士人儿童效伎作容态,则一朝可得。是以士人同处,则礼教易兴;伎作杂居,则风俗难改。朝廷每选举人士,则校其一婚一宦,以为升降,何其密也。至于开伎作宦途,得与膏粱华望接闬连甍,何其略也。此愚臣之所惑。今稽古建极,光宅中区,凡所徙居,皆是公地,分别伎作,在于一言,有何为疑而阙盛美。”④但贵族们大建宅第,不断突破限制:“今洛阳基址,魏明帝所营,取讥前代。伏愿陛下,损之又损。顷来北都富室,竞以第宅相尚,今因迁徙,宜申禁约,令贵贱有检,无得逾制。端广衢路,通利沟渠,使寺署有别,四民异居,永垂百世不刊之范,则天下幸甚矣。”⑤

洛阳城坊数目有三种不同的记载:323坊、250坊、320坊。320多坊是指洛阳城郭之内外,250坊只是城郭内的坊数。⑥ 坊的设立可以阻挡兵马,便于治安和管理。类似大城内的许多小城。⑦ 魏晋南北朝时期屠城和移民

① 刘淑芬:《六朝的城市与社会》,台北:台湾学生书局1992年版,第444页。
② 周长山:《汉代城市研究》,人民出版社2001年版,第147页。
③ 《南齐书》卷57《魏虏列传》,第985页。
④ 《魏书》卷60《韩麒麟程骏列传》,第1341—1342页。
⑤ 《魏书》卷60《韩麒麟程骏列传》,第1338—1339页。
⑥ 刘淑芬:《六朝的城市与社会》,台北:台湾学生书局1992年版,第419页。
⑦ 刘淑芬:《六朝的城市与社会》,台北:台湾学生书局1992年版,第422页。

事件普遍,于是建筑坊来防御和监视控制。坊内筑有用来监视的坊馆。对于大量征服者的坊有严密的管制措施。① 北魏洛阳坊不仅如宿白所说是为了安置平城的羽林军等,也包括平城的鲜卑人和汉人,还有大量的移民。还为了加强城市的监控。②

迁都伊始,洛阳城市建设正在进行,里坊之制未备,迁到洛阳的官僚贵族家庭的居住比较随意。随着等级制度和门阀制度的确立,官僚和贵族在居住问题上开始更多考虑身份的问题。工商业者一般聚集在一起。③ 北魏后期洛阳城的居住特点是官位相从和聚族而居,等级差别、四民异居是主要方面。像弘农杨氏这样的大家族聚居现象极为少见,但小家族聚居的现象却比较普遍。基本上是一支居于同一里,其他宗室支系也有类似情况。四夷里及通商、达货等十里也体现着聚族而居的特点,不过这里的族是指族类、阶层,具体来说就是"四民异居"原则的反映。在洛阳的居住情况中,看不到民族差别,因为迁都以后孝文帝要消除民族隔阂,实现以汉化为方向的民族融合,这一点与代京传统截然不同。人们不愿与归化之民同居,官贵之家更不愿与工商伎作之家相处。④

城市的住宅等级制度是北魏统治者加强皇权统治的一个重要举措,"今四人豪富之家,习华既深,敦朴情浅,夫识俭素之易长,而行奢靡之难久。壮制第宅,美饰车马,仆妾衣绫绮,土木被文绣,僭度违衷者众矣。……臣愚以为第宅车服,自百官以至于庶人,宜为其等制,使贵不逼贱,卑不僭高,不可以称其侈意,用违经典。今或者以为习俗日久,不可卒革,……人务本则奢费除,奢费除则谷帛丰,谷帛丰则人逸乐,人逸乐则皇基固矣。"⑤

但北魏时期,发达起来的人往往依然大修宅地,上谷人寇猛"家渐富侈,宅宇高华,妾隶充溢。"⑥贵族宅地多选水源和市场方便的地方,夏侯道迁"于京城之西,水次市地,大起园池,植列蔬果,延致秀彦,时往游适,妓妾十余,常自娱乐。"⑦

家族在城市聚居,一般同居共宅,杨愔一门四世同居,家甚隆盛,昆季就

---

① 刘淑芬:《六朝的城市与社会》,台北:台湾学生书局 1992 年版,第 424 页。

② 刘淑芬:《六朝的城市与社会》,台北:台湾学生书局 1992 年版,第 433 页。

③ 张金龙:《北魏迁都后官贵之家在洛阳的居住里坊考》,殷宪、马志强:《北朝研究》(第二辑),北京燕山出版社 2008 年版,第 27 页。

④ 张金龙:《北魏迁都后官贵之家在洛阳的居住里坊考》,殷宪、马志强:《北朝研究》(第二辑),北京燕山出版社 2008 年版,第 38—39 页。

⑤ 《魏书》卷 63《李彪高道悦列传》,第 1382—1384 页。

⑥ 《魏书》卷 93《恩幸列传》,第 1998 页。

⑦ 《魏书》卷 71《夏侯道迁列传》,第 1583 页。

学者三十余人。学庭前有柰树，实落地，□儿咸争之，愔颓然独坐。其季父暐适入学馆，见之大用嗟异，顾谓宾客曰："此儿恬裕，有我家风。"宅内有茂竹，遂为愔于林边别葺一室，命独处其中，常以铜盘具盛馔以饭之。因以督厉诸子曰："汝辈但如遵彦谨慎，自得竹林别室、铜盘重肉之食。"①

但是日久也分宅而居，李冲"兄弟六人，四母所出，颇相忿阋。及冲之贵，封禄恩赐皆以共之，内外辑睦。父亡后同居二十余年，至洛乃别第宅，更相友爱，久无间然。皆冲之德也。"②"张彝大起第宅，徽号华侈，颇侮其疏宗旧戚，不甚存纪，时有怨憾焉。"③

许多贵族有多套住宅，"时世宗幸小平津，禧在城西小宅。"④"汝南王悦时轻与出采芝，宿于城外小人之所。遂断酒肉粟稻，唯食麦饭。又绝房中而更好男色。轻忿妃妾，至加捶挞，同之婢使。悦之出也，妃住于别第。"大家族有因多妻导致分宅居住的，"初，洪之微时，妻张氏助洪之经营资产，自贫至贵，多所补益，有男女几十人。洪之后得刘氏，刘芳从妹。洪之钦重，而疏薄张氏，为两宅别居，偏厚刘室。由是二妻妒竞，互相讼诅，两宅母子，往来如仇。"⑤

贵族住宅多相邻，太保、平原王隆之与杨愔邻宅，愔尝见其门外有富胡数人，谓左右曰："我门前幸无此物。"⑥

帝王为功臣幸臣造宅、临幸宅院是贵族大臣莫大的恩宠：安定石唐人张祐"太后嘉其忠诚，为造甲宅。宅成，高祖，太后亲率文武往燕会焉。拜散骑常侍、镇南将军、尚书左仆射，进爵新平王，受职于太华庭，备威仪于宫城之南，观者以为荣。高祖、太后亲幸其宅，飨会百官。"⑦赵修"每受除设宴，世宗亲幸其宅，诸王公卿士百僚悉从。"⑧

北魏贵族宅院宏大，李丰"出入禁闱，并致名位，积赀巨万，第宅华壮。"⑨茹皓"贵宠日升，起宅宫西，朝贵弗之及也。"⑩"皓性微工巧，多所兴立。为山于天渊池西，采掘北邙及南山佳石。徙竹汝颍，罗莳其间；经构楼

---

① 《北齐书》卷34《杨愔列传》，第453页。
② 《魏书》卷53《李孝伯李冲列传》，第1189页。
③ 《魏书》卷64《郭祚张彝列传》，第1425页。
④ 《魏书》卷21上《献文六王列传》，第538页。
⑤ 《魏书》卷89《酷吏列传》，第1919页。
⑥ 《北齐书》卷34《杨愔列传》，第457页。
⑦ 《魏书》卷94《阉官列传》，第2020页。
⑧ 《魏书》卷93《恩幸列传》，第1998页。
⑨ 《魏书》卷94《阉官列传》，第2020页。
⑩ 《魏书》卷93《恩幸列传》，第2001页。

馆，列于上下。树草栽木，颇有野致。世宗心悦之，以时临幸。”①有的贵族为扩大宅院还侵占兼并其他人的宅院“是年，又为修广增宅舍，多所并兼，洞门高堂，房庑周博，崇丽拟于诸王。其四面邻居，赂入其地者侯天盛兄弟，越次出补长史、大郡。”②献王“建饰第宇，开起山池，所费巨万矣。又于东掖门外，大路之南，驱逼细人，规占第宅。”③刺史李世哲“贵盛一时，多有非法，逼买民宅，广兴屋宇。”④

住宅高大逾制在北魏也多遭疑忌，贵族宅院僭越给他们带来了灾难，拓跋岳“于城南起宅，听事后开巷。归彦奏帝曰：‘清河造宅，僭拟帝宫，制为永巷，但唯无阙耳。’显祖闻而恶之，渐以疏岳。”⑤晋公护执政“广营第宅。尝召敻至宅，访以政事。敻仰视其堂，徐而叹曰：“甜酒嗜音，峻宇雕墙，有一于此，未或弗亡。”⑥

孝文帝迁居洛阳，一些贵族有了南北都城两套住宅，寒暑之间往来南北，称为雁臣，对北魏的内部统治的分裂埋下了伏笔，“初，高祖迁洛，而在位旧贵皆难于移徙，时欲和合众情，遂许冬则居南，夏便居北。世宗颇惑左右之言，外人遂有还北之问，至乃榜卖田宅，不安其居。”⑦

北齐贵族的宅院也非常壮丽，“琅邪王俨，武成崩，改封琅邪。俨以和土开、骆提婆等奢恣，盛修第宅。”⑧“苍鹰母求以神武为义子。及得志，以其宅为第，号为南宅。虽门巷开广，堂宇崇丽，其本所住团焦，以石垩涂之，留而不毁，至文宣时，遂为宫。”⑨“太姬亦称珽为国师、国宝。……所住宅在义井坊，旁拓□居，大事修筑，陆媪自往案行，势倾朝野。”⑩北齐贵族也有宅院多处，杨愔“在北城别有馆宇，还备法驾，依常仗卫而去。……遂入北城下司马子如南宅。帝至城南顿所。”⑪

地方上贵族也多选择优雅之地筑宅，范阳涿人卢叔武“少机悟，豪率轻侠，……叔武归本县，筑室临陂，优游自适。”⑫

① 《魏书》卷93《恩幸列传》，第2001页。
② 《魏书》卷93《恩幸列传》，第1998页。
③ 《魏书》卷21上《献文六王列传》，第561页。
④ 《魏书》卷77《宋翻辛雄羊深杨机高崇列传》，第1714页。
⑤ 《北齐书》卷13《清河王岳子劢列传》，第176页。
⑥ 《周书》卷31《韦敻列传》，第545页。
⑦ 《魏书》卷15《昭成子孙列传》，第378页。
⑧ 《北齐书》卷12《文宣四王孝昭六王武成十二王列传》，第160—161页。
⑨ 《北齐书》卷1《神武上》，第3页。
⑩ 《北齐书》卷39《崔季舒祖珽列传》，第519页。
⑪ 《北齐书》卷39《崔暹高德政崔昂列传》，第409页。
⑫ 《北齐书》卷42《卢叔武列传》，第559页。

北周贵族的住宅也很有情趣，韦夐“所居之宅，枕带林泉，夐对玩琴书，萧然自乐。时人号为居士焉。至有慕其闲素者，或载酒从之，夐亦为之尽欢，接对忘倦。”①

3. 南朝时期城市的住宅

南朝贵族居住里巷，“谢瞻、于彭城还都迎家，宾客辐辏，门巷填咽。”②“志家世居建康禁中里马蕃巷，父僧虔以来，门风多宽恕，志尤惇厚。”③贵族住宅往往并门相连，“琼之宅与太常王僧达并门。尝盛车服卫从造僧达，僧达不为之礼。”④刘琎谓人曰：“吾闻张融与陆慧晓并宅，其间有水，此水必有异味。”⑤

南朝贵族的宅院一般与市场分开，多在山林，在城中的住宅也多在官署大道附近。如僧珍旧宅在市北，前有督邮廨，乡人咸劝徒廨以益其宅。僧珍怒曰：“督邮官廨也，置立以来，便在此地，岂可徙之益吾私宅！”“僧珍宅在建阳门东，自受命当行，每日由建阳门道，不过私室，太祖益以此知之。”⑥“姊适于氏，住在市西，小屋临路，与列肆杂处，僧珍常导从卤簿到其宅，不以为耻”。⑦ 刘勔晚年“颇慕高尚，立园宅，名为东山，遗落世务，罢遣部曲”。⑧

住宅可以买卖，赵主勒如邺，将营新宫，曰：“匹夫家资满百匹，犹欲市宅，况富有四海乎？”⑨许昭先“家产既尽，卖宅以充之。”⑩王琨“买宅百三十万。”⑪“点弟胤，有儒术，亦怀隐遁之志。所居宅名为小山。隆昌中为中书令，以皇后从叔见亲宠。明帝即位，胤卖园宅，将遂本志。”⑫

六朝园林的建筑有着隐逸之风。在南朝，成为社会精英中的一员，就意味着在城市与自然中不断来回——将都城的权势带入乡村，通过别墅、诗歌和画作等表现出来。同样，还要将自然带入城市，一方面创建园林，另一方

---

① 《周书》卷31《韦夐列传》，第544页。
② 《宋书》卷56《谢瞻列传》，第1557—1558页。
③ 《梁书》卷20《王志列传》，第320页。
④ 《宋书》卷41《后妃列传》，第1287页。
⑤ 《南齐书》卷46《陆慧晓列传》，第805页。
⑥ 《梁书》卷22《吕僧珍列传》，第211页。
⑦ 《梁书》卷22《吕僧珍列传》，第213页。
⑧ 《资治通鉴》卷133《宋纪十五·太宗明皇帝下》，中华书局2011年版，第4252页。
⑨ 《资治通鉴》卷94《晋纪十六·显宗成皇帝上之下》，中华书局2011年版，第3029页。
⑩ 《宋书》卷91《孝义列传》，第2255页。
⑪ 《南齐书》卷32《王琨列传》，第578页。
⑫ 《南齐书》卷54《高逸列传》，第938页。

面培养“隐于朝”的精神。① 玄学大炽，人们迷恋寄情山水而出现了园林的修筑之风，出现了园林和隐士和逸民修筑的自然园林和贵族的人工园林。当时一所园林的价格为百万左右。如齐王琨的园宅一百三十万。朱侃的园宅百万。宋季雅购买吕僧珍的临宅也费百万。六朝建康城的园宅是聚集全国的财富堆砌而成，建康的繁华也是六朝政治的副产品。②

住宅的价格也有市场，建康城市土地昂贵，“王畿陆海，亩号一金。”③“兴宗年十岁失父，哀毁有异凡童。廓罢豫章郡还，起二宅。先成东宅，与轨；廓亡而馆宇未立，轨罢长沙郡还，送钱五十万以补宅直。”④

晋代贵族的宅院非常严谨复杂，其内部结构从这个故事中可窥见一斑：贾充之女与寿私通，“而其门阁严峻，不知所由得入。乃夜中阳惊，托言有盗，因使循墙以观其变。左右白曰：无余异，惟东北角如狐狸行处。”⑤贵族权贵的宅院还有假山园林等营造，非常奢侈讲究：“嬖人赵牙出自优倡，……牙为道子开东第，筑山穿池，列树竹木，功用钜万。道子使宫人为酒肆，沽卖于水侧。”⑥

宅内有种植业，“元景南岸有数十亩菜园，守园人卖得钱二万送还宅，元景曰：‘我立此园种菜，以供家中啖尔。乃复卖菜以取钱，夺百姓之利邪！’以钱乞守园人。”⑦

住宅的装饰，常用书法美工装饰，显示了兴趣的清雅，“刘显尝为《上朝诗》，沈约见而美之，时约郊居宅新成，因命工书人题之于壁。”⑧江左盛行以壁画为装饰。佛堂中有佛教人物和故事，而贵族的宅园中多为古代名人图像。如齐竟陵王西邸等。⑨ 还有许多人将书法题写在墙上。如沈约将刘杳的赞题在墙上，园林多有名称。⑩

晋代贵族的宅门非常大，显示出家门的气派，如“廷尉张闿住在小市，

① [加]卜正民主编：[美]陆威仪著，李磊译，周媛校：《分裂的帝国：南北朝》，中信出版社2016年版，第100页。

② 刘淑芬：《六朝的城市与社会》，台湾学生书局1992年版，第112—114页。

③ 张缵：《谢东宫赉园启》，严可均校辑：《全上古三代秦汉三国六朝文·全梁文》卷64，中华书局1958年版。

④ 《宋书》卷57《蔡廓子兴宗列传》，第1573页。

⑤ 《晋书》卷40《贾充列传》，第1173页。

⑥ 《晋书》卷64《武十三王元四王简文三子列传》，第1734页。

⑦ 《宋书》卷77《柳元景列传》，第1990页。

⑧ 《梁书》卷40《刘显列传》，第570页。

⑨ 刘淑芬：《六朝的城市与社会》，台北：台湾学生书局1992年版，第119页。

⑩ 刘淑芬：《六朝的城市与社会》，台北：台湾学生书局1992年版，第121页。

将夺左右近宅以广其居，乃私作都门，早闭晏开，人多患之。”①宅门被人们看重，是家族兴旺的标志和象征，陈国苦人陈頵“少好学，有文义。父訢立宅起门，頵曰：当使容马车。訢笑而从之。”②宅外有路：“王濬起宅，开门前路广数十步。人或谓之何太过，濬曰：吾欲使容长戟幡旗。众咸笑之，濬曰：陈胜有言，燕雀安知鸿鹄之志。”③

宅有凶吉：王僧绰在“太社西空地一区，吴时丁奉宅，孙皓流徙其家。江左初为周顗、苏峻宅，其后为袁悦宅，又为章武王司马秀宅，皆以凶终。后给臧焘，亦颇遇丧祸，故世称为凶地。僧绰常以正达自居，谓宅无吉凶，请以为第。始就造筑，未及居而败。”④宅内埋有玄机，可以求福：徐羡之年少时“尝有一人来，谓之曰：‘我是汝祖。’羡之因起拜之。此人曰：‘汝有贵相，而有大厄，可以钱二十八文埋宅四角，可以免灾。过此可位极人臣。’后羡之随亲之县，住在县内，尝暂出，而贼自后破县；县内人无免者，鸡犬亦尽，唯羡之在外获全。”⑤

到了东晋南朝时期，住宅非常具有人文色彩。六朝的园宅都规模不大，多穿山引水，茂林修竹，以山池为代称。⑥ 东晋士大夫的住宅非常具有人文之美的情趣，纪瞻“性静默，少交游，好读书，……厚自奉养，立宅于乌衣巷，馆宇崇丽，园池竹木，有足赏玩焉。”⑦贵族们在城郊山水之间修建自己的住宅园林成为风尚，除了城中的住宅，他们多在郊区建立更大的园宅，如谢安的园宅在郊区去建康二十里。⑧ 南朝的住宅讲求方位以及环境，有着清雅的道家风味，与当时的玄学之风相切合：“广陵城旧有高楼，湛之更加修整，南望钟山。城北有陂泽，水物丰盛。湛之更起风亭、月观，吹台、琴室，果竹繁茂，花药成行，招集文士，尽游玩之适，一时之盛也。”⑨何尚之“立宅南郭外，置玄学，聚生徒。东海徐秀、庐江何昙、黄回、颍川荀子华、太原孙宗昌、王延秀、鲁郡孔惠宣，并慕道来游，谓之南学。”⑩“尚之宅在南涧寺侧，故书

① 《晋书》卷71《孙惠熊远王鉴陈頵高崧列传》，第1892页。
② 《晋书》卷71《陈頵列传》，第1892页。
③ 《晋书》卷42《王濬列传》，第1207页。
④ 《宋书》卷71《王僧绰列传》，第1851页。
⑤ 《宋书》卷43《徐羡之列传》，第1334页。
⑥ 刘淑芬：《六朝的城市与社会》，台北：台湾学生书局1992年版，第115页。
⑦ 《晋书》卷68《纪瞻列传》，第1824页。
⑧ 刘淑芬：《六朝的城市与社会》，台北：台湾学生书局1992年版，第121页。
⑨ 《宋书》卷71《徐湛之列传》，第1847页。
⑩ 《宋书》卷66《何尚之列传》，第1734页。

云'南濒',《毛诗》所谓'于以采苹,南涧之濒'也。"①宋文帝七子刘宏"少而闲素,笃好文籍。太祖宠爱殊常,为立第于鸡笼山,尽山水之美。"②沈庆之"居清明门外,有宅四所,室宇甚丽。又有园舍在娄湖,庆之一夜携子孙徙居之,以宅还官。悉移亲戚中表于娄湖,列门同闬焉。广开田园之业,每指地示人曰:'钱尽在此中。'身享大国,家素富厚,产业累万金,奴僮千计。再献钱千万,谷万斛。以始兴优近,求改封南海郡,不许。"③吴兴武康人沈道虔"少仁爱,好《老》、《易》,居县北石山下。孙恩乱后饥荒,县令庾肃之迎出县南废头里,为立小宅,临溪,有山水之玩。时复还石山精庐,与诸孤兄子共釜庾之资,困不改节。"④会稽山阴人孔稚珪。有隐遁之怀,于禹井山立馆,事道精笃,吉日于静屋四向朝拜,涕泗滂沲。"⑤邵明太子"性爱山水,于玄圃穿筑,更立亭馆,与朝士名素者游其中。"⑥新野人庾诜"而性托夷简,特爱林泉。十亩之宅,山池居半。蔬食弊衣,不治产业。"⑦

南朝贵族的宅院也非常富丽堂皇,"宅舍园池,诸王邸第莫及。妓女数十,艺貌冠绝当时,金玉锦绣之饰,宫掖不逮也。每制一衣,造一物,京邑莫不法效焉。于宅内开渎,东出十许里,塘岸整洁,泛轻舟,奏女乐。中书舍人刘休尝诣之,值佃夫出行,中路相逢,要休同反;就席,便命施设,一时珍羞,莫不毕备。"⑧刘悛为皇帝所宠幸,"车驾数幸悛宅。宅盛治山池,造瓮牖。"⑨萧恭"性尚华侈,广营第宅,重斋步櫚,模写宫殿。"⑩

可见,南朝贵族住宅较北方更为精致而富有艺术情调。洛阳也有贵族的园林,但是因为儒家的观念的影响、等级地位等导致他们的园林不如南方的精致。体现出来二者城市景观的差异。⑪

南朝贵族宅院僭越给他们带来了灾难,"上性虽严,多布耳目,太子所为,无敢启者。后上幸豫章王宅,还过太子东田,见其弥亘华远,庄丽极目,于是大怒,收监作主帅;太子惧,皆藏匿之,由是见责。"⑫齐清河昭武王

① 《宋书》卷66《何尚之列传》,第1736—1737页。
② 《宋书》卷72《文九王列传》,第1858页。
③ 《宋书》卷77《沈庆之列传》,第2003页。
④ 《宋书》卷93《隐逸列传》,第2291页。
⑤ 《南齐书》卷48《孔稚珪列传》,第835页。
⑥ 《梁书》卷8《昭明太子列传》,第168页。
⑦ 《梁书》卷51《处士列传》,第750页。
⑧ 《宋书》卷94《恩幸列传》,第2314页。
⑨ 《南齐书》卷37《刘悛列传》,第651页。
⑩ 《梁书》卷22《太祖五王列传》,第349页。
⑪ 刘淑芬:《六朝的城市与社会》,台北:台湾学生书局1992年版,第182页。
⑫ 《南齐书》卷21《文惠太子列传》,第401页。

岳……起第于城南，厅事后开巷。归彦之于帝曰："清河僭拟宫禁，制为永巷，但无阙耳。"帝由是恶之。①

南朝贵族往往有多套住宅，庆之"居清明门外，有宅四所，室宇甚丽。"②陈郡阳夏人袁顗有"都下两宅未成。"③蔡廓"罢豫章郡还，起二宅。"④"东乡君薨，资财钜万，园宅十余所，又会稽、吴兴、琅邪诸处，太傅、司空琰时事业，奴僮犹有数百人。"⑤刘义恭"性嗜不恒，日时移变，自始至终，屡迁第宅。"⑥

大家族也有因多妻导致分宅居住的，"刘氏居彭城县者，又分为三里，帝室居绥舆里，左将军刘怀肃居安上里，豫州刺史刘怀武居丛亭里，及吕县凡四刘。虽同出楚元王，由来不序昭穆。"⑦

贵族的家园也有狭小的，有的因为破落，有的因为节俭或者人口太多，王衍"父卒于北平，送故甚厚，为亲识之所借贷，因以舍之。数年之间，家资罄尽，出就洛城西田园而居焉。"⑧诸葛璩"性勤于诲诱，后生就学者日至，居宅狭陋，无以容之，太守张友为起讲舍。"⑨颜延之"少孤贫，居负郭，室巷甚陋。好读书，无所不览。"⑩刘裕"与循书，令遣隐之还，久方得反。归舟之日，装无余资。及至，数亩小宅，篱垣仄陋，内外茅屋六间，不容妻子。刘裕赐车牛，更为起宅，固辞。"⑪

贵族为瓦屋，贫民多草屋，多在城市的边缘，"明帝陈贵妃，讳妙登，丹阳建康人，屠家女也。世祖常使尉司采访民间子女有姿色者。太妃家在建康县界，家贫，有草屋两三间。上出行，问尉曰：'御道边那得此草屋，当由家贫。'赐钱三万，令起瓦屋。"⑫王玄谟"初围城，城内多茅屋，众求以火箭烧之。"⑬陆倕"于宅内起两间茅屋，杜绝往来，昼夜读书，如此者数载。"⑭裴子野"外家及中表贫乏，所得俸悉分给之。无宅，借官地二亩，起茅屋

① 《资治通鉴》卷166《梁纪二十二·敬皇帝》，中华书局2011年版，第5235页。
② 《宋书》卷77《沈庆之列传》，第2003页。
③ 《宋书》卷84《袁鴳列传》，第2150页。
④ 《宋书》卷57《蔡廓子兴宗列传》，第1573页。
⑤ 《宋书》卷58《王惠谢弘微王球列传》，第1593页。
⑥ 《宋书》卷61《武三王列传》，第1651页。
⑦ 《宋书》卷78《萧思话刘延孙列传》，第2019—2020页。
⑧ 《晋书》卷43《王戎（从弟衍衍弟澄）列传》，第1236页。
⑨ 《梁书》卷51《处士列传》，第744页。
⑩ 《宋书》卷73《颜延之列传》，第1891页。
⑪ 《晋书》卷90《良吏列传》，第2342页。
⑫ 《宋书》卷41《后妃列传》，第1296页。
⑬ 《宋书》卷76《王玄谟列传》，第1974页。
⑭ 《梁书》卷27《陆倕列传》，第401页。

数间。”①

城市中贵族住宅不断扩大,与贫民矛盾很深,“会稽多诸豪右,不遵王宪。又幸臣近习,参半宫省,封略山湖,妨民害治。兴宗皆以法绳之。会土全实,民物殷阜,王公妃主,邸舍相望,挠乱在所,大为民患,子息滋长,督责无穷。兴宗悉启罢省。”②员外郎刘思效表陈谠言曰:“宋自大明以来,渐见凋弊,征赋有增于往,天府尤贫于昔。兼军警屡兴,伤夷不复,戍役残丁,储元半菽,小民嗷嗷,无乐生之色。贵势之流,货室之族,车服伎乐,争相奢丽,亭池第宅,竞趣高华,至于山泽之人不敢采饮其水草。贫富相辉,捐源尚末。”③

城市中皇族贵族的住宅不仅是他们生活活动的场域,也具有某种政治象征性的意义,正如吉登斯所说,城市情境中活动的集中在此以多种方式起到了重要的作用。不过,许多传统城市中纯粹的自然布局,可能也会产生意识形态方面的效果,因为在这类城市形态中,衙门和宗教大厦在建筑方面时常占据主导地位,而这种力量的视觉呈现无疑会给那些迁入这些城市近郊的人们留以深刻的印象。④

总的看来,从邺城中轴线布局的建立到洛阳里坊制度,魏晋南北朝时期城市住宅的布局较以前更为规整,贵族的住宅规模宏大,住宅等级制度更为鲜明,反映了加强皇权的政治需求,具有鲜明的中国城市的特色。同时,城市住宅也体现出了城市文明的变迁,如道家与佛教的传播使一些贵族的住宅具有宗教修习的气息,在城市住宅更加规整的同时,贵族住宅外溢于城郊山林,也体现了对城市权力控制的逃避。

魏晋南北朝的都城规制体现了各政权要求中央集权加强的趋势,士族势力的根基虽在乡村,从其在都市中的住宅来看,也在城市中有着极大的势力。聚族而居的士族大家也有着不小的规模,还将乡村自然的山水情趣放到城市园林中。⑤

---

① 《梁书》卷30《裴子野列传》,第444页。

② 《宋书》卷57《蔡廓子兴宗列传》,第1583页。

③ 《南齐书》卷54《高逸列传》,第929页。

④ [英]安东尼·吉登斯著,胡宗泽、赵刀涛译,王铭铭校:《民族—国家与暴力》,生活·读书·新知三联书店1998年版,第18页。

⑤ 韩昇:《南北朝隋唐士族向城市的迁徙与社会变迁》,《历史研究》2003年第4期,第49—67页。认为魏晋南北朝根源于乡村的士族势力,在隋唐时期随着社会经济、政治文化以及科举制度等社会变迁,逐步开始步入城市化,逐渐失去了在乡村的政治文化势力的根基,发生了从士族政治到官僚政治演变中具有关键意义的转变。

小　结

魏晋南北朝时期因传统核心城市区域遭到了严重的毁坏,周边民族的兴起导致原来处于边缘地区的区域中心城市崛起,成为割据政权的区域核心城市。虽然全国处于分裂状态,各区域间为争夺政治上的正统、意识形态和战略上的优势进行对抗,但区域间的经济文化交流频繁,民族、文明在碰撞中出现了大交流、大融合的趋势,为新的统一打下了基础。

魏晋北朝时期,城市的空间分布有了很大的变化,城市的类型出现了新的变迁,尤其是坞堡和市镇的出现,是文明碰撞的结果。魏晋南北朝时期,城市建筑的空间布局出现了历史上转折性的变动,主要表现在城市范围空前扩张,城市出现多重层次等。佛教的传播使佛教的建筑成为城市建筑中必不可少的风景,空间的变迁体现了中外南北文明融合的成果。

与当时的罗马帝国城市变迁相比,经过蛮族入侵后,欧洲中世纪后期的城市空间分布格局已经完全不同于罗马时期。虽然这一过程持续的时间要比中国更为漫长,但两者之间存在很大的共性。而且除了地理分布之外,城市形态上也具有相似的变化过程。① 可见,此时的中西城市发展既有相同之处,也有所不同。

魏晋南北朝时期,城市建筑的空间布局出现了历史上转折性的变动,主要表现在城市范围空前扩张,城市出现多重层次,中轴线布局成为主流,宫殿、住宅与市场严格区分等。西方的官僚政治是近代的产物,它的部分根源可从自治城邦中找到;而中国的皇帝官僚政治却很古老。中国城市是行政管理机构经过规划而后产生的,这可以从其布局上看出。首先,它有城墙。其次,对设防区来说,居民常显得不足,他们常被迫集中在城墙内。② 这一时期地方城市的衙署基本上都以地方最高长官为核心集中布置。③ 可见,中国城市的形制不仅是中华文明的产物,而且对中华文明特色的孕育具有重要影响。

西方罗马帝国留下的城市空间的遗产与中国此一时期具有完全不同的文明特色。罗马广场不仅是罗马城本身的中心,它还是这个罗马帝国的中

---

① 成一农:《空间与形态——三至七世纪中国历史城市地理研究》,兰州大学出版社 2012 年版,第 56 页。

② [德]马克斯・韦伯:《文明的历史脚步》,上海三联书店 1997 年版,第 48 页。

③ 成一农:《空间与形态——三至七世纪中国历史城市地理研究》,兰州大学出版社 2012 年版,第 234 页。

心。国库、监狱和议会都安置在罗马广场周围。① 而罗马帝国地方城镇的布局则是以“宽阔的商业街一直延伸到天际线,两边的柱廊又往往加强了这种深远感,这就是这些城镇的一个典型特色……沿这类街道行走,你会看到绵延不绝的私人住房,其间时时夹杂有各种公共建筑。”②商业中心与公共广场是这些城市的中心,与中国以行政所在为城市中心不同。这种区别是东西文明不同历史文化发展的结果,也是后世中西城市文明的不同文化特色。

① [美]刘易斯·芒福德著,宋俊岭、倪文彦译:《城市发展史——起源、演变和前景》,中国建筑出版社 2005 年版,第 170 页。

② [美]刘易斯·芒福德著,宋俊岭、倪文彦译:《城市发展史——起源、演变和前景》,中国建筑出版社 2005 年版,第 162 页。

第三章：城市与魏晋南北朝政治文明的变迁

城市是政治文明的中心。魏晋南北朝时期，游牧民族逐步接受了中原文明的政治模式，同时也依据自己的需要和特点进行了改造，使城市政治文明出现了新的特点，即胡汉分治、夷夏杂糅。外来的佛教文明因素也注入了城市政治生活之中，对城市政治产生了很大的影响。城市也是不同文明交互影响的大熔炉，对这一时期城市在民族融合中的地位与作用，依然有进一步探讨的空间。在城市中，不同制度碰撞融合，都城规制在相互借鉴描摹中创新，都城制度作为政权合法性象征之一，促进了中华民族共同体意识的形成。

一　进入城市——农耕网络与离散部落

东汉末年，周边民族涌入内地，在民族融合中，"五胡"等大量部民迁徙内地后，以部落离散的方式开始了封建化的过程，但如何一步一步地完成封建化，其具体过程依然模糊。①

在中原文明与草原文明的交界一线，是两种文明融合的最初地带。文明交接地带可以谓之瓯脱之地。东胡与匈奴中间有弃地莫居，"千余里，各居其便，为瓯脱。"②拉铁摩尔还提出储积区概念。也就是长城沿线的边缘地带，草原部族常脱离纯游牧南下到草原边缘的混合经济地区觅求资源，储积区成为各种典范与秩序的边缘或边缘交叠之处，历史变迁与战争大多由此产生。出于此地区的混合经济政权，由于有兼管定居农业与游牧社群的经验，常能建立起兼领中原与草原的大帝国。③ 此条东西绵延的资源界限（长城是其具体表征），造成中原帝国与其北方、东北方诸游牧部族之间的

---

① 如唐长孺：《拓跋族的汉化过程》，《魏晋南北朝史论丛（外一种）》，河北教育出版社 2002 年版，第 597 页。营户在实行均田制、三长制后是否立即成为均田农民呢？那还不能说，但在此后较长时间也必然会这样。

② 《资治通鉴》卷 11《汉纪三 · 太祖高皇帝中》，中华书局 2011 年版，第 305 页。

③ 王明珂：《游牧者的抉择：面对汉帝国的北亚游牧部族》，广西师范大学出版社 2008 年版，第 234 页。

互动。各方沿此界限展开历时两千余年争夺与维护生存资源的历史。① 在这种互动中,产生了许多兼有两种文化气质的领袖人物②,他们在魏晋时期趁中原动乱之际,带领自己的部落南下,进入城市,建立了政权。

城市是中古时代华夷文化主要区分的标志之一,有学者指出汉、唐、清三朝强盛之时,在东北、北、西北及西南诸边广泛置立边城,直接动因固然是为了据城以守、构建边疆防御体系,却也不无以此作为华夏王化及王朝权威之象征的意味。边城的重要作用既在“隔碍华戎”,则其作为华夏文明与王朝之象征的符号意义,于此毕见。③ 游牧民族也常以城居生活作为区格,开始只是以城郭文明为自己所用,如武威王利鹿孤欲称帝,安国将军鍮勿仑曰:“吾国自上世以来,披发左衽,无冠带之饰,逐水草迁徙,无城郭室庐,故能雄视沙漠,抗衡中夏。今举大号,诚顺民心。然建都立邑,难以避患,储畜仓库,启迪人心;不如处晋民于城郭,劝课农桑以供资储,帅国人以习战射,邻国弱则乘之,强则避之,此久长之良策也。”④

离散部落是北方民族走向先进制度的重要一步。对此,学者高度关注,利用稀少的资料对离散部落的时间、方式和影响进行了深入的研究。但离散部落的具体过程依然模糊。⑤

离散部落在十六国时期已经是少数民族政权普遍的做法,将离散的部众安排在城市及城郊附近,城市成为这些民族走向更高社会阶段的中介与场域。⑥

---

① 王明珂:《游牧者的抉择:面对汉帝国的北亚游牧部族》,广西师范大学出版社 2008 年版,第 238 页。

② 也有研究指出,在历史的书写中对这种人物有着“史实”与“史相”有别的情况。但仅就他们在城市定居及对城市的规划与制度设计来说,在一定程度上受到华夏文化影响应无疑议。参见胡鸿:《十六国的华夏化:“史相”与“史实”之间》,《中国史研究》2015 年第 1 期,第 135—162 页。《洛阳珈蓝记》中记载“赵逸曰:晋时民少于今日,王侯第宅与今日相似。自永嘉以来二百余年,建国称王者十有六君,吾皆游其都邑,目见其事。国灭之后,观其史书,皆非实录,莫不推过于人,引善自向。苻生虽好勇嗜酒,亦仁而不杀。观其治典,未为凶暴。及详其史,天下之恶皆归焉。苻坚自是贤王,贼君取位,妄书君恶,凡诸史官,皆是类也。人皆贵远贱近,……生时中庸之人耳,及其死也,碑文墓志,莫不穷天地之大德,尽生民之能事,为君共尧舜连衡,为臣与伊皐等迹,……生为盗跖,死为夷齐。”参见杨衒之撰,周祖谟校释:《洛阳珈蓝记校释》,中华书局 1987 年版,第 81 页。

③ 鲁西奇:《中国历史空间结构》,广西师范大学出版社 2014 年版,第 327—328 页。

④ 《资治通鉴》卷 112《晋纪三十四·安皇帝丁》,中华书局 2011 年版,第 3573 页。

⑤ 牟发松:《北魏解散部落政策与领民酋长制之渊源新探》,《华东师范大学学报(哲学社会科学版)》2017 年第 5 期,第 1—12 页。

⑥ 对离散部落的含义,学界还有些模糊。唐长孺、胡宝国等认为强制迁徙部落不等于离散部落。部落解散需要打破部落旧有的社会等级结构,使贵族和人民都成为单独编户。参见胡宝国:《将无同——中古史研究论文集》,中华书局 2021 年版,第 349 页。

离散部落，被学术界一般认为是北方草原民族解散部族，编户部民，走向农耕化的开始，对原始部落从落后的社会走向先进的封建社会具有重要意义，也有学者认为它只是将部落分割为更小的组织便于控制，甚或有认为离散的只是高层部落，而非基层。虽然史料很少但却一直引发学者关注讨论。对离散部落的时间、实施对象、内容和意义等，有不小的分歧。在时间上，有学者已经指出，离散部落至少在十六国时期苻坚灭代就有了渊源。城市在离散部落中具有重要的作用。离散部落至少是他们的重要首领被安排在都城中，如什翼犍、拓跋珪等在城市中受到先进文化的影响。其部落成员住在划定的城市区域内，或边塞军镇，或都城郊甸等进行管控。编户化或农耕化大多在城市附近，即畿内。有许多也依然从事游牧营生。在对待投降的部落时，将他们离散前也多带到城市中处置，逐步离散。五胡政权实行胡汉分治，为统御“百蛮”，也将其部众放到都城附近以便控制。如刘粲将氐、羌等部众安排在平阳城附近。石勒将巴氐、羌等流民安置在邺城诸县。石虎将关中氐、羌部落放在枋头，苻坚将前燕的杂夷豪杰安置在边疆城镇。被北魏离散的外族部落如贺兰、独孤等先后被安置在中山、平城。被任命为离散部落首领的领民酋长等也多在军镇或者城市中，逐渐被纳入到官僚体系，日渐消亡。① 在离散部落过程中，不论是哪种方式的离散，大约都是先城市化，再封建化，即部落或者部落首领先在城市成立政权，或被安置在城市中，而其部落往往被置于城市或城郊，在城市文化的融合中，逐步变化离散。是否城居是当时游牧与中原文化区分的一个重要标识。

晋十六国时期人口迁徙表

时代或迁徙者	迁出地	迁入地	人户数	资料来源
刘耀	长安	平阳	8 万余	《晋书》卷 102《刘聪》，第 2662 页
慕容皝	丸都	龙城	5 万余	《晋书》卷 109《慕容皝》，第 2822 页
慕容恪	广固	蓟	3 千余户	《晋书》卷 110《慕容俊》，第 2834 页
慕容钊	徐州	黎阳	7 千余户	《晋书》卷 123《慕容垂》，第 3088 页

① 牟发松：《北魏解散部落政策与领民酋长制之渊源新探》，《华东师范大学学报（哲学社会科学版）》2017 年第 5 期，第 1—12 页。

续表

时代或迁徙者	迁出地	迁入地	人户数	资料来源
慕容盛	高句骊	辽西	5千余户	《晋书》卷124《慕容盛》,第3103页
乞伏益州	支阳、鹯武、允吾		万余人	《晋书》卷125《乞伏国仁乞伏乾归乞伏炽磐》,第3119页
傉檀	番禾、苕藋		五千余户	《晋书》卷126《秃发傉檀》,第3154页
刘曜、乔豫	陇右	长安	万余户	《晋书》卷103《刘曜》,第2691页
宋亭	秦州	长安	大姓杨、姜诸族二千余户	同上,第2694页
姚弋仲	秦、雍	清河	数万	《晋书》卷116《姚弋仲》,第2960页
石勒	平阳	司州诸县	十余万落	《晋书》卷104《石勒上》,第2728页
张骏	凉州	司、冀州	氐羌十五万落	《晋书》卷105《石勒下》,第2745页
石季龙	金台	雍、司、兖、豫四州	二万余户	《晋书》卷106《石季龙上》,第2767页
休屠王羌	秦州	雍州	夷豪五千余户	《晋书》卷105《石勒下》,第2745页
石季龙	雍、秦州	关东	华戎十余万户	同上,第2755页
石勒	秦州	青、并二州诸郡	三万余户	同上,第2755页
石季龙	历阳		七万户	《晋书》卷106《石季龙上》,第2769页
慕容皝	幽、冀		三万余家	同上,第2771页
石季龙	武街	雍州	七千余户	《晋书》卷107《石季龙下》,第2781页
石勒	平原	襄国	乌丸展广、刘哆等部落三万余户	《晋书》卷104《石勒上》,第2725页
石季龙	朔方	广宗	五千余户	《晋书》卷105《石勒下》,第2737页
刘琨	太原	新兴	五县百姓	《晋书》卷5《孝愍帝》,第123页
王憬	永洛城	苑川 谭郊	四千余户 三千余户	《晋书》卷125《乞伏国仁》,第3122页

续表

时代或迁徙者	迁出地	迁入地	人户数	资料来源
乞伏炽磐	武台	枹罕	万余户	同上,第3124页
乞伏傉檀	西平、湟河 姑臧三百里内	武兴、番禾、武威、昌松四郡 姑臧	诸羌三万余户 姑臧	《晋书》卷126《秃发傉檀》,第3150—3151页
乞伏傉檀	安北	西平	三千余	同上,第3154页
蒙逊	湟河	姑臧	五千余户	同上,第3155页
赫连勃勃	三城、朔方	高平	杂夷及卫辰部众三万	《晋书》卷130《赫连勃勃》,第3202页。
赫连勃勃	清水城	大城	一万六千家	同上,第3204页
慕容皝	辽东	棘城	辽东大姓	《晋书》卷109《慕容皝》,第2816页
慕容皝	支以北诸城		五千余户	同上,第2818页
慕容皝	幽、冀		三万余户	同上,第2821页
慕容德	邺	滑台	四万户	《晋书》卷127《慕容德》,第3162—3163页
慕容恪	夫余		五万余口	《晋书》卷109《慕容皝》,第2826页
苻坚		长安	鲜卑四万余户	《晋书》卷111《慕容　》,第2858页
苻坚	辽海 陈留、东阿	关中 青州	关东豪杰及诸杂夷十万户 一万户	《晋书》卷113《苻坚上》,第2893页
苻坚	凉州	关中	豪右七千余户	同上,第2898页
乞伏国仁	苑川	长安	二万余落	《晋书》卷125《乞伏国仁》,第3113页
苻坚	江汉	敦煌	一万余户	《晋书》卷87《凉武昭王》,第2263页
姚兴	阴密	长安	三万户	《晋书》卷117《姚兴上》,第2976页
姚崇	柏谷	长安	二万余户	同上,第2978页
姚兴	河西	长安	豪右万余户	同上,第2982页
姚硕德	汉中	关中	流人郭陶等三千余家	同上,第2985页
姚弼	阴密	郑城	二千余户	同上,第2997页

续表

时代或迁徙者	迁出地	迁入地	人户数	资料来源
姚兴 姚赞	安定	新支 长安	三千家 羌酋党容豪右数百户	《晋书》卷 119《姚泓》,第 3008 页
姚懿	平阳	雍州	豪右一万五千落	同上,第 3009 页

鲜卑人的拓跋部落南下寻找新的都城城址,还需要借助神人的指示:"时有神人,言此土荒遐,宜徙建都邑。献帝年老,乃以位授于圣武皇帝,命南移。山谷高深,九难八阻,于是欲止。有神兽,似马,其声类牛,导引历年乃出,始居匈奴故地。"①这段描述虽有传说性质,但将神人指引南下目标定位为建都邑,透露出其从游牧向华夏文明转变首先就是城市化成为城市居民的历史信息。

盛乐作为鲜卑民族早期的都城,原为汉代在北方大黑河与浑河所筑的军事城市,位于中原与北方交通的要冲,在汉代曾是游牧与农耕文明的交界地带,当年曾有着亦农亦牧的生活景象。鲜卑部落在这个城市衰败后来到这里,重新焕发了这个城市的生机。一些汉族人士也来到这里,313 年猗卢将盛乐定为北都。② 作为人质的什翼犍在中原城市中接受了华夏文化,想要建都立城,"昭成初欲定都于灅源川,筑城郭,起宫室,议不决。后闻之,曰:'国自上世,迁徙为业。今事难之后,基业未固。若城郭而居,一旦寇来,难卒迁动。'乃止。"③后来什翼犍还是在附近建立盛乐宫城,设立官制,具有了国家的雏形。

这两条史料是离散部落常常使用的,《官氏志》(《魏书》卷 113):"凡此四方诸部,岁时朝贡,登国初太祖散诸部落,始同为编户。"《北史》卷 80《外戚・贺讷传》:"四方附国者数十部……讷从道武平中原,拜安远将军。其后离散诸部,分土定居,不停迁徙,其君长大人皆同编户。"但都没有说将被离散者弄成编户农民,只是形同编户进行管理而已,并且被固定在一定的区域。部落的解散使贵族、人民都成了单独的编户,不用说正在消灭的氏族彻底消灭了。其次离散部落都分土定居,不停移徙;纵然我们不能说所有从事

① 《北史》卷一《魏本纪》,第 2 页。

② 李凭:《盛乐成为漠南中心的历史背景》,《学习与探索》2010 年第 3 期,第 202—207 页。

③ 《魏书》卷十三《皇后列传》,第 323 页。有学者认为拓跋部落的建城与其他游牧部落不同,太后反对建城是因为此地战略回旋余地太小。参见康乐:《从西郊到南郊:北魏的迁都与改革》,北京联合出版公司 2020 年版,第 20 页。

畜牧的人民在此时忽然一律都变成定居的农民，因而在较小范围内的移动应该准许，但是这只能是在指定的范围内移动，这样就把人民束缚在一定的土地上面，同时也是地域划分代替部落、氏族的表现。①

之后拓跋珪囿于内部部落势力的强大没有建都邺城，而在平城建立都城②，设立四方四维，进行了又一次离散部落。平城的营建与迁到此地从事农耕的汉人有关。因此，北魏营造平城时曾以汉、魏、晋邺城和洛阳、长安等中原城市为蓝本。（太祖欲广宫室，规度平城四方数十里，将模邺、洛、长安之制。《魏书·莫含传附孙题传》）③平城外城与外郭皆建里坊，布置市场。④ 平城时代开始于离散诸部，与它相伴随的分土、定居、使役等措施是拓跋珪推行的最有积极意义的改革。⑤ 离散诸部后四方四维置八部帅监督的京畿之地的范围就在地理上大同盆地。⑥ 北魏建国之初将大同盆地及其周围山区划分为畿内与畿外两个区域，在畿内，安置的是内徙新民和经离散后的部民，他们在那里主要从事农业生产；在畿外，安置的是未被离散的游牧部落，他们继续从事游牧活动。无论是畿内还是畿外，都被划分为四方四维归八部大夫管理，畿外的四方四维归八部帅监督。⑦ 平城畿内附近形成了一个经过规划的城市体系，就是雁门郡所在地。这里的大同盆地与周围地区相阻隔，使这里有利于政治上的统治和军事上的攻防。⑧

由于军事上从中国被迫迁入代京一带的人民非常多，促使各部中杂居情况更为显著，部落组织完全不适合于新的局面，必须要加以改变，于是在需要与可能结合之下，部落离散的命令顺利地被执行了。⑨ 这样就形成了一个城市体系的网络，在这个网络中，以平城为中心的城市构成了网络的中心节点，而众多的部落成员与外来的人们被固定在不同的城市或者城郊区域内，从事各种农业、手工业或者军事行当。离散诸部、分土定居导致代人集团的出现。⑩ 代人集团的基本力量是驻扎在各地城市中被称为城民或者

---

① 唐长孺：《拓跋国家的建立及其封建化》，《魏晋南北朝史论丛（外一种）》，河北教育出版社 2002 年版，第 198 页。

② 曹文柱：《论北魏初年都址的选择》，《北京师范大学学报》1987 年第 1 期，第 33—44 页。

③ 李孝聪：《历史城市地理》，山东教育出版社 2007 年版，第 118 页。

④ 李孝聪：《历史城市地理》，山东教育出版社 2007 年版，第 119 页。

⑤ 李凭：《北魏平城时代》，社会科学文献出版社 2000 年版，第 4 页。

⑥ 李凭：《北魏平城时代》，社会科学文献出版社 2000 年版，第 53 页。

⑦ 李凭：《北魏平城时代》，社会科学文献出版社 2000 年版，第 59 页。

⑧ 李凭：《北魏平城时代》，社会科学文献出版社 2000 年版，第 285 页。

⑨ 唐长孺：《拓跋国家的建立及其封建化》，《魏晋南北朝史论丛（外一种）》，河北教育出版社 2002 年版，第 198 页。

⑩ 康乐：《从西郊到南郊：北魏的迁都与改革》，北京联合出版公司 2020 年版，第 57 页。

镇民的武装团体。

雁北城邑分布的特点是都位于平城与其他地区特别是中原地区联系的交通干线上,恰似一把面向东南方向展开的折扇,平城位于扇柄,其他城市位于扇骨上。这样布局非常有利于与其他地区尤其是中原地区交往,也反过来推动了平城畿内城邑的发展。平城畿内城邑最密集的地区是桑干河上游地区。在黄水河与浑河在内的狭长谷地内分布了7座城市,也是计口授田和更选屯卫的中心地区,是成为畿内后发展最早和最快的地区。①

四世纪初到五世纪末,平城与各地形成了重要的交通网。其一条自平城出发途经长川、牛川、白道而通往漠北的道路。还有一条翻越句注山、雁门关、沿河南下的路线。对西域方面,则有一条经过鄂尔多斯沙漠东南边缘地区,沿秦州路和河西路通往西域各国的道路。对东方各方面而言,可以从上谷、密云、龙城前往,也可以由阳高、天镇、张家口而由多伦转往。东南方有一条南下经过浑源县,过当时的沙泉、灵丘等,沿滱水东南下,翻过马关,到达中山城,达到河北平原的大门,将北魏国家的根据地与至关重要的河北农业区联系在一起。通过这些交通网络,平城成为物资的集散地和各族人们的聚居地,发挥着作为国际城市的特殊作用。②

平城附近与桑干河流域及其邻近地域人口流动一览表

纪元	年代	增减	内容	种族	迁出或者迁入
258	神元三十九年	增	迁都盛乐	拓跋部	盛乐
261	神元四十二年	增	与魏和好	汉人	为交易汉人来到盛乐
275	神元五十六年	减	夏六月,文帝被留在洛阳	拓跋部	留于洛阳
295	元康五年	增	代人卫操等汉人北逃	汉人	盛乐附近,拓跋部分三部。
297	元康7年	增	桓帝北巡,与黄河西、西北诸国人来往	匈奴、西域	
301	永宁元年	增	桓帝西略,降服二十余国	匈奴、西域	
304	永兴元年	减	刘渊于左国成召集匈奴五部与杂胡,桓帝打破刘渊	集中于离石	五万杂户来自离石

① 李凭:《北魏平城时代》,社会科学文献出版社2000年版,第345页。

② [日]前田正名著,李凭、孙耀、孙蕾译:《平城历史地理学研究》,书目文献出版社1994年版,第115页。

续表

纪元	年代	增减	内容	种族	迁出或者迁入
310	永嘉四年	减	五县汉人南徙	汉人	徙往句注山南侧
		增	拓跋部约五十万人徙居桑干河上游	拓跋部	晋割五县之地
311	永嘉五年	减	刘琨请拓跋部调兵中山	汉人、拓跋	中山
312	永嘉六年	增	拓跋、刘曜汾河大战	匈奴、杂胡	
313	建兴元年	增	修平城，筑新平城	拓跋部	平城
		减	汉人逃幽州	汉人	
314	建兴二年	减	猗卢万骑为石勒所诛	杂胡	投慕容万家，冀州人居冀阳郡
315	建兴三年	增	并州人为猗卢所招	汉人	桑干河上游
316	建兴四年	减	晋人与乌桓三百余家归刘琨，石勒攻入代郡	汉、乌桓	并州
317	建武元年	内附	刘虎从弟内附	匈奴	桑干河上游
321	大兴四年	减	幽、冀、并三州为后赵支配	羯、杂胡	
324	太宁二年	减	东木根山筑城建都	拓跋部	
325	太宁三年	减	段氏强大	拓跋部	若干拓跋部人徙往东木根山
327	咸和二年	徙民	拓跋军为石虎所败	拓跋部	大宁
329	咸和四年	徙民	石虎徙关东流民和秦雍大族九千余人于襄国，坑五郡屠各于洛阳，徙氐羌十五万人于司、洛州，		
333	咸和八年	徙民	石虎徙秦雍之民十万户关东	汉、氐羌、杂胡	
334	咸和九年	徙民	石虎徙秦州三万余户于青、并二州	汉、氐羌、杂胡	
335	咸康元年		烈帝出走邺，宇文部如诸夏	段部	
337	咸康三年	增	拓跋部集大宁，筑城盛乐		
338	咸康四年		石虎徙二万户于司、雍、兖、豫四州。什翼犍即位	鲜卑、汉、杂胡	
339	咸康五年	增	拓跋部再次聚集，周边数十万款服	拓跋部、东夷、北狄、西域诸胡	桑干河流域

续表

纪元	年代	增减	内容	种族	迁出或者迁入
340	咸康六年		移都盛乐		
341	咸康七年	增	筑盛乐城在故城八里		
350	永和六年		慕容俊徙广宁上谷二郡于徐无、代郡		
356	永和十二年	徙民	前燕徙鲜卑、诸胡、羯三千户于蓟		
357	升平元年	增	匈奴三万五千人降前燕,居代郡平舒城	匈奴	
363	兴宁元年	增	破高车		
367	太和二年	增	什翼犍破前燕云中、刘卫辰	慕容	
370	太和五年	徙民	拓跋部破高车,苻坚攻占邺城		
371	咸安元年	徙民	苻坚徙关东十五万户长安	汉、杂夷	
376	太元元年	徙民	前秦据姑臧、打败什翼犍、刘库仁、什翼犍回云中、刘库仁和刘卫辰分统代地		
386	登国元年	徙民	西燕慕容桓率长安四十余万人东行		
388	登国三年	徙民	后燕慕容麟废代郡,徙民龙城、拓跋部败库莫奚,征讨解如部	汉、库莫奚	
389	登国四年	增	破高车、叱突邻部	解如部	
390	登国五年	增	破高车、击贺兰、纥突邻等		
391	登国六年	徙民	后燕徙贺讷部中山、拓跋讨蠕蠕,徙云中、灭刘卫辰、徙山胡三千户马邑	蠕蠕、山胡等	
393	登国八年	徙民	破刘耀、讨薛干部		
394	登国九年		蠕蠕逃亡		
395	登国十年	减	拓跋部三万户降后燕、参合陂大战		
396	皇始元年		慕容垂在平城北四十里筑燕昌城、拓跋攻打后燕		
397	皇始二年		中山陷落,中山有五千人和大量的丁零人		

续表

纪元	年代	增减	内容	种族	迁出或者迁入
398	天兴元年	增	徙46万多人到京师平城、开始营建宫室、宗庙和社稷,徙柳州二十二郡二千家于代都		
399	天兴二年	增	大破高车,获七万多人、河南流民一万内徙、后燕、丁零等内附	高车、汉人、慕容、丁零	牛川、平城
400	天兴三年	内属	高车等内属	高车	
401	天兴四年		高车三千内附		
402	天兴五年	增	祭品素古延、蠕蠕等、破刘卫辰等、徙薛干部于京、越勒莫弗内属		
403	天兴六年		朔方尉迟别部内属云中一万、大破高车		
404	天赐元年		江南大乱,北渡		
406	天赐三年	增	发八百里内男丁筑灅南宫(黄瓜堆东南)		
407	天赐四年		姚兴以鲜卑及杂胡二万镇朔方、赫连勃勃号大夏王		
409	永兴元年		赫连勃勃掠平凉杂胡七千户屯依力川,杀慕容外逃百余家,三百人、赫连勃勃徙七千家于大城		
410	永兴二年		伐蠕蠕、诸郡县豪右导致民逃亡、赫连勃勃徙民一万六千户于大城		
411	永兴三年		昌黎、辽东二千家内属、河东蜀民七千家内属、西河胡内附、蠕蠕等百人内附		
413	永兴五年	增	河东民内附、徙二万人大宁、河西胡三万内附		
414	神瑞元年		七千家流民内附、河西胡一万家内附		
415	神瑞二年		东晋两千家内附、河南流民内附五千家、京师饥饿者赴山东就食		
416	泰常元年	增	破山胡、讨北燕		

续表

纪元	年代	增减	内容	种族	迁出或者迁入
417	泰常二年	增	汝南民一万余家内附、后秦姚成都降北魏、氐豪、姚姓等数以万计降北魏	氐羌、杂胡、汉人	设立南雍州以抚绥
418	泰常三年	增	征高车、丁零，俘获二千余人、河东胡蜀内属、徙冀州、定州、幽州三州徒京师		
419	泰常四年	降服、内属	东晋平阳太守内附、河东太守内属		
420	泰常五年	内附	河西屠各、羌内属、杏城羌三千余家内属		
423	泰常八年	内属	河东薛定等率五十余家内属、河南流民内属甚众		
424	始光元年	增	破蠕蠕、高车		平城
425	始光二年		伐蠕蠕		
426	始光三年	增	徙统万城万家、入长安、沮渠蒙逊内附		
427	始光四年	增、降服	三城胡酋鹊子内附、下统万城，掠人口、珍宝、牲畜、西南多内附。	氐羌、匈奴、杂胡、汉人	
428	神䴥元年	增	上郡休屠胡内附，上洛巴渠内附一万家、上郡屠各一万家内附。		
429	神䴥二年	增	虏高车数十万人，北魏还平城、列置蠕蠕、高车降民新附民东至濡原，西至五原、阴山、竟三千里。		
430	神䴥三年	减	新徙云中敕勒千余家叛北，徙至黄河西岸的河西。敕勒万人叛走。		
431	神䴥四年		陷滑台，虏万人至平城，山东民机，宋俘四万余人被献，北部敕勒莫弗库所部万骑归附。		
432	延和元年		攻龙城，徙营丘、成周、辽东、岳浪、带方等三万家于幽州，入龙城。		
433	延和二年	增	东晋司马德宗归附、北魏收凡城三千余家还，陇西休屠王率众内附。		

续表

纪元	年代	增减	内容	种族	迁出或者迁入
434	延和三年	增	雍州流民七千家徙长安、击龙城,徙民还。破白龙,掳其妻子。		
435	太延元年	增	长安、平凉民徙平城、北击北燕,徙六千人还		
436	太延二年	增	灭北燕,北燕东徙高丽,发定州七郡一万二千人通沙泉道		
437	太延三年	增	高丽、西域诸国贡		
438	太延四年		上洛巴泉等内附		
439	太延五年	增	徙沮渠牧犍宗族三万户于平城		
440	太平真君元年		败张掖叛军秃发保周		
441	太平真君二年	增	平定酒泉,徙男女四千口至平城		
443	太平真君四年		武都王叛、击蠕蠕		
444	太平真君五年		北魏至漠南,杀其渠帅,徙冀、定、相三州。平吐谷浑,一万三千人内附。		
445	太平真君六年	增	破叛胡上党、破吐谷浑,徙千家于上枹、破鄯善、幸阴山徙杂胡五千家、盖吴反。		
446	太平真君七年		破盖吴,徙民五千于河北、高凉王那至济南,徙民六千家、徙长安工巧二千家于平城、发北方四州十万人筑畿上塞、破盖吴		
447	太平真君八年		平定朔方胡、讨易县、高阳、徙定州、丁零三千家		
448	太平真君九年	增	幸上党,诛叛民二千家、徙西河离石民五千家于平城		
449	太平真君十年	增	讨蠕蠕,千余家降		
450	太平真君十一年	增	攻宋,诛崔浩,发州军五万分给诸郡		

续表

纪元	年代	增减	内容	种族	迁出或者迁入
451	正平元年		攻南宋,军中有拓跋、丁零、匈奴、氐羌等,征伐后,徙五万人于近畿		
452	正平二年		南宋降民中山五千家叛、陕西屠各叛,徙三千家于赵魏		
453	兴安二年	增	河间民为盗贼者年十五以下颁赐大臣		
454	光光元年		锁平城门,捕亡命		
455	太安元年		平城大赦		
456	太安二年		北击伊吾,大获而还		
457	太安三年	内附	蛮王文虎千余家内附		
458	太安四年		征蠕蠕,数千部落降北魏		
459	太安五年		六镇、云中、高平、二雍、秦州等旱灾		
461	和平二年		发并四五千人治河西		
463	和平四年		民饥寒		
466	天安元年		十一州镇旱		
467	皇兴元年		慕容白曜共山东方面诸城		
468	皇兴二年	增	东阳城降每人白曜		
469	皇兴三年	增	徙青、齐二州民平城、设平齐郡、吐谷浑内附		
470	皇兴四年		十一州饥、打破蠕蠕,降服万人归平城		
471	延兴元年		讨敕勒叛、高丽民来降、击破统力叛,虏获二万,徙冀、定、相三州		
472	延兴二年	内属	大阳蛮酋八万内属、统万镇胡民北叛、连川敕勒叛,徙青、徐、齐、兖四州为营户、诏工商杂技		
473	延兴三年		相州饿死 2835 人,吐谷浑羌民二千三百户内附		
474	延兴四年		十三州大饥		
475	延兴五年		曲赦平城、击破智度党		
476	承明元年		曲赦平城		

续表

纪元	年代	增减	内容	种族	迁出或者迁入
477	太和元年		汉川等民内附、居之并州		
478	太和二年		曲赦平城		
479	太和三年		民饥		
480	太和四年		齐汝南太守等内属、十八州水旱		
481	太和五年		诛杀法秀、破齐俘虏三万余人迁平城		
482	太和六年		发州郡五万人治灵丘道		
483	太和七年		州镇十三民饥		
484	太和八年		州镇十五水旱		
485	太和九年		平城州镇水旱		
486	太和十年		汝南郡、颍川郡饥		
487	太和十一年	减	大饥、流民甚多		
488	太和十二年		饥民开仓、蠕蠕内附		
489	太和十三年		州镇大饥、蠕蠕别帅内附		
490	太和十四年	增	齐放隔城俘二千人还北魏		
492	太和十六年		打破蠕蠕		
493	太和十七年	内属	南齐田益宗四千户内属、襄阳蛮一千三百户内属、南幸滑台、邺城		
494	太和十八年		抚恤北方诸镇		
495	太和十九年	减	迁都洛阳		

（资料来源：前田正名著、李凭、孙耀、孙蕾译：《平城历史地理学研究》，书目文献出版社 1994 年版，第 329—398 页。）

以平城为核心的城市群成为民族融合的场域。

北魏迁都洛阳后，采取了韩显宗的建议，居民以官位相从，不依族类，寺署有别，四民异处的原则，安排城市居民定居规划。这是北方游牧民族向农业定居社会转化中面对不同民族文明碰撞，遵循传统中原统治方式进行统治。何炳棣指出北魏洛阳里坊制度中有着相当严格的阶级区分：皇帝宫廷在内城北部,南半部是政府机构和显贵聚集之地,宗族宗亲聚居在外郭西北的寿丘里,官宦人家在东郭外的晖文等六里居住,一般居民及工商业者在东郭北部的建阳等三里、殖货里和大小市周围。南朝和来自异地的客商集中在洛水以南的南郭内。① 朴汉济认为里坊的设计是模仿计口授田的方式,坊内的住民不能随便搬家,是胡人为掌握汉人经济而采用的管理方式,是胡汉体制的表现。② 防御的需要较等级制度在城市建造过程中要大一些。方正的格局和封闭的管理是为防止被征服的农业民族本民族的反抗。以直线筑墙是最为简易建造的,不规则一般是受制于地形。③ 这样,鲜卑民族在城市中,在原有的城市规划基础上,建立了更为严格封闭的管理坊市制度,促进了民族的封建化转变。鲜卑人主体一直在城市中,而汉族农民在乡村,至北周时依然是汉族组成的乡团平时在乡间,而鲜卑人组成的队伍在城市或城堡。④

东汉以来在南方"诸蛮"也出现了类似离散部落的情况。虽然与西北无法更多开发土地,只能引诱非华夏族入塞不同,华夏政权的南方在扩张。但二者的相同点是依托城市为中心点,归化周边所谓蛮族,对其部族进行离散,即分离其首领与部众,分割不同部族在城市附近,逐步使其纳入变化,走向封建化。在南方的华夏网络中心点城市,不断将山中的诸"蛮"尤其是其首领往往被封为城邑的长官,汉代与南方蛮夷相关的印文有"汉归义蛮邑长""汉夷邑长""汉夷邑侯""蛮夷邑长"⑤将之纳入"华夏网络"中的城市。网络中的的结点就是大大小小的城市,从州治、郡治到县城、驿传。城市是这些河谷、平原及交通线等构成的华夏网络的中心点。华夏网络之中的南方山地,在政治上支离破碎,在经济上严重依赖平原上的华夏经济网络,陷入郡城县城为中心的经济圈,又成为军事上对之围剿的物资调配基地。⑥

① 何炳棣:《北魏洛阳成郭规划》,《庆祝李济先生七十岁论文集》上册,台北,1965 年。转引自李孝聪:《历史城市地理》,山东教育出版社 2007 年版,第 150 页。

② 朴汉济:《北魏洛阳社会与胡汉体制》,载《泰东古典研究》第六辑,1990 年。中译本见《河洛春秋》1994 年第 1、2 期,朱亮根据日文转译。转引自李孝聪:《历史城市地理》,山东教育出版社 2007 年版,第 151 页。

③ 李孝聪:《历史城市地理》,山东教育出版社 2007 年版,第 152 页。

④ 唐长孺:《拓跋族的汉化过程》,《魏晋南北朝史论丛(外一种)》,河北教育出版社 2002 年版,第 611 页。

⑤ 《续汉书志》卷 28《百官志五》,第 3632 页。

⑥ 胡鸿:《秦汉帝国扩张的制约因素及突破口》,《中国社会科学》2014 年第 5 期,第 184—203 页。华夏网络这一概念由胡鸿在前人研究的基础上提出,是指地理意义上华夏国家所控制的郡、县、乡、里等聚落以及其间的交通线所连成的外来,进而还包括在此地理空间网络中流通物资、信息、文化以及政治权力,在帝国中央统一调度下,可以在某一结点集中广大区域甚至整个网络的力量。而这一力量的重心就是区域中心城市。

到了魏晋南北朝时期,南方的山中诸“蛮”有的对华夏力量取得暂时的优势,采取主动进击的姿态,导致华夏网络断裂。所谓的蛮夷主要是指不在编户,不纳贡赋,不在城市或附近受到国家控制的人。但总的趋势依然是其不断被纳入华夏网络,其过程大约是分化的蛮族一部分被引入华夏网络内,也就是城市,成为熟蛮,与远离中心的生蛮对立。熟蛮中上层成为城中官职,下层逐步纳入编户。这样“蛮夷”变逐步被网罗到以郡县为中心的中华体系之中。① 曾经如北方城市政治制度一样,实行过分治,设立左郡县,左郡左县在梁陈后消失,授予蛮酋刺史、郡守的官职与华夏无异。左郡左县消失可能是与北魏竞争的结果。北魏任命刺史,听之自选郡县。南方蛮族进入华夏政治体也类似,朝着华夏政治体方向进行,非华夏中等规模的政治体成为华夏的州郡县。六朝时期,华夷政治主动权局部逆转,来自外部的政治和经济资源大量涌入,非华夏人群的政治体在华夏帝国框架下进行,演进的方向不出华夏帝国官僚制度。从夷王、邑君到左郡太守左县令长,再到一般州郡的刺史、太守,蛮酋官爵的华夏化反映了其领导下的政治体的华夏化。至隋唐时期,华夏网络的断裂带消除,融入整合到新进的华夏帝国网络之中。②

由此可见,离散部落是南北周边民族融入中原先进文化网络的第一步,这一步的具体过程应该是将本部落或者征服的首领或者其重要领导人物们安排在城市中,而将部众安排在城市中或者城郊进行管理监督,从事军事或者行业劳作,满足城市防卫或者经济需求。随着首领们在城市中逐步脱离原有的生活方式,部众也逐步散落在城市或者乡村中,开始了新的生产生活方式,完成了封建化。

二　民族融合下都城规制的创制与传播

汉末的分裂导致城市体系的中心从一元走向了多元。三国时期,魏国的统治中心几经变化,从许都到邺城,最后还是回到了洛阳。古城成都成为蜀国城市体系的中心,吴国的中心则在建业和武汉之间移动。建业城在孙权的经营之下,开始成为南方的中心城市。城市与农业是中原文明与周边游牧文明最为显著的文化区分。汉末到永嘉之乱期间,先后形成了以邺城、

① 任重:《魏晋南北朝夷蛮城市史的几个问题》,《广西民族研究》2002 年第 2 期,第 81—86 页。

② 胡鸿:《六朝时期的华夏网络与山地族群——以长江中游地区为中心》,《历史研究》2016 年第 5 期,第 19—38 页。

中山为轴心的汉文化中心区。[1] 先后入主中原的五胡十六国政权都在建都立业中逐步接受了先进的中原文化。十六国时期,北方和南方都出现了多个中心城市,其中主要的都城有左国城、襄国、龙城、统万城、成都、长安、邺、姑臧、平城、洛阳、龙城、统万城等,在江南则有偏安一隅的东晋南朝建康,从而改变了中国城市的空间分布格局。之后,南北朝对峙,形成了以洛阳、建康、长安、邺城等为都城的区域中心城市。

中国古代王朝国家的空间控制方式,主要是通过控制核心区以控制全国。[2] 核心区的核心城市是都城。有学者认为古代城市的文化权力更主要的是来自对礼制的遵行。至少在原则上,各级治所城市的城周、城门、城墙高度等方面均严格地与其行政层级相对应,把层级制官僚体系物化为一个整齐有序的城市体系,从而使城市系成为权力的化身。更重要的是,城市在空间布局上适应了礼制的需要,并具体体现了礼制的精义。[3] 魏晋南北朝时期,城市的布局在文明的碰撞融合中确立了中轴线布局,围绕中轴线,城市的宫殿、市场、住宅、宗庙等呈现出新的布态。城市空间尤其是都城空前扩大,布局更为封闭,体现了这个时代的特点。

都城中轴线布局的完全确立是这个时期都城布局中最为重要的变化之一。关于中轴线出现时间的问题至今依然具有争论。有学者指出中轴线布局在 5000 年前大地湾仰韶文化遗址出现,两汉都城也有中轴线,但不居中,故不成熟。邺城形成了中轴线居中的新局面,到隋唐大兴长安达到了极致。[4] 还有学者指出,远在商代的亳城建于今河南偃师,宫城正门与外郭城南门遥相对应而成全城的南北中轴线。[5] 杨宽则认为中轴线的出现在西汉、东汉之际,都城制度发生了一次重大变化,整个都城的造向由坐西朝东变为坐北朝南,由西城连结东郭或西南城连结东北郭的布局,变为东西南三面郭区环抱中央北部城区的布局。后来魏晋以及北魏的洛阳都沿用东汉的布局,北魏洛阳废弃南北二宫的结构,只保留北宫,并在宫门以前建设两侧整齐排列官署的中轴线,这都是东汉都城坐北朝南布局进一步发展的结果。[6] 牛润珍等则认为魏晋南北朝时期的邺城是中轴线的诞生地。袁绍初治州城,讲究规整,奠定了邺城内城外郭的基本格局。曹操在此基础上进一

---

① 李凭:《北魏平城时代》,社会科学文献出版社 2000 年版,第 282 页。
② 鲁西奇:《中国历史空间结构》,广西师范大学出版社 2014 年版,第 165 页。
③ 鲁西奇:《中国历史空间结构》,广西师范大学出版社 2014 年版,第 328 页。
④ 李自智:《中国古代都城布局的中轴线问题》,《考古与文物》2004 年第 4 期。
⑤ 曲英杰:《古代城市》,文物出版社 2006 年版,第 5 页。
⑥ 杨宽:《中国古代都城制度史》,上海人民出版社 2006 年版,序言。

步完善,形成了主要建筑沿中轴线左右对称、街区呈棋盘状的邺城城制。[①]从目前的研究看来,邺城应是中轴线居中的成熟规划的开端。三国时期开始的邺城形制的变化是揭示这个时期都城制度起源的关键。[②]

孟凡人认为邺城的中轴线布局是受到了当时西域诸国如大月氏的影响,与塔克西拉的锡尔开普城等中亚古城的布局有异曲同工之妙。[③] 刘庆柱提出了从双轴到中轴变迁的观点。他指出,从汉长安城至汉魏洛阳城,都城的"居中"理念在都城中轴线上得到进一步发展,孝文帝从塞北平城徙都洛阳,就是承袭中华民族历史上"择中立都"的理念。在都城规划营建中的"择中立宫",形成完整、规整的都城"中轴线",更是开启了此后古代都城发展史的先河,并直接影响了隋唐两京的长安城与洛阳城。[④] 杨宽认为东晋南朝的建康中轴线布局对北魏的洛阳有很大的影响。宫城在城北,从吴宫南门经建业南门即宣阳门,到秦淮河北岸的御道,作为全城的中轴线。朱雀航是都城南面的重要门户。建业实际上是内城。官署分布在中轴线的两侧。[⑤] 从邺城、平城、建康、北魏洛阳到隋唐长安、洛阳国都,采用方格状街隔的主要原因在于移居者在新的支配地建造新的计划性城市。[⑥] 总之,各种观点表明,中轴线的布局最终成熟是在继承传统中原城市文明基础之上,在魏晋南北朝这个新的特殊的历史时期,多种文明相互传播碰撞结合的结果,是南北城市互相借鉴传播的结果。

中轴线的布局对当时其他城市影响很大,如朝阳三燕龙城遗址,北魏时期门址变化,东、西门道部分被夯土堵死。贯穿这一门址的道路与朝阳市老城区的南北向中轴线——南大街、北大街重合,在今营州路下发现一个东西向大街,与南北向轴线垂直,证明朝阳老城自前燕建都后,城市布局基本未变。[⑦] 西域地区的城市也有中轴线,如交河故城,只是其中轴线中心从原来的王宫官署后来演变为佛寺。[⑧] 中轴线布局对周边国家的城市具有影响,朝鲜人宫殿和寺院遗址布局基本为中轴线上由南北设置爱寺门、佛塔和讲

---

① 牛润珍:《秦汉邺城钩沉》,《晋阳学刊》2011 年第 6 期。

② 牛润珍:《古都邺城研究——中世纪东亚都城制度探源》,中华书局 2015 年版,第 3 页。

③ 孟凡人:《试论北魏洛阳城的形制与中亚古城形制的关系》,《汉唐与边疆考古》第 1 辑,科学出版社 1994 年版,转引自《20 世纪内陆欧亚历史文化研究论文选粹》第四辑,第 29 页。

④ 刘庆柱:《古代都城考古揭示多民族统一国家认同》,《光明日报》2016 年 4 月 8 日。

⑤ 杨宽:《中国古代都城制度史》,上海人民出版社 2006 年版,第 145—149 页。

⑥ [日]妹尾达彦:《城市的生活与文化》,[日]谷川道雄主编:《魏晋南北朝隋唐史学的基本问题》,中华书局 2012 年版,第 358 页。

⑦ 韦正:《魏晋南北朝考古》,北京大学出版社 2013 年版,第 45 页。

⑧ 李肖:《交河故城的形制布局》,文物出版社 2003 年版,第 275 页。

堂,四周围以回廊。① 如安鹤宫城位于大山城南麓,内部布局与中原城市相同,四门相对,中轴线上排列主要建筑。② 之后的日本、越南等国城市规划也受到这一布局的深刻影响。③

中轴线布局的完全确立是发生在魏晋南北朝时期城市布局变迁的根基,以宫城为中心,官署、神庙与市场民居围绕中轴线分布,三重城郭为特征的中华型都城的标准格局在魏晋南北朝各政权中心城市规制的传播创制中日趋完善。

在魏晋南北朝时期都城规制相互描摹传播的次序上,存在着不尽相同的看法。李孝聪指出中国历代都城空间布局,从魏晋以来始终存在着形制上的模仿,尽管不是原样照搬和复制。④ 成都的布局也受到邺城的影响,"李闳、王嘏还自邺,盛称邺中繁庶,宫殿壮丽;……寿慕之,徙旁郡民三丁以上以实成都,大修宫室。"⑤逯耀东指出北魏平城的规建模仿了长安、邺城,后来继续注入了河西的因子,最后又渗入了洛阳甚至南齐建康的成分。⑥ 曲英杰提出魏晋南北朝时期,无论是新择址营建的六朝建康都城、邺北城以及邺南城,还是沿旧址扩建的北魏洛阳城等,均力求遵循传统礼制。⑦ 牛润珍认为魏晋南北朝以来都城制度的变迁的次序为姑臧(前后凉)、邺(曹魏十六国)—平城(北魏)—洛阳(北魏)(邺南城)建康(南朝)(东魏北齐)—大兴(隋)—大兴—长安(唐)—汴梁(北宋)—大都(元)—北京(明清)。⑧

张学锋认为建康宫城和都城都是南北狭窄的长方形。布局在邺城和北魏洛阳可以找到源头。建康城主要城门有三个门道,左右设置宗庙和社稷,苑囿、宫城、都城和居民区由北向南按照御道对称分布,这种新的都城形式,之所以在此时期发生,原因首先是中原文化与周边游牧文明以及印度文化融合的时代,草原民族王庭的设计对都城产生了影响。⑨

---

① 韦正:《魏晋南北朝考古》,北京大学出版社 2013 年版,第 547 页。
② 韦正:《魏晋南北朝考古》,北京大学出版社 2013 年版,第 70 页。
③ 牛润珍:《古都邺城研究——中世纪东亚都城制度探源》,中华书局 2015 年版,第 2 页。
④ 李孝聪:《形制与意象——一千五百年以来中国城市空间的传承与变换》,复旦大学文史研究院:《都市繁华——一千五百年来的东亚城市生活史》,中华书局 2010 年版,第 519 页。
⑤ 《资治通鉴》卷第 96《晋纪十八·显宗成皇帝中之下》,中华书局 2011 年版,第 3096 页。
⑥ 逯耀东:《从平城到洛阳——拓跋魏文化转变的历程》,中华书局 2006 年版,第 21 页。
⑦ 曲英杰:《古代城市》,文物出版社 2006 年版,第 6 页。
⑧ 牛润珍:《古都邺城研究——中世纪东亚都城制度探源》,中华书局 2015 年版,第 276 页。
⑨ 张学锋:《汉唐考古与历史研究》,生活·读书·新知三联书店 2013 年版,第 302—306 页。

在吸收了其他文明成果而创新布局的建康城对其他城市的布局也产生了影响。有的学者认为东晋南朝的建康布局对北魏的洛阳有很大的影响。① 洛阳的全部营建几乎是建康的缩影。不只模拟宫殿建筑，在规划的大原则上也是建康的翻版。② 有的学者指出，建康的兴建受到中原的影响，后来又将部分特点反馈到中原地区。孙权建业的规划借鉴了曹魏邺城北城，在建业西设立了石头城，也是对邺城三台的模仿。魏晋洛阳城北创建的皇家园林随晋代衣冠南渡出现在建康城，名称多沿用其旧。建康对中原城市的影响集中体现在北魏洛阳城，在宫城前建立唯一的城市中轴线，中轴线两侧对称分布重要的中央官署这一做法不仅见于北魏洛阳城，而且为以后历代都城相沿不改。③ 总之，中国作为东方的两河文明，建康是长江之滨的首都，每每在关键时期和转折时期继承了中华文明，并整合了南北文化，使中华文明不断创新。④

学者对洛阳布局变化的来源也有着不尽相同的看法。曹操的大本营本在邺都，但其晚年有了迁都洛阳的打算，曹丕开始了对洛阳的大规模营建。陈苏镇认为曹魏对洛阳的营建，吸收了曹操规划邺都的一些思想，将原来的洛阳北宫放到了中心地位，太极、昭阳诸殿投入使用后成为洛阳宫新的核心区。设计了中轴线，重新布局了官署和街道、城墙等，其规划传播对其他都市产生了很大影响，所以历史记载中涉及洛阳宫的信息不多，但还有北魏洛阳宫、北齐邺宫和东晋南朝建康宫的材料可作旁证。西晋灭亡一百七十多年后，模仿魏晋洛阳宫建造北魏皇宫，成为孝文帝汉化改革的重要内容。北魏的洛阳宫、建康宫、邺宫是模仿魏晋洛阳宫建造，许多制度也类似。⑤ 杨宽认为北魏的洛阳城受到中原长安、洛阳、邺城的影响。如此布局是南郊祭天典礼和祭祖典礼而改造的。⑥ 逯耀东则强调洛阳的布局是中原文明与北方草原文明融合的结果，洛阳的布局受到平城的影响。在文化转变的过程中，某些文化因素未被转变而保留下来，可能酝酿出新的文化成分。⑦ 孟凡人认为北魏洛阳城规制的变化受到了中亚城市的影响。⑧ 李孝聪认为北魏

---

① 杨宽：《中国古代都城制度史》，上海人民出版社 2006 年版，第 149 页。
② 刘淑芬：《六朝的城市与社会》，台北：台湾学生书局 1992 年版，第 187 页。
③ 韦正：《魏晋南北朝考古》，北京大学出版社 2013 年版，第 35 页。
④ 贺云翱：《六朝瓦当与六朝都城》，文物出版社 2005 年版，第 240 页。
⑤ 陈苏镇：《魏晋洛阳宫的形制与格局》，《考古学报》2021 年第 3 期，第 381—400 页。
⑥ 杨宽：《中国古代都城制度史》，上海人民出版社 2006 年版，第 127 页。
⑦ 逯耀东：《从平城到洛阳——拓跋魏文化转变的历程》，中华书局 2006 年版，第 20 页。
⑧ 孟凡人：《试论北魏洛阳城的形制与中亚古城形制的关系》，《汉唐与边疆考古》第 1 辑，科学出版社 1994 年版，转引自《20 世纪内陆欧亚历史文化研究论文选粹》第四辑，第 37 页。

洛阳城的规划继承了魏晋洛阳在西北修建防御措施的形式,沿袭邺城和平城将全部宫廷建筑建于城市北侧,废除北市则是受到了邺城和平城影响,还有可能有凉州姑臧的影响,宫城南横街和中轴线则模仿了邺城、建康的规划,从城门的名字上也可以看出这个时期南北都城的相互参仿。①

总之,这一时期城市规制的变化剧烈程度必然要超过唐宋时期或者所谓的中世纪。② 变迁的原因既是中华传统文明在新时代的延续,也是这个时期民族文明以及中外文明传播交流的结果。中国城市传统建制因素、草原文明的因子以及域外文明的元素都在都城形制中有所体现。在"地理大交流"中,都城形制也在南北间交流传播,最终形成了三重城市格局,以宫城为中心,划置一条南北中轴线,整个都城沿中轴线左右对称布置,街区呈棋盘状的东亚城市核心布局思想和结构。③

魏晋南北朝时期出现了一批杰出的城市设计师,他们互相借鉴,为都城规制的形成和发展做出了贡献。主持都城建筑的主要是文武将官、大匠作等,如慕容皝任用阳裕建筑和龙城(辽宁朝阳),"使阳裕、唐柱等筑龙城,构宫庙,改柳城为龙城县。"④"裕雅有巧思皝,所制城池宫阙,皆裕之规模"。⑤十六国时期石勒"将营邺宫,……令少府任汪、都水使者张渐等监营邺宫,勒亲授规模。"⑥赫连勃勃"以叱干阿利领将作大匠,发岭北夷夏十万人,于朔方水北、黑水之南营起都城。"⑦张纲是南朝时期著名的工匠,"纲者,超伪尚书郎,其人有巧思。"⑧东晋元帝时期,郭璞占卜在宫城5里的南郊设立太庙和太社,设立五十六篱门。规划者为俊彦。王导是建康城市的规划者,将道路设计弯曲而有神秘感。负责建造的是王彬。谢安主政时期,扩建建康的宫殿,将作大匠毛安之"仰模玄象,体合辰极。"增加三千五百间华丽的殿堂。刘宋时期,文帝模仿洛阳在宫城北修建华林园,为大将作张永规划,迁移北郊筑乐游苑。⑨

北魏高宗时,郭善明"甚机巧,北京宫殿,多其制作。高祖时,青州刺史

---

① 李孝聪:《历史城市地理》,山东教育出版社2007年版,第124页。

② 成一农:《空间与形态——三至七世纪中国历史城市地理研究》,兰州大学出版社2012年版,第235页。

③ 牛润珍:《古都邺城研究——中世纪东亚都城制度探源》,中华书局2015年版,第278页。

④ 《晋书》卷109《慕容皝载记》,第2821页。

⑤ 《晋书》卷109《慕容皝载记》,第2829页。

⑥ 《晋书》卷105《石勒载记下》,第2748页。

⑦ 《晋书》卷130《赫连勃勃载记》,第3205页。

⑧ 《宋书》卷1《武帝本纪上》,第16页。

⑨ 刘淑芬:《六朝的城市与社会》,台北:台湾学生书局1992年版,第47—59页。

侯文和亦以巧闻,为要舟,水中立射。"①北魏世宗、肃宗时"豫州人柳俭、殿中将军关文备、郭安兴并机巧。洛中制永宁寺九层佛图,字兴为匠也。"②王椿"雅有巧思,凡所营制,可为后法。由是正光中,元叉将营明堂、辟雍,欲征椿为将作大匠。"③孝文帝时"规度平城四方数十里,将模邺、洛、长安之制,运材数百万根。以(莫)题机巧,徵令监之。"④蒋少游是北魏都城的主要设计者之一,蒋少游历任北魏散骑侍郎,都水使者、将作大匠、太室少卿等职,一生主要从事建筑设计与营造,主持建造平城宫太庙和正殿太极殿,设计了洛阳宫太极殿、金墉城门及诸多宫苑的建造,是一名兼具书法、绘画、雕塑才艺的建筑大师,后人誉其为全能型建筑师,"虏宫室制度,皆从其出。"他是清河崔元祖的外甥,他曾经与李道固出使建康,"少游有机巧,密令观京师宫殿楷式。"⑤"后于平城将营太庙。太极殿,遣少游乘传诣洛,量准魏晋基趾。后为散骑侍郎,副李彪使江南。高祖修船乘,以其多有思力,除都水使者,迁前将军、兼将作大匠,仍领水池湖泛戏舟楫之具。及华林殿、沼修旧增新,改作金墉门楼,皆所措意,号为妍美。"⑥后来他将建康建筑的因素注入了平城与洛阳。洛阳的主要设计者还有李冲、董爵等,"征司空穆亮与尚书李冲、将作大匠董爵经始洛京。"⑦魏主毁太华殿,为太极殿……以尚书李冲领作大匠,与司空穆亮共营之。⑧ 魏主如金墉城"使与尚书李冲、将作大匠董尔经营洛都。"⑨洛阳与建康,二者宫殿都在宫城偏北。陈寅恪认为北魏洛阳李冲建造受到了河西姑臧和凉州的影响,故此北宫南市。⑩ 一般认为北魏洛阳的设计出自蒋少游之手,陈寅恪认为出自李冲一人。模拟了河西凉州、中原邺城、代北平城与南朝建康。⑪

北齐邺南城的设计与营建主要由高隆之、辛术、李业兴和张熠典掌。高隆之为总指挥,辛术负责设计建筑,李业兴绘制工程图,张熠掌管建筑材料的运输。他们的分工与执掌在史书中均有反映。⑫ 高隆之"又领营构大将

① 《魏书》卷91《术艺列传》,第1971页。
② 《魏书》卷91《术艺列传》,第1972页。
③ 《魏书》卷93《恩幸列传》,第1992页。
④ 《魏书》卷23《卫操莫含刘库仁列传》,第604页。
⑤ 《南齐书》卷57《魏虏列传》,第990页。
⑥ 《魏书》卷91《术艺列传》,第1971页。
⑦ 《魏书》卷7下《帝纪·高祖纪下》,第173页。
⑧ 《资治通鉴》卷第137《齐纪三·世祖武皇帝中》,中华书局2011年版,第4395页。
⑨ 《资治通鉴》卷第138《齐纪四·世祖武皇帝下》,中华书局2011年版,第4417页。
⑩ 刘淑芬:《六朝的城市与社会》,台北:台湾学生书局1992年版,第175页。
⑪ 李孝聪:《历史城市地理》,山东教育出版社2007年版,第123页。
⑫ 牛润珍:《古都邺城研究——中世纪东亚都城制度探源》,中华书局2015年版,第157页。

军,京邑制造,莫不由之。增筑南城,周回二十五里。以漳水近于帝城,起长堤以防泛溢之患。又凿渠引漳水周流城郭,造治水碾硙,并有利于时。”[①]辛术“少明敏,有识度。解褐司空胄曹参军,与仆射高隆之共典营构邺都宫室,术有思理,百工克济。”[②]窦炽“兼雍州牧。及宣帝营建东京,以炽为京洛营作大监。宫苑制度,皆取决焉。”[③]

北方宫殿与城市的设计规划者许多人来自南方,反映了南北文化交融是城市与宫殿相似性的归因,如郭定兴,太原晋阳人,曾祖郭珍是“南来客”,是永宁寺和景明寺的设计和建造者。另一个建筑家蒋少游,也是从南方被俘而来,还有一个平城宫殿重要的建筑家叫郭善明可能也与之有关。[④]

三 都城规制的传播与华夏一统意识形成

都城的设计和建造者只是在前台主持具体事务,其实规划都城的真正设计指导者都是最高的当权者,他们利用都城的规制来体现他们统一的愿望和对权力的设计。[⑤] 正如有学者所言,城市是统治者为了获取更大的权力、利用已掌握的权力建造出来的,城市构筑本身就是一种预先经过周密规划的政治行动。[⑥]

有学者将魏晋南北朝的政权分为三类:一是天下型;二是并立型;三是王国型。[⑦] 与之对应的都城也可以分为两种类型,一是天下型,二是王国型或并立型。邺城因其重要的地缘政治优势,成为这个时期较早兴起的重要政治中心。从袁绍开始经营邺城,到曹魏、石赵、冉魏、前燕以及东魏、北齐等都以之为中心,北魏时期,邺城也是具有重要地位的中心城市之一。[⑧]

曹魏邺城的布局立意也较汉代有了很大的变化,体现了天人合一与统一南北等内涵,其建城思想很明显带有统一的意识,曹操力主统一天下,在统一思想的指导下,大朝宫殿位于南北中轴线上,居北半部中央,恰似紫薇

① 《北齐书》卷18《高隆之列传》,第236页。

② 《北齐书》卷38《辛术列传》,第501页。

③ 《周书》卷30《窦炽列传》,第520页。

④ 罗新、叶炜:《新出魏晋南北朝墓志疏证》,中华书局2005年版,第95—96页。

⑤ 参见牛润珍:《古都邺城研究——中世纪东亚都城制度探源》,中华书局2015年版。

⑥ 鲁西奇:《中国历史空间结构》,广西师范大学出版社2014年版,第326页。

⑦ 甘怀真:《从天下国家的观点论中国中古的朝代》,《中国中古史研究》编委会:《中国中古史研究:中国中古史青年学者联谊会会刊(第二卷)》,中华书局2011年版,第19页。

⑧ 张旭华:《制度、经济与中原历史——魏晋南北朝史研究文集》,人民出版社2018年版,第423页。

垣所处天象的位置，主殿名文昌，取意星象，周围苑林、民居、官署、宫室相拱守；城垣西北筑三台，象道家三山，融入了传统的天人合一和道家理想。外朝、内朝构成宫城，宫城周围之西苑、太子宫、官署又形成“曾宫”，这种构思、结构与布局，开启了后来的宫城与皇城制度。① 曹魏邺城具有统一象征性的规制，其内涵延续了秦汉大一统的政治理念。

少数民族统治者对都城开始只是描摹，羡慕其壮丽巍峨。洛阳作为传统文化上理想的都城，在魏晋南北朝时期依然具有着合法性的象征意义。统治者们都将其视为理想的都城所在，其规制传播对入主中原的民族影响巨大。如匈奴汉国首都平阳城是五胡十六国时代内迁胡族在中原地区建造的首个都城，汉国平阳城的总体规划和基本形制完全取之于魏晋洛阳城，诸多建筑的设计命名还表现出对魏晋洛阳城的刻意模仿，表明匈奴汉国有意将平阳城建造成为另一座“洛阳城”以取而代之。但其局部城市景观，还是汉化外衣下的相关制度，反映出五胡政权的特点及部族传统的遗留。②

王国型的都城为体现君主的权威修建壮观，兴建大规模宫殿大多出于炫耀目的，如十六国时期统治者对宫殿也进行过大规模的营造，石勒“将营邺宫……起明堂、辟雍、灵台于襄国城西。……令少府任汪、都水使者张渐等监营邺宫，勒亲授规模。”③利用“去年水出巨材，所在山积，将皇天欲孤缮修宫宇也！其拟洛阳之太极起建德殿。”④后赵都城襄国（今河北邢台）在十六国时期曾经有辉煌的发展。石虎“于襄国起太武殿，于邺造东西宫，至是皆就。太武殿基高二丈八尺，以文石碎之，下穿伏室，置卫士五百人于其中。东西七十五步，南北六十五步。皆漆瓦、金铛、银楹、金柱、珠帘、玉壁，穷极枝巧。又起灵风台九殿于显阳殿后，选士庶之女以充之。后庭服绮縠、玩珍奇者万余人”⑤“于邺起台四十余所，营长安、洛阳二宫，作者四十余万人。又欲自邺起阁道，至于襄国。”⑥襄国城四周有四个子城拱卫，城开四门，以北苑作为襄国大市，引达活泉水周流城内。宫城主体为建德宫，巍峨壮观，豪华无比，其建筑以汉族皇宫风格为主，兼具北方游牧民族风格。襄

① 牛润珍：《古都邺城研究——中世纪东亚都城制度探源》，中华书局 2015 年版，第 36—54 页。

② 刘兵：《再造洛阳城——匈奴汉国平阳城概貌初探》，武汉大学中国三至九世纪研究所编，《魏晋南北朝隋唐史资料（第四十三辑）》2021 年。

③ 《晋书》卷 105《石勒载记下》，第 2748 页。

④ 《晋书》卷 105《石勒载记下》，第 2737 页。

⑤ 《晋书》卷 106《石季龙载记上》，第 2765 页。

⑥ 《魏书》卷 95《石虎列传》，第 2052 页。

国城内还建有太学,以及宣文、宣教、崇儒、崇教等十余所小学。①

刘耀在长安“命起酆明观,立西宫,建陵霄台于滈池,又将于霸陵西南营寿陵。……复欲拟阿房而建西宫,模琼台而起陵霄。”②李寿在成都“承雄宽俭,新行篡夺,因循雄政,未逞其志欲。会李闳、王嘏从邺还,盛称季龙威强,宫观美丽,鄴中殷实。……发州郡工巧以充之,广修宫室,引水入城,务于奢侈。又广太学,起宴殿。”③龙城(今辽宁朝阳)在十六国时期先后作为前燕、后燕、北燕都城。慕容熙在此“大筑龙腾苑,广袤十余里,役徒二万人。起景云山于苑内,基广五百步,峰高十七丈。又起逍遥宫、甘露殿,连房数百,观阁相交。凿天河渠,引水入宫。又为其昭仪苻氏凿曲光海、清凉池。”“拟邺之凤阳门,作弘光门”。④ 吕光称王之后“于南门外临水起堂,名曰靖恭之堂,以议朝政,阅武事。又立泮宫,增高门学生五百人。起嘉纳堂于后园,以图赞所志。”⑤

夏国的都城统万城(今陕西省靖边县境内),历时 7 年建成。城门有四座,分别名北朔门、招魏门、朝宋门、服凉门。统万城分外廓城和东城、西城。东西两城均为宫城,营造有数十座宫殿亭台楼阁,殿阁宏伟,台榭高大,飞阁相连,皆雕镂图画,被以绮绣,饰以丹青,穷极文采。铜铸大鼓、飞廉、翁仲、铜驼、龙虎等皆以黄金饰之,列于宫殿之前。现发现的宫殿遗址有 10 余个,均高台建筑,殿阁宏伟,装饰华丽。⑥ 统万城虽有着一统万邦的统一天下的含义,但其城内文化堆积较薄,筑城目的可能为机动作战动作战回旋休息、安置俘虏、保护安全以及保持大量劳动力的功能,并不想采纳农耕政权设立郡县的地方行政管理制度。⑦

总之,十六国时期,北方一些割据一方的霸王为了自己的安全,炫耀自己的权威和享乐,无不大修宫殿。其时民族矛盾尖锐,都城规制与其占据或描摹的邺城、洛阳、长安等都城相比,其融合各族,一统华夏的意向还不是很鲜明。非中原农耕经营方式的周边民族征服中国的广大地域,占据国家的支配地位后,如何对人口占压倒多数的农耕地区原住民进行统治,有一个满足心理上需求的方式就是在国都建设上尽可能地依赖符合礼制的象征性外

① 何一民:《中国城市史》,武汉大学出版社 2012 年版,第 191—192 页。
② 《晋书》卷 103《刘曜载记》,第 2689 页。
③ 《晋书》卷 121《李寿载记》,第 3045 页。
④ 《晋书》卷 124《慕容熙载记》,第 3105 页。
⑤ 《晋书》卷 87《凉武昭王列传》,第 2259 页。
⑥ 何一民:《中国城市史》,武汉大学出版社 2012 年版,第 192—193 页。
⑦ 李孝聪:《历史城市地理》,山东教育出版社 2007 年版,第 144 页。

貌形态,用充满象征性的建筑空间和具有隔离性、封闭性的管理来强化。①

随着民族融合的深入,统一的政治理想也逐步为各民族的首领所认同。都城的布局也从王国型转向天下型。在都城的设计中,他们也将这一理念体现出来,并作为自身政权合法性的重要象征。

长安曾先后成为前赵、前秦、后秦、西燕的都城。357 年,苻坚建都长安后,也大兴土木,着力营建宫室。并先后迁燕地五宫百官及鲜卑万余户、关东豪强及其他少数民族十数万户到长安和关中地区。从而使长安又成为像样的都城。②

作为天下型的都城,设计理念上不仅突显君主的中心地位,也展现出一统天下的政治理想。姑臧、统万、洛阳、邺城以及建康等都城都有所体现。

姑臧(今甘肃武威)作为十六国时期北方的汉文化中心先后为前凉、后凉都城,南凉、北凉也曾一度建都于此。317 年,张寔建前凉,以姑臧为都。张骏、张重华执政时,多次大规模修建了武威城,建灵钧台。仿照魏晋洛阳的规模和形制来建造姑臧。姑臧城市城垣仿照魏晋洛阳,设有 12 门,城分为三个部分:大城(外廓城)、中城、宫城。宫城居于城中部,内建成排的宫殿堂阁,正殿为谦光殿,以五色图画、金玉装饰。谦光殿的四面又各建一殿,东面的叫宜阳青殿,南面的叫朱阳赤殿,西面的叫政刑白殿,北面的叫玄武黑殿,于春夏秋冬四季分别居住。中城在宫城之外,是为皇室服务的手工业和商业区及贵族官僚的居住区。大城则是一般居民的居住区和民间手工业、商业区。姑臧城中还设有学校。另于城外增筑四城。③ 城市建筑形制以五行思想布局,独具特色。

北魏先后建都盛乐、平城、洛阳,一路开拓南下而逐渐有统一天下的意向。拓跋珪囿于内部部落势力的强大没有建都邺城,而回平城建立都城。④平城规划有着对邺城的模仿。清河崔氏所居与邺城相去不远,崔宏父亲曾任前燕黄门侍郎,对邺城模式当了然于胸,在规划新都平城时,遂引为样板。虽不能断言是有意识地引用邺城布局,但足可称曹魏影响北魏之又一端。⑤为适应统一与民族融合的趋势,在平城大修宫殿。平城是由两部分组成,北部是宫城,南部是郭城。⑥ 定都平城之初,平城作为都城十分粗糙,北魏太

① 李孝聪:《历史城市地理》,山东教育出版社 2007 年版,第 151 页。
② 何一民:《中国城市史》,武汉大学出版社 2012 年版,第 193—194 页。
③ 何一民:《中国城市史》,武汉大学出版社 2012 年版,第 194—195 页。
④ 曹文柱:《论北魏初年都址的选择》,《北京师范大学学报》1987 年第 1 期,第 33—44 页。
⑤ 何德章:《北魏国号与正统问题》,《历史研究》1992 年第 3 期,第 117 页。
⑥ 李凭:《北魏平城时代》,社会科学文献出版社 2000 年版,第 295 页。

祖迁都平城时期,平城还是一幅草原文化的图景。太祖修建第一批宫殿、宗庙,还在北部修筑了方圆数十里的鹿苑,其中在㶟水南岸的南池附近修建了㶟宫。太宗时期除了修建各种建筑外,还着手修建西苑外垣墙、长城等,特别是外郭的修建,使之成为具有中国特色的双城墙的城市。①

随着民族融合的发展,北魏统治者华夏一统的意识也不断加强,平城的规制也不断完善。平城不断扩展为当时特大城市,其建筑规模也随着国力不断发展。孝文帝时期,推行汉化政策,平城中枢地带出现了许多中原风格的堂宇,平城都市景观展开达到了高潮。② 到平城建筑大体成熟时"平城外郭,周回三十二里",成为一个巨大的城市。③

孝文帝决定迁都洛阳,亲自指导对洛阳进行了重新设计。他汲取了盛乐、平城等筑城经验,融合中国传统思想精髓,对洛阳布局进行了历史性变革。北魏的洛阳规模大,东西南北大约 20 里。分为宫城、内城、外郭三重,城门十三座。宫城以太极殿即金銮殿为中心,北部除延平里住有贵族外,其余为宫苑区及太仓、武库等,没有了前宫后市制度。南部为衙署、寺庙、庙坛和贵族住宅等,沿中轴线分布,总体体现了择中立宫、左祖右社、官府外设等规制原则。④ 北魏洛阳城最重要的改变是彻底废除了东汉以来南北两宫制度,建立了单一的宫城。外郭建坊,每个坊都有围墙。⑤ 北魏洛阳吸取了诸多都城的建筑思想,"标千载之英规",成为一统天下者最为理想的都城。⑥ 刘庆柱认为都城由双城制发展为三城制,是国家社会形态的变化在国家政治中心都城的布局形制方面的反映,是王国的王室政治发展为帝国的皇室与中央集权的统一国家政府的结果。⑦ 孝文帝改革目的之一是通过根除北亚草原政治文化传统,进而建立新的政治文化认同。⑧ 统一作为中原政治文化最基本和最重要的认同体现在都城形制之中,成为孝文帝达到目的的重要举措之一。

---

① [日]前田正名著,李凭、孙耀、孙蕾译:《平城历史地理学研究》,书目文献出版社 1994 年版,第 111—112 页。

② [日]前田正名著,李凭、孙耀、孙蕾译:《平城历史地理学研究》,书目文献出版社 1994 年版,第 111—112 页。

③ 《魏书》卷 2《帝纪第三·太宗纪》,第 62 页。

④ 罗宗真:《魏晋南北朝考古》,文物出版社 2019 年版,第 17 页。

⑤ 李孝聪:《历史城市地理》,山东教育出版社 2007 年版,第 120 页。

⑥ 《魏书》卷 41《源贺列传》,第 934 页。

⑦ 刘庆柱:《中国古代都城遗址布局形制的考古发现所反映的社会形态变化研究》,《考古学报》2006 年第 3 期,第 297 页。

⑧ 康乐:《从西郊到南郊:北魏的迁都与改革》,北京联合出版公司 2020 年版,第 29 页。

北周对洛阳进行了一次重新修造，“所居宫殿，帷帐皆饰以金玉珠宝，光华炫耀，极丽穷奢。及营洛阳宫，虽未成毕，其规模壮丽，逾于汉魏远矣。”①

邺南城是东魏、北齐的都城，与曹魏、后赵、前燕的都城并非一处，其规划建设由尚书令右仆射高隆之负责，采取的是上则宽章前代，下则摹写洛京。邺南城长方形，龟壳状，有完整的军事设施。宫城内三朝纵列的布局为后世效法。中轴线设计进一步凸显。② 邺南城的规划建设对其后隋大兴城市的规划建设产生了直接的影响，一些规划手法和布局原则为大兴城所继承和发扬。③ 南邺城是南北朝时期都城规制的最后总结。

东晋南朝的北伐开始只是收复失地，将北方的蛮族驱赶出中原。在西晋向东晋过渡的过程中，在汉族内部产生了对于东晋政权的正统性的怀疑。……尽管如此，胡族政权下的华北汉族士大夫多心系晋家皇族司马睿在江南建立的东晋政权。④

在经历东汉、曹魏、西晋后，人们长期相信洛阳是中国中心。这种信仰也应用于一套知识。东晋南朝的新天下观的重点是如何建构以建康为中国合法性中心城市。⑤

魏晋南朝建康城的营建，也体现出了华夏一统意识的形成与认同过程。建康城始于孙权营建建业，摹写洛阳，底色还是邺城，三重城为南方城市少见。宫城称为台城，周长不足 8 里。由东府城、西州城、石头城、白下垒、冶城等组成一系列的防御拱卫京师的城市防御体系。⑥ 229 年，孙权以建业为都。建业城平面南北稍长，东西略窄，设有子城、罗城二重城，城墙周长 20 里，开有 12 个城门，城墙为夯土所筑，但城门却以竹篱制成，这与大多数城市城门不同。城市的布局和规模仿照东汉都城洛阳。东吴都城圈内分布着太初宫、昭明宫、南宫、苑城、西苑以及苑路旁的中央官署，部分中央官署分布在白门之外的苑路两侧。苑城正门南出大道约为都城的南北中轴线。⑦

东晋时期建康城形成了郭城、京师城、台城三重城布局，中轴线更为明

---

① 《周书》卷 7《宣帝本纪》，第 124 页。

② 罗宗真：《魏晋南北朝考古》，文物出版社 2019 年版，第 22—23 页。

③ 何一民：《中国城市史》，武汉大学出版社 2012 年版，第 200 页。

④ ［日］川本芳昭著，余晓潮译：《魏晋南北朝：中华的崩溃与扩大》，广西师范大学出版社 2014 年版，第 69 页。

⑤ 甘怀真：《从天下国家的观点论中国中古的朝代》，《中国中古史研究》编委会：《中国中古史研究：中国中古史青年学者联谊会会刊（第二卷）》，中华书局 2011 年版，第 21 页。

⑥ 罗宗真：《魏晋南北朝考古》，文物出版社 2019 年版，第 26—29 页。

⑦ 贺云翱：《六朝瓦当与六朝都城》，文物出版社 2005 年版，第 99 页。

确,两边的礼制建筑空间分布更为分明和有序。东晋台城内有太极殿、徽音殿、含章殿、崇德宫、显阳殿、太仓、尚书下舍等。东西南北四门(四象)都城南门朱雀门连接南北中轴线和干道称朱雀大街,轴线从朱雀桥达到首牛山,东晋王导将首牛山名为都城双阙,是都城轴线延伸的意象,具有精神和空间的双重意义。太极殿是宫城中最为重要的居中宫殿。太极殿前增设院落和门道,这种做法可加强中心建筑的隐秘和安全性,也有南面礼制的含义。建康布局有模仿北方洛阳的因素,但取消了南北宫之制,宫城有内外两重城圈,宫城内外安排帝王及后妃、官署、礼制建筑等层次分明布局有序。刘宋元嘉之后形成了东宫太子之制等对后世影响深远。南朝明堂与太灶、太庙、太学等均沿京师南北中轴御道两侧分布,气势壮观。①

五胡十六国时代汉族、胡族在正统性意识变迁表明,东晋政权作为中华文化中心的正统性在北方依然很有影响,如前秦王猛曰:“晋虽僻处江南,然正朔相承,上下安和,臣没之后,愿勿以晋为图。鲜卑、西羌,我之仇敌,终为人患,宜渐除之,以便社稷。”②直到北齐时期,南方正统地位依然有很大的影响,高欢曰:“天下浊乱,习俗已久。今督将家属多在关西,黑獭常相招诱,人情去留未定。江东复有一吴儿老翁萧衍者,专事衣冠礼乐,中原士大夫望之以为正朔所在。”③在南方,四川的汉族被京师的人视为夷狄……建康才是中心,而豫章郡、会稽郡都是蛮越之地。④ 建康的规制对周边国家也有影响:“晋建兴中,日南夷帅范稚奴文数商贾,见上国制度,教林邑王范逸起城池楼殿。”⑤

随着北方民族文明融合,到了南北朝时双方在文化正统问题上不断进行争斗,当南北方和平往来时,双方使者“务以俊乂相夸,衔命接客,必尽一时之选,无才地者不得与焉。每梁使至邺,邺下为之倾动,贵盛子弟盛饰聚观,礼赠优渥,馆门城市。宴日,高澄常使左右觇之,一言致胜,澄为之拊掌。魏使至建康亦然。”⑥南朝后期,常有北人南来或者南人北去,彼此往往互相诋毁。此时吴虏之区分似已由民族与地域概念发展而成南北政治阵营概念。⑦

① 贺云翱:《六朝瓦当与六朝都城》,文物出版社 2005 年版,第 104—172 页。
② 《资治通鉴》卷 103《晋纪二十五·太宗简文皇帝》,中华书局 2011 年版,第 3320 页。
③ 《北齐书》卷 24《孙搴陈元康杜弼列传》,第 347—348 页。
④ [日]川本芳昭著,余晓潮译:《魏晋南北朝:中华的崩溃与扩大》,广西师范大学出版社 2014 年版,第 195 页。
⑤ 《南齐书》卷 58《蛮东南夷列传》,第 1014 页。
⑥ 《资治通鉴》卷 157《梁纪十三·高祖武皇帝(十三)》,中华书局 2011 年版,第 4970 页。
⑦ 周一良:《魏晋南北朝史札记》,中华书局 1985 年版,第 192 页。

随着南北民族融合的进程，华夷界限也日渐消除，盱眙太守沈璞到官曰："所谓同舟而济，胡、越一心者也。"①陈后主诏曰："夷狄吾民，斯事一也。"②可见南北朝时期，民族间的心理障碍藩篱已经日渐消弭。

有学者曾指出在西晋、五胡十六国时期，胡族和汉族之间各自存在着自己和他者的严格区别，各自怀有属于完全不同的集体的强烈意识，相互否定对方，……在这个时期，在胡族和汉族之间，围绕着什么样的人最适合成为中华世界的王者这个问题，意见上针锋相对。③ 但至少到了苻坚时期已经有了初步答案：能统一者为王。苻坚曾对弟弟苻融说："今四海事旷，兆庶未宁，黎元应抚，夷狄应和，方将混合以一家，同有形于赤子。"④

华夏都城的规制宏大壮丽，对与四方的向心力极具凝聚作用。⑤ 因此历朝历代对都城的选址和修建无不尽心尽善。魏晋南北朝时期，"宫城、皇城、郭城回字形相套，主要建筑沿南北中轴线布置且左右对称，街区呈棋盘状；宫殿、城门名称取象天地、日月星辰和四时，贯彻天人合一的理念，追求人与自然的和谐。这些都构成了邺、长安、汴梁、大都、北京、高句丽平壤城、新罗王京、百济王城、高丽开城京、朝鲜汉阳城、日本藤原京、平城京、平安京、越南顺化等都城的共同特点。"⑥这种都城布局也成为之后中国历代王朝用来体现一统天下理想的标准象征性规制。

魏晋南北朝时期建立在民族融合之上的新的华夏一统意识，超越了秦汉时期汉民族大一统内涵，是包含了多民族融合下的华夏一统意识。在都城的建筑规制中所包含的华夏一统意识，在各政权都城规制相互描摹与传播中，超越了"汉化""胡化"，随着魏晋南北朝多民族融合的不断发展而成为确立中华民族共同体意识的历史起点。⑦

小　　结

在不同文明碰撞融合中，都城规制不断注入新的因素，且成为象征着合

---

① 《资治通鉴》卷125《宋纪七·太祖文皇帝中之下》，中华书局2011年版，第4024页。

② 《陈书》卷6《后主本纪》，第108页。

③ ［日］川本芳昭著，余晓潮译：《魏晋南北朝：中华的崩溃与扩大》，广西师范大学出版社2014年版，第63页。

④ 何兹全：《魏晋南北朝史略》，北京出版社2018年版，第116页。

⑤ 严耕望：《治史三书》，上海人民出版社2011年版，第284页。

⑥ 牛润珍：《古都邺城研究——中世纪东亚都城制度探源》，中华书局2015年版，第2页。

⑦ 吴楚克、王浩：《魏晋南北朝：中华民族共同体意识形成的历史关键期》，《中央社会主义学院学报》2021年第1期，第90—96页。

法性的符号,它不仅蕴含着传统政治与文化理念,而且也注入了新统治者的政治意识与权力布局。帝国成功的运作,传播占有极为重要的地位。① 城市规制作为政治、文化的象征性符号,在传播中对政权的合法性具有重要的象征性意义。可见这一合法性转变在魏晋南北朝时期就已经开始了。②

随着民族文明融合的演进,胡族从汉族都城城市为中心的世界观中摆脱出来,开始形成了新的中华意识。北方胡族政权力图将自己融入到中华文明之中,对自己的身份进行了新的定位,对自身文明的缺陷也进行了解释:勃勃自谓夏后氏之苗裔,自称大夏王。③ 北魏则在史书中写道:"魏之先,出自黄帝轩辕氏。"④北魏时期,北方汉族人士已不再将所谓正朔相承或秦皇玉玺看成正统所在的根据,而视定鼎嵩洛,移风易俗,兴复儒教的北魏王朝为正统。⑤

在正统性问题上,存在着一个从两种政治制度对立、融合到中国再统一的轨迹。在胡汉融合、中国重新统一的潮流中,与永嘉之乱以后的正统性相关联的对立、混乱逐渐被克服。⑥ 事实上,大部分精英愿意臣服于任何征服者,只要他们能建立起像样的都城,举行祭天仪式,支持国家正统经典研究,并且提供官职与俸禄。通过一个统治者是否能将边缘地区的民族纳入其疆域来判断他的合法性。⑦

魏晋南北朝时期,都城规制一度作为合法性正统的重要象征,在这一过程中,政治上的正统性观念内涵不断变化,从都城到文化血统,最后落实到统一的能力。正如司马光所言,"窃以为苟不能使九州合为一统,皆有天子之名而无其实者也。虽华夏仁暴,大小强弱,或时不同,要皆与古之列国无异,岂得独尊奖一国谓之正统,而其余皆为僭伪哉!若以自上相授者为正邪,则陈氏何所授?拓跋氏何所授?若以居中夏者为正邪,石、慕容、苻、姚、赫连所得之土,皆五帝、三王之旧都也。若以有道德者为正邪,则蕞尔之国,

① [加]哈罗德·伊尼斯著,何道宽译:《帝国与传播》,中国人民大学出版社 2003 年版,第 5 页。

② 刘浦江:《五德终始"说之终结——兼论宋代以降传统政治文化的嬗变》,《中国社会科学》2006 年第 2 期,第 177—190 页。从五德终始角度考察了传统政治合法性的变迁,认为宋代开始完成了传统合法性转变。

③ 《资治通鉴》卷 114《晋纪三十六·安皇帝己》,中华书局 2011 年版,第 3654 页。

④ 《北史》卷 1《魏本纪第一》,第 1 页。

⑤ 何德章:《北魏国号与正统问题》,《历史研究》1992 年第 3 期,第 125 页。

⑥ [日]川本芳昭著,邓红、牟发松译:关于五胡十六国北朝时代的"正统"王朝》,殷宪、马志强:《北朝研究》(第二辑),北京燕山出版社 2008 年版,第 104 页。

⑦ [加]卜正民主编,[美]陆威仪著,李磊译,周媛校:《分裂的帝国:南北朝》,中信出版社 2016 年版,第 146 页。

必有令主，三代之季，岂无僻王！是以正闰之论，自古及今，未有能通其义，确然使人不可移夺者也。”[①]而这一视统一为华夏正统观念的转变是继秦汉之后，以都城规制为中介的传播中，在魏晋南北朝南北中外文明融合新基础上注入新内涵。

魏晋南北朝时期北方草原民族南下，建都立业，吸收中原文明的同时，也将自身文明的因素注入其中，体现在都城形制上，形成了以中轴线布局的三重城为特征，单一宫城、坐北向南朝向等具有象征性意义的城市规制，反映了时代的特征。都城规制的创制，是区域政治中心相互描摹传播中形成的。在各政权都城形制的相互摹写与创新中，城市规制的布局体现出了政治集权意识的走向与统一中华的意向，多民族统一的华夏一体认同意识也在逐步形成。

① 《资治通鉴》卷69《魏纪一 · 世祖文皇帝上》，中华书局2011年版，第2231页。

第四章：魏晋南北朝时期的城市管理与民族融合

韦伯认为："中国都市史官吏们居住的地方，没有自治。而中国农村没有官吏，却有自治。"①研究中国城市的学者都承认政治和行政命令对中国城市的命运有着决定性的影响。② 可见中国行政治理主要着眼点在城市。都城是权力的最高核心，地方最底层城市——县城是地方区域中心，如都城一样，历任知县均十分重视县城与县衙之修建或维修，正说明县衙与县城是其行使权力的凭靠与核心，其关注的侧重点也是在县城及其周围地区。③前人学者对此一时期城市管理的研究虽然已有一定的成果④，但从民族碰撞融合的角度研究还不够充分。魏晋南北朝时期，城市管理在方法和体系方面都有民族文明碰撞融合的时代特色。中国城市的规划和管理演变的特色，主要体现为儒家的循吏和法家的酷吏的不同管理风格在民族文明的碰撞融合中的整合。

一　城市管理理念

魏晋南北朝时期城市的管理制度较秦汉时期也有了变迁。在管理体系和机制上与政治经济及城市社会变动相应发生了变化。城市管理体系是中国官僚制度的核心部分之一，与同时代的西方国家的治理体系相比具有明显中华文明制度特色。魏晋南北朝的城市管理体系随着这个时期官僚制度的变迁而不断调整。

儒法互补的中国古代治理结构，与儒道互补的中国古代心灵结构，构成中国古代的精神与社会基本结构。⑤ 在城市管理思想中，儒法互补的模式

---

① ［日］斯波义信著，布和译：《中国都市史》，北京大学出版社2013年版，前言。

② 赵鼎新：《国家、战争与历史发展：前现代中西模式的比较》，浙江大学出版社2015年版，第149页。

③ 鲁西奇：《中国历史空间结构》，广西师范大学出版社2014年版，第163页。

④ 任重、陈仪：《魏晋南北朝城市管理研究》，中国社会科学出版社2003年版，引言，第7页。

⑤ 任剑涛：《以法治国与中华文明的自我超越》，《马克思主义与现实》2014年第6期，第155页。

也是如此:“儒通经术,吏达文法,到皆试用。”①

三国时期,儒家受到了冲击,曹操、诸葛亮等政治家都是具有法家治理思想的人物。“魏武好法术而天下贵刑名,魏文慕通达而天下贱守节。”②东汉末年,曹操作为司隶校尉曾经一度治理洛阳治安,他采取严厉的手段,收到了实际的效果,对他以后的行政管理思想产生了影响:“太祖初入尉廨,缮治四门。造五色棒,县门左右各十余枚,有犯禁,不避豪强,皆棒杀之。后数月,灵帝爱幸小黄门蹇硕叔父夜行,即杀之。京师敛銛,莫敢犯者。近习宠臣咸疾之,然不能伤,于是共称荐之,故迁为顿丘令。”③曹操“用法峻急,有犯必戮。”④

三国时期出现一些好用法家的城市治理者:南阳人吕乂“迁新都、绵竹令,乃心隐恤,百姓称之,为一州诸城之首。……乂历职内外,治身俭约,谦靖少言,为政简而不烦,号为清能;然持法刻深,好用文俗吏,故居大官,名声损于郡县。”⑤

到了晋代,法家的治理思想依然有所延续,如为在城市中确立等级秩序“《己巳诏书》申明律令,诸士卒百工以上,所服乘皆不得违制。若一县一岁之中,有违犯者三家,洛阳县十家已上,官长免。如诏书之旨,法制已严。”⑥

严刑峻法的治理思想一度为少数民族首领所推崇。苻坚统一北方,限制商人和普通人们的衣着等,体现城市中的王权等级制度,“时商人赵掇、丁妃、邹瓫等皆家累千金,车服之盛,拟则王侯,坚之诸公竞引之为国二卿。黄门侍郎程宪言于坚曰:‘赵掇等皆商贩丑竖,市郭小人,车马衣服僭同王者,官齐君子,为藩国列卿,伤风败俗,有尘圣化,宜肃明典法,使清浊显分。’坚于是推检引掇等为国卿者,降其爵。乃下制:‘非命士已上,不得乘车马于都城百里之内。金银锦绣,工商、皂隶、妇女不得服之,犯者弃市。’”⑦

姚兴采取设立法律学校培养人才的方法使其治下的城市无冤狱:“立律学于长安,召郡县散吏以授之。其通明者还之郡县,论决刑狱。若州郡县所不能决者,谳之廷尉。兴常临谘议堂听断疑狱,于时号无冤滞。”⑧慕容垂

① 《资治通鉴》卷69《魏纪一·世祖文皇帝上》,中华书局2011年版,第2244页。
② 《资治通鉴》卷79《晋纪一·世祖武皇帝上之上》,中华书局2011年版,第2540页。
③ 《三国志》卷1《魏书·武帝纪》注引《曹瞒传》,第3页。
④ 《资治通鉴》卷69《魏纪一·世祖文皇帝上》,中华书局2011年版,第2220页。
⑤ 《三国志》卷39《蜀书·吕乂传》,第988页。
⑥ 《晋书》卷46《刘颂李重列传》,第1310页。
⑦ 《晋书》卷113《苻坚载记上》,第2888页。
⑧ 《晋书》卷117《姚兴载记上》,第2980页。

死后，慕容宝即位“遵垂遗令，校阅户口，罢诸军营分属郡县，定士族旧籍，明其官仪，而法峻政严，上下离德，百姓思乱者十室而九焉。”①

周边民族进入中原后，开始接受中华文明对城市管理思想，许多人物喜爱法家，因为法家非常实用。随着汉化不断深入，儒家逐渐为他们接受。南北朝时期，北方政权重构西南方延续儒法互补的中国古代治理结构。北魏的治理方式在二者间不断调整反复：“太祖不豫，纲纪褫顿，刑罚颇为滥酷。”“太宗即位，修废官，恤民隐，命南平公长孙嵩、北新侯安同对理民讼，庶政复有叙焉。帝既练精庶事，为吏者浸以深文避罪。”“世祖即位，以刑禁重，神䴥中，诏司徒浩定律令。”“高宗初，仍遵旧式。太宗四年，始设酒禁。是时年谷屡登，士民多因酒致酗讼，或议主政。帝恶其若此，故一切禁之，酿、沽饮皆斩之，吉凶宾亲，则开禁，有日程。增置内外侯官，伺察诸曹外部州镇，至有微服杂乱于府寺间，以求百官疵失。其所穷治，有司苦加讯恻，而多相诬逮，辄劾以不敬。”“显祖即位，除口误，开酒禁。帝勤于治功，百僚内外，莫不震肃。及传位高祖，犹躬览万机，刑政严明，显拔清节，沙汰贪鄙。牧守之廉洁者，往往有闻焉。”“显祖末年，尤重刑罚，言及常用恻怆。”“高祖驭宇，留心刑法。三年，下诏曰：治因政宽，弊由纲密。今候职千数，奸巧弄威，重罪受赇不列，细过吹毛而举。其一切罢之。于是更置谨直者数百人，以防渲斗于街术。吏民安其职业。”“先是以律令不具，奸吏用法，致有轻重。”“时法官及州郡县不能以情折狱。”“世宗即位，意在宽政。”“孝昌已后，天下淆乱，法令不恒，或宽或猛。”“天平后，迁移草创，百司多不奉法，货贿公行。兴和初，齐文襄王入辅朝政，以公平肃物，大改其风。至武定中，法令严明，四海知治矣。”②可见北魏时期统治者的治理策略一直在儒法宽猛之间随时摆动。

北朝时期有不少法家治理者，以酷吏闻名，如胡泥“不惮豪贵。殿中尚书叔孙侯头应内直而阙于一时，泥以法绳之。侯头恃宠，遂与口诤……迁平东将军、定州刺史。以暴虐，刑罚酷滥。”③恒农人李洪之“少为沙门，晚乃还俗。……河内北连上党，南接武牢，地险人悍，数为劫害，长吏不能禁。洪之至郡，严设科防，募斩贼者便加重赏，劝农务本，盗贼止息。诛锄奸党，过为酷虐。”④又有华山太守赵霸，酷暴非理。大使崔光奏霸云：“不遵宪度，威虐

① 《晋书》卷124《慕容宝载记》，第3093页。

② 《魏书》卷111《志第十六·刑罚第七》，第2871—2889页。

③ 《魏书》卷89《酷吏列传》，第1918页。

④ 《魏书》卷89《酷吏列传》，第1918页。

任情，至乃手击吏人，僚属奔走。不可以君人字下，纳之轨物，辄禁止在州。”①元祉“自当官，不惮强御，朝廷以为刚断，时有检覆，每令出使。好慕名利，颇为深文，所经之处，人号天狗下。及出将临州，并无恩润，兵民患其严虐焉。”②郦道元“累迁辅国将军、东荆州刺史。威猛为治，蛮民诣阙讼其刻峻，坐免官。”③谷楷“眇一目而性甚严忍，前后奉使皆以酷暴为名。时人号曰‘瞎虎’。”④世轨自幼好法律，“迁廷尉卿。洛州民聚结欲劫河桥，吏捕案之，连诸元徒党千七百人。崔暹为廷尉，以之为反，数年不断。及世轨为少卿，判其事为劫。于是杀魁首，余从坐悉舍焉。时大理正苏珍之亦以平干知名。寺中为之语曰：‘决定嫌疑苏珍之，视表见里宋世轨。’时人以为寺中二绝。南台囚到廷尉，世轨多雪之。”⑤范阳涿人卢斐“迁尚书左丞，别典京畿诏狱，酷滥非人情所为。无问事之大小，拷掠过度，于大棒车辐下死者非一。或严冬至寒，置囚于冰雪之上；或盛夏酷热，暴之日下。枉陷人致死者，前后百数。”⑥毕义云“少粗侠，家在兖州北境，常劫掠行旅，州里患之。晚方折节从官，累迁尚书都官郎中。性严酷，事多干了。齐文襄作相，以为称职，令普勾伪官，专以车辐考掠，所获甚多。”⑦

儒家毕竟是根植于中华民族农业文明土壤中的思想方式，儒家治理思想在魏晋南北朝时期依然顽强地存在，且日益为南下中原北方游牧文明的治理者所认同。

三国时期儒家治理的方式依然延续：如袁涣完全以儒家的理念治理地方，每敕诸县“务存鳏寡高年，表异孝子贞妇。常谈曰‘世治则礼详，世乱则礼简’，全在斟酌之间耳。方今虽扰攘，难以礼化，然在吾所以为之。为政崇教训，恕思而后行，外温柔而内能断。以病去官，百姓思之。”⑧杜畿以儒家治理河东：“是时天下郡县皆残破，河东最先定，少耗减。畿治之，崇宽惠，与民无为。民尝辞讼，有相告者，畿亲见为陈大义，遣令归谛思之，若意有所不尽，更来诣府。乡邑父老自相责怒曰：‘有君如此，奈何不从其教？’自是少有辞讼。班下属县，举孝子、贞妇、顺孙，复其繇役，随时慰勉之。渐课民畜牸牛、草马，下逮鸡豚犬豕，皆有章程。百姓勤农，家家丰实。畿乃

① 《魏书》卷89《酷吏列传》，第1923页。
② 《魏书》卷89《酷吏列传》，第1924页。
③ 《魏书》卷89《酷吏列传》，第1925页。
④ 《魏书》卷89《酷吏列传》，第1926页。
⑤ 《北齐书》卷46《循吏列传》，第639页。
⑥ 《北齐书》卷47《酷吏列传》，第657页。
⑦ 《北齐书》卷47《酷吏列传》，第658页。
⑧ 《三国志》卷11《魏书·袁涣传》，第334页。

曰："民富矣，不可不教也。"于是冬月修戎讲武，又开学宫，亲自执经教授，郡中化之。"①曹操时杨俊除为"曲梁长，入为丞相掾属，举茂才，安陵令，迁南阳太守。宣德教，立学校，吏民称之。"②张邵"起家为豫章太守。下车祀先贤徐孺子之墓，优待其后；禁其淫祀非礼之祭者。小吏资质佳者，辄令就学，择其先进，擢置右职，举善以教，风化大行。"③牵招在雁门太守任上"简选有才识者，诣太学受业，还相授教，数年中庠序大兴。"④

晋代对曹魏时期注重法家治理方式的做法有所改变，汉末三国时期"魏武帝造甲子科条，犯钛左右趾者，易以斗械。明帝改士民罚金之坐，除妇人加笞之制。晋武帝以魏制峻密，又诏车骑贾充集诸儒学，删定名例，为二十卷，并合二千九百余条。"⑤

晋代不乏儒家治理者，受到了朝廷的赞赏：范宁"在郡又大设庠序，遣人往交州采磬石，以供学用，改革旧制，不拘常宪。远近至者千余人，资给众费，一出私禄。并取郡四姓子弟，皆充学生，课续五经。又起学台，功用弥广。"⑥后来他治理余杭"在县兴学校，养生徒，洁己修礼，志行之士莫不宗之。期年之后，风化大行。自中兴已来，崇学敦教，未有如宁者也。"⑦骠骑将军何充"在郡大兴学校，甚有惠政。"⑧

北魏出现了一些善于治理的城市管理者，他们善于迎合民族文明融合的趋势，如元鉴"出为征虏将军、齐州刺史。时革变之始，百度惟新，鉴上遵高祖之旨，下采齐之旧风，轨制粲然，皆合规矩。"受到了北魏孝文帝的高度赞赏。⑨

北朝时期的一些官吏采用儒家注重教化与人情的方式治理城市，崔纂从祖弟游"转河东太守。郡有盐户，常供州郡为兵，子孙见丁从役，游矜其劳苦，乃表闻请听更代，郡内感之。太学旧在城内，游乃移置城南闲敞之处，亲自说经，当时学者莫不劝慕，号为良守。以本将军迁凉州刺史，以母忧解任。"⑩延俊"命主簿郦恽修起学校，礼教大行，民歌谣之。在州五年，考绩为

① 《三国志》卷16《魏书·杜畿传》，第496页。
② 《三国志》卷23《魏书·杨俊传》，第663页。
③ 《三国志》卷52《吴书·张邵传》，第1229页。
④ 《三国志》卷26《魏书·牵招传》，第732页。
⑤ 《魏书》卷111《志第十六·刑罚第七》，第2871页。
⑥ 《晋书》卷75《王湛列传》，第1986—1988页。
⑦ 《晋书》卷75《王湛列传》，第1986页。
⑧ 《晋书》卷75《王湛列传》，第1983页。
⑨ 《魏书》卷16《道武七王列传》，第397页。
⑩ 《魏书》卷57《高祐崔挺列传》，第1267页。

天下最。”[①]张恂“开建学校，优显儒士。吏民歌咏之。”[②]河南人薛琡“行洛阳令，部内肃然。有犯法者，未加拷掠，直以辞理穷核，多得其情。于是豪猾畏威，事务简静。”[③]代郡人张华原“州狱先有囚千余人，华原皆决遣。至年暮，唯有重罪者数十人，华原亦遣归家申贺，依期至狱。先是州境数有猛兽为暴，自华原临州，忽有六驳食之，咸以化感所致。后卒官，州人大小莫不号慕。”[④]武强人苏琼“除南清河太守，其郡多盗，及琼至，民吏肃然，奸盗止息。或外境奸非，辄从界中行过者，无不捉送。……每年春，总集大儒□觊隆、田元凤等讲于郡学，朝吏文案之暇，悉令受书，时人指吏曹为学生屋。禁断淫祠，婚姻丧葬皆教令俭而中礼。”[⑤]房豹“迁乐陵太守，镇以凝重，哀矜贫弱，豹阶庭简静，囹圄空虚。郡治濒海，水味多咸苦，豹命凿一井，遂得甘泉，遐迩以为政化所致。豹罢归后，井味复咸。”[⑥]寇俊出为左将军、梁州刺史，“民俗荒犷，多为盗贼。俊乃令郡县立庠序，劝其耕桑，敦以礼让。数年之中，风俗顿革。”[⑦]苏琼“任清河太守，裴献伯为济州刺史，酷于用法，琼恩于养人。”[⑧]

北朝城市治理中，儒法二家有交替与融合的现象，“罢侯置守，历年永久，统以方牧，仍世相循，所以宽猛为用，庇民调俗。”[⑨]羊敦“迁太府少卿，转卫将军、广平太守。治有能名，奸吏跼蹐，秋毫无犯。雅性清俭，属岁饥馑，家馈未至，使人外寻陂泽，采藕根而食之。遇有疾苦，家人解衣质米以供之。然其为治，亦尚威严。朝廷以其清白，赐谷一千斛、绢一百匹。兴和初卒，年五十二。吏民奔哭，莫不悲恸。”[⑩]刘模“在二郡积十年，宽猛相济，颇有治称。”[⑪]辛昂“威惠洽著，吏民畏而爱之。成都一方之会，风俗舛杂。迥以昂达于从政，复表昂行成都令。……井邑肃然，咸从其化。[⑫]

东晋南朝时期，城市社会民情风俗和历史环境发生了很大的变迁，儒法治理也是交相并用，“汉世户口殷盛，刑务简阔，郡县治民，无所横扰，劝赏

① 《魏书》卷69《崔休裴延俊袁翻列传》，第1529页。
② 《魏书》卷88《良吏列传》，第1900页。
③ 《北齐书》卷26《薛琡敬显儁平鉴列传》，第369页。
④ 《北齐书》卷46《循吏列传》，第638页。
⑤ 《北齐书》卷46《循吏列传》，第643—644页。
⑥ 《北齐书》卷46《循吏列传》，第646页。
⑦ 《周书》卷37《寇儁列传》，第658页。
⑧ 《北齐书》卷46《循吏列传》，第644—645页。
⑨ 《魏书》卷88《良吏列传》，第1899页。
⑩ 《魏书》卷88《良吏列传》，第1912页。
⑪ 《魏书》卷56《郑羲崔辩列传》，第1240页。
⑫ 《周书》卷39《辛庆之族子昂列传》，第698页。

威刑,事多专断,尺一诏书,希经邦邑,龚、黄之化,易以有成。降及晚代,情伪繁起,民减昔时,务多前世,立绩垂风,艰易百倍。若以上古之化,治此世之民,今吏之良,抚前代之俗,则武城弦歌,将有未暇;淮阳卧治,如或可勉。未必今才陋古,盖化有淳薄也。”①

京城一带难治,多用法家的方法,济阳考城人江秉之“出为永世、乌程令,以善政著名东土。征建康令,为治严察,京邑肃然。”②

南朝时期也有一些法家风格的治理者:吴兴乌程人丘仲孚“为山阴令。仲孚长于拨烦,善适权变,吏民敬服,号称神明,治为天下第一。”③东海郯人何远“迁武昌太守。远本倜傥,尚轻侠,……性刚严,吏民多以细事受鞭罚者,遂为人所讼,征下廷尉,被劾数十条。当时士大夫坐法,皆不受立,远度已无赃,就立三七日不款,犹以私藏禁仗除名。”④

南齐时期,齐高祖以建康居民混杂,多奸盗,欲立符伍以相简括。⑤ 因为政府对人们剥夺过多,导致南梁实行宽政“高祖在田,知民疾苦,及梁台建,仍下宽大之书,……又著令:小县有能,迁为大县;大县有能,迁为二千石。于是山阴令丘仲孚治有异绩,以为长沙内史;武康令何远清公,以为宣城太守。剖符为吏者,往往承风焉。”⑥

南朝时期也出现了许多信守儒家治理方式的良吏,汝南安城人周朗以为“凡治者何哉?为教而已。……凡学,虽凶荒不宜废也。农桑者,实民之命,为国之本,有一不足,则礼节不兴。若重之,宜罢金钱,以谷帛为赏罚。……又取税之法,宜计人为输,不应以赀。凡为国,不患威之不立,患恩之不下;不患土之不广,患民之不育。”⑦吴郡钱唐人范述曾“出为永嘉太守。为政清平,不尚威猛,民俗便之。”⑧

魏晋以来,玄学兴起,黄老无为之道也常常用于城市的治理,吴郡吴人顾觊之“理繁以约,县用无事,昼日垂帘,门阶闲寂。自宋世为山阴,务简而绩修,莫能尚也。”⑨“齐初,为宁朔将军、钱唐令,治烦以简,狱无系囚。及去官,百姓以谦在职不受饷遗,追载缣帛以送之,谦却不受。每去官,辄无私

① 《宋书》卷92《良吏列传》,第2272页。

② 《宋书》卷92《良吏列传》,第2269—2270页。

③ 《梁书》卷53《良吏列传》,第771页。

④ 《梁书》卷53《良吏列传》,第778页。

⑤ 《资治通鉴》卷136《齐纪一·太祖高皇帝》,中华书局2011年版,第4303页。

⑥ 《梁书》卷53《良吏列传》,第765页。

⑦ 《宋书》卷82《周朗沈怀文列传》,第2094页。

⑧ 《梁书》卷53《良吏列传》,第770页。

⑨ 《宋书》卷81《顾觊之列传》,第2079页。

宅,常借官空车厩居焉。”①

城市治理方式中还受到了佛教和外来文明的影响,陆法和为郢州刺史。法和为政,不用刑狱,专以沙门及西域幻术教化,部曲数千人,通谓之弟子。②

总之,魏晋南北朝时期,城市治理的理念多元化,但基本承袭了中国循吏与酷吏的传统,体现了游牧民族对中原制度文明的继承改造以及南方政权对传统文明的延续。

二 治理的效果

魏晋南北朝时期,出现了许多有能力的城市治理者,他们对城市的治安、市场等治理赢得了汉族和胡族人们的共同赞誉,对促进当时民族融合起到了重要作用。如汉末三国时期王烈在辽东“使辽东强不凌弱,众不暴寡,商贾之人,市不二价。太祖累征召,辽东为解而不遣。”③刘馥是一个好的城市管理者,“馥既受命,单马造合肥空城,建立州治,南怀绪等,皆安集之,贡献相继。数年中恩化大行,百姓乐其政,流民越江山而归者以万数。于是聚诸生,立学校,广屯田,兴治芍陂及(茹)〔茄〕陂、七门、吴塘诸堨以溉稻田,官民有畜。又高为城垒,多积木石,编作草苫数千万枚,益贮鱼膏数千斛,为战守备。”④刘廙“为博平令,治正推平,高尚纯朴,境内无盗贼,灾害不生。时邻县接壤,蝗虫为害,至博平界,飞过不入。”⑤吴郡吴人顾雍“后转在娄、曲阿、上虞,皆有治迹。孙权领会稽太守,不之郡,以雍为丞,行太守事,讨除寇贼,郡界宁静,吏民归服。”⑥吴主爱姬遣人至市夺民物,司市中郎将陈声素有宠于吴主,绳之以法。⑦ 淮南人仓慈“为绥集都尉。黄初末,为长安令,清约有方,吏民畏而爱之。太和中,迁敦煌太守。……诸豪族多逆断绝;既与贸迁,欺诈侮易,多不得分明。胡常怨望,慈皆劳之。欲诣洛者,为封过所,欲从郡还者,官为平取,辄以府见物与共交市,使吏民护送道路,由是民夷翕然称其德惠。数年卒官,吏民悲感如丧亲戚,图画其形,思其遗像。及

① 《梁书》卷53《良吏列传》,第773页。
② 《资治通鉴》卷165《梁纪二十一·世祖孝元皇帝下》,中华书局2011年版,第5202页。
③ 《三国志》卷11《魏书·管宁传》注引《先贤行状》,第355—356页。
④ 《三国志》卷15《魏书·刘馥传》,第463页。
⑤ 《三国志》卷8《魏书·公孙瓒传》注引《英雄记》,第240—241页。
⑥ 《三国志》卷52《吴书·顾雍传》,第1225页。
⑦ 《资治通鉴》卷80《晋纪二·世祖武皇帝上之下》,中华书局2011年版,第2579页。

西域诸胡闻慈死,悉共会聚于戊己校尉及长史治下发哀,或有以刀画面,以明血诚,又为立祠,遥共祠之。”①

晋代也有许多优秀的城市治理者,如陆云“为太子舍人,出补浚仪令。……一县称其神明。郡守害其能,屡谴责之,云乃去官。百姓追思之,图画形象,配食县社。”②淮南寿春人胡威“名誉著闻。拜侍御史,历南乡侯、安丰太守,迁徐州刺史。勤于政术,风化大行。”③潘京“历巴丘、邵陵、泉陵三令。京明于政术,路不拾遗。”④丁绍“时南阳王模为都督,留绍,启转为冀州刺史。到镇,率州兵讨破汲桑有功,加宁北将军、假节、监冀州诸军事。时境内羯贼为患,绍捕而诛之,号为严肃,河北人畏而爱之。”⑤乔智明“表智明为殄寇将军、隆虑、共二县令。二县爱之,号为神君”。⑥ 琅邪武王伷“早有才望,起家为宁朔将军,监守邺城,有绥怀之称。”⑦王祥“乃应召,虔委以州事。于时寇盗充斥,祥率励兵士,频讨破之。州界清静,政化大行。时人歌之曰:海沂之康,实赖王祥。邦国不空,别驾之功。”⑧和峤“累迁颍川太守,为政清简,甚得百姓欢心。”⑨王濬“除巴郡太守。郡边吴境,兵士苦役,生男多不养。濬乃严其科条,宽其徭课,其产育者皆与休复,所全活者数千人。转广汉太守,垂惠布政,百姓赖之。”⑩太原祁人温羡“汉护羌校尉序之后也。祖恢,魏扬州刺史。父恭,济南太守。兄弟六人并知名于世,号曰‘六龙’。”⑪范粲“迁武威太守。到郡,选良吏,立学校,劝农桑。是时戎夷颇侵疆场,粲明设防备,敌不敢犯,西域流通,无烽燧之警。又郡壤富实,珍玩充积,粲检制之,息其华侈。”⑫

南朝时期也有许多优秀的城市治理者:吴兴武康人沈怀文“子尚移镇会稽,迁抚军长史,行府州事。时囚系甚多,动经年月,怀文到任,讯五郡九百三十六狱,众咸称平。”⑬“时天下殷实,四方辐辏,京邑二县,号为难治。

---

① 《三国志》卷16《魏书·任苏杜郑仓传》,第512页。
② 《晋书》卷54《列传第二十四》,第1482页。
③ 《晋书》卷90《良吏列传》,第2330页。
④ 《晋书》卷90《良吏列传》,第2335页。
⑤ 《晋书》卷90《良吏列传》,第2337页。
⑥ 《晋书》卷90《良吏列传》,第2337页。
⑦ 《晋书》卷38《宣五王列传》,第1121页。
⑧ 《晋书》卷33《王祥列传》,第989页。
⑨ 《晋书》卷45《和峤列传》,第1283页。
⑩ 《晋书》卷42《王濬列传》,第1208页。
⑪ 《晋书》卷44《温羡列传》,第1266页。
⑫ 《晋书》卷94《隐逸列传》,第2431页。
⑬ 《宋书》卷82《周朗沈怀列传文》,第2102页。

璞以清严制下，端平待物，奸吏敛手，猾民知惧。其间里少年，博徒酒客，或财利争斗，妄相诬引，前后不能判者，璞皆知其名姓，及巧诈缘由，探适是非，各标证据，或辨甲有以知乙，或验东而西事自显，莫不厌伏，有如神明。"①陈郡阳夏人谢方明"为丹阳尹，有能名。转会稽太守。江东民户殷盛，风俗峻刻，强弱相陵，奸吏蜂起，符书一下，文摄相续。又罪及比伍，动相连坐，一人犯吏，则一村废业，邑里惊扰，狗吠达旦。方明深达治体，不拘文法，阔略苛细，务存纲领。州台符摄，即时宣下，缓民期会，展其办举；郡县监司，不得妄出，贵族豪士，莫敢犯禁，除比伍之坐，判久系之狱。前后征伐，每兵运不充，悉发倩士庶；事既宁息，皆使还本。而属所刻害，或即以补吏。守宰不明，与夺乖舛，人事不至，必被抑塞。方明简汰精当，各慎所宜，虽服役十载，亦一朝从理，东土至今称咏之。性尤爱惜，未尝有所是非，承代前人，不易其政。"②济阳考城人江秉之"出为永世、乌程令，以善政著名东土。征建康令，为治严察，京邑肃然。"③平原人刘怀慰"治瓜步，……修治城郭，安集居民，垦废田二百顷，决沈湖灌溉。不受礼谒。"④武陵王晔为会稽，以宪为左军司马。太祖以山阴户众难治，欲分为两县。世祖启曰："县岂不可治，但用不得其人耳。"乃以宪带山阴令，政声大著。⑤ 萧景"为招远将军、晋陵太守。下车励名迹，除烦苛，明法宪，严于奸吏，优养百姓，旬日之间，郡中大化。俄而暴疾卒，百姓行坐号哭，市里为之喧沸，设祭奠于郡庭者四百余人。田舍有女人夏氏，年百余岁，扶曾孙出郡，悲泣不自胜。其惠化所感如此。百姓相率为立庙建碑，以纪其德。"⑥南梁谢举"为招远将军、吴郡太守，为政勤恤民隐，辨讼如神，视事四年，治为天下第一。吏民诣阙请树碑，诏许之。"⑦乐安博昌人任昉"出为宁朔将军、新安太守。在郡不事边幅，率然曳杖，徒行邑郭，民通辞讼者，就路决焉。为政清省，吏民便之。视事期岁，卒于官舍，时年四十九。阖境痛惜，百姓共立祠堂于城南。"⑧陈郡阳夏人谢朏"出为吴兴太守。中书舍人黄睦之家居乌程，子弟专横，前太守皆折节事之。览未到郡，睦之子弟来迎，览逐去其船，杖吏为通者。自是睦之家杜门不出，不敢与

① 《宋书》卷100《自序》，第2462页。
② 《宋书》卷53《谢方明列传》，第1524页。
③ 《宋书》卷92《良吏列传》，第2269—2270页。
④ 《南齐书》卷53《良政列传》，第917页。
⑤ 《南齐书》卷53《良政列传》，第920页。
⑥ 《梁书》卷24《萧景列传》，第372—373页。
⑦ 《梁书》卷37《谢举列传》，第531页。
⑧ 《梁书》卷14《任昉列传》，第254页。

公私关通。郡境多劫，为东道患，览下车肃然，一境清谧。"①吴郡钱唐人范述曾"出为永嘉太守。为政清平，不尚威猛，民俗便之。所部横阳县，山谷险峻，为逋逃所聚，前后二千石讨捕莫能息。述曾下车，开示恩信，凡诸凶党，涣负而出，编户属籍者二百余家。自是商贾流通，居民安业。在郡励志清白，不受馈遗，明帝闻甚嘉之，下诏褒美焉。征为游击将军。郡送故旧钱二十余万，述曾一无所受。始之郡，不将家属；及还，吏无荷担者。民无老少，皆出拜辞，号哭闻于数十里。"②吴兴乌程人丘仲孚"为山阴令。仲孚长于拨烦，善适权变，吏民敬服，号称神明，治为天下第一。"③东海郯人何远"起为镇南将军、武康令。愈厉廉节，除淫祀，正身率职，民甚称之。……高祖闻其能，擢为宣城太守。自县为近畿大郡，近代未之有也。郡经寇抄，远尽心绥理，复著名迹。期年，迁树功将军、始兴内史。时泉陵侯渊朗为桂州，缘道剽掠，入始兴界，草木无所犯。""远在官，好开途巷，修葺墙屋，民居市里，城隍厩库，所过若营家焉。田秩俸钱，并无所取，岁暮，择民尤穷者，充其租调，以此为常。然其听讼犹人，不能过绝，而性果断，民不敢非，畏而惜之。所至皆生为立祠。"④杜慧度在交州，"为政纤密，一如治家，吏民畏而爱之，城门夜开，道不拾遗。"⑤

北魏出现了许多城市治理的能人，如李祥"略地至于陈汝，淮北之民诣军降者七千余户，迁之于兖豫之南，置淮阳郡以抚之，拜祥为太守，加绥远将军。流民归之者万余家，劝课农桑，百姓安业。世祖嘉之，赐以衣马。迁河间太守，有威恩之称。太安中，征拜中书侍郎，民有千余上书，乞留数年。"⑥拓跋延明"先牧徐方，甚得民誉，招怀旧土，远近归之。综既降，因以军乘之，复东南之境，至宿豫而还。迁都督、徐州刺史。频经师旅，人物凋弊，延明招携新故，人悉安业，百姓咸附。"⑦高绰"为政强直，不避豪贵，邑人惮之。……俄行荥阳郡事，以本将军出除豫州刺史。为政清平，抑强扶弱，百姓爱之，流民归附者二千余户。"⑧给人们实惠发展经济是治理好城市的重要手段，博陵安平人崔鉴"出为奋威将军、东徐州刺史。鉴欲安悦新附，民

---

① 《梁书》卷15《谢朏弟子览列传》，第265页。
② 《梁书》卷53《良吏列传》，第770页。
③ 《梁书》卷53《良吏列传》，第771页。
④ 《梁书》卷53《良吏列传》，第778页。
⑤ 《资治通鉴》卷119《宋纪一·高祖武皇帝》，中华书局2011年版，第3779页。
⑥ 《魏书》卷53《李孝伯李冲列传》，第1174页。
⑦ 《魏书》卷20《文成五王列传》，第530页。
⑧ 《魏书》卷48《高允列传》，第1091页。

有年老者，表求假以守、令，诏从之。又于州内冶铜以为农具，兵民获利。”①东平寿张人吕罗汉“拜钜鹿太守。清身奉公，务存赡恤，妻子不免饥寒。民颂之曰：‘时惟府君，克己清明。缉我荒土，民胥乐生。愿寿无疆，以享长龄。’”②赵郡人李孝伯“太祖时，征拜博士，出为赵郡太守，令行禁止，劫盗奔窜。太宗嘉之。”③李文遥“出为咸阳太守，勤于礼接，终日坐事，至者见之，假以恩颜，屏人密问。于是民所疾苦、大盗姓名、奸猾吏长，无不知悉，郡中震肃，奸劫息止，治为雍州诸郡之最。”④“太守郑仲明左右，豪猾偷窃，境内为患。纂伺捕擒获，枭于郡市，百姓忻然。”⑤

北齐时期尧雄“虽武将，而性质宽厚，治民颇有诚信，为政去烦碎，举大纲而已。抚养兵民，得其力用。在边十年，屡有功绩，豫人于今怀之。”⑥北周也有治理城市的能臣，郑孝穆治理岐州，“先是，所部百姓，久遭离乱，饥馑相仍，逃散殆尽。孝穆下车之日，户止三千。留情绥抚，远近咸至，数年之内，有四万家。每岁考绩，为天下最”。太祖嘉之，赐书曰：“知卿莅职近畿，留心治术。凋弊之俗，礼教兴行；厌乱之民，襁负而至。昔郭伋政成并部，贾琮誉重冀方，以古方今，彼有惭德。”后来被提拔为京兆尹。⑦ 章武文安人周惠达“少仕州郡，历乐乡、平舒、成平三县令，皆以廉能称。”⑧

坏的城市管理者对城市的管理产生强大的负作用，汉末江夏竟陵人刘焉曾说道：“刺史、太守，货赂为官，割剥百姓，以致离叛。”⑨孙吴建国后“法禁转苛，赋调益繁；中宫内竖，分布州郡，横兴事役，竞造奸利；百姓罹杼轴之困，黎民罢无已之求，老幼饥寒，家户菜色，而所在长吏，迫畏罪负，严法峻刑，苦民求办。是以人力不堪，家户离散，呼嗟之声，感伤和气。”⑩孙皓“爱妾或使人至市劫夺百姓财物，司市中郎将陈声，素皓幸臣也，恃皓宠遇，绳之以法。妾以愬皓，皓大怒，假他事烧锯断声头，投其身于四望之下。”⑪

糟糕的城市治理往往与城市的盗贼问题和豪强问题相关联，如曹魏时

① 《魏书》卷49《李灵崔鉴列传》，第1103页。
② 《魏书》卷51《吕罗汉列传》，第1137页。
③ 《魏书》卷53《李孝伯李冲列传》，第1167页。
④ 《魏书》卷71《李元护列传》，第1590页。
⑤ 《魏书》卷77《宋翻辛雄羊深杨机高崇列传》，第1699页。
⑥ 《北齐书》卷20《尧雄列传》，第269页。
⑦ 《周书》卷35《郑孝穆列传》，第610页。
⑧ 《周书》卷23《周惠达列传》，第361页。
⑨ 《三国志》卷31《蜀书·刘焉传》，第865页。
⑩ 《三国志》卷65《吴书·贺邵传》，第1458页。
⑪ 《三国志》卷48《吴书·三嗣主传》，第1170页。

期曹操刚刚平定荆州,“以芝为菅长。时天下草创,多不奉法。郡主簿刘节,旧族豪侠,宾客千余家,出为盗贼,入乱吏治。”后来被芝所杀。后来芝迁广平令,“征虏将军刘勋,贵宠骄豪,又芝故郡将,宾客子弟在界数犯法。勋与芝书,不著姓名,而多所属托,芝不报其书,一皆如法。后勋以不轨诛,交关者皆获罪,而芝以见称。”①

刘宋时期“诸州郡所遣秀才、孝廉,多非其人。”②梁武帝时散骑常侍贺琛启陈四事“今天下守宰所以贪残,良由风俗奢靡使之然也。……凡京师治、署、邸、肆及国容、戒备,四方屯、传、邸治,有所宜除,除之,有所宜减,减之。”③

东晋南朝时期的城市管理者常常利用职务为自己谋求私利,“市令盛馥进数百口材助营宅,恐人知,作虚买券。刘道锡骤有所输,倾南俸之半。”④晋平剌王休祐“贪淫,好财色。在荆州,裒刻所在,多营财货。”⑤吴喜“自得军号以来,多置吏佐,是人加板,无复限极。为兄弟子侄及其同堂群从,乞东名县,连城四五,皆灼然巧盗,侵官夺私。……喜兄茹公等悉下取钱,盈村满里。诸吴姻亲,就人间征求,无复纪极,百姓嗷然,人人悉苦。喜具知此,初不禁呵。”⑥录尚书北海王祥,“骄奢好声色,贪冒无厌,广营第舍,夺人居室”。⑦

北魏时期城市中的官吏的恶行对城市管理造成了极大危害:“刺史牧民,为万里之表。自顷每因发调,逼民假贷,大商富贾,要射时利,旬日之间,增赢十倍。上下通同,分以润屋。故编户之家,困于冻馁;豪富之门,日有兼积。为政之弊,莫过于此。”⑧仲景弟暹“除南兖州刺史。在州猛暴,多所杀害。……普泰元年,除凉州刺史,贪暴无极。欲规府人及商胡富人财物,诈一台符,诳诸豪等云欲加赏,一时屠戮,所有资财生口,悉没自入。”⑨

北魏贵族作为城市的管理者有时非常贪暴,如元诞“除齐州刺史。在州贪暴,大为人患,牛马骡驴,无不逼夺。家之奴隶,悉迫取良人为妇。”⑩王

---

① 《三国志》卷12《魏书·司马芝传》,第386—387页。
② 《宋书》卷2《武帝本纪中》,第28页。
③ 《资治通鉴》卷159《梁纪十五·高祖武皇帝(十五)》,中华书局2011年版,第5023页。
④ 《宋书》卷53《庾登之弟炳之列传》,第1519—1520页。
⑤ 《宋书》卷72《文九王列传》,第1879—1880页。
⑥ 《宋书》卷83《宗越吴喜黄回列传》,第2119页。
⑦ 《资治通鉴》卷145《梁纪一·高祖武皇帝(一)》,中华书局2011年版,第4619页。
⑧ 《魏书》卷5《高宗纪》,第118页。
⑨ 《魏书》卷19上《景穆十二王列传》,第444页。
⑩ 《魏书》卷19上《景穆十二王列传》,第448页。

建“在冀州，年老，颇殖财货，大兴寺塔，为百姓所苦。”①仲远“天性贪暴，大宗富族，诬之以反，殁其家口，簿籍财物，皆以入己，丈夫死者投之河流，如此者不可胜数。诸将妇有美色者，莫不被其淫乱。自荥阳以东，输税悉入其军，不送京师。时天光控关右，仲远在大梁，兆据并州，世隆居京邑，各自专恣，权强莫比焉。”②刺史李世哲即尚书令崇之子，“贵盛一时，多有非法，逼买民宅，广兴屋宇，皆置鸱尾，又于马埒堠上为木人执节。”③北齐时期代人库狄伏连“鄙吝愚狠，无治民政术。及居州任，专事聚敛。性又严酷，不识士流。开府参军多是衣冠士族，伏连加以捶挞，逼遣筑墙。”④

对城市管理者选择不当也引发了政治危机，北魏灵太后时下诏：“流人所在皆置命属郡县，选豪右为守令以抚镇之。”因为安排太守问题，青州元杲因为“从子子瑶资荫居前，乃授河间太守。杲深耻恨，于是遂反。所在流人先为土人凌忽，闻杲起逆，率来从之，旬朔之间，众逾十万。劫掠村坞，毒害民人，齐人号之为‘沓榆贼’。”⑤北魏时期公开卖官，导致北魏后期的腐败，城市管理水准大降，元晖“迁吏部尚书，纳货用官，皆有定价，大郡二千匹，次郡一千匹，下郡五百匹，其余官职各有差，天下号曰‘市曹’。”⑥

总之，城市治理的好坏对政治稳定与城市人民的生活影响很大，同时对民族间的认同与融合也有着相关性。

三 城市管理与文明融合

城市管理中能够达到夷夏都能悦服成为管理成功的重要标志，是民族文明融合的体现。三国时期主要在边疆地区，而在南北朝之后，成为普遍的现象。

对城市中多民族的治理也是一个非常困难的问题，城市尤其是都城，在魏晋时期五方杂处，文明与民族碰撞融合，使这些城市风俗更为殷杂，治理非常困难，石勒曾谓张宾曰：“邺，魏之旧都，吾将营建。既风俗殷杂，须贤望以绥之，谁可任也？”⑦这个时期的都城还有一城几县的现象：东魏都城为

---

① 《魏书》卷30《王建列传》，第713页。
② 《魏书》卷75《尔朱兆尔朱彦伯尔朱度律尔朱天光列传》，第1667页。
③ 《魏书》卷77《宋翻辛雄羊深杨机高崇列传》，第1714页。
④ 《北齐书》卷20《库狄伏连列传》，第283页。
⑤ 《魏书》卷14《神元平文诸帝子孙列传》，第355页。
⑥ 《魏书》卷15《昭成子孙列传》，第379页。
⑦ 《晋书》卷104《石勒载记上》，第2720页。

一城两县，犹南朝秦淮以北为建康，以南为秣陵。① 邺县与临漳合为都城，……北齐首都一城三县。② 形成了小城市群。县级政权管理制度还存在附郭县的现象，附郭县即“倚郭县”，指统县政区和高层政区的治所所在的县。与其他县相比，除本县的治所外，附郭县的县城中还设有上级政区的治所，在各县中地位最高。最早的双附郭县则始于北周的长安、万年，长安城一治两县的局面一直延续到民国初年。双附郭县多数为高层政区治所所在之处，例如邺城作为北齐的都城，还曾出现了邺、临漳、成安三附郭县。附郭县的长期存在源于中国古代的“城乡合治”体制。附郭县制度对少数民族地区的管理也发挥了重要作用。③

北朝时期城市中各民族的矛盾非常深刻：“京师杂人，不可保信，宜诛其非类。又雁门人多诈，并可诛之。”④“遥以诸胡先无籍贯，奸良莫辨，悉令造籍。又以诸胡设籍，当欲税之，以充军用。胡人不愿，乃共构遥，云取纳金马。”⑤北周世宗初“陵、眉、戎、江、资、邛、新、遂八州夷夏及合州民张瑜兄弟并反，众数万人，攻破郡县。”⑥

曹魏时期，城市中华夷杂处，城市的治理也需要考虑各民族的利益，“若便以军临之，吏民、羌、胡必谓国家不别是非。”⑦汉末三国时期，出现了许多治理名臣，如陈泰“为并州刺史，加振威将军，使持节，护匈奴中郎将，怀柔夷民，甚有威惠。”⑧“领太守毌丘兴到官，内抚吏民，外怀羌、胡，卒使柔附。”⑨孙策“已平定宣城以东，惟泾以西六县未服。慈因进住泾县，立屯府，大为山越所附。”⑩刘虞“东海恭王之后也。遭世衰乱，又与时主疏远，仕县为户曹吏。以能治身奉职，召为郡吏，以孝廉为郎，累迁至幽州刺史，转甘陵相，甚得东土戎狄之心。”⑪南郡枝江人董和“迁益州太守，其清约如前。与蛮夷从事，务推诚心，南土爱而信之。”⑫巴西阆中人马忠“处事能断，威恩并

---

① 周一良：《魏晋南北朝史札记》，中华书局 1985 年版，第 387 页。

② 周一良：《魏晋南北朝史札记》，中华书局 1985 年版，第 388 页。

③ 赵逸才：《附郭县两千余年的历史变迁》，中国社会科学网—中国社会科学报，2017 年 11 月 28 日。

④ 《魏书》卷 15《昭成子孙传》，第 381 页。

⑤ 《魏书》卷 19 上《景穆十二王列传》，第 445 页。

⑥ 《周书》卷 28《史宁陆腾贺若敦权景宣列传》，第 471 页。

⑦ 《资治通鉴》卷 69《魏纪一 · 世祖文皇帝上》，中华书局 2011 年版，第 2240 页。

⑧ 《三国志》卷 22《魏书 · 陈群传》，第 638—639 页。

⑨ 《三国志》卷 28《魏书 · 毌丘俭传》注引《魏名臣奏载雍州刺史》，第 761 页。

⑩ 《三国志》卷 49《吴书 · 太史慈传》，第 1188—1189 页。

⑪ 《三国志》卷 9《魏书 · 公孙瓒传》注引《吴书》，第 240—241 页。

⑫ 《三国志》卷 39《蜀书 · 董和传》，第 979 页。

立,是以蛮夷畏而爱之。及卒,莫不自致丧庭,流涕尽哀,为之立庙祀,迄今犹在。"①张嶷"以郡郛宇颓坏,更筑小坞。在官三年,徙还故郡,缮治城郭,夷种男女莫不致力。"②黄盖"后转春谷长,寻阳令。凡守九县,所在平定。迁丹杨都尉,抑强扶弱,山越怀附。"③虞翻"出为富春长。策薨,诸长吏并欲出赴丧,翻曰:'恐邻县山民或有奸变,远委城郭,必致不虞。'因留制服行丧。诸县皆效之,咸以安宁。"④晋武帝"分雍、凉、梁州置秦州,以胡烈为刺史。先是,邓艾纳鲜卑降者数万,置雍凉之间,与民杂居,朝廷恐其久为患,以烈素著名于西方,故使镇抚之。"⑤

晋代边疆地区城市管理中的民族问题也非常重要,许多城市治理者很好地处理了民族问题,带来了夷夏欢悦的局面。如杜轸"除建宁令,导以德政,风化大行,夷夏悦服。"⑥义兴阳羡人周处"入洛,稍迁新平太守。抚和戎狄,叛羌归附,雍土美之。"⑦蜀郡成都人杜轸"察孝廉,除建宁令,导以德政,风化大行,夷夏悦服。"⑧南安人硃冲"居近夷俗,羌戎奉之若君,冲亦以礼让为训,邑里化之。"⑨张华都督幽州诸军事,"华至镇,抚循夷夏,誉望益振。"⑩宁州刺史王逊到官,"时宁州外逼于成,内有夷寇,城邑丘墟……逊诛豪右不奉法者十余家;以五苓夷昔为乱首,击灭之,内外第震服。"⑪

十六国时期,邺城与洛阳等城市华夷杂陈,地位非常重要但是非常难治理。⑫ 城市中随着华夷混杂,风俗也融合起来,好的治理者往往能够做到使华夷都满意,这体现了华夷风俗趋同,敦煌人索泮"世为冠族。……出为中垒将军、西郡武威太守、典戎校尉。政务宽和,戎夏怀其惠,天锡甚敬之。"⑬对迁移来的居民往往是不同民族的治理者都常常采取军事化管理,防止他们闹事,"徙阴密三万户于长安,分大营户为四,置四军以领之。"⑭光禄大夫韦叟谏魏

① 《三国志》卷43《蜀书·马忠传》,第1049页。
② 《三国志》卷43《蜀书·张嶷传》,第1053页。
③ 《三国志》卷55《吴书·黄盖传》,第1284页。
④ 《三国志》卷57《吴书·虞翻传》,第1319页。
⑤ 《资治通鉴》卷79《晋纪一·世祖武皇帝上之上》,中华书局2011年版,第2555页。
⑥ 《晋书》卷90《良吏列传》,第2331页。
⑦ 《晋书》卷58《列传第二十八》,第1570页。
⑧ 《晋书》卷90《良吏列传》,第2331页。
⑨ 《晋书》卷94《隐逸列传》,第2430页。
⑩ 《资治通鉴》卷81《晋纪三·世祖武皇帝中》,中华书局2011年版,第2625页。
⑪ 《资治通鉴》卷87《晋纪九·孝怀皇帝中》,中华书局2011年版,第2804页。
⑫ 《晋书》卷104《石勒载记上》,第2720页。
⑬ 《晋书》卷115《苻丕苻登载记》,第2954页。
⑭ 《晋书》卷117《姚兴载记上》,第2976页。

主闵曰："胡、羯皆我之仇敌……闵方欲抚纳群胡，大怒，诛叟及其子伯阳。"①苻健"如长安，以民心思晋，乃遣参军杜山伯诣建康献捷，并修好桓温。于是秦、雍夷夏皆附之。"②武威王乌孤徙治乐都"以其弟西平公利鹿孤镇安夷，广武公傉檀镇西平，叔父素渥镇湟河，若留镇浇河，从弟替引镇岭南，洛回镇廉川，从叔吐若留镇浩亹；夷、夏俊杰，随才授任，内居显位，外典郡县，咸得其宜。"③

北朝时期，民族文明融合也为城市治理带来难题，最为难治的就是文明交融的中心都城，如北齐的都城邺都"京县杂俗，自古难治，布政当官，为天下最。（指北齐司州的邺、成安、临漳）。"④北朝出现了一些善于治理的城市管理者，他们善于迎合民族文明融合的趋势，如元鉴"出为征虏将军、齐州刺史。时革变之始，百度惟新，鉴上遵高祖之旨，下采齐之旧风，轨制粲然，皆合规矩。"受到了高祖的高度赞赏，谓左右曰"诸州刺史皆能如此，变风易俗，更有何难?"⑤将城市中民族问题解决好的治理者不断出现，是城市中文明融合土壤中生出的结果："梁州氐帅杨仲显、婆罗、杨卜兄弟及符叱盘等，自以居边地险，世为凶狡。澄至州，量彼风俗，诱导怀附。"⑥"洪之将数十骑至其里闾，抚其妻子，问所疾苦，因资遗之。众羌喜悦，求编课调，所入十倍于常。洪之善御戎夷，颇有威惠。"⑦魏加益州刺史尉迟迥督六州，"通前十八州，自剑阁以南，得承制封拜及黜。迥明赏罚，布威恩，绥辑新民，经略未附，华、夷怀之。"⑧北周时期尉迟运为秦州总管，此州华戎相半，风俗不一，虽异空桐之武，颇有强梁之气。公济宽持猛，远服近安，开怀纳胡，举袖化狄，千里闻风，百城解印。⑨ 刘璠"善于抚御，莅职未期，生羌降附者五百余家。前后郡守多经营以致赀产，唯璠秋毫无所取，妻子并随羌俗，食麦衣皮，始终不改。洮阳、洪和二郡羌民，常越境诣璠讼理焉。其德化为他界所归仰如此。蔡公广时镇陇右，嘉璠善政。及迁镇陕州，欲取璠自随，羌人乐从者七百人。闻者莫不叹异。"⑩代人梁椿"在州虽无他政绩，而夷夏安之。"⑪韦昂"推诚布

---

① 《资治通鉴》卷98《晋纪二十・孝宗穆皇帝上之下》，中华书局2011年版，第3159页。
② 《资治通鉴》卷98《晋纪二十・孝宗穆皇帝上之下》，中华书局2011年版，第3160页。
③ 《资治通鉴》卷111《晋纪三十三・安皇帝丙》，中华书局2011年版，第3541页。
④ 罗新、叶炜：《新出魏晋南北朝墓志疏证》，中华书局2005年版，第318页。
⑤ 《魏书》卷16《道武七王列传》，第397页。
⑥ 《魏书》卷19中《中景穆十二王列传》，第463页。
⑦ 《魏书》卷89《酷吏列传》，第1919页。
⑧ 《资治通鉴》卷165《梁纪二十一・世祖孝元皇帝下》，中华书局2011年版，第5222页。
⑨ 罗新、叶炜：《新出魏晋南北朝墓志疏证》，中华书局2005年版，第305页。
⑩ 《周书》卷42《刘璠列传》，第764页。
⑪ 《周书》卷27《梁椿列传》，第451页。

信,甚得夷獠欢心。秩满还京,首领皆随昂诣阙朝觐。”①“隋文帝践极,诏征还京师,进爵新野郡公。开皇五年,拜集州刺史。在州清静,夷夏悦之。”②延至隋朝,城市治理中文明融合的主题依然继续,李和“出为延绥丹银四州、大宁、安民、姚襄、招远、平独、朔方、武安、金明、洛阳、源启沧十防诸军事、延州刺史,总管之内,编杂稽胡,狼子难驯,枭音靡革,……劝农桑而变夷俗。”③

刘裕北伐时,也非常注意城市中民族问题的处理,“乘胜逐北至广固,丙子,克其大城,超收众入保小城。……抚纳降附,采拔贤俊,华、夷大悦。”④“长安城中夷、晋六万余户,镇恶以国恩抚慰,号令严肃,百姓安堵。”⑤后军参军庞季明,“年七十余,自以关中豪右,请入长安招合夷、夏。”⑥

东晋南朝政权对胡族的管理促进了南方各民族文明与中原文明的融合,“襄阳之北捍,且表里强蛮,盘带疆场,以亮为南阳太守,加扬武将军。边蛮畏服,皆纳赋调,有数村狡猾,亮悉诛之。遣吏巡行诸县,孤寡老疾不能自存者,皆就蠲养,耆年老齿,岁时有饩。时儒学崇建,亮开置庠序,训授生徒。民多发冢,并婚嫁违法,皆严为条禁。”⑦彭城吕人刘道产“善于临民,在雍部政绩尤著,蛮夷前后叛戾不受化者,并皆顺服,悉出缘沔为居。百姓乐业,民户丰赡,由此有《襄阳乐歌》,自道产始也。”⑧张缵“至州,停遣十郡慰劳,解放老疾吏役,及关市戍逻先所防人,一皆省并。州界零陵、衡阳等郡,有莫徭蛮者,依山险为居,历政不宾服,因此向化。”⑨东莞莒人孙谦“擢布恩惠之化,蛮獠怀之。”⑩游汝杰指出:“古代中国南方大致是从一些政治和经济中心开始逐渐汉化的。这个过程从古代中央政府在南方建制郡县的情况可见一斑,即从一个较早建立的母县分出子县,……汉族的语言和文化不仅随着县的设置在南方步步深入,而且也以县治为中心,逐渐向四周较落后的地区扩散。”在此过程中,朝廷权力和教化起到了主导作用,地方官僚则是

① 《周书》卷39《韦瑱列传》,第699页。
② 《周书》卷40《颜之仪列传》,第720页。
③ 罗新、叶炜:《新出魏晋南北朝墓志疏证》,中华书局2005年版,第326页。
④ 《资治通鉴》卷115《晋纪三十七·安皇帝庚》,中华书局2011年版,第3674页。
⑤ 《资治通鉴》卷118《晋纪四十·安皇帝癸》,中华书局2011年版,第3770页。
⑥ 《资治通鉴》卷125《宋纪七·太祖文皇帝中之下》,中华书局2011年版,第4012页。
⑦ 《宋书》卷100《自序》,第2451—2452页。
⑧ 《宋书》卷65《刘道产列传》,第1719页。
⑨ 《梁书》卷34《张缅弟缵、绾列传》,第502页。
⑩ 《梁书》卷53《良吏列传》,第772页。

具体执行者。①

随着南北民族融合的进程，华夷界限也日渐消除，盱眙太守沈璞到官曰："所谓同舟而济，胡、越一心者也。"②陈后主诏曰："夷狄吾民，斯事一也。"③可见到了南北朝末期，人们对民族间的心理障碍藩篱已经日渐消弭。

小　　结

魏晋南北朝时期，城市管理继承了秦汉时期的制度管理体系，同时也创造出了许多新的管理方式，最为典型的就是里坊制度。方正的格局和封闭的管理是为防止被征服的农业民族本民族的反抗。以直线筑墙是最为简易建造的，不规则一般是受制于地形。④ 里坊成为北魏之后城市基层管理的基本单位。魏晋南北朝时期都城普遍规划里坊，并构筑坊墙对城市生活进行封闭的管理，是中国城市发展史的一个阶段性形态特征之始。城市居住地划分里坊，本是中原旧制，适应对城市编户管理的需要。原来居民区用里来称谓，北魏洛阳开始里坊并用，邺南城后逐渐改用坊。⑤ 朴汉济认为里坊的设计是模仿计口授田的方式，坊内的住民不能随便搬家，是胡人为掌握汉人经济而采用的管理方式，是胡汉体制的表现。⑥ 城市管理中的民族问题日益受到重视，随着民族融合进程，城市管理中越来越重视夷夏欢悦的管理局面与效果。

魏晋南北朝时期的城市管理与中世纪的城市管理有着鲜明的差异，体现出了中国城市的特色。欧洲中世纪城市的自治性与中国城市以政府管理为中心的特点是中西方不同发展道路的重要因素。⑦ 尤其在中国城市中，政府对商业的控制和官僚、地主、商人合流的趋势与此时期的西方城市有着很大的差异。魏晋南北朝时期，相比于秦汉，城市治理的难度有所提高，官僚机构对城市管理有所加强，城市治理的力度有了提高，方法有了创新。

① 魏斌：《吴简释姓——早期长沙编户与族群问题》，《魏晋南北朝隋唐史资料》第 24 辑，2008 年，第 40 页。

② 《资治通鉴》卷 125《宋纪七·太祖文皇帝中之下》，中华书局 2011 年版，第 4024 页。

③ 《陈书》卷 6《后主本纪》，第 108 页。

④ 李孝聪：《历史城市地理》，山东教育出版社 2007 年版，第 152 页。

⑤ 李孝聪：《历史城市地理》，山东教育出版社 2007 年版，第 149 页。

⑥ 朴汉济：《北魏洛阳社会与胡汉体制》，载《泰东古典研究》第六辑，1990 年。中译本见《河洛春秋》1994 年第 1、2 期，朱亮根据日文转译。转引自李孝聪：《历史城市地理》，山东教育出版社 2007 年版，第 151 页。

⑦ 厉以宁：《资本主义的起源——比较经济史研究》，商务印书馆 2003 年版，第 30 页。

第五章：文明碰撞融合与魏晋南北朝时期的城市社会风俗

魏晋南北朝时期城市的社会风貌在文明的碰撞融合下发生了巨大的变化。首先人们在物质生活中，衣食住行上充满了胡风和外来文明的色彩。城市社会中传统礼俗因为战乱及南北东西文明在城市中碰撞融合而重构，城市中风俗华夷混杂。城市人们生活风俗在文明的碰撞融合中出现了新的面貌。①

一　魏晋南北朝时期的城市社会物质生活

魏晋南北朝是一个民族文明大融合时期。传统的中华文明中融入了许多新的因素，为古老的文明注入了新的活力，使中华文明焕发了新的生机，城市则是新文明的诞生地和风尚的引领者。

物质文明——衣食住行是人们生存的基本需求，但其中也体现着深刻的文明要素和文明特质。魏晋南北朝时期，文明的碰撞融合也体现在城市人们日常物质生活之中。

1. 服饰习俗的变化

帽子也被称为头衣，人们的帽子样式也很多，秦汉时期有十八种帽子：冕冠、长冠、委貌冠、皮弁冠、爵弁冠、通天冠、远游冠、高山冠、进贤冠、法冠、建华冠、方山冠、巧士冠、却非冠、却敌冠、樊哙冠、术氏冠、鹖冠等。魏晋以来，长冠、方山冠、巧士冠、术氏冠等不再使用，新增了笼冠、小冠等式样。在传世的帛画、壁画和出土陶俑中，漆纱笼冠尤为常见。②

---

① 朱大渭等著：《魏晋南北朝社会生活史》，中国社会科学出版社 1996 年版。对魏晋南北朝时期的社会生活状况进行了较全面系统的论述。还有些文章对魏晋南北朝时期区域社会生活的变迁进行了研究，如曹文柱：《六朝时期江南社会风气的变迁》，《历史研究》1988 年第 2 期等。对这一时期城市在文明碰撞融合之下的社会生活变迁还有进一步论述的空间。

② 陈苏镇编著：《恢弘与古朴：秦汉魏晋南北朝的物质文明》，北京大学出版社 2009 年版，第 119 页。

曹操割发代首后,出现了剪发的现象。东汉时期小儿以及蛮夷头衣还难登大雅之堂,在魏晋时期帽已经开始出现了扩大应用的趋势。曹操因为采用不足,一度始拟古皮弁,裁缣帛为白帢,以易旧服。① 南北朝时期,纱帽流行于上层社会,皇帝戴白纱帽,官员们戴乌纱帽。冠和帽在形制和功能上混同。②

城市中人们的衣饰因用途和职业等级的不同而有所区别。劳动人们的穿着多从劳动实用出发,与贵族褒衣博带有很大不同。③ 如在婚丧嫁娶和上朝时,各有不同的服饰。在平时则有常服。市民的常服以包发巾、加抹额、穿襜褕和束大带为特征,厨役的服饰以扎带、着襩、穿襦裤和戴小帽为特征,劳役人的服饰以束发、穿衫裤和加臂褠为特征。不同民族有着不同的特色。曹魏时期大臣的服饰和帝王没有大的区分。南朝刘宋时期,平民的服饰更为奢华,在街上很难区分贵贱。④ 吕蒙白衣渡江的故事说明汉末三国时期商人有特定的白色衣服,"蒙至寻阳,尽伏其精兵□□中,使白衣摇橹,作商贾人服。"⑤而当时吴国的普通人也讲究服饰的质地和装饰,"今事多而役繁,民贫而俗奢,百工作无用之器,妇人为绮靡之饰,不勤麻枲,并绣文黼黻,转相仿效,耻独无有。"⑥

魏晋南北朝时期,我国古代服饰从传统的上衣下裳生活习俗向上衣下裤生活习俗转变。这个转变开始兴起于十六国的城市,盛于北朝,从北方城市向南方推进。⑦

皇帝大臣们的衣服有冕服、袍服、禅衣和襜褕等。衣服有短衣、长衣、单衣、夹衣等。魏晋以来,衣服变迁不是很大,但是融入了一些少数民族的元素。褒衣博带的风尚因名士的风度而起。裲裆就是类似于马甲的服饰,很流行。下衣为裳,类似裤子。男子与女子不同。少数民族宽大的裤子开始流行在魏晋。⑧

---

① 《晋书》卷27《五行志上》,第822页。

② 陈苏镇编著:《恢弘与古朴:秦汉魏晋南北朝的物质文明》,北京大学出版社2009年版,第121—124页。

③ 罗宗真:《魏晋南北朝考古》,文物出版社2019年版,第196页。

④ 陈苏镇编著:《恢弘与古朴:秦汉魏晋南北朝的物质文明》,北京大学出版社2009年版,第118页。

⑤ 《三国志》卷54《吴书·吕蒙传》,第1278页。

⑥ 《三国志》卷65《吴书·华覈传》,第1468—1469页。

⑦ 刘锡涛:《北朝时期中原地区的生活胡风现象》,殷宪、马志强著:《北朝研究》(第一辑),北京燕山出版社2008年版,第363页。

⑧ 陈苏镇编著:《恢弘与古朴:秦汉魏晋南北朝的物质文明》,北京大学出版社2009年版,第121—124页。

晋代士族生活奢侈，衣饰讲究，典型的如石崇“以奢豪矜物，厕上常有十余婢侍列，皆有容色，置甲煎粉、沈香汁，有如厕者，皆易新衣而出。客多羞脱衣，而敦脱故著新，意色无怍。”①南朝范晔性精微有思致，触类多善，衣裳器服，莫不增损制度，世人皆法学之。② 南梁时期“焚东昏淫奢异服六十二种于都街。”③可见当时人们服饰式样很多。六朝时期，北方少数民族的服装与汉服逐渐融合为一体，襦袴（内衣）为人们普遍穿着。佛教的装束广泛被社会各阶层接受，深衣在魏晋南北朝时期不分贵贱均可穿用。④

北魏时期的衣饰融合了胡汉特色，如元忠喜爱收集穿着各种衣物，肃宗时，元忠陪宴，“忠愚而无智，性好衣服，遂著红罗襦，绣作领；碧䌷裤，锦为缘。”⑤北魏时期，贵族崇尚华丽的衣服和奢侈的装饰，国家以等级定衣饰“王公以下贱妾，悉不听用织成锦绣、金玉珠玑，违者以违旨论；奴婢悉不得衣绫绮缬，止于缦缯而已；奴则布服，并不得以金银为钗带，犯者鞭一百。”希望以重罚来制止这种风气，但是无法实行。⑥ 周宣帝注重养成社会节俭的风气，“禁天下妇人皆不得施粉黛之饰，唯宫人得乘有辐车，加粉黛焉。”⑦但宣帝不理政事，“好令京城少年为妇人服饰，入殿歌舞，与后宫观之，以为喜乐。”⑧北齐城市“妇人皆剪剔以着假髻，而危邪之状如飞鸟，至于南面，则髻心正西。”⑨北齐时期，胡服对中原服饰的变迁有着很大的影响，“中国衣冠，自北齐以来，乃全用胡服。窄袖绯绿短衣，长靿靴，……皆胡服也。”⑩“爰自北齐，有长帽、短靴、合袴、袄子、朱紫玄黄，各任所好。”⑪

鞋有履、鞜、屐等。做鞋的原料有丝麻以及皮等。晋代人们穿的鞋也有变化，“初作屐者，妇人头圆，男子头方。圆者顺之义，所以别男女也。至太康初，妇人屐乃头方，与男无别。此贾后专妒之征也。”⑫东汉到魏晋南北朝时期，木屐逐渐流行。老百姓一般穿用麻、草、藤等制成的鞋。游牧民族的靴子开始在中原流行。袜子也称足衣。秦汉魏晋南北朝时期的足衣常用丝

① 《晋书》卷98《王敦传》，第2566页。
② 《宋书》卷69《范晔传》，第1829页。
③ 《梁书》卷1《武帝上》，第22页。
④ 罗宗真：《魏晋南北朝考古》，文物出版社2019年版，第193页。
⑤ 《魏书》卷19上《景穆十二王》，第452页。
⑥ 《魏书》卷21上《上献文六王》，第556页。
⑦ 《周书》卷7《宣帝纪》，第125页。
⑧ 《周书》卷7《宣帝纪》，第125页。
⑨ 《北齐书》卷8《后主幼主》，第114页。
⑩ 沈括著，金良年、胡小静校：《梦溪笔谈》卷1，上海古籍出版社2013年版，第4页。
⑪ 《旧唐书》卷45《舆服志》，中华书局1975年版，第1951页。
⑫ 《晋书》卷27《五行志上》，第824页。

帛麻布和皮革等原料制成。古代有入门脱履的规定,所以袜子对上层社会来说很重要。①

2. 饮食习俗的变化

魏晋南北朝时期的城市饮食市场存在两个不同层次的需求和市场,一个是饮食原料市场,一个是饮食成品市场。魏晋南北朝时期的饮食原料市场如粮食、肉、菜、副食等市场取得了长足的发展,体现了魏晋南北朝时期商品经济发展。作为饮食成品市场的食肆、饭店、酒肆等显得萧条不振,较汉代大为逊色,反映了动乱年代的时代特征。②

南北朝时期人们掌握了发酵的技术,中国人更加爱吃蒸食,这与西方爱吃烤食形成了区分。魏晋南北朝时期人们爱吃麦饭、粟饭和稻米饭。③ 北方胡族以肉、乳为主食,少蔬菜,注重味道的鲜纯。北方胡族的饮食习惯主要有肉、乳、酥、胡饼、胡饭、胡椒酒、胡豉、胡羹,此外还有葡萄、石榴、胡麻、黄瓜、胡桃、蒜、胡豆等。④

魏晋时期北方的发展和南方的开发为饮食文化奠定了物质基础,民族融合促进了饮食文化的交流,士族的享乐之风对饮食文化起到了促进作用,人们对饮食文化的研究也上升到了理论的高度。⑤ 饮食结构方面,主食南方以水稻为主,兼种菽麦。北方多食麦。有各种饼食如汤饼、春饼、煎饼等等。此外,还有粟、豆子等可以作为主食的补充。张华的《博物志》记载了南方人多吃水产副食,北方多吃陆畜产。南方人喜吃鲜鱼,鱼类的加工达到了很高的水平。北方多吃牛羊等所谓六畜。魏晋后,各族杂居,饮食习俗互相影响,不少新的食品制作方法也进入中原,其中以羌煮烤炙最为典型。⑥南朝士大夫的食量,大概要每月五斗左右,约相当今日的一市斗。⑦

---

① 陈苏镇编著:《恢弘与古朴:秦汉魏晋南北朝的物质文明》,北京大学出版社 2009 年版,第 121—124 页。

② 黎虎:《魏晋南北朝时期的饮食原料市场》,黎虎:《魏晋南北朝史论》,学苑出版社 1999 年版,第 362 页。

③ 陈苏镇编著:《恢弘与古朴:秦汉魏晋南北朝的物质文明》,北京大学出版社 2009 年版,第 129 页。

④ 刘锡涛:《北朝时期中原地区的生活胡风现象》,殷宪、马志强著:《北朝研究》(第一辑),北京燕山出版社 2008 年版,第 366 页。

⑤ 张承宗、魏向东:《魏晋南北朝饮食风俗研究》,殷宪、马志强著:《北朝研究》(第一辑),北京燕山出版社 2008 年版,第 322 页。

⑥ 张承宗、魏向东:《魏晋南北朝饮食风俗研究》,殷宪、马志强著:《北朝研究》(第一辑),北京燕山出版社 2008 年版,第 323—332 页。

⑦ 缪钺:《读史存稿》,三联书店 1982 年版,第 29 页。

这个时期中原汉民族与北方民族的食俗融合变化奠定了中华饮食精工细作的基础。饮食方式也从分餐制向合食制度过渡，一日两餐向一日三餐过渡。高桌大凳的出现为合餐制度基础。魏晋南北朝时期饮食文化具有地理上的差异，导致各大菜系形成。北方麦饭食肉，南方饭稻羹鱼。① 人们日常四季所食不同，四季饮食的调节，“堇荼供春膳，粟浆充夏飧。爬酱调秋菜，白醝解冬寒。”②盐的种类很多，人们对盐的种类和功能认识已经很深刻，“世祖又遣赐义恭、骏等毡各一领，盐各九种，并胡豉。孝伯曰：‘有后诏：凡此诸盐，各有所宜。白盐食盐，主上自食；黑盐治腹胀气满，末之六铢，以酒而服；胡盐治目痛；戎盐治诸疮；赤盐、驳盐、臭盐、马齿盐四种，并非食盐。”③

城市居民的饮食生活贵族和平民有所不同。不同身份的人因为具有不同的饮食习惯。贵族以肉类为主，平民以菜肴为主，两极分化明显。《礼记》中规定了严格的操作和摆放饮食的规定。汉代贵族饮食还有歌舞相伴。内蒙古发现的壁画显示了汉代贵族家庭中厨房众多，饮食种类丰富的场景，各种兽类和禽类一应俱有。制作方法非常精细。厨房的用具齐全。④

城市中社会各阶层的饮食不同，体现出了阶级差别：魏晋南北朝时期贵族的饮食更为奢靡，皇帝每日进餐四次，为平旦食、昼食、晡食、暮食。贵族三餐，平民两餐。⑤ 宫廷贵族的饮食，一般时期非常奢靡。魏晋南北朝时期贵族的饮食奢靡讲究，士族中所谓“三世长者知被服，五世长者知饮食。”⑥官僚士大夫饮食生活，总体奢靡的情况有几个特点，士大夫在饮食上非常浪费挥霍，在饮食奢华的基础上求新求异，贵族大家家馔精致，技艺高超，许多贵妇是烹调的高手。魏晋以后，士人风流放诞，形成了特有的饮食文化意蕴。民间以粮食和蔬菜的素食结构为主。民间饮食也在官僚的影响下走向

① 张承宗、魏向东：《魏晋南北朝饮食风俗研究》，殷宪、马志强著：《北朝研究》（第一辑），北京燕山出版社 2008 年版，第 339—342 页。

② 《宋书》卷 76《王玄谟传》，第 1975 页。

③ 《魏书》卷 53《李孝伯传》，第 1170 页。

④ 陈苏镇编著：《恢弘与古朴：秦汉魏晋南北朝的物质文明》，北京大学出版社 2009 年版，第 125 页。

⑤ 陈苏镇编著：《恢弘与古朴：秦汉魏晋南北朝的物质文明》，北京大学出版社 2009 年版，第 128 页。

⑥ 陈苏镇编著：《恢弘与古朴：秦汉魏晋南北朝的物质文明》，北京大学出版社 2009 年版，第 128 页。

奢侈。[1] 鲑,吴人谓鱼菜总称。称菜肴曰鲑,盖自东汉已然。[2] 东晋上层分子用餐情况,简约者以五样菜或七样菜为一般规格。[3] 官员贵族的饭食较为丰富,北方的贵族吃鱼类,刘聪因为左都水使者襄陵王摅“坐鱼蟹不供,……皆斩于东市”。[4] 美食品鉴在当时城市贵族中出现,苻朗在东晋“谢安常设宴请之,朝士盈坐,并机褥壶席。朗每事欲夸之,唾则令小儿跪而张口,既唾而含出,顷复如之,坐者为不及之远也。又善识味,咸酢及肉皆别所由。”[5]粥是贵族们的家常便饭,“崇为客作豆粥,咄嗟便办。”韭菜也是经常吃的,“每冬,得韭萍齑。”[6]可见贵族们在日常饮食中非常奢侈和讲究。城市中的贵族们还常常利用自己园圃经营农产品放在城市的市场中获利“秦、汉以来,风俗转薄,公侯之尊,莫不殖园圃之田,而收市井之利,渐冉相放,莫以为耻,乘以古道,诚可愧也。”[7]

一般的城市平民生活较为简单,一般吃米、麦子、蔬菜等,主要的调味料就是盐。城阳太守梁柳,赴任做官的时候,“食不过盐菜,贫者不以酒肉为礼。”[8]吃饭较为简单的贵族或者官员与平民的饮食类似,如北周时期的裴侠“躬履俭素,爱民如子,所食唯菽麦盐菜而已。吏民莫不怀之。”[9]韭菜是人们常吃的蔬菜,钜鹿人孚“兴平中,本郡人民饥困。孚为诸生,当种薤,欲以成计。”[10]葵菜、蓝子、鸡、面等在市场是常见的,“贾后……于宫中为市,使人屠酤,手揣斤两,轻重不差。其母本屠家女也,故太子好之。又令西园卖葵菜、蓝子、鸡、面之属,而收其利。”[11]葱是人们餐桌的佳品:“石葱将叛,澄诫勒曰:‘今年葱中有虫,食必害人,可令百姓无食葱也。’”[12]人们吃的其他副食蔬果等也非常丰富。芋头、小豆、菱角、葫芦、黄瓜、菠菜、枣、橙子、桔子、柿子、梨子、梅子、李子、橄榄、木瓜、西瓜等蔬菜和水果。各种禽兽类和鱼类也都能在餐桌上看到。人们的调味料也非常丰富。张骞通西域后,增

---

① 张承宗、魏向东:《魏晋南北朝饮食风俗研究》,殷宪、马志强著:《北朝研究》(第一辑),北京燕山出版社 2008 年版,第 353 页。
② 周一良:《魏晋南北朝史札记》,中华书局 1985 年版,第 248 页。
③ 周一良:《魏晋南北朝史札记》,中华书局 1985 年版,第 250 页。
④ 《晋书》卷 102《刘聪载记》,第 2661 页。
⑤ 《晋书》卷 114《苻坚载记下》,第 2937 页。
⑥ 《晋书》卷 33《王祥传》,第 1007 页。
⑦ 《晋书》卷 56《江统传》,第 1535—1537 页。
⑧ 《晋书》卷 51《梁柳传》,第 1411 页。
⑨ 《周书》卷 35《裴侠传》,第 619 页。
⑩ 《三国志》卷 15《魏书 · 贾孚传》注引《魏略列传》,第 485 页。
⑪ 《晋书》卷 53《愍怀太子遹传》,第 1458 页。
⑫ 《晋书》卷 95《艺术》,第 2487 页。

加了葱、蒜、茴香等,人们还掌握了酿造的技术。制作烹饪的方法也多样化了。① 此外,葵、蔓菁、菘、韭、茄子、茭白、莼菜等也是人们的蔬菜。禽蛋、菌类、竹笋等也是人们常吃的。人们开始用甘蔗榨汁,做各种酱类调味品,汉代就有一种豉的调味品。此外,醋、葱等也是重要的调味品。② 贾思勰列出了31种蔬菜,其中20种今天仍在栽培。……45种枣子、12种桃树、12种梨树。……他提倡向市场农业进行更为彻底的转变,即在几百亩土地上专门种植一种经济作物。③

魏晋南北朝时期,饮酒之风大盛,尤其是谈玄的士人常常借酒放纵。许多人喜爱自己酿酒,如曹操《上九酝酒法奏》:"臣县故令南阳郭芝,有九酝春酒。法用曲三十斤,流水五石,腊月二日清曲,正月冻解,用好稻米,漉去曲渣,便酿法饮。日譬诸虫,虽久多完,三日一酿,满九石米止。"④南方饮米酒。⑤ 饮酒之风在城市中风行,宫廷中饮酒成风,如三国时期的孙皓"每飨宴,无不竟日,坐席无能否率以七升为限,虽不悉入口,皆浇灌取尽。曜素饮酒不过二升,初见礼异时,常为裁减,或密赐茶荈以当酒,至于宠衰,更见逼强,辄以为罪。"⑥过度饮酒不仅是一种不好的风气,而且浪费粮食,所以官方常常颁发禁酒令,但是也常有犯禁者,燕国蓟人徐邈"魏国初建,为尚书郎。时科禁酒,而邈私饮至於沈醉。"⑦平原人管辂"容貌粗丑,无威仪而嗜酒,饮食言戏,不择非类,故人多爱之而不敬也。"⑧拼酒之风很盛,"及充与庾纯因酒相竞,曾议党充而抑纯,以此为正直所非。"⑨魏晋士人饮酒到了无节制的地步,与玄学之风和政治上的失意有着关联,如阮籍"既而饮酒二斗,举声一号,吐血数升。及将葬,食一蒸肫,饮二斗酒,然后临诀,直言穷矣,举声一号,因又吐血数升,毁瘠骨立,殆致灭性。裴楷往吊之,籍散发箕

① 陈苏镇编著:《恢弘与古朴:秦汉魏晋南北朝的物质文明》,北京大学出版社2009年版,第130—131页。

② 张承宗、魏向东:《魏晋南北朝饮食风俗研究》,殷宪、马志强著:《北朝研究》(第一辑),北京燕山出版社2008年版,第334—335页。

③ [加]卜正民主编:[美]陆威仪著,李磊译,周媛校:《分裂的帝国:南北朝》,中信出版社2016年版,第122页。

④ 《三曹集》,岳麓书社1992年版,第46页。

⑤ 张承宗、魏向东:《魏晋南北朝饮食风俗研究》,殷宪、马志强著:《北朝研究》(第一辑),北京燕山出版社2008年版,第343—347页。

⑥ 《三国志》卷65《吴书・韦曜传》,第1462页。

⑦ 《三国志》卷27《魏书・徐邈》,第739页。

⑧ 《三国志》卷29《魏书・方技传》,第811页。

⑨ 《晋书》卷33《王祥传》,第998页。

踞,醉而直视,楷吊唁毕便去。"①草原民族喜爱饮酒,"胡人奢侈,厚于养生,家有蒲桃酒,或至千斛,经十年不败,士卒沦没酒藏者相继矣。"②女人也常常饮酒,代人长孙虑,"母因饮酒,其父真呵叱之,误以杖击,便即致死。"③乐部郎胡长命妻张氏,为照顾姑母王氏违反了当时京师禁酒,"为有司所纠。王氏诣曹自告曰:老病须酒,在家私酿,王所为也。……高宗义而赦之。"④高允在其《酒训》中指出了"戒酒以为度,顺德以为经。"⑤可见当时北魏官员的酗酒之风非常盛行。⑥ 南朝城市的人们也爱饮酒,安陆人徐度"嗜酒好博。恒使僮仆屠酤为事"。⑦

这一时期饮茶之风盛行;魏晋南北朝时期南方普遍种茶;佛教的传播对饮茶之风起到了作用。南方饮茶也传到了北方。北方人喜欢饮酪,也传到南方。⑧

在两种不同文化的接触中,首先互相影响的是生活方式,在生活方式中,最具体的是饮食习惯,饮食习惯是一种文化特质,不易被同化和融合的。孝文帝迁都后,实行一系列的汉化措施,但是自己的饮食习惯依然没有大的改变。⑨ 酪浆畜肉是草原民族主要饮食,即使后来热爱中原文化的孝文帝,仍然不愿放弃这种传统的饮食习惯。⑩ 奶酪和莼羹成为南北食品不同类型的象征。在北魏的中原地区,至少有两种饮食习惯并存,一种是拓跋部的饮食习惯,一种是中原地区原有的饮食习惯。羊肉与乳酪是拓跋部的饮食习惯。负责北魏宫廷饮食的是成轨和赵黑等,是凉州人和上谷人,处于草原和农业文明过渡交界地区。他们能够适应两种不同的饮食习惯。是在北魏的宫廷之内,也有江南和中原的饮食习惯存在。北魏迁都洛阳以后,中原士女也将中原士族的饮食习惯带入了鲜卑部民之家,对他们的饮食习惯有了很大的改变。清河崔氏是北方第一流世家大族,是五胡之乱后,居留在北方未能南渡的世家代表。崔浩是北方的学术领袖,他注释经典,更工书法,家学

① 《晋书》卷49《阮籍传》,第1361页。
② 《晋书》卷122《吕光传载记》,第3055页。
③ 《魏书》卷86《孝感》,第1882页。
④ 《魏书》卷92《列女》,第1980页。
⑤ 《魏书》卷48《高允传》,第1088页。
⑥ 李凭:《北魏平城时代》,社会科学文献出版社2000年版,第279页。
⑦ 《陈书》卷12《胡颖徐度子敬成杜棱沈恪》,第188页。
⑧ 张承宗、魏向东:《魏晋南北朝饮食风俗研究》,殷宪、马志强著:《北朝研究》(第一辑),北京燕山出版社2008年版,第343—347页。
⑨ 逯耀东:《从平城到洛阳——拓跋魏文化转变的历程》,中华书局2006年版,第126页。
⑩ 逯耀东:《从平城到洛阳——拓跋魏文化转变的历程》,中华书局2006年版,第7页。

渊源。他的食经体现了保存其家族的家风和世族的生活理想,代表了当时中原农业文明的饮食传统。①

西域等周边民族的饮食习俗传入中原和其他地区,饮食中不同民族的饮食相互借鉴,如胡饼等已成为汉族人们的日常食品,“王长文……后于成都市中蹲踞啮胡饼。”②郡功曹赵息,“从父岐为皮氏长,闻有家祸,因从官舍逃,走之河间,变姓字,又转诣北海,著絮巾布袴,常於市中贩胡饼。”③胡饼作为谋生的手段,在各地城市的销量看来还是不错的。

外来文明的融合在饮食方面也有体现,佛教的饮食禁忌在南北城市社会中越来越为人们所遵从。日本学者冢本善隆研究了北魏皇帝命令僧人巡游教化,以及设置佛图户和僧祇粟的政策,可见当时佛家对城市饮食习俗已有一定的影响。④ 所谓年三月六持斋,也就是在一年之中的正、五、九月的三长斋月,从初一到十五日蔬食斋戒。每个月的六斋日也要吃素的。最晚从东晋开始,中国佛教就开始实施三长斋月。南朝时期皇室修习斋戒的较平民为多。孝文帝在冯太后的影响下,信仰佛教,而且可能在六宫之内实行斋戒。在祭祀天地宗庙的时候也以酒脯代替杀牲。梁武帝也要僧尼全面蔬食,因为从东晋以来,一些虔诚的俗家信徒已经开始持三月六斋。下令僧尼全面禁断酒肉。人们还受到了《涅槃经》的影响而实行斋戒,还有的在祭祀的时候去掉牺牲。⑤

魏晋南北朝时期因政治社会变迁、思想解放以及科学文化的发展,佛道等宗教兴起,人口大规模流动与民族大融合的发展,导致了饮食学确立。表现为出现了一批较为全面系统专门独立的饮食学著作、有了较为完整系统的学科体系,还有一批熟谙饮食问题的研究有素的专家和研究群体。⑥

3. 居住和出行的变化

社会文明的发展促使城邑和城市中的聚居制度不断演变。从秦汉的闾里制,经隋唐的里坊制,再到两宋的坊巷制,聚居制度从早期以社会政治功

---

① 逯耀东:《从平城到洛阳——拓跋魏文化转变的历程》,中华书局 2006 年版,第 120—128 页。
② 《晋书》卷 82《陈寿传》,第 2139 页。
③ 《三国志》卷 18《魏书·阎温传》注引《世语》,第 551—552 页。
④ [日]冢本善隆:《冢本善隆著作集第二·北朝佛教史》,东京:大东出版社 1974 年版,《北魏建国时代的佛教政策与河北的佛教》,第 1—26 页。
⑤ 刘淑芬:《中古的佛教与社会》,上海古籍出版社 2008 年版,第 77—80 页。
⑥ 黎虎:《魏晋南北朝饮食学的确立和发展》,黎虎:《魏晋南北朝史论》,学苑出版社 1999 年版,第 364—386 页。

能为基础逐渐转变到以社会经济功能为基础。[①] 聚族而居的住宅应为以中轴上的厅堂为公共场所的重堂结构。[②] 城市人们住宅的种类有:方形和长方形,也有一字形、曲尺形、三合式、四合式、日字形等。基本结构多为一堂二内,即三间房子中,一间为堂,两间为室。中型以上住宅有着明显的中轴线。以四合院为主组成了建筑群。汉代用砖,屋檐结构为缓和屋檐增加室内光线向上反曲。贫民多为草庐。南方少数民族地区多有干栏式建筑。[③]

魏晋南北朝时期,民族文化交流中游牧民族的室内设施也逐渐在城市中普及。晋泰始(265)之后,中国相尚"用胡床貊槃,及为羌煮貊炙,贵人富室,必畜其器,吉享嘉会,皆以为先。太康中,又以氈为絈头及络带袴口"。[④] 陶伊"是时已贵显,素闻徽之名,便下车,踞胡床,为作三调,弄毕,便上车去,客主不交一言。"[⑤]晋代贵族们的生活非常奢侈,石崇与王恺斗富的故事是典型的代表,"恺亦自恃其能,令济先射。一发破的,因据胡床,叱左右速探牛心来。"[⑥]毡毯、胡床、胡凳以及骑马之风在魏晋南北朝盛行,并流传后世。[⑦] 城市中住宅内的设施主要有床、榻、胡床、小桌等。人们往往席地而坐或者在床和榻上跪坐。几案大多上面都有涂漆。坐有枰和榻两种。床有木质的也有石质的。受到少数民族的影响在小床上垂脚而坐的习惯正在形成中。[⑧]

马牛车是城市中人们常见的交通工具,不同等级的人们所用的车架以及配饰有着区分。[⑨] 南朝时期人们常用牛车,如"建元四年,太祖崩,琨闻国讳,牛不在宅,去台数里,遂步行入宫。"[⑩]北方人骑马,南方人乘舟。晋元康时(291—299),"天下始相傚为乌杖以柱掖,其后稍施其镦,住则植之。"[⑪]

---

① 刘临安:《中国古代城市中聚居制度的演变及特点》,《西安建筑科技大学学报》1996 年第 1 期。

② 黎虎:《客家聚族而居与魏晋北朝中原大家族制度》,黎虎:《魏晋南北朝史论》,学苑出版社 1999 年版,第 323 页。

③ 陈苏镇编著:《恢弘与古朴:秦汉魏晋南北朝的物质文明》,北京大学出版社 2009 年版,第 132 页。

④ 《晋书》卷 27《五行志上》,第 823 页。

⑤ 《晋书》卷 82《陶伊传》,第 2119—2120 页。

⑥ 《晋书》卷 42《王济传》,第 1205—1206 页。

⑦ 刘锡涛:《北朝时期中原地区的生活胡风现象》,殷宪、马志强著:《北朝研究》(第一辑),北京燕山出版社 2008 年版,第 370 页。

⑧ 陈苏镇编著:《恢弘与古朴:秦汉魏晋南北朝的物质文明》,北京大学出版社 2009 年版,第 138 页。

⑨ 《晋书》卷 15《舆服》,第 753—770 页。

⑩ 《南齐书》卷 32《王琨传》,第 579 页。

⑪ 《晋书》卷 27《五行志上》,第 824 页。

二　魏晋南北朝时期城市的社会风俗与文化娱乐

中国自古就是一个礼俗社会。社会风俗关系国家治乱，都城在风俗上具有首善之区的导向作用。① 俗先于礼，礼本于俗。柳诒徵认为在中国礼俗之界，至难划分。费孝通认为乡土中国是礼俗社会。礼制以尊卑贵贱的等级限定民居的高度，即使拥有钱财，也不能随意建筑高层。不向高处发展，就横向发展，因此形成多进的深宅大院。所以中国人的衣食住行、婚丧节庆，不论形制、仪式和内容，莫不体现出礼制的主导作用。② 城市中的民俗就是城市人们日常生活的样式。家族、婚姻、节日、娱乐以及各种生活风习构成了民俗的主要内容。魏晋南北朝时期，胡风汉制的文明碰撞与融合的特色也体现在城市礼俗的变迁上。

1. 孝义之风

孝是中华民族传统文化之精华，是农业文明的产物。在魏晋南北朝民族大融合时期，孝义之风依然在城市社会受到推崇。京兆新丰人鲍出，在动乱中与老母逃离本县，在找食物时老母被贼所略，他"乃攘臂结衽独追之，行数里及贼。"后来迫使贼归还了他的老母和嫂子，"乡里士大夫嘉其孝烈，欲荐州郡，……至青龙中，母年百余岁乃终，出时年七十余，行丧如礼。"③涿郡容城人孙礼"丧乱时，礼与母相失，同郡马台求得礼母，礼推家财尽以与台。"④广汉人许商"为蜀郡太守。成都禽坚有至孝之行，商表其墓，追赠孝廉。又与严君平、李弘立祠作铭，以旌先贤。脩学广农，百姓便之。"⑤

西晋时期，儒家的名节不为人们所重，社会风气败坏，但孝义之风犹存，东平平陆人马隆"好立名节。魏兖州刺史令狐愚坐事伏诛，举州无敢收者。隆以武吏托称愚客，以私财殡葬，服丧三年，列植松柏，礼毕乃还，一州以为美谈。"⑥东晋时期"始自中朝，逮于江左，虽百六之灾遄及，而君子之道未消，孝悌名流，犹为继踵。"⑦如李密父早亡，由祖母刘氏抚养，"密奉事以孝

① 张勃：《变异风俗，以致太平》，《北京日报》2018 年 2 月 12 日。
② 刘志琴：《从本土资源建树社会文化史理论》，《近代史研究》2014 年第 4 期，第 126 页。
③ 《三国志》卷 18《魏书 · 阎温传》注引《世语》，第 552—553 页。
④ 《三国志》卷 24《魏书 · 孙礼传》，第 691 页。
⑤ 《三国志》卷 38《蜀书 · 许靖传》，第 967 页。
⑥ 《晋书》卷 57《马隆传》，第 1554 页。
⑦ 《晋书》卷 88《孝友》，第 2274 页。

谨闻。刘氏有疾，则涕泣侧息，未尝解衣，饮膳汤药必先尝后进。”①庾衮“以旧宅与其长兄子赓、翕。及翕卒，衮哀其早孤，痛其成人而未娶，乃抚柩长号，哀感行路，闻者莫不垂涕。”②

北方游牧部落的习俗一般是轻贱长者，而崇拜强者。但北魏统治者入主中原后，提倡孝道，承袭了汉民族文明传统，对有孝道的人政府给予表彰，体现了文明之融合。长孙虑父亲误将其母亲打死，他上书尚书，陈述自家困难，要求宽恕父亲。③ 乐安人孙益德“其母为人所害，益德童幼为母复仇。还家，哭于殡以待县官。高祖、文明太后以其幼而孝决，又不逃罪，特免之。”④代人董洛生“居父丧过礼，诏遣秘书中散温绍伯奉玺书慰之，令自抑割以全孝道。又诏其宗亲，使相喻奖，勿令有灭性之讥。”⑤

孝义之风虽在晋代之后受到冲击：“晋、宋以来，风衰义缺，刻身厉行，事薄膏腴。若夫孝立闺庭，忠被史策，多发沟畎之中，非出衣簪之下。”⑥但南朝社会作为中原传统文化的正统继承者，城市社会中依然提倡孝义之风，使之在南方城市的文化土壤中延续：如历阳人刘瑜“事母至孝。年五十二，又丧母，三年不进盐酪，号泣昼夜不绝声。勤身运力，以营葬事。服除后，二十余年布衣蔬食，言辄流涕。常居墓侧，未尝暂违。”⑦

南北朝统治者都提倡孝道，《孝经》依然是汉族社会的重要读本，但目的有所不同，北魏孝文帝提倡《孝经》将拓跋人作为宣扬的对象，是因其集团与个人之间还缺少一个中介性的团体即家族。而东晋南朝提倡《孝经》在于忠的行为无从谈起，而只有利用孝道以掩盖自己的行为巩固政权。⑧

2. 婚姻习俗的变化

婚俗是人类文化风俗重要的组成部分，在两种不同类型的文化接触过程中，首先受到影响的是生活方式，其次才是意识形态的转变。这两种有形与无形的转变，最后通过互相的婚姻关系而完成融合。拓跋部的婚姻制度在入长城前，实行着仲春奔会、略将女去的掠夺婚、婿随妻归的劳役婚，以及

---

① 《晋书》卷 88《孝友》，第 2274 页。
② 《晋书》卷 88《孝友》，第 2281 页。
③ 《魏书》卷 86《孝感》，第 1882 页。
④ 《魏书》卷 86《孝感》，第 1883 页。
⑤ 《魏书》卷 86《孝感》，第 1883 页。
⑥ 《宋书》卷 91《孝义》，第 2259 页。
⑦ 《宋书》卷 91《孝义》，第 2243 页。
⑧ 康乐：《从西郊到南郊：北魏的迁都与改革》，北京联合出版公司 2020 年版，第 229—263 页。

妻后母、报寡嫂的继收婚制。[①] 对于中原的士大夫来说,婚姻是保持清浊的最好的界限。中原士族闺秀的下嫁,将中国文化的传统、生活方式、观念等带进了拓跋部士族的家庭,对加速草原文化向农业文化的转变有着不可磨灭的影响。迁都之后,拓跋部家族和中原士族通婚渐渐普遍。[②]

北魏不但士庶之间的婚姻有界限,就是大族之间也有等级存在。[③] 北魏长期有早婚习俗。[④] 门阀制度下的婚姻圈子更小,往往由于门第高下、地望优劣在他们之间分化出许多等级来,像清河崔氏、荥阳郑氏、太原王氏、范阳卢氏、陇西李氏列为一流,广平游氏、河间邢氏、博陵崔氏、顿丘李氏、渤海高氏等是一流。[⑤] 崔李两氏的婚姻也是累世不绝的,到北齐时依然继续着。[⑥]

马克思说过"每个了解一点历史的人也都知道,没有妇女的酵素,就不可能有伟大的社会变革。社会的进步可以用女性(丑的也包括在内)的社会地位来精确地衡量。"[⑦]在拓跋氏初期的社会里是实行一夫一妻制度。[⑧] 北朝妇女在婚姻家庭中有择偶的自由权利;在婚聘上也有很大的自由权;结婚女子,如果感情不合,可以离婚;妇女改嫁、再嫁较为普遍,不受轻视;妇女在家中不讲敬夫的礼节;嫉妒之风盛行也凸显了妇女在家庭中的地位。但北魏后期地位下降。[⑨] 妇女在家多主持门户。[⑩] 北朝妇女与汉族高门通婚,从一定程度上促进了民族融合,加速了北朝的封建化进程。下层自由通婚的风气进一步促进了民族融合。[⑪] 周一良也曾指出皇帝婚姻不论辈分,晋宋以来久已如此。北朝也有类似现象。与胡化也许无关。[⑫]

自迁都后和中原士族通婚比较普遍,于是在拓跋氏宗室里,文雅从容之

① 逯耀东:《从平城到洛阳——拓跋魏文化转变的历程》,中华书局2006年版,第16页。
② 逯耀东:《从平城到洛阳——拓跋魏文化转变的历程》,中华书局2006年版,第17页。
③ 逯耀东:《从平城到洛阳——拓跋魏文化转变的历程》,中华书局2006年版,第203页。
④ 周一良:《魏晋南北朝史札记》,中华书局1985年版,第311页。
⑤ 逯耀东:《从平城到洛阳——拓跋魏文化转变的历程》,中华书局2006年版,第207页。
⑥ 逯耀东:《从平城到洛阳——拓跋魏文化转变的历程》,中华书局2006年版,第217页。
⑦ 《马克思恩格斯全集》第32卷,第571页。
⑧ 逯耀东:《从平城到洛阳——拓跋魏文化转变的历程》,中华书局2006年版,第187页。
⑨ 朱秀波:《北朝妇女社会地位与社会作用简述》,殷宪、马志强著:《北朝研究》(第一辑),北京燕山出版社2008年版,第215—216页。
⑩ 朱秀波:《北朝妇女社会地位与社会作用简述》,殷宪、马志强著:《北朝研究》(第一辑),北京燕山出版社2008年版,第217页。
⑪ 朱秀波:《北朝妇女社会地位与社会作用简述》,殷宪、马志强著:《北朝研究》(第一辑),北京燕山出版社2008年版,第219页。
⑫ 周一良:《魏晋南北朝史札记》,中华书局1985年版,第175页。

士越来越多,当时最著名的有延明、元彧、元熙。[1] 拓跋氏公主下嫁代北部落酋长家族者二十一人,下嫁投降北魏的南方宗室大族者十一人,下嫁归附部落者四人,因姻亲关系下嫁后族与中原士族者十五人。[2] 在下层拓跋氏部族的流民中,选择与汉人等外部人婚姻。[3] "显祖平青齐,徙其族望于代。时诸士人流移远至,率皆饥寒。徙人之中,多允姻媾,皆徒步造门。"[4]按中国礼法的规定,不同辈分的人不得通婚。南朝和北朝都有不同行辈的人结婚的情况,恰恰在这时期中国礼法规定未被遵守。[5]

拓跋氏宗室婚姻表

宗室姓氏	妃妻族望	妃妻家世
阿斗那	洛阳纥干氏	祖和突,南部尚书
元度和	下邳皮氏	祖豹,淮阳王
元鸷	辽东公孙甑生	祖顺,给事中平义子
元兴都	娄氏	
元丕	段氏	
元超	陇西李氏	李冲女
元受九	王氏	昭成之舅女
元遵	刘氏	元明帝之姨
元素连	赫连氏	夏主赫连昌之妹
元于德	南阳张氏	龙骧将军阜城侯提之孙女
元悝	叱罗氏	父兴,仪曹尚书
元晖	辽东公孙氏	
元逸	顿丘李氏	父平,车骑大将军
元培斤	宇文氏	
元仪	周氏	
元均	京兆氏	汉御史大夫周之后
元鉴	吐谷浑	吐谷浑国主之胄
元继	渤海南皮石婉	魏故使持节都督荆州豫州诸军事

---

① 逯耀东:《从平城到洛阳——拓跋魏文化转变的历程》,中华书局 2006 年版,第 238 页。
② 逯耀东:《从平城到洛阳——拓跋魏文化转变的历程》,中华书局 2006 年版,第 231 页。
③ 逯耀东:《从平城到洛阳——拓跋魏文化转变的历程》,中华书局 2006 年版,第 194 页。
④ 《魏书》卷 48《高允传》,第 1089 页。
⑤ 周一良:《博陵崔氏个案研究》评价,《魏晋南北朝史论集续编》,北京大学出版社 1991 年版,第 194 页。

续表

宗室姓氏	妃妻族望	妃妻家世
元乂	安定胡氏	父珍，相国太上秦公
元亮	范阳卢氏	
元颖	清河崔氏	父休，尚书仆射
元爽	顿丘李氏	
元德隆	萧氏	父大将军齐王
元悦	长乐信都冯季华	燕昭文皇帝
元腾	广平程法珠	
元良	陆孟晖	
元嘉	河南穆氏	
元渊	琅琊王氏	父尚书令
元湛	琅琊王令媛	南齐士族
元新城	雷氏、顿丘李氏	
元飏	琅琊王氏	
元遥	安定梁氏	
元灵曜	河南尉氏	祖元，司徒淮阳景桓王
元寿安	范阳卢兰	汉燕王卢绾之后
元范	荥阳郑氏令妃	
元澄	李氏，长乐冯令华（继室）	姑文明皇后
元云	孟氏	
元诱	长乐冯氏、河东汾阴薛伯徽	祖太宰燕宣王
元略	范阳卢真心	
元寿	鞠氏	浇河太守之女
元鸾	河南乙氏	父延
元延	长乐冯氏	父熙
元崇智	河东薛氏	父青州刺史
元恭	闾氏	
元徽	陇西李氏	司空文穆公冲之孙女
元融	范阳卢贵兰	
元凝	河南洛阳陆顺华	祖受洛跋，相州刺史
元湛	河东汾阴薛慧命	曾祖谨，陪陵公
元桢	冯翊仇氏	
元彬	中山张氏	小种之女

续表

宗室姓氏	妃妻族望	妃妻家世
元争	长乐冯氏	
元举	渤海高氏	
元愿平	乐浪王氏	
元斑	河南穆玉容	曾祖宁南将军相州刺史
元干	南安谯氏、代郡穆氏	
元谌	渤海高氏	父信,镇东将军
元焕	河南穆氏	
贺略汉	上谷侯氏	
元谐	太原王氏	
元灵遵	河南宇文氏	
元简	常氏	
元祐	长乐常氏	
元延明	长乐冯氏	文明太后之妹
元谧	长乐冯会	高祖昭文皇帝
元谭	河内司马氏	曾祖司徒扬州刺史琅琊贞王
元颢	顿丘李元姜	祖太宰宣王
元端	长乐冯氏	祖朗,燕王
元勰	陇西李氏	
元禧	陇西李氏	
元羽	河南郑氏	
元雍	范阳卢氏	
元详	荥阳郑氏	
元子讷	陇西李氏	
元愉	恒农杨氏	
元宝月	兰陵萧氏	曾祖齐太祖
元怿	河南罗氏	
元亶	安定胡氏	
元宝建	武城崔氏	

(资料来源:逯耀东:《从平城到洛阳——拓跋魏文化转变的历程》,中华书局 2006 年版,第 242—250 页。)

魏晋南北朝是男女关系甚为开放的一个时期。好妒为妇女的美德，上层妇女不尊礼法，在社会生活中很活跃。① 北朝时期妇女较南朝妇女在社会中的地位也有所提高。南朝妇女不像北朝妇女在各方面都具有权利。② 北魏妇女地位较中原文化为高，妇女在政治上也有很高的地位，文明太后临朝听政的历史渊源可以一直追溯到拓跋部的早期代国时代，它是拓跋部社会中母权制度遗俗在新的历史条件下的反映。③ 北方游牧民族中这种母权制度遗风的顽强存留为北方社会中的妇女提供了有利的社会环境，从而造就了一大批与中原传统妇女性格截然不同的女性。当这些民族进入中原以后，使得整个中原社会妇女的精神面貌焕然一新。④ 共同的命运和环境，迫使宫人们互相同情，互相帮助，从而结合为同伙人。冯氏等人虽为汉人，她们在北燕受到游牧部落的沾染。⑤ 北魏常氏、冯氏、高氏诸后，因皆出自龙城或与龙城有祖茔渊源，而相继选拔扶持，形成操纵北魏后宫的龙城诸后势力。龙城诸后历经北魏中期四朝，均建立起以后权为核心而由外戚、宦官、近侍、权臣形成的政治集团，影响朝政达 64 年之久。⑥

拓跋氏公主婚嫁表

公主	驸马
长城公主	穆真
饶阳公主	穆伯智
宜阳公主	穆观
乐陵公主	穆寿
城阳公主	穆平国
济北公主	穆伏干
新平长公主	穆罴
中山长公主	穆亮
琅琊公主	穆绍
长乐公主	穆正国

① 康乐：《从西郊到南郊：北魏的迁都与改革》，北京联合出版公司 2020 年版，第 125 页。

② 朱秀波：《北朝妇女社会地位与社会作用简述》，殷宪、马志强著：《北朝研究》（第一辑），北京燕山出版社 2008 年版，第 220 页。

③ 李凭：《北魏平城时代》，社会科学文献出版社 2000 年版，第 241 页。

④ 李凭：《北魏平城时代》，社会科学文献出版社 2000 年版，第 243 页。

⑤ 李凭：《北魏平城时代》，社会科学文献出版社 2000 年版，第 249 页。

⑥ 李凭：《北魏龙城诸后考实》，《历史研究》2007 年第 3 期。

续表

公主	驸马
始平公主	穆平城
上谷公主	宿石
华阴公主	闾大肥
濩泽公主	闾大肥
南安长公主	卢统
高阳公主	万振
高阳公主	万安国
华阴公主	嵇拔
临泾公主	司马弥
河内公主	司马楚之
赵郡公主	司马跃
华阳公主	司马
饶安公主	刁宣
常山公主	陆昕之
上谷公主	乙
安乐公主	乙干归
淮阳公主	乙瑗
太原长公主	裴询
乐浪公主	卢道裕
济南长公主	卢道虔
丰亭公主	李彧
义阳公主	卢元聿
沧水公主	李安世
武邑公主	刘昶
建兴长公主	刘昶
平阳公主	刘昶
彭城公主	刘承绪
兰陵公主	刘辉
南阳公主	萧宝夤
建德公主	萧烈
寿阳公主	萧赞
彭城公主	王肃

续表

公主	驸马
陈留公主	张彝
晋宁公主	崔賁
武威公主	李盖
阳翟公主	姚黄眉
南安公主	杜超
乐安公主	冯诞
顺阳公主	冯穆
高平公主	高肇
长乐公主	高猛
东阳公主	于烈
襄城公主	崔瓒

（资料来源：逯耀东：《从平城到洛阳——拓跋魏文化转变的历程》，中华书局 2006 年版，第 242—250 页。）

上表中可见，上层元汉间的通婚情况非常普遍。北方少数民族的婚俗有妻后母、报寡嫂、寡妇再嫁、入帐交拜、催妇上车、戏弄女婿、新妇承鞍等风习。北朝胡族妇女嫉妒心强，有不许男人纳妾和通奸等。北朝入主中原，建立政权冲破了传统文化和习俗的束缚，随着民族融合胡风开始融入中原的文化之中。①

魏晋南北朝时期的南方，"蛮族"与汉族的融合以及蛮汉之间的婚姻关系，说明当时蛮族与汉族之间的混血已有相当程度的进展。②

两性关系是社会风俗和社会风习一个重要方面，魏晋南北朝时期，儒家礼法在动乱和民族融合中松弛，但城市中依然出现了一些贞洁烈女，为政府所标榜，如"吕绍妻张氏亦有操行，年十四，绍死，便请为尼。吕隆见而悦之，欲秽其行，张氏……遂升楼自投于地，二胫俱折，口诵佛经，俄然而死。"③泾州贞女兕先氏，许嫁彭老生为妻，娉币既毕，未及成礼。兕先率行贞淑，居贫常自舂汲，以养父母。老生辄往逼之，老生后来杀了她，政府表彰她说"女守礼履节，没身不改，虽处草莱，行合古迹，宜赐美名，以显风操。

① 刘锡涛：《北朝时期中原地区的生活胡风现象》，殷宪、马志强著：《北朝研究》（第一辑），北京燕山出版社 2008 年版，第 374—376 页。

② ［日］川本芳昭著，余晓潮译：《魏晋南北朝：中华的崩溃与扩大》，广西师范大学出版社 2014 年版，第 187 页。

③ 《晋书》卷 96《列女列传》，第 2526 页。

其标墓旌善,号曰:'贞女'。"①荥阳京县人张洪初妻刘氏,"年十七,夫亡,遗腹生子,三岁又没。其舅姑年老,朝夕奉养,率礼无违。兄矜其少寡,欲夺而嫁之。刘氏自誓弗许,以终其身。"②陈留董景起妻张氏"景起早亡,张时年十六,痛夫少丧,哀伤过礼。形容毁顿,永不沐浴,蔬食长斋。又无儿息,独守贞操,期以阖棺,乡曲高之,终见标异。"③荥阳刁思遵妻,姓鲁,过门后不到一个月,思遵就死了,她始终不嫁,"废帝诏曰:'贞夫节妇,古今同尚,可令本司依式标榜。'"④

3. 城市中的宗族

魏晋南北朝时期,大略而言,聚族而居多在北方,而南方则已逐渐盛行小家庭制度。⑤ 城市的家族生活依然是人们重要的生存方式,与北方部落聚居制度相融合而有所加强,对日后中华文明的社会结构有着巨大的影响。家族就是中国封建社会弹性体制下多年沿袭不变的基层社会组织,这种基层社会组织不属于官方。族权虽然不是政权的一部分,却可以为政权服务,也可以成为稳定基层社会的力量。中国古代思想传统最值得注意的重要社会根基,就是氏族宗法血亲传统遗风的强固力量和长期延续。它在很大程度上影响和决定了中国社会及其意识形态所具有的特性。⑥

魏晋南北朝时期,南北因为生存环境不同,南方多分裂为小家庭制度,而北方多为大家庭制度。⑦ 士族维系百年原因很重要的在于家教,当时极重家教门风,孝悌妇德,皆从两汉儒学传来。诗文卓越,经史著述,粲然可观,品高德尚。大江以南新境界之开,士族南渡尤功不可没。⑧ 宋孝王《关东风俗传》:"文宣之代,政令严猛,……冀诸刘、清河张、宋,并州王氏,濮阳侯族,诸如此辈,一宗近将万室,烟火连接,比屋而居。献武初在冀郡,大族蝟起而应之。侯景之反,河南侯氏几为大患,有同刘元海、石勒之众也。"⑨南方士族与王室对立,对国务不关心,多半消极。北方士族乃转与异族统治

① 《魏书》卷92《列女列传》,第1981页。
② 《魏书》卷92《列女列传》,第1982页。
③ 《魏书》卷92《列女列传》,第1982页。
④ 《魏书》卷92《列女列传》,第1985页。
⑤ 黎虎:《客家聚族而居与魏晋北朝中原大家族制度》,黎虎:《魏晋南北朝史论》,学苑出版社1999年版,第323页。
⑥ 厉以宁:《资本主义的起源——比较经济史研究》,商务印书馆2003年版,第486—489页。
⑦ 钱穆:《国史大纲》,商务印书馆2001年版,第305页。
⑧ 钱穆:《国史大纲》,商务印书馆2001年版,第310页。
⑨ 钱穆:《国史大纲》,商务印书馆2001年版,第306页。

者协调，对国事较为积极，因此南方士族不断消沉，而北方士族被王室逐步加以援用，成为中心势力，而开隋唐之盛况。北方门第至元魏有郡姓、国姓之分。郡姓为汉族，山东以王、崔、李、郑为大；关中以韦、裴、柳、薛、杨、杜为首。国姓即鲜卑。① 维持门第的尊严和传统文化的延续，可说是崔浩世族政权的两个理想。② 孝文帝时期以门第选举，而反对唯才是举，将北方门第分为高粱、华腴、甲姓、乙姓、丙姓、丁姓。③

南迁的宗族到江东被以侨郡的方式安置。北方出现了宗主都护制度这种行政单位。宗族得到了南北政权的承认。④ 魏晋南北朝时期，城市中宗族聚居和救助的风俗依然存在，如国渊“居列卿位，布衣蔬食，禄赐散之旧故宗族，以恭俭自守。”⑤战乱中迁移都以宗族为单位，沛郡竹邑人薛综“少依族人避地交州，从刘熙学。”⑥太原祁人温恢的父亲温恕原为涿郡太守，死的时候温恢十五岁，“一朝尽散，振施宗族。州里高之，比之郇越。”⑦南郡枝江人董和汉末，和率宗族西迁，益州牧刘璋以为牛鞞、音髀。江原长、成都令。蜀土富实，时俗奢侈，货殖之家，侯服玉食，婚姻葬送，倾家竭产。和躬率以俭，恶衣蔬食，防遏逾僭，为之轨制，所在皆移风变善，畏而不犯。”⑧比起后代大家族之具有宗祠、祀田以及族长等一整套族权制度，门阀士族似乎在组织上松散得多。⑨

大家族聚族而居的情况在城市依然很普遍，如北魏时期杨家杨津为肆州，杨椿在京宅，一家之内，男女百口，缌服同爨，庭无间言，受到时人的羡慕。⑩ 聚居在城市的家族有着共同的祭祀文化，成为联系他们关系的宗教精神纽带：“百姓则二十五家为一社，其旧社及人稀者，不限其家。春秋祠，水旱祷祈，祠具随其丰约。”⑪北朝时期几乎所有的墓葬都应属于家族墓葬。⑫ 可见大家族聚居的情况应较为普遍。但有的世家大族在迁移中逐渐

① 钱穆：《国史大纲》，商务印书馆2001年版，第307页。
② 逯耀东：《从平城到洛阳——拓跋魏文化转变的历程》，中华书局2006年版，第84页。
③ 钱穆：《国史大纲》，商务印书馆2001年版，第308页。
④ 陈苏镇编著：《恢弘与古朴：秦汉魏晋南北朝的物质文明》，北京大学出版社2009年版，第170页。
⑤ 《三国志》卷11《魏书·国渊传》，第340页。
⑥ 《三国志》卷53《吴书·薛综传》，第1250页。
⑦ 《三国志》卷15《魏书·温恢传》，第478页。
⑧ 《三国志》卷39《蜀书·董和传》，第979页。
⑨ 周一良：《魏晋南北朝史论集续编》，北京大学出版社1991年版，第195页。
⑩ 《魏书》卷58《杨播》，第1302页。
⑪ 《隋书》卷7《志第二礼·仪二》，第141—142页。
⑫ 韦正：《魏晋南北朝考古》，北京大学出版社2013年版，第100页。

散落。如到六世纪后期，崔氏家乡安平作为全族根据地的作用逐渐减弱，多数人离开，或南移或西徙。① 魏晋南北朝至唐朝晚期的西域交河城市布局分为两个阶段，早期城市主干道为中轴线展开，一个个聚族而居的院落分布于次干道两侧，后来变为街坊区。②

聚族而居是北朝的风气，数十人上百人的大家庭，必然有家长类型的人物主持家务，但不具有指挥全族的权威。而且随着成员逐渐向外迁徙，不再在本乡本土聚居，这种聚居情况下产生的家长，也会随之消失。至于三长制以前五十、三十家为一户，对他们进行督护的宗主，则是对荫庇户口而言，与世族里平等成员中的首脑，又不是一回事了。③ 北魏统治者提倡家族和睦，家族同居。梁州上言天水白石县人赵令安、孟兰强等，四世同居，行著州里。诏并标榜门闾。④ 博陵安平人李几"七世共居同财，家有二十二房，一百九十八口，长幼济济，风礼著闻，至于作役，卑幼竞进。乡里嗟美，标其门闾。"⑤北海密人王闾"数世同居，有百口。又太山刘业兴四世同居，鲁郡盖隽六世同居，并共财产，家门雍睦。乡里敬异。有司申奏，皆标门闾。"⑥许多人死在异地，回家族墓地安葬，如国子生李伯钦……生于秦州陇西狄道县都乡和风里人，死于平城，葬于邺城西门豹祠家族墓地。⑦ 赵征兴死于邺城，却葬于彭城，彭城可能是世家故居。⑧

南朝时期，城市家族同居共财的情况也很多，"西阳董阳五世同财，为乡邑所美。"⑨渤海人也封延伯"不与世人交，事寡嫂甚谨。……三世同财，为北州所宗附。"⑩义兴陈玄子四世一百七十口同居。武陵郡邵荣兴、文献叔八世同居。东海徐生之、武陵范安祖、李圣伯、范道根五世同居。零陵谭弘宝、衡阳何弘、华阳阳黑头疏从四世同居，并共衣食。诏表门闾，蠲租税。又蜀郡王续祖、华阳郝道福并累世同爨。建武三年，明帝诏表门闾，蠲调役。⑪ 义兴人吴达之"嫂亡无以葬，自卖为十夫客以营冢椁。从祖弟敬伯夫

---

① 周一良：《魏晋南北朝史论集续编》，北京大学出版社 1991 年版，第 193 页。
② 李肖：《交河故城的形制布局》，文物出版社 2003 年版，第 274 页。
③ 周一良：《魏晋南北朝史论集续编》，北京大学出版社 1991 年版，第 196 页。
④ 《魏书》卷 87《节义》，第 1891 页。
⑤ 《魏书》卷 87《节义》，第 1896 页。
⑥ 《魏书》卷 87《节义》，第 1896 页。
⑦ 罗新、叶炜：《新出魏晋南北朝墓志疏证》，中华书局 2005 年版，第 58—59 页。
⑧ 罗新、叶炜：《新出魏晋南北朝墓志疏证》，中华书局 2005 年版，第 181 页。
⑨ 《宋书》卷 91《孝义》，第 2255 页。
⑩ 《南齐书》卷 55《孝义》，第 961 页。
⑪ 《南齐书》卷 55《孝义》，第 961 页。

妻荒年被略卖江北,达之有田十亩,货以赎之,与之同财共宅。”①

魏晋南北朝时期,家庭关系也更为复杂,户均口数在2—7人之间变动,伦理规范更加注重子女对父母尽孝,孝道伦理得到了较好的实践。复仇之风盛行,其中为父报仇者占绝大多数。妇女在家庭中的地位相对于其他历史时期来说要高一些,尤其在北方,妇女妒悍之风盛行。夫妻冲突有时会引发离婚,有时还会导致家庭暴力的发生。家庭蓄妓之风的盛行,容易导致夫妻关系不和。南北朝之间的兄弟关系有所不同,北方的兄弟关系整体来说不如南方好。②

在文明的碰撞中,丧葬习俗也多元化,中国从3世纪开始,就有僧人在死后实施露尸葬。③ 南朝的丧葬礼仪追求速度,不遵守古制,但不是普遍现象。④ 魏晋门第社会特别重视丧礼。胡族的丧葬形式有土葬、火葬、天葬、殉葬习俗等。⑤

4. 社会信仰风习

魏晋时期,占卜、风角、星象等预测术在城市中依然盛行,沛国人朱建平“善相术,於闾巷之间,效验非一。”⑥占卜常常显示效验:东汉末年黄巾起义时,“夫杖起弱者,药治人病,八月一日,贼必除灭。”至期,贼果破。⑦ 魏晋时期,有许多城市中人爱好政治预言和占卜,影响很大,如蜀郡成都人杜琼“少受学於任安,精究安术。……蜀既亡,咸以周言为验。”⑧

占卜等预测术受到十六国时期胡族统治者的青睐,陇西安阳人王嘉虽然“轻举止,丑形貌,外若不足,而聪睿内明。但好尚之士无不师宗之。问其当世事者,皆随问而对。好为譬喻,状如戏调;言未然之事,辞如谶记,当时鲜能晓之,事过皆验。”⑨后来姚苌入长安,“礼嘉如苻坚故事,逼以自随,每事谘之。”⑩西平人郭黁“少明《老》《易》,仕郡主簿。张天锡末年,苻氏每

① 《南齐书》卷55《孝义》,第961页。

② 王仁磊:《魏晋南北朝家庭关系研究》,郑州大学,中国古代史博士论文,2010年。

③ 刘淑芬:《中古的佛教与社会》,上海古籍出版社2008年版,第193页。

④ 陈苏镇编著:《恢弘与古朴:秦汉魏晋南北朝的物质文明》,北京大学出版社2009年版,第152页。

⑤ 刘锡涛:《北朝时期中原地区的生活胡风现象》,殷宪、马志强著:《北朝研究》(第一辑),北京燕山出版社2008年版,第374—376页。

⑥ 《三国志》卷29《魏书·方技传》,第809页。

⑦ 《三国志》卷29《魏书·方技传》,第810页。

⑧ 《三国志》卷42《蜀书·杜琼传》,第1021—1022页。

⑨ 《晋书》卷95《艺术》,第2496页。

⑩ 《晋书》卷95《艺术》,第2496页。

有西伐之问,太守赵凝使靡筮之。"①上洛人台产"少专京氏《易》,善图谶、秘纬、天文、洛书、风角、星算、六日七分之学,尤善望气、占候、推步之术。隐居商洛南山,兼善经学,泛情教授,不交当世。"后来受到了刘曜的器重。②

有特殊技艺的人,如佛家、道家、阴阳家等,他们号称有仙术,有的人以此来打动君主,干预政事,历阳人陈训"少好秘学,天文、算历、阴阳、占候无不毕综,尤善风角。孙皓以为奉禁都尉,使其占侯。皓政严酷,训知其必败而不敢言。"③西来的佛教也以占卜引起中国统治者的兴趣,成为佛教在中国传播的门径。西域人僧涉"少为沙门,苻坚时入长安。虚静服气,不食五谷,日能行五百里,言未然之事,验若指掌。"④沙门昙霍"行步如风云,言人死生贵贱无毫厘之差。人或藏其锡杖,昙霍大哭数声,闭目须臾,起而取之,咸奇其神异,莫能测也。"⑤天竺人佛图澄"少学道,妙通玄术。永嘉四年,来适洛阳,自云百有余岁,常服气自养,能积日不食。善诵神咒,能役使鬼神。……又能听铃音以言吉凶,莫不悬验。"⑥后来为石勒笃信。

南朝时期城市中也多有占卜者,顾欢晚节服食,不与人通。每旦出户,山鸟集其掌取食。事黄老道,解阴阳书,为数术多效验。⑦

北魏的帝王大臣有许多信仰占卜的,钜鹿宋子人耿玄"善卜占。坐于室内,有客扣门,玄已知其姓字并所赍持及来问之意。其所卜筮,十中八九。"⑧因此许多善于占卜者获得了统治者的信用,也使许多人热衷从事占卜,所谓"方术堪能动众"。⑨

馆人是帝王贵族的宾客,其中也有以占卜为业的。北魏时期许多帝王的丧葬、迁都、选择住宅等等都要占卜。清都人赵辅和"少以明易善筮为馆客。高祖崩于晋阳,葬有日矣,世宗书令显祖亲卜宅兆相于邺西北漳水北原。"⑩

魏晋南北朝星象、阴阳之术也受到重视,张渊"明占候,晓内外星分。……尝著《观象赋》。"⑪"高祖时太史令赵樊生,并知天文。后太史赵

---

① 《晋书》卷95《艺术》,第2497页。
② 《晋书》卷95《艺术》,第2503页。
③ 《晋书》卷95《艺术》,第2468页。
④ 《晋书》卷95《艺术》,第2497页。
⑤ 《晋书》卷95《艺术》,第2502页。
⑥ 《晋书》卷95《艺术》,第2485页。
⑦ 《南齐书》卷54《高逸》,第930页。
⑧ 《魏书》卷91《术艺》,第1958页。
⑨ 《魏书》卷91《术艺》,第1959—1960页。
⑩ 《北齐书》卷49《方伎》,第677页。
⑪ 《魏书》卷91《术艺》,第1945页。

胜、赵翼、赵洪庆、胡世荣、胡法通等二族，世业天官者。又有容城令徐路善占候。”①东莞人僧化者“识星分，案天占以言灾异，时有所中。”②时有河间信都芳“好学善天文算数，甚为安丰王延明所知。”③长乐人殷绍，好阴阳术数，达《九章》、《七曜》，跟从师傅“历观时俗堪舆八会，迳世已久，传写谬误，吉凶禁忌，不能备悉。”④勃海南皮人王早“明阴阳九宫及兵法，尤善风角。太宗时，丧乱之后，多相杀害。有人诣早求问胜术，早为设法，令各无咎。由是州里称之。”⑤

对鬼神巫祝的崇信在魏晋南北朝的城市中也非常流行：黄皓“徵信鬼巫，谓敌终不自致，启后主寝其事，而群臣不知。”⑥孙亮“宫人告亮使巫祷祠，有恶言。有司以闻，黜为候官侯，遣之国。”⑦赵王伦、秀并惑巫鬼，听妖邪之说。秀使牙门赵奉诈为宣帝神语，命伦早入西宫。⑧“秀家日为淫祀，作厌胜之文，使巫祝选择战日。又令近亲于嵩山著羽衣，诈称仙人王乔，作神仙书，述伦祚长久以惑众。”⑨李雄母罗氏死，“雄信巫觋者之言，多有忌讳，至欲不葬。”⑩

南朝城市中的贵族也信巫鬼神术，刘宋时期也常有巫蛊现象，“二凶巫蛊事发，上欲废劭，赐浚死。”⑪会稽诸暨人阮佃夫“时巫觋云：‘后堂有鬼。’其夕，帝于竹林堂前，与巫共射之。”⑫吴兴女巫严道育自言通灵，能役使鬼物。“被招入宫，号曰天师。后遂为巫蛊，以玉人为上形像，埋于含章殿前。”⑬张丽华“家贫，父兄以织席为事。……又好厌魅之术，假鬼道以惑后主，置淫祀于宫中，聚诸妖巫使之鼓舞。”⑭佛教徒还利用妖术造反，南梁时“会有妖贼沙门僧强自称为帝，土豪蔡伯龙起兵应之。僧强颇知幻术，更相扇惑，众至三万，攻陷北徐州。”⑮

---

① 《魏书》卷91《术艺》，第1954页。
② 《魏书》卷91《术艺》，第1955页。
③ 《魏书》卷91《术艺》，第1955页。
④ 《魏书》卷91《术艺》，第1956页。
⑤ 《魏书》卷91《术艺》，第1957页。
⑥ 《三国志》卷44《蜀书·姜维传》，第1066页。
⑦ 《三国志》卷48《吴书·三嗣主传》，第1158页。
⑧ 《晋书》卷59《赵王伦传》，第1601页。
⑨ 《晋书》卷59《赵王伦传》，第1603页。
⑩ 《晋书》卷121《李雄载记》，第3037页。
⑪ 《宋书》卷71《徐湛之传》，第1848页。
⑫ 《宋书》卷94《恩幸》，第2313页。
⑬ 《宋书》卷99《二凶》，第2424页。
⑭ 《陈书》卷7《张贵妃传》，第131页。
⑮ 《梁书》卷32《陈庆之传》，第463页。

北魏时期巫蛊也是常有的现象,高宗即位,古弼与张黎并坐议不合旨,“俱免,有怨谤之言。其家人告巫蛊”。①

除夕和元旦是带有浓厚的巫术和宗教色彩的节日,还伴随一系列的风俗娱乐活动,如驱傩等。元旦全家祭祖、饮酒、喝汤避瘟疫,魏晋后改为饮屠苏酒。② 东汉佛教传入中国,十五成为佛祖神变燃灯之日。道教也将十五称为上元,以之为天官的圣诞日。魏晋南北朝时期,元宵节又增添了灯节祭祀门神、祭祀蚕神和迎接紫姑等习俗。③

5. 尚武之风

尚武风习在南北城市中日盛,一方面是草原文明传入,一方面是战争的需要。三国以来,因为战争的原因,民间尚武之风日久:如略阳氐人吕光“年十岁,与诸童儿游戏邑里,为战阵之法,俦类咸推为主。部分详平,群童叹服。不乐读书,唯好鹰马。及长,身长八尺四寸,目重瞳子,左肘有肉印。沈毅凝重,宽简有大量,喜怒不形于色。时人莫之识也,惟王猛异之,曰:‘此非常人。’言之苻坚,举贤良,除美阳令,夷夏爱服。”④苻登妻毛氏“不知何许人,壮勇善骑射。登为姚苌所袭,营垒既陷,毛氏犹弯弓跨马,率壮士数百人,与苌交战,杀伤甚众。”⑤北魏时期清河绎幕人房法寿“少好射猎,轻率勇果,结群小而为劫盗。……常盗杀猪牛,以共其母。招集壮士,常有百数。”⑥刘宋时期,何迈“少以贵戚居显宦,好犬马驰逐,多聚才力之士。有墅在江乘县界,去京师三十里。迈每游履,辄结驷连骑,武士成群。”⑦在节日期间,常常在游戏中夹杂着尚武的习气,南齐时期“中朝元会,设卧骑、倒骑、颠骑,自东华门驰往神虎门,此亦角抵杂戏之流也。宋武为宋公,在彭城,九日出项羽戏马台,至今相承,以为旧准。”⑧在节日时城市民间社会常常有武艺表演:“九月九日马射,或云,秋金之节,讲武习射,像汉立秋之礼。”⑨博射

---

① 《魏书》卷28《古弼传》,第692页。

② 陈苏镇编著:《恢弘与古朴:秦汉魏晋南北朝的物质文明》,北京大学出版社2009年版,第177页。

③ 陈苏镇编著:《恢弘与古朴:秦汉魏晋南北朝的物质文明》,北京大学出版社2009年版,第178页。

④ 《晋书》卷122《吕光载记》,第3053页。

⑤ 《晋书》卷96《列女列传》,第2526页。

⑥ 《魏书》卷43《房法寿列传》,第969页。

⑦ 《宋书》卷41《后妃列传》,第1293页。

⑧ 《南齐书》卷9《志第一·礼上》,第150页。

⑨ 《南齐书》卷9《志第一·礼上》,第150页。

之戏不仅男子为之,女子也观看为娱乐,多在春季举行,是南朝时期尚武风习的表现。① 故此,南人怯懦不可一概而言。② 六朝前期的社会因血族复仇意识、抢掠风俗和嗜杀自虐的原始迷信导致民风尚武、轻死易发的社会风气。六朝以来,民族融合、旧有群体的结构变化以及宗教信仰由原始道教向佛教转移,社会风气才慢慢转向弱靡怯懦。③

6. 娱　乐

魏晋南北朝时期,城市娱乐在文明交融的情况之下异常丰富。刘备"不甚乐读书,喜狗马、音乐、美衣服。"④曹操以读书和射猎为乐"筑室城外,春夏习读书传,秋冬弋猎,以自娱乐。"⑤

两晋南朝城市中娱乐内容丰富,"晋中朝元会,设卧骑、倒骑、颠骑,自东华门驰往神虎门,此亦角抵杂戏之流也。宋武为宋公,在彭城,九日出项羽戏马台,至今相承,以为旧准。"⑥谢安性好音乐,"自弟万丧,十年不听音乐。及登台辅,期丧不废乐。王坦之书喻之,不从,衣冠效之,遂以成俗。又于土山营墅,楼馆林竹甚盛,每携中外子侄往来游集,肴馔亦屡费百金,世颇以此讥焉,而安殊不以屑意。"⑦南朝贵族的生活娱乐奢侈浪荡,如沈庆之"妓妾数十人,并美容工艺。庆之优游无事,尽意欢愉,非朝贺不出门。每从游幸及校猎,据鞍陵厉,不异少壮。太子妃上世祖金镂匕箸及杅杓,上以赐庆之。"⑧王僧达"性好鹰犬,与闾里少年相驰逐,又躬自屠牛。……性好游猎,而山郡无事,僧达肆意驰骋。"⑨南兰陵兰陵人萧坦之擅长玩乐,常常在皇帝身边陪伴,"帝于宫中及出后堂杂戏狡狯,坦之皆得在侧。或值醉后裸袒,坦之辄扶持谏喻。"⑩

北朝时期,城市娱乐也非常丰富多彩且充满了胡风。祖珽"性疏率,……自解弹琵琶,能为新曲,招城市年少歌□为娱,游集诸倡家。与陈元康、穆子容、任胄、元士亮等为声色之游。诸人尝就珽宿,出山东大文绫□连

---

① 周一良:《魏晋南北朝史札记》,中华书局 1985 年版,第 167 页。
② 周一良:《魏晋南北朝史札记》,中华书局 1985 年版,第 234 页。
③ 曹文柱:《六朝时期江南社会风气的变迁》,《历史研究》1988 年第 2 期,第 50—66 页。
④ 《三国志》卷 32《蜀书·先主传》,第 871 页。
⑤ 《三国志》卷 1《魏书·武帝纪》注引《魏书》,第 4 页。
⑥ 《南齐书》卷 9《礼志上》,第 150 页。
⑦ 《晋书》卷 79《谢安传》,第 2075 页。
⑧ 《宋书》卷 77《沈庆之传》,第 2003 页。
⑨ 《宋书》卷 75《王僧达传》,第 1951 页。
⑩ 《南齐书》卷 42《萧坦之传》,第 748 页。

珠孔雀罗等百余疋,令诸妪掷樗蒲赌之,以为戏乐。”①北魏时期的都城洛阳,“一时殷盛,贵势之家,各营第宅,车服器玩,皆尚奢靡。世逐浮竞,人习浇薄,终使祸乱交兴,天下丧败。比来朝贵,器服稍华,百工造作,务尽奇巧。臣诚恐物逐好移,有损政俗。如此等事,颇宜禁省。”②崔猷“时太庙初成,四时祭祀,犹设俳优角抵之戏,其郊庙祭官,多有假兼。”③北魏洛阳居民文娱活动有许多佛教的内容,许多寺院常常有迎佛赛会,其中有角抵等戏吸引观众。北魏的寺院中有西域的风气,在每年四月八日佛诞节有赛会,有角抵等赛会表演。长秋寺四月四日有行像、避邪狮子、吐火以及异服等表演。四月七日到景明寺,八日到宣阳门散花敬佛。每逢佛的六斋节,每月八日、十四日、十五日、二十三日、二十六日、三十日,有音乐表演。不少寺院的园林成为都城中的游乐之处。④ 北周宣帝时期,“御正武殿,集百官及宫人内外命妇,大列妓乐,又纵胡人乞寒,用水浇沃为戏乐。”⑤百戏融合了中外各族的杂技幻术,尤其是西域和大秦的技艺,还有从印度传来的耍蛇等,可见百戏中包含了文明融合的成果。⑥

魏晋南北朝时期的城市中人喜爱赌博,已成为风气,“今世之人多不务经术,好玩博弈,废事弃业,忘寝与食,穷日尽明,继以脂烛。”⑦北魏时期赌博在城市中也非常流行,“高祖时,有浮阳高光宗善樗蒲。赵国李幼序、洛阳丘何奴并工握槊。此盖胡戏,近入中国,云胡王有弟一人遇罪,将杀之,弟从狱中为此戏以上之,意言孤则易死也。世宗以后,大盛于时。”⑧“诸宿卫内直者,宜令武官习弓矢,文官讽书传。而今给其蒱博之具,以成亵狎之容。”⑨赌博的游戏在东晋南朝非常流行,以致引发政治矛盾,刘毅和刘裕都曾喜爱赌博游戏。⑩ 司州刺史刘季之“少年时,宗悫共蒱戏,曾手侮加悫,悫深衔恨。”⑪南朝时期城市中的人们也酷爱赌博,如“质少好鹰犬,善蒱博意

① 《北齐书》卷39《祖珽传》,第514页。
② 《周书》卷45《儒林》,第815—816页。
③ 《周书》卷35《崔猷传》,第615页。
④ 杨宽:《中国古代都城制度史》,上海人民出版社2006年版,第282—286页。
⑤ 《周书》卷7《宣帝纪》,第122页。
⑥ 陈苏镇编著:《恢弘与古朴:秦汉魏晋南北朝的物质文明》,北京大学出版社2009年版,第185页。
⑦ 《三国志》卷65《韦曜传》,第1460页。
⑧ 《魏书》卷91《术艺》,第1972页。
⑨ 《魏书》卷60《韩麒麟传》,第1341—1342页。
⑩ 《宋书》卷64《郑鲜之传》,第1696页。
⑪ 《宋书》卷79《文五王》,第2033页。

钱之戏。"①"九混女夫殷睿素好樗蒱,闻弘微不取财物,乃滥夺其妻妹及伯母两姑之分以还戏责,内人皆化弘微之让,一无所争。"②

围棋成为城市中重要的娱乐项目,汉代博戏有六博最为流行。用具由博局、棋子和箸三部分组成。博局称曲道,棋子各六枚。围棋很流行,汉代棋盘为十七道。马融写过《围棋赋》。魏晋时的阮籍爱下棋,时人将围棋分为九品。③ 韦曜迁为尚书郎,太子中庶子,"时蔡颖亦在东宫,性好博弈,太子和以为无益,命曜论之"。棋类自魏晋南北朝时期成为城市中贵族与大众都喜爱的娱乐,王粲记忆力超群,"观人围钉,局坏,粲为覆之。钉者不信,以帊盖局,使更以他局为之。用相比校,不误一道。其强记默识如此"。④ 韦曜认为博弈浪费时间,玩物丧志,应将时间花在读书、为学和追求功名之上。可见当时博弈这种游戏在当时已经非常盛行,深得人们的喜爱。⑤

汉末三国时期,游学风气依然很盛,所学日益多元化,不像东汉时期那样以儒家为主。梓潼涪人李譔"与同县尹默俱游荆州,从司马徽、宋忠等学。譔具传其业,又从默讲论义理,五经、诸子,无不该览,加博好技艺,算术、卜数、医药、弓弩、机械之巧,皆致思焉。"⑥统昌"少好学,博涉书记,赡於文辞。年二十余,游学青、徐、并、冀之间,与交者多异之。并州刺史高幹素贵有名,招致四方游士,多归焉。"⑦

三　城市社会风俗中的文明融合

魏晋南北朝时期,城市民风胡汉杂糅,体现了这个时期民族文明融合的景象。东汉以来"好胡服、胡帐、胡床、胡坐、胡饭、胡箜篌、胡笛、胡舞、京都贵戚皆竞为之"的奇异景象。⑧ 城市成为时尚风俗的传播中心,如当时吴俗奢侈……"妇人为绮靡之饰,转相效仿,耻独无有。"⑨

① 《宋书》卷74《臧质传》,第1910页。
② 《宋书》卷58《谢弘微传》,第1593页。
③ 陈苏镇编著:《恢弘与古朴:秦汉魏晋南北朝的物质文明》,北京大学出版社2009年版,第184页。
④ 《三国志》卷21《魏书·王粲传》,第599页。
⑤ 《三国志》卷68《吴书·韦曜传》,第1460—1461页。
⑥ 《三国志》卷42《蜀书·李譔传》,第1027页。
⑦ 《三国志》卷21《魏书·刘劭传》注引《袭撰统昌言表》,第620页。
⑧ 韦正:《魏晋南北朝考古》,北京大学出版社2013年版,第12页。
⑨ 《资治通鉴》卷79《晋纪一·世祖武皇帝上之上》,中华书局2011年版,第2549页。

三国时期，北方草原民族的风习已经对中原地区有影响，如士燮兄弟“并为列郡，雄长一州，偏在万里，威尊无上。出入鸣钟磬，备具威仪，笳箫鼓吹，车骑满道，胡人夹毂焚烧香者常有数十。妻妾乘辎軿，子弟从兵骑，当时贵重，震服百蛮，尉他不足逾也。武先病没。”①尤其是边境城市，如在西北、西南的边境地区，胡汉杂糅，风俗不一，“氐人……国家分徙其前后两端者，置扶风、美阳，今之安夷、抚夷二部护军所典是也。其(太)〔本〕守善，分留天水、南安界，今之(广平郡)〔广魏郡〕所守是也。其俗，语不与中国同，及羌杂胡同，各自有姓，姓如中国之姓矣。其衣服尚青绛。俗能织布，善田种，畜养豕牛马驴骡。其妇人嫁时著衽露，其缘饰之制有似羌，衽露有似中国袍。皆编发。多知中国语，由与中国错居故也。其自还种落间，则自氐语。其嫁娶有似於羌，此盖乃昔所谓西戎在于街、冀、豲道者也。”北方匈奴与其他民族间不断交流，“赀虏，本匈奴也，匈奴名奴婢为赀。始建武时，匈奴衰，分去其奴婢，亡匿在金城、武威、酒泉北黑水、西河东西，畜牧逐水草，钞盗凉州，部落稍多，有数万，不与东部鲜卑同也。其种非一，有大胡，有丁令，或颇有羌杂处，由本亡奴婢故也。”②

外国的风俗可能也在城市中具有了影响。马钧“居京都城内，有地可以为园，患无水可以灌之，乃作翻车。”他还创制木偶百戏，变幻百端，出入百官行署。③ 木偶百戏可能来自国外。北齐粟特胡人不仅大量生存于邺城、晋阳等大的都市里，而且也广泛存在于地方社会当中。④

五胡入中原导致中原风习为之一变，美水令犍为张统说慕容熙曰：“主上倾国南讨，覆败而还。慕容垂擅兵河北，泓、冲寇逼京师，丁零杂虏，跋扈关、洛，州郡奸豪，所在风扇，王纲弛绝，人怀利己。今吕光回师，将军何以抗也？”⑤北魏时期的大臣崔浩曰：“关中华、戎杂错，风俗劲悍；裕欲以荆、扬之化施之函、秦。”⑥足见原来中原文化的核心关中地区已经成为胡汉融合的典型地区。

农业文明和游牧文明在碰撞中开始融合起来，十六国时期，对中原的风俗有所吸收，也有所改变，在城市中形成了胡风汉制、胡汉杂糅的情景。胡人入中原，也非常重视风俗的改革，如石勒“伪称赵王，……又下书禁国人

---

① 《三国志》卷49《吴书·士燮传》，第1192页。
② 《三国志》卷30《魏书·乌丸鲜卑东夷传》注引《魏略西戎传》，第859页。
③ 何兹全：《魏晋南北朝史略》，北京出版社2018年版，第80页。
④ 毕波：《中古长安的粟特胡人：以长安为中心》，中国人民大学出版社2011年版，第15页。
⑤ 《晋书》卷115《苻丕苻登载记》，第2942页。
⑥ 《资治通鉴》卷118《晋纪四十·安皇帝癸》，中华书局2011年版，第3103页。

不听报嫂及在丧婚娶，其烧葬令如本俗。”①姚兴母虵氏死，兴哀毁过礼，不亲庶政。群臣议请依汉、魏故事，既葬即吉。兴尚书郎李嵩上疏曰：“三王异制，五帝殊礼。孝治天下，先王之高事也，宜遵圣性，以光道训。既葬之后，应素服临朝，率先天下，仁孝之举也。”②硃冲“每闻征书至，辄逃入深山，时人以为梁管之流。冲居近夷俗，羌戎奉之若君，冲亦以礼让为训，邑里化之。”③草原民族入主中原，受到中原风俗的影响，慕容廆是昌黎棘城鲜卑人“世居北夷，邑于紫蒙之野，号曰东胡。其后与匈奴并盛，控弦之士二十余万，风俗官号与匈奴略同。”“魏初率其诸部入居辽西，始建国于棘城之北。时燕代多冠步摇冠，莫护跋见而好之，乃敛发袭冠，诸部因呼之为步摇，其后音讹，遂为慕容焉。或云慕二仪之德，继三光之容，遂以慕容为氏。祖木延，左贤王。父涉归，以全柳城之功，进拜鲜卑单于，迁邑于辽东北，于是渐慕诸夏之风矣。”④前秦时期，苻坚注重改革风俗“以翼犍荒俗，未参仁义，令入太学习礼。以翼圭执父不孝，迁之于蜀。”⑤苻坚统一北方后，城市中风俗变化，“自平诸国之后，国内殷实，遂示人以侈，悬珠帘于正殿，以朝群臣，宫宇车乘，器物服御，悉以珠玑、琅玕、奇宝、珍怪饰之。”⑥凉州的胡夷地区，因为张氏政权的存在而有华风，“凉州虽地居戎域，然自张氏以来，号有华风。今则宪章无亏，曷祝鮀之有也？”⑦

北魏拓跋部开始对汉文化是排斥的，城市中的胡人受到汉文化的熏陶而有士大夫风采，但是受到了保守的仇视，狄干“在长安幽闭，因习读书史，通《论语》、《尚书》诸经，举止风流，有似儒者。初，太祖普封功臣，狄干虽为姚兴所留，遥赐爵襄武侯，加秦兵将军。及狄干至，太祖见其言语衣服，有类羌俗，以为慕而习之，故忿焉，既而杀之。”⑧北魏时期，山东富庶繁荣，文化亦因而比较发达，儒林传所列，多山东人。⑨ 北方的民族融合导致其城市风俗与江南有所不同，“今北士风俗，率能功俭节用，以赡衣食。江南奢侈，多不逮焉。”⑩汉人北来，也多胡化，“燕燕郡太守高湖奔魏，其子谧为侍御史，

① 《晋书》卷 105《石勒载记下》，第 2735—2736 页。
② 《晋书》卷 117《姚兴载记上》，第 2977 页。
③ 《晋书》卷 9《隐逸列传》，第 2430 页。
④ 《晋书》卷 108《慕容廆载记》，第 2803 页。
⑤ 《晋书》卷 113《苻坚载记上》，第 2899 页。
⑥ 《晋书》卷 113《苻坚载记上》，第 2904 页。
⑦ 《魏书》卷 52《胡叟列传》，第 1150—1151 页。
⑧ 《魏书》卷 28《贺狄干列传》，第 686 页。
⑨ 周一良：《魏晋南北朝史札记》，中华书局 1985 年版，第 309 页。
⑩ 王利器：《颜氏家训集解 · 治家第五》（增补本），中华书局 1993 年版，第 43 页。

坐法徙怀朔镇,世居北边,遂习鲜卑之俗。谧孙欢,沉深有大志,家贫,执役在平城,富人娄氏女见而奇之,遂嫁焉”。①

孝文帝为汉化而学习汉语言和衣服,“断诸北语,一从正音。年三十以上,习性已久,容或不可卒革;三十以下,见在朝廷之人,语音不听仍旧。若有故为,当降爵黜官。昨望见妇女之服,仍为夹领小袖。我徂东山,虽不三年,既离寒暑,卿等何为而违前诏?”②孝文帝断诸北语,一从正音,正音就是洛阳语。③ 自孝文帝禁鲜卑语之后,南来之鲜卑人渐忘其旧言。④加速了民族风俗的融合速度。北魏洛阳城市胡汉以及各种职业的人们混杂,这是文明与民族的融合导致的,“伏见洛京之制,居民以官位相从,不依族类。然官位非常,有朝荣而夕悴,则衣冠沦于厮竖之邑,臧获腾于膏腴之里。物之颠倒,或至于斯。古之圣王,必令四民异居者,欲其业定而志专。业定则不伪,志专则不淫。故耳目所习,不督而就;父兄之教,不肃而成。仰惟太祖道武皇帝创基拨乱,日不暇给,然犹分别士庶,不令杂居;伎作屠沽,各有攸处。但不设科禁,卖买任情,贩贵易贱,错居混杂。假令一处弹筝吹笛,缓舞长歌;一处严师苦训,诵诗讲礼。宣令童龀,任意所从,其走赴舞堂者万数,往就学馆者无一。此则伎作不可杂居,士人不宜异处之明验也。”⑤魏主欲变易旧风,诏禁士民胡服。国人多不悦。⑥ 元弼夺爵事件起因于北魏贵族中实行的并妻制度,无嫡庶之别,北魏原为长子继承,孝文帝改革后,界定严格的嫡庶,促使诸子夺嫡事件集中发生。⑦ 孝文帝的政策导致鲜卑民族内部的矛盾分裂,以平城为中心的六镇的胡化城市和以洛阳为中心的汉化鲜卑间的矛盾最终导致六镇起义和北魏末年的动荡。

北齐时期对北魏的汉化政策进行了反动,“民间或有父祖冒姓元氏者,或假托协养者,不问世数远近,悉听改复本姓。”⑧但北齐的胡化政策只是出于政治的需要,南北之间的文化交流依然频繁,民族文化融合的趋势依然不减。北齐贵族风气有似江南,段孝言富贵豪侈,尤好女色。“恣情酒色,然举止风流,招致名士,美景良辰,未尝虚弃,赋诗奏伎,毕尽欢

① 《资治通鉴》卷149《梁纪五·高祖武皇帝(五)》,中华书局2011年版,第4729页。
② 《魏书》卷21上《献文六王列传》,第534—535页。
③ 缪钺:《读史存稿》,三联书店1982年版,第56页。
④ 缪钺:《读史存稿》,三联书店1982年版,第59页。
⑤ 《魏书》卷60《韩麒麟程骏列传》,第1341—1342页。
⑥ 《资治通鉴》卷139《齐纪五·高宗明皇帝上》,中华书局2011年版,第4449页。
⑦ 王连龙:《新见北朝墓志集释》,中国书籍出版社2013年版,第39页。
⑧ 《资治通鉴》卷167《陈纪一·高祖武皇帝》,中华书局2011年版,第5289页。

洽。虽草莱之士,粗闲文艺,多引入宾馆,与同兴赏,其贫踬者亦时有乞遗。世论复以此多之。”①北齐贵族文弱化,也与汉化相关联,如元韶“性行温裕,……好儒学,礼致才彦。爱林泉,修第宅,华而不侈。文宣帝剃韶须髯,加以粉黛,衣妇人服以自随曰:‘我以彭城为嫔御。’讥元氏微弱,比之妇女。”②

西域文明在城市中也非常流行,尤其是在宫廷中,北齐宫廷之嬖幸“西域丑胡、龟兹杂伎,封王者接武,开府者比肩。”③城市七夕民俗中也有西域文明的因子。④

南方城市中的胡风日盛,如刘昶“好犬马,爱武事。入国历纪,犹布衣皂冠,同凶素之服。然呵詈童仆,音杂夷夏。”⑤南齐时期城市风俗“华风既变,恶同戎狄,佛来破之,良有以矣。佛道实贵,故戒业可遵;戎俗实贱,故言貌可弃。今诸华士女,民族弗革,而露首偏踞,滥用夷礼。云于翦落之徒,全是胡人,国有旧风,法不可变。”⑥

南北文化交流,城市中南北人们交往,文化互通已成为普遍性的现象,如夏侯夬好酒,“与南人辛谌、庾道、江文遥等终日游聚。”⑦

放达的玄学名士风从北方带到了南方,“寻以世难,避乱渡江,复依辅之。初至,属辅之与谢鲲、阮放、毕卓、羊曼、桓彝、阮孚散发裸袒,闭室酣饮已累日。逸将排户入,守者不听,逸便于户外脱衣露头于狗窦中窥之而大叫。辅之惊曰:他人决不能尔,必我孟祖也。遽呼入,遂与饮,不舍昼夜。时人谓之八达。”⑧在南方地理风俗的熏染之下,晋代江南的风俗为之一变,“今晋之兴……也是其创基立本,异于先代者也。加以朝寡纯德之人,乡乏不贰之老,风俗淫僻,耻尚失所,学者以老庄为宗而黜《六经》,谈者以虚荡为辨而贱名检,行身者以放浊为通而狭节信,进仕者以苟得为贵而鄙居正,当官者以望空为高而笑勤恪。”⑨

隋唐时期在华北城市中,各民族各种族杂居,游牧文化的影响随处可见:服饰、饮食、舞乐、语言、家具以及骑马的风尚。这些都是魏晋南北朝以

---

① 《北齐书》卷17《段荣子韶孝言列传》,第216页。
② 《北齐书》卷28《元韶列传》,第388页。
③ 《北齐书》卷50《恩幸列传》,第685页。
④ 马莹:《北朝七夕风俗与西域文化》,山东大学硕士论文,2014年。
⑤ 《魏书》卷59《刘昶列传》,第1308页。
⑥ 《南齐书》卷54《高逸列传》,第934页。
⑦ 《魏书》卷71《夏侯道迁列传》,第1584页。
⑧ 《晋书》卷49《列传第十九》,第1385页。
⑨ 《晋书》卷5《孝怀帝孝愍帝本纪》,第135—136页。

来文明融合导致的秦以来的古典帝国瓦解。①

流行于汉代的傩文化在北朝的宫廷中存续,又反映了不同文明间信仰文化的交融"齐制,季冬晦,选乐人子弟十岁以上十二以下为侲子,合二百四十人。一百二十人,赤帻、皂褠衣,执鼗。一百二十人赤布裤褶,执鞞角。方相氏黄金四目,熊皮蒙首,玄衣硃裳,执戈扬楯。又作穷奇、祖明之类,凡十二兽,皆有毛角。鼓吹令率之,中黄门行之,冗从仆射将之,以逐恶鬼于禁中。其日戊夜三唱,开诸里门,傩者各集,被服器仗以待事。戊夜四唱,开诸城门,二卫皆严。上水一刻,皇帝常服,即御座。王公执事官第一品已下、从六品已上,陪列预观。傩者鼓噪,入殿西门,遍于禁内。分出二上阁,作方相与十二兽儛戏,喧呼周遍,前后鼓噪。出殿南门,分为六道,出于郭外。"②

西来的佛教在城市中因为战乱而信仰者日益多起来,澄时止邺城寺中,弟子遍于郡国。③"罗什……惟为姚兴著《实相论》二卷,兴奉之若神。"④尝讲经于草堂寺,兴及朝臣、大德沙门千有余人肃容观听。⑤北魏贵族喜欢大修宅邸,崇信佛教,导致城市空间的变迁,"世哲至州,斥逐细人,迁徙佛寺,逼买其地,广兴第宅,百姓患之。崇北征之后,征兼太常卿。御史高道穆毁发其宅,表其罪过。"⑥

外来的佛教文明与本土的风俗日益融合,如在孝行中吃斋礼佛成为礼仪,河东汾阴人皇甫遐,母亲死后,"乃庐于墓侧,负土为坟。后于墓南作一禅窟,阴雨则穿窟,晴霁则营墓,晓夕勤力,未尝暂停。积以岁年,坟高数丈,周回五十余步。禅窟重台两匝,总成十有二室,中间行道,可容百人。遐食粥枕块,栉风沐雨,形容枯悴,家人不识。……远近闻其至孝,竞以米面遗之。遐皆受而不食,悉以营佛斋焉。郡县表上其状,有诏旌异之。"⑦河北芮城人张元"祖丧明三年,元恒忧泣,昼夜读佛经,礼拜以祈福祐。后读《药师经》,见盲者得视之言,遂请七僧,燃七灯,七日七夜,转《药师经》行道。"⑧

南北中外的文明融合也表现在考古遗存之中,水峪寺石窟是由普通官员和百姓建造的完全模仿皇家石窟的形制。男性供养人全为胡装,姓名多

---

① [日]妹尾达彦:《城市的生活与文化》,[日]谷川道雄主编:《魏晋南北朝隋唐史学的基本问题》,中华书局2012年版,第350页。
② 《隋书》卷8《礼仪志三》,第169页。
③ 《晋书》卷95《艺术列传》,第2488页。
④ 《晋书》卷95《艺术列传》,第2501页。
⑤ 《晋书》卷95《艺术列传》,第2501页。
⑥ 《魏书》卷66《李崇崔亮列传》,第1474—1475页。
⑦ 《周书》卷46《孝义列传》,第832页。
⑧ 《周书》卷46《孝义列传》,第833页。

为汉人,可见社会风俗变化的剧烈。[①]

南北朝中晚期,南方地区创造出佛教艺术新形式,北方地区则在太和改革前后截然有别。太和改革前,佛法不灭三世、七世思想乃至鲜卑民族的体貌特征都被注入石窟和造像之中,改革之后,作为汉化的一部分,佛像乃至于供养人都穿上了南方盛行的褒衣博带式服装,人物形象也秀骨清像化,但佛寺布局仍以佛塔为中心而缺少南方寺院可能存在的讲堂。北魏分裂后,北方地区东西部走上各自发展之途。东魏北齐的佛教遗存受到南方地区的强烈影响,并孕育出新面貌。西魏北周佛教遗存形成健壮开朗的风格,并且借助军事和政治上的胜利成为隋唐佛教艺术的基本特征。[②] 邯郸南响堂山佛教造像遗址和刻经反映了邺城地区北朝晚期净土信仰的广泛流行。[③] 北魏时期的敦煌佛教造像显示中国传统文化因素大量进入石窟之中,经过二三百年之后,汉族士人与外来文化在这个地区融合起来。[④] 僧祐参与了剡溪大佛与南京栖霞山大佛的营造活动,剡溪大佛为弥勒,栖霞大佛为无量寿佛,反映了净土宗在南方地区的流行。[⑤] 广元位于嘉陵江上游的东岸,是益州通往汉中、关中、甘肃东南部的咽喉要地,这里的石窟特点来自北方。[⑥]

民族文化的交流过程往往也是双向的,既有胡族汉化,也有汉族的胡化,是充满曲折和反复的。正是在这曲折反复的碰撞中,文明才完成了真正的调和与融合。如北齐时鲜卑语盛行,宣传教令。高欢乃汉人中之望族而鲜卑化的。北周鲜卑人取名多用鲜卑语。宇文泰假托周礼,创建制度,以调和汉人与鲜卑人,因此力量集中,国势强盛。隋朝以后,鲜卑人才皆与汉人同化,鲜卑语亦渐趋消歇。[⑦] 在民族文化的融合中,外来文明也掺杂其中并起到了重要的作用,调和夷夏,惠远已开其端。[⑧] 南北文明的融合中,外来佛教文明也融入其中。

小　　结

不同的自然地理条件是导致人们不同物质文化生活的重要因素。秦汉

---

① 韦正:《魏晋南北朝考古》,北京大学出版社 2013 年版,第 469 页。
② 韦正:《魏晋南北朝考古》,北京大学出版社 2013 年版,第 379 页。
③ 韦正:《魏晋南北朝考古》,北京大学出版社 2013 年版,第 467 页。
④ 韦正:《魏晋南北朝考古》,北京大学出版社 2013 年版,第 479 页。
⑤ 韦正:《魏晋南北朝考古》,北京大学出版社 2013 年版,第 499 页。
⑥ 韦正:《魏晋南北朝考古》,北京大学出版社 2013 年版,第 499 页。
⑦ 缪钺:《读史存稿》,三联书店 1982 年版,第 62—79 页。
⑧ 陈寅恪著,万绳楠整理:《魏晋南北朝史讲演录》,黄山书社 1987 年版,第 344 页。

时期的城市居民的物质文化风习以不同的地域而形成不同的特色。秦汉时期,城市物质生活依然体现出了等级礼治的色彩。人们的衣食住行都显示了不同的社会等级地位。

城市人们的日常生活中关系与交往形成了城市社会的风俗文化,同时,城市社会中风俗受到政治生活的影响,城市风俗是上层提倡的大传统与下层民间风行的小传统共同作用下的结果。

魏晋南北朝时期,城市人们的物质生活有了巨大的变迁,人们的衣食住行体现出了草原文明与中原农业文明杂糅的特点。北方草原民族的饮食习惯、衣着打扮以及日常用度受到中原人们的喜爱,中原人们的物质文明也融入到草原文明之中。

随着儒家思想得到统治者的提倡,儒家的礼乐教化对城市社会的民风民俗的影响日益深化。这根源于中国城市社会的基本社会结构,如家族生活的传统。孝道、互助、男尊女卑、提倡贞洁、厚葬等风习皆有儒家的色彩。但民间社会的小传统依然顽强地在城市社会中生存延续,如占卜、巫术、侠义等。在节日和日常生活中,民间的惯习得以充分表达。统治者对民风改造非常重视,为维护统治,对养士、游侠、厚葬等都进行过治理。

城市的风习也受到了文明融合的影响。占卜、巫术、风角等对少数民族有着很大的吸引力,佛教文明也是通过这些神秘主义的技艺作为传入中国的途径。儒家伦理在人们生活中依然有很大的影响。民族之间通婚越来越普遍,成为民族融合的重要途径。人们的精神生活也互相影响,胡风汉制、胡汉杂糅成为城市民俗文化的基本特质。佛教成为各种日常节日和习俗的新的载体。

中国城市中的物质文化体现出了以皇权为中心的等级性特点,在衣食住行方面都有明显的等级性特征,即使富有也不可僭越。在社会习俗与精神方面,虽然民间社会有着自己的小传统,但是官方的大传统不断力图改造之。官方如皇帝个人的好恶对城市习俗有影响。相比于当时的罗马城市,城市习俗不仅没有受到官方的有效控制,反而为之所绑架,如果罗马皇帝表现出他个人不喜欢这些表演(斗剑),哪怕只以不出席观看这种方式表现出来,也是危险的。①

① [美]刘易斯·芒福德著,宋俊岭、倪文彦译:《城市发展史——起源、演变和前景》,中国建筑出版社 2005 年版,第 177 页。

第六章:魏晋南北朝时期的城市祭祀、宗教

魏晋南北朝时期,都城是国家祭祀文明的中心。中国传统的祭祀文化也在文明的碰撞融合中变迁。明堂问题一直是南北方争论不断的议题。佛教和道教在城市中成为人们新的信仰。佛教化中国,中国也日益佛教化。对这一时期城市祭祀与宗教问题的研究多为个案或者区域研究。① 姜波对汉代到隋唐都城礼制建筑的研究认为,礼制建筑的位置逐步从宫城向城郊移动,标志着神权逐步沦为皇权的附庸。② 魏斌对南朝建康城东郊的发展研究则认为寺院、道馆、学馆、隐舍等宗教、文化性建筑的建立和扩张使东郊成为一处具有特殊文化意味的都城郊区,是都城内部权力向郊外"溢出"的结果。③ 还有些学者认为魏晋南北朝时期围绕中轴线的政治布局思路是参照前代的传统设计思想。④ 对此,需要将都城祭祀、宗教等礼制宗教等布局及功能结合起来思考。

一 魏晋南北朝时期的城市祭祀

国之大事曰祀与戎。祭祀文化对一个政权的存在具有重要的意义,是体现其政权正统性与合法性的一个重要方面。因此与军事力量一样,祭祀成为统治所必须掌握的合法性工具。魏晋南北朝的祭祀,对前代的祭祀形式延续的同时有所变革,尤为显著的变迁是游牧民族接受了中原祭祀文化并有所创新。孔子在国家祭祀中的地位有了很大的提高。都城作为国家祭祀中心,对加强中央集权也起到了很大的作用。

---

① 目前对这一时期城市祭祀与宗教的研究不多,且多为个案或区域性的研究。如魏斌:《"山中"的六朝史》,《文史哲》2017 年第 4 期,第 115—129 页。对南京城市与山林宗教祭祀的关系进行了分析。牛润珍:《古都邺城研究——中世纪东亚都城制度探源》,中华书局 2015 年版。对邺城的祭祀、宗教空间问题进行了论述。杨发鹏:《两晋南北朝时期河陇佛教地理研究》,西北师范大学博士论文,2010 年。对河陇一带的佛教分布空间进行了研究等。

② 姜波:《汉唐都城礼制建筑研究》,文物出版社 2003 年版。

③ 魏斌:《南朝建康的东郊》,《中国史研究》2016 年第 3 期,第 67—84 页。

④ 罗宗真:《魏晋南北朝考古》,文物出版社 2019 年版,第 21 页。

1. 三国两晋时期的城市祭祀

三国时期,虽然战乱不断,但都城祭祀依然受到统治者的重视,是政权合法性的重要象征,在三国的都城中皆有表现。儒家的祭祀文化依然主要表现在明堂以及郊礼等祭祀仪式之中,此外建立宗庙以表彰祖先,陵墓祭祀以及祭祀孔子等也是祭祀文化重要的方面。汉末曹魏时期,东汉祭祀太牢的礼仪依然延续。① 重农的藉耕礼仪,魏帝皆亲自为之。②

魏王迁都洛阳后,大造宫殿,而没有定下祭祀的礼仪制度和建筑,引发了大臣的反对。③ 三国时期,曹丕即位后颁布《定正朔诏》:"正朔当以虞、唐故事。若殊徽号,……其余郊祀天地朝会四时之服,宜如汉制。宗庙所服,一如周礼。"④

魏文帝时期,对孔子的祭祀规制又有了提升:"以议郎孔羡为宗圣侯,邑百户,奉孔子祀。命鲁郡修旧庙,置百户吏卒,以守卫之。"⑤少帝时期对儒家的祭祀和崇拜更加多了起来,在太牢祭祀孔子,标志着孔子的地位有了进一步的提高,而且颜渊作为配享,也是前所未有的,在祭祀的同时还举行经学讲座。⑥ 加强了儒家作为官方学术的正统地位。

曹魏朝日于东郊、夕月于西郊的做法,为后世所效仿,其影响远及于元明清北京城的日坛、月坛的设置。曹魏对六宗的祭祀仍为东汉制度,其他诸如灵星等祭祀延续旧制在南郊。⑦ 魏国的大臣王朗等还曾要求恢复郡国宗庙祭祀的传统,"及夫寝庙日一太牢之祀,郡国并立宗庙之法。"⑧

姜波总结魏晋洛阳礼制建筑的特点有:1. 国家大祭有天地、明堂、宗庙、社稷、迎时气五郊、籍田、亲蚕、辟雍与太学等。其他群神,合祭于南北郊。2. 将东汉的天子七庙化为一庙七主,形成了太庙制度。3. 初步形成了天子耕籍田、皇后亲蚕事的制度。4. 形成了在辟雍、太学(国子学)讲学并释奠孔子的礼制传统。5. 出现了南北郊与圜丘合为一体,明堂与南郊合祭的做法。6. 出现了太祖配祀南郊、严父配祀明堂的做法。⑨

---

① 《三国志》卷1《魏书·武帝纪》,第47页。
② 《宋书》卷14《礼志一》,第353页。
③ 《三国志》卷25《魏书·高堂隆传》,第711页。
④ 《三曹集》,岳麓书社1992年版,第130页。
⑤ 《宋书》卷17《礼志四》,第484页。
⑥ 《三国志》卷4《魏书·少帝纪》,第119页。
⑦ 姜波:《汉唐都城礼制建筑研究》,文物出版社2003年版,第100—101页。
⑧ 《三国志》卷13《魏书·王朗传》注引《魏名臣奏》,第410页。
⑨ 姜波:《汉唐都城礼制建筑研究》,文物出版社2003年版,第108页。

可见魏晋时期祭祀制度趋于简化，也有许多开创性的做法。祭祀集中于都城，对其他地方和非国家祭祀加强了管理。

蜀国宗庙制度也有一定的规制，成都是属国的祭祀中心。诸葛亮刚刚去世，许多人要求在成都为他立庙，但“朝议以礼秩不听”，导致出现了“百姓遂因时节私祭之于道陌上。言事者或以为可听立庙于成都者，后主不从。”原因是“今若尽顺民心，则渎而无典，建之京师，又逼宗庙，此圣怀所以惟疑也。”后来采取“凡其臣故吏欲奉祠者，皆限至庙。断其私祀，以崇正礼。”这样才解决了这个矛盾。从这个事件可见，当时的属国的宗庙制度也非常严格有序，成都立庙只有帝王皇室。①

三国中的吴国也逐步确立了祭祀制度，孙权称吴王伊始，还没有实行郊祭。② 在称帝之后，才开始郊祭。③

总之，从三国时期的祭祀文化可见，名山大川的祭祀已不多见，多集中在各自的中心城市，显示了城市此时在祭祀中成为最为重要的祭祀中心。祭祀中，各个政权还非常讲究礼仪、等级秩序等，他们祭祀目的不仅要论证政权的合法性，还有强调现实政权秩序的要求。但是，因为战乱祭祀缺少规律，祭祀的地点和祭祀宗庙的位置也与传统的礼法制度不合。祭祀具有实用主义的态度，不是一个常态的事情，而且在制度上较前代有所变化。

两晋十六国时期城市祭祀宗教活动也很活跃。晋帝开国之初，就举行了对上帝的祭祀，百官以及四夷聚会，彰显了自己的合法性。④

晋朝取代曹魏后，晋武帝讨论过祭祀的问题，最后议定“明堂南郊，宜除五帝之坐，五郊改五精之号，皆同称昊天上帝，各设一坐而已。地郊又除先后配祀。……帝亲祠圆丘于南郊。自是后，圆丘方泽不别立。”⑤

东晋之后对皇考祖先的祭祀制度也逐渐固定下来：“晋江左以后，乃至宋、齐相承，始受命之主，皆立六庙，虚太祖之位。”“陈制，立七庙，一岁五祠。”⑥

祭祀天在国都的南郊举行，祭祀地在北郊举行，合称为郊祀。历代帝王的郊祀一般多指南郊。⑦ 东西郊祭日汉代未见，三国时期曹魏曾“祀朝日于

① 《三国志》卷35《蜀书·诸葛亮传》注引《襄阳记》，第928—929页。

② 《三国志》卷47《吴书·吴主传》注引《江表传》，第1137页。

③ 《宋书》卷14《礼志一》，第346页。孙权始都武昌及建业，不立郊兆。至末年太元元年十一月，祭南郊，其地今秣陵县南十余里郊中是也。

④ 《晋书》卷3《武帝》，第51页。

⑤ 《晋书》卷19《礼志上》，第583页。

⑥ 《隋书》卷7《礼仪志二》，第131—134页。

⑦ ［日］金子修一：《皇帝制度——日本战后对汉唐皇帝制度的研究》，［日］谷川道雄主编：《魏晋南北朝隋唐史学的基本问题》，中华书局2012年版，第140页。

东门之外，又违礼二分之义。魏明帝太和元年二月丁亥，祀朝日于东郊，八月己丑，祀夕月于西郊，始得古礼。及武帝太康二年……帝复为亲祀朝日也。此后废。”①

晋武帝太康九年，在改建宗庙的时候，也将社稷迁徙，并下诏“社实一神，其并二社之礼。”②东晋建立后，在建康也如洛阳一样建立了宗庙社稷，但是没有按照传统的礼制。③ 东晋建立后，祭祀依照过去的制度，但是有所选择，“江左不立明堂，故阙焉。明帝太宁三年七月，始诏立北郊。……是月辛未，祀北郊，始以宣穆张皇后配地。魏氏故事，非晋旧也。”④

对孔子的祭祀在晋朝也有变化，晋武帝泰始三年十一月，“改封宗圣侯孔震为奉圣亭侯。又昭太学及鲁国四时备三牲，以祀孔子。”⑤

宗庙祭祀的序列是汉代以来历代统治者关注的祭祀问题之一，东晋时期“咸安之初，简文皇帝上继元皇帝，世秩登进。于是颍川、京兆二主，复还昭穆之位。至简文崩，颍川又迁。”⑥

对灵星祠的祭祀在东晋时期“不立七祀，灵星则配飨南郊，不复特置焉。”⑦

总之，两晋的祭祀依然在向都城集中，更少名山大川的祭祀，大多祭祀都在都城城郊。这一方面是集权趋势的要求，同时也与其政权的短暂和环境的窘迫有关，如东晋将明堂、清庙、辟雍和太学等合在一起，力求俭省。

十六国时期，入主中原的周边民族政权也以祭祀标示自己的正统地位，刘元海“乃为坛于南郊，僭即汉王位。”⑧刘耀建立政权也仿效华夏上尊号、祭祀宗庙、陵墓和郊祭。⑨ 祭祀冒顿，显示了其具有草原文化传统。刘耀还效法汉化祭祀礼仪，有事则告之太庙。⑩ 石勒称王，则“依春秋列国、汉初侯王每世称元，改称赵王元年。始建社稷，立宗庙”来彰显自己的正统性。⑪他还在自己的统治中心“起明堂、辟雍、灵台于襄国城西。”⑫石季龙迁于邺，

① 《晋书》卷19《礼志上》，第586页。
② 《宋书》卷17《礼志四》，第479—480页。
③ 《晋书》卷19《礼志上》，第584页。
④ 《宋书》卷16《礼志三》，第424页。
⑤ 《宋书》卷17《礼志四》，第484页。
⑥ 《宋书》卷16《礼志三》，第447—448页。
⑦ 《晋书》卷19《礼志上》，第597页。
⑧ 《晋书》卷101《刘元海载记》，第2649页。
⑨ 《晋书》卷103《刘曜载记》，第2684页。
⑩ 《晋书》卷103《刘曜载记》，第2690页。
⑪ 《晋书》卷105《石勒载记下》，第2735—2736页。
⑫ 《晋书》卷105《石勒载记下》，第2748页。

实行了郊祭、上尊号等传统的祭祀仪式,“依殷周之制,以咸康三年僭称大赵天王,即位于南郊。”[①]他还举行了耕籍礼。[②] 慕容氏政权也实行耕籍的典礼。[③] 石赵邺都建有太社、宗庙,其布局似遵《考工记》左祖右社制度。[④]苻坚政权在祭祀方面“起明堂,缮南北郊,郊祀其祖洪以配天,宗祀其伯健于明堂以配上帝。亲耕藉田。”[⑤]赫连勃勃政权的建立也是“拟神京而建社,窃先王之徽号,备中国之礼容”。[⑥]

总之,五胡政权皆利用中原传统祭祀制度来彰显自己争取合法性的意义,在祭祀文化方面在注重吸收传统的祭祀礼仪、标榜自身的正统地位同时,也融入了自身文明的因素。

2. 南北朝时期的城市祭祀

南朝刘宋时期对明堂和郊祭也进行过改革,主要是进行了简化,如五帝合一,北郊废除先后配祀、圜丘方泽不别立等。但是后来又恢复了明堂和五帝的祭祀。[⑦] 对孔子的祭祀很隆重,“开建庙制,同诸侯之礼。详择爽垲,厚给祭秩”。[⑧]

刘宋时期,对明堂形制和祭祀的问题有争论,明堂辟雍的关系也有不同的看法,最后议定在“国学之南,地实丙巳,爽垲平畅,足以营建。”明堂的规制为“其墙宇规范,宜拟则太庙,唯十有二间,以应期数。”“但作大殿屋雕画而已,无古三十六户七十二牖之制。”里面的祭祀对象序列为“依汉汶上图仪,设五帝位,太祖文皇帝对飨。祭皇天上帝,虽为差降,至于三载恭祀,理不容异。”[⑨]

南齐建立后,祭祀依然在延续传统。[⑩] 对于南郊祭祀圜丘,南齐于“永明中起瓦屋,形制宏壮。”[⑪]对宗庙的设立到底应该为几庙,历来都有所争议。南齐采取的实际是祭祀六庙。[⑫]

---

① 《晋书》卷 106《石季龙载记上》,第 2765 页。
② 《晋书》卷 107《石季龙载记下》,第 2781 页。
③ 《晋书》卷 109《慕容皝载记》,第 2817 页。
④ 牛润珍:《古都邺城研究——中世纪东亚都城制度探源》,中华书局 2015 年版,第 129 页。
⑤ 《晋书》卷 113《苻坚载记上》,第 2886 页。
⑥ 《晋书》卷 130《赫连勃勃载记》,第 3213 页。
⑦ 《宋书》卷 16《礼志三》,第 423 页。
⑧ 《宋书》卷 6《孝武帝纪》,第 115 页。
⑨ 《宋书》卷 16《礼志三》,第 433—434 页。
⑩ 《南齐书》卷 9《礼志上》,第 119—120 页。
⑪ 《南齐书》卷 9《礼志上》,第 126 页。
⑫ 《南齐书》卷 9《礼志上》,第 131 页。

南梁时期,梁武帝虽然笃信佛,但传统祭祀也从不间断,如“四年春正月辛亥,舆驾亲祠南郊,赦天下。”①“梁南郊,为圆坛,在国之南。……祀天皇上帝之神于其上,以皇考太祖文帝配。”②对四郊五方上帝山川神祭也有安排。梁社稷在太庙西,“其初盖晋元帝建武元年所创,有太社、帝社、太稷,凡三坛。门墙并随其方色。”同时还在地方城市恢复和提倡祭祀,“每以仲春仲秋,并令郡国县祠社稷、先农,县又兼祀灵星、风伯、雨师之属。及腊,又各祠社稷于坛。百姓则二十五家为一社,其旧社及人稀者,不限其家。春秋祠,水旱祷祈,祠具随其丰约。其郡国有五岳者,置宰祝三人,及有四渎若海应祠者,皆以孟春仲冬祠之。”③形成了从中央到地方的一套祭祀体系。南陈时代,祭祀没有大的变迁,只是在祭祀郊庙所用的礼乐上有所争议。④

藉耕在东晋南朝延续下来:“古典有天子东耕仪。江左未暇,至宋始有其典。梁初藉田,依宋、齐,以正月用事,不斋不祭。”天监十二年,武帝改用二月,“普通二年,又移藉田于建康北岸,筑兆域大小,列种梨柏,便殿及斋官省,如南北郊。别有望耕台,在坛东。帝亲耕毕,登此台,以观公卿之推伐。又有祈年殿云。”⑤

南朝祭祀,因为当时偏安江左,祭祀的礼仪偏向简化。这是当时国家的实力不强和动乱不断、王朝存在时间不长所致。

北魏建立之初,信仰祭祀还有着游牧部落原始宗教的痕迹,“其俗以四月祠天,六月末率大众至阴山,谓之却霜。”⑥北魏建立后,对祭祀方面非常重视,开始用的祭祀还是鲜卑传统的祭祀,“太祖登国元年,即代王位于牛川,西向设祭,告天成礼。”“城西有祠天坛,立四十九木人,长丈许,白帻、练裙、马尾被,立坛上,常以四月四日杀牛马祭祀,盛陈卤簿,边坛奔驰奏伎为乐。”⑦定都平城后,才开始采用中原文化的祭祀:“天兴元年,定都平城,即皇帝位,立坛兆告祭天地……始从土德,数用五,服尚黄,牺牲用白。祀天之礼用周典,以夏四月亲祀于西郊。”⑧魏孝文帝以前,皇帝多不亲祭祀。孝文帝太和六年,始亲祀七庙,由百官助祭。⑨ 北魏在平城时代开始大肆营造太

① 《梁书》卷2《武帝中》,第41—42页。
② 《隋书》卷6《礼仪志一》,第108页。
③ 《隋书》卷7《礼仪志二》,第141—142页。
④ 《陈书》卷27《姚察传》,第349页。
⑤ 《隋书》卷7《礼仪志二》,第143页。
⑥ 《宋书》卷95《索虏》,第2323页。
⑦ 《南齐书》卷57《魏虏》,第985页。
⑧ 《魏书》卷108之一《礼志四一》,第2734页。
⑨ 周一良:《魏晋南北朝史札记》,中华书局1985年版,第428页。

庙、明堂等祭祀场所。① “太庙成,迁神元、平文、昭成、献明皇帝神主于太庙。”②随着汉化不断深入,祭祀也日趋完备,起明堂、辟雍。③ 配太祖于南郊,并亲筑圜丘于南郊。④ 北魏太庙制度的形成与完备伴随着其汉化进程的加深及其与南朝争正统的政治需要。⑤

孝文帝后郊庙制度采取了郑玄说,将圜丘和南郊、方丘和北郊区别开来,作为各自祭祀天神、地神的不同场所。王肃认为圜丘和南郊、方丘和北郊各自是同一个祭坛。南朝祭祀基本依据了王肃说。⑥

南齐司徒参军萧琛、范云北使北魏,看到了北魏孝文帝在西郊祀天的情况。⑦ 可见北魏对西郊的祭祀依然是非常重视的。中原文化注重祭祀南郊,而北魏注重西郊,还有其原来祭祀文化的心理遗存。⑧ 随着文明的融合,祭祀也日益吸收了华夏文明的形式,平城“城西南去白登山七里,于山边别立父祖庙。城西有祠天坛,立四十九木人,长丈许,白帻、练裙、马尾被,立坛上,常以四月四日杀牛马祭祀,盛陈卤簿,边坛奔驰奏伎为乐。城西三里,刻石写《五经》及其国记,于邺取石虎文石屋基六十枚,皆长丈余,以充用。”⑨随着汉化的深入,鲜卑族固有的一些祭祀遭到了抛弃,孝文帝十六年,“省西郊郊天杂事。”⑩希望通过祭祀制度的改革,进一步放弃凝聚游牧部落的传统祭祀。有学者认为孝文帝的这一改革举措是不成功的。⑪ 之后,尔朱荣、高欢等恢复了这一祭典。⑫

北魏的许多原有的草原民族的典礼习俗,如讲武等也都依附于汉族的郊祭典礼而逐渐成为城市公共性典礼活动。⑬

姜波认为北魏都城礼制特点有:1. 放弃鲜卑族祭祀天地祖先的旧俗,

---

① 《北史》卷1《魏本纪》,第21页。
② 《魏书》卷1《太祖纪》,第36页。
③ 《魏书》卷7下《高祖纪下》,第161页。
④ 《魏书》卷108之一《礼志四》,第2740页。
⑤ 赵永磊:《塑造正统:北魏太庙制度的构建》,《历史研究》2017年第6期。
⑥ [日]金子修一:《皇帝制度——日本战后对汉唐皇帝制度的研究》,[日]谷川道雄主编:《魏晋南北朝隋唐史学的基本问题》,中华书局2012年版,第144页。
⑦ 《南齐书》卷57《魏虏》,第991页。
⑧ 《南齐书》卷9《礼志上》,第125页。
⑨ 《南齐书》卷57《魏虏列传》,第985页。
⑩ 《魏书》卷7下《高祖纪下》,第169页。
⑪ 康乐:《从西郊到南郊:北魏的迁都与改革》,北京联合出版公司2020年版,第184页。
⑫ 康乐:《从西郊到南郊:北魏的迁都与改革》,北京联合出版公司2020年版,第165页。
⑬ 刘莹:《北魏讲武考——草原传统与华夏礼仪之间》,《魏晋南北朝隋唐史资料》,第35辑,2017年7月,第70—96页。

刻意效法汉文化礼制传统,南北郊祭、左祖右社、祭祀孔子、大享明堂等受到重视,并得到贯彻执行。在平城和洛阳设立了孔庙,为古代都城设置孔庙的源起。2. 汉化同时对祭祀进行了改革,孝文帝时期减省牺牲、裁撤帝庙、废除六宗等。明堂采用九室,将明堂、辟雍、灵台三者合一。①

北魏民间崇拜的神也是多元的,除了京师祭祀外,各地方城市祭祀的各种神祇也是非常多的,造成了极大的浪费,也妨碍了中央政权对祭祀信仰的控制,对此北魏进行了改革:"高祖延兴二年,有司奏天地五郊、社稷已下及诸神,合一千七十五所,岁用牲七万五千五百。显祖深愍生命,……于是群祀悉用酒脯。"②之后,对过多的祭祀神祇也进行了改革,水火等"四十神计不须立,悉可罢之"。③

魏晋南北朝时期,明堂问题一度引发了南北双方政权的热烈争论,是当时一个重要的政治问题。《考工记》中记载"周人明堂,度九尺之筵,东西九筵,南北七筵,堂崇一筵。五室,凡室二筵。室中度以几,堂上度以筵,宫中度以寻,野度以步,涂度以轨。庙门容大扃七个,闱门容小扃参个,路门不容乘车之五个,应门二彻参个。内有九室,九嫔居之。外有九室,九卿朝焉。"④依据王国维先生的考证,"明堂之制,既为古代宫室之通制,故宗庙之宫室亦如之。古宗庙之有太室,即足证其制与明堂无异。明堂之制,太室之外,四堂各有一室,故为五室,宗庙之制亦然。庙中太室之为四宫之广延,又可由古代册命之礼证之。古天子诸侯之命群臣也,必于庙中。盖太室之地,在寻常宫室本为广延,太室虽上有重屋,然太室屋与四宫屋之间,四旁通明,汉时犹谓之通天屋。然则宗庙之制,有太室、有四宫,而每宫又各有一室,四宫五室与明堂之制无异。且明堂五室之四分属四堂,亦于宗庙中始得其最确之明证,而明堂为古宫室之通制,亦至是而益明矣。以余观之,路寝无太室,自与明堂宗庙异,至于四屋相对,则为一切宫室之通制。从明堂宗庙燕寝之制,以推定路寝之制亦有东西南北四屋,四较妥也。故中庭者,对东西南北四屋之前庭言之;中溜者,对东西南北四溜言之。中庭之四旁,以中溜为之界,故曰霤中庭也。然非发见古宫之通制,亦无以定中溜之地位,而由中溜之地位,又足以证四屋相对之为古宫室之通制矣。"⑤可见,明堂之制是

① 姜波:《汉唐都城礼制建筑研究》,文物出版社 2003 年版,第 170—171 页。
② 《魏书》卷 108 之一《礼志四一》,第 2740 页。
③ 《魏书》卷 108 之一《《礼志四一》,第 2749 页。
④ 《周礼·仪礼·礼记》,岳麓书社 1989 年版,第 130 页。
⑤ 王国维:《明堂庙寝通考》,干春松、孟彦弘编:《王国维学术经典集》,江西人民出版社 1997 年版,第 20—29 页。

具有中国农业家族文明特色的住宅布局，是中国宫殿、宗庙、住宅的理想化模型。

在北魏明堂的修建是北魏冯太后和孝文帝太和新政的一部分，是汉化的一种象征，对缩小民族情感和增强民族亲和力有着重要作用。① 在设立明堂的问题上，北魏大臣们一直争议不断，核心问题是北朝的正统地位。② 在魏晋南北朝这个文明大融合的时代，明堂建筑也受到了多元文明的影响，建筑学界将圆顶建筑认为是中国效法天圆地方进而与明堂、圜丘扯在一起是错误的。这种建筑与印度的佛教传入有关。③ 依据郦道元《水经注》的记载，洛阳明堂上圆下方，九室，重隅，十二堂。④ 圜丘在洛阳城南七里，为圜坛八陛；中又为重坛，天地位其上，皆向南。其外坛，上为五帝位，其为外壝，重营皆紫，以像紫宫。⑤ 长安明堂上圆下方，九宫十二堂，四向五室。堂北三百步有灵台。⑥ 可见此时期明堂的建筑不仅有着华夏与游牧文明的因素，还吸收了域外文明因子。

南北政权对于郊祭与明堂的问题因为争夺正统而对立，北魏李业兴曾与兼散骑常侍李谐、兼吏部郎卢元明使萧衍，与萧衍的散骑常侍朱异关于明堂形制问题也有一段问难。⑦ 从中也可见当时南北祭祀文化虽有不同，但差异不大。

北魏继五胡之后，儒学比南方盛。⑧ 对孔子的祭祀在北魏较前代更为隆重，祭祀不断，地位不断提高。孝文帝时"诏以孔子二十八世孙鲁郡孔乘为崇圣大夫，给十户以供洒扫。"⑨还"立孔子庙于京师。"⑩孝文帝十六年，"改谥宣尼曰文圣尼父，告谥孔庙。"⑪"三年二月，起太学于城东，祀孔子，以颜渊配。"⑫世祖时"使使者以太牢祀孔子。"⑬孔庙一般在城市的南部，如

① 王银田:《北魏平城明堂遗址再研究》，殷宪、马志强:《北朝研究》(第二辑)，北京燕山出版社 2008 年版，第 165 页。
② 《魏书》卷 85《文苑》，第 1871 页。
③ 王银田:《北魏平城明堂遗址再研究》，殷宪、马志强:《北朝研究》(第二辑)，北京燕山出版社 2008 年版，第 167 页。
④ 郦道元:《水经注》，郭超主编《四库全书精华》，中国文史出版社 1998 年版，第 3863 页。
⑤ 郦道元:《水经注》，郭超主编《四库全书精华》，中国文史出版社 1998 年版，第 3857 页。
⑥ 郦道元:《水经注》，郭超主编《四库全书精华》，中国文史出版社 1998 年版，第 3876 页。
⑦ 《魏书》卷 84《儒林》，第 1863 页。
⑧ 何兹全:《魏晋南北朝史略》，北京出版社 2018 年版，第 252 页。
⑨ 《魏书》卷 7 上《高祖纪上》，第 139 页。
⑩ 《魏书》卷 7 下《高祖纪下》，第 165 页。
⑪ 《魏书》卷 7 下《高祖纪下》，第 169 页。
⑫ 《魏书》卷 3《世祖纪上》，第 71 页。
⑬ 《魏书》卷 4《世祖纪下宗纪》，第 104 页。

邺城的孔子庙在城南泮宫附近。①

东汉末，郊祀的亲祀就开始稍稍带上了政治是色彩。东汉确立郊祀、宗庙的同时，各种祭祀和皇帝的关系也逐渐理论化了。到了曹魏时期，郊祀中增加了冬至的圜丘祭祀和夏至的方泽祭祀。东晋时废止了冬至、夏至的郊祀，南郊只在正月举行。这被南朝各王朝所继承。东晋采用了二年一郊祭的制度也为南朝所继承。② 金子修一认为从魏晋到南朝郊祀逐渐出现了一些变化，但宗庙制度从东汉以后直至唐代没有变化。③

耕籍祭祀也被采用，郊祭祭祀也日益完备："春，帝始躬耕籍田，祭先农，用羊一。祀日于东郊，用骍牛一。秋分祭月于西郊，用白羊一。"④

东郊祭日的礼仪被继承下来，孝文帝十六年，"初朝日于东郊，遂以为常。"⑤同时增加了"车驾初迎气南郊，自此为常。"⑥"五年春正月辛丑，车驾有事于南郊。"⑦"十年四月，帝初以法服御辇，祀于西郊。"⑧

关于五行问题，事关正统性问题，争议也很大。中书监高闾议以为，"宜从尚黄，定为土德。"秘书丞臣李彪、著作郎崔光等议以为："以皇魏承晋为水德。"后来"从彪等所议，宜承晋为水德。"⑨可见，北魏否认了其他少数民族的政权而只认同从西晋继承正统，这是对南方政权争正统的一个高明的做法。

北魏时期，随着政权的稳定和汉化的深入，对于诸侯的祭祀也有了定制。灵太后父司徒胡国珍之死引发了关于庙制的争论。"相国之庙，已造一室，实合朝令。宜即依此，展其享祀。"⑩得到了皇帝的允准。诸侯祭祀制度的订立，对中央集权也具有意义。

北朝宫廷礼仪中胡俗盛行，但又遵照儒教经典的《周礼》采用了六官制度。东西魏以后北朝的礼仪和制度既有来自北朝的因素，也有来自中国的制度，但还没有集中到一个方向去。北朝皇帝祭祀制度和原则与实际运用

---

① 牛润珍：《古都邺城研究——中世纪东亚都城制度探源》，中华书局 2015 年版，第 76 页。

② ［日］金子修一：《皇帝制度——日本战后对汉唐皇帝制度的研究》，［日］谷川道雄主编：《魏晋南北朝隋唐史学的基本问题》，中华书局 2012 年版，第 142 页。

③ ［日］金子修一：《皇帝制度——日本战后对汉唐皇帝制度的研究》，［日］谷川道雄主编：《魏晋南北朝隋唐史学的基本问题》，中华书局 2012 年版，第 143 页。

④ 《魏书》卷 108 之一《礼志四一》，第 2735 页。

⑤ 《魏书》卷 7 下《高祖纪下》，第 169 页。

⑥ 《魏书》卷 7 下《高祖纪下》，第 169 页。

⑦ 《魏书》卷 9《肃宗纪》，第 235 页。

⑧ 《魏书》卷 108 之一《礼志四一》，第 2740 页。

⑨ 《魏书》卷 108 之一《礼志四一》，第 2746—2746 页。

⑩ 《魏书》卷 108 之二《礼志四二》，第 2771 页。

不一致。[①] 这是鲜卑与汉族势力斗争的反映。

北齐是圜丘、方泽三年一祀，南北郊一年一祀。隋代与南朝同，二年一郊。[②]

北齐时期，郊祭、宗庙以及圣人的祭祀不断，“八年秋八月庚辰，诏丘、郊、禘、祫、时祀，皆仰市取，少牢不得剖割，有司监视，必令丰备；农社先蚕，酒肉而已；雩、禖、风、雨、司民、司禄、灵星、杂祀，果饼酒脯。唯当务尽诚敬，义同如在。”[③]但北齐皇后预祭，此乃古代宗庙礼仪一大变化，突破了历朝各代女性不得入宗庙行祭祖礼的规定。[④] 而且北齐宗庙结构每神主一室，不同神室所用乐、舞不同。[⑤] 这与政治变化有关，但也与草原文明风俗有关，是民族文明融合在城市祭祀中的反映。为了吸引胡人，北周拜胡天，显示北周是为招来西域胡人主动采取的策略。[⑥]

对祖先的祭祀北齐“置王高祖秦州使君、王曾祖太尉武贞公、王祖太师文穆公、王考相国献武王，凡四庙。文宣帝受禅，置六庙……凡五祭。禘祫如梁之制。每祭，室一太牢，始以皇后预祭。”[⑦]“立太社、帝社、太稷三坛于国右。每仲春仲秋月之元辰及腊，各以一太牢祭焉。皇帝亲祭，则司农卿省牲进熟，司空亚献，司农终献。后周社稷，皇帝亲祀，则冢宰亚献，宗伯终献。”[⑧]社稷与宗庙似南北相对，社稷在宫之东北，宗庙在宫之东偏南。[⑨]

北齐时期，对孔子的祭祀依然，“诏封崇圣侯邑一百户，以奉孔子之祀，并下鲁郡以时修治庙宇，务尽褒崇之至。”[⑩]

对其他圣贤也有祭祀：“诏分遣使人致祭于五岳四渎，其尧祠舜庙，下及孔父、老君等载于祀典者，咸秩罔遗。”[⑪]

与北齐对峙的北周也非常重视祭祀，“后周之制，思复古之道，乃右宗庙而左社稷。置太祖之庙，并高祖已下二昭二穆，凡五。……其时祭，各于

① [日]金子修一：《皇帝制度——日本战后对汉唐皇帝制度的研究》，[日]谷川道雄主编：《魏晋南北朝隋唐史学的基本问题》，中华书局 2012 年版，第 144 页。

② [日]金子修一：《皇帝制度——日本战后对汉唐皇帝制度的研究》，[日]谷川道雄主编：《魏晋南北朝隋唐史学的基本问题》，中华书局 2012 年版，第 145 页。

③ 《北齐书》卷 3《文宣纪》，第 63—64 页。

④ 牛润珍：《古都邺城研究——中世纪东亚都城制度探源》，中华书局 2015 年版，第 212 页。

⑤ 牛润珍：《古都邺城研究——中世纪东亚都城制度探源》，中华书局 2015 年版，第 213 页。

⑥ 毕波：《中古长安的粟特胡人：以长安为中心》，中国人民大学出版社 2011 年版，第 51 页。

⑦ 《隋书》卷 7《礼仪志二》，第 135 页。

⑧ 《隋书》卷 7《礼仪志二》，第 141—142 页。

⑨ 牛润珍：《古都邺城研究——中世纪东亚都城制度探源》，中华书局 2015 年版，第 66 页。

⑩ 《北齐书》卷 3《文宣纪》，第 51 页。

⑪ 《北齐书》卷 3《文宣纪》，第 51 页。

其庙,袷禘则于太祖庙,亦以皇后预祭。其仪与后齐同。所异者,皇后亚献讫,后又荐加豆之笾,其实菱芡芹菹兔醢。冢宰终献讫,皇后亲撤豆,降还板位。然后太祝撤焉。”①在五行方面,“以木承水,……有黑水之谶,服色宜乌。”②可见北周祭祀虽然强调复古,但也承袭了魏齐的一些做法而有所变革。

北朝的祭祀从原来部落时代的祭祀逐步吸收了中原的祭祀文化,尤其是孝文帝时期改革后的北魏祭祀以华夏圣君和儒家先贤为主要内容,旨在树立北魏政权的合法性基础以及实现社会整合。③ 北魏祭祀对中原的继承是最为全面的,宗庙、山岳、明堂、圜丘、郊祭以及历代帝王的祭祀。但是原有的一些北魏的祭祀传统也有保留。在少数民族的政权中,北周虽强调复古,对儒家孔子的祭祀比较前代有了前所未有的提升。为了证明自己的正统性,在五行和明堂方面进行了反复的争论。总之,北朝的祭祀具有夷夏融合的特点。祭祀的中心也从大山、草原转移到了城市及其四郊。从城市祭祀在当时的变迁及功能来看,郊祭对南北政权合法性具有重要的象征性意义。

城隍是城市独有的神,魏晋南北朝时期,越来越多的城市有了城隍的祭祀。中国宗教对荒野之地征服的最后一个要素是城隍信仰的出现。最早这种信仰是在南方几个地方流行。从 5 世纪中期到 8 世纪,城隍神是有姓名的人,通常是获得军事成就者或修建城墙有功者。这种反复的归功强化了城隍作为城墙和护城河保护神的身份,其本质是保护人民,维持秩序。④ 城隍代表了地方宗教的归顺与道德化……意味着帝国精英能够控制新兴的城市阶层所支持的观念,朝廷也成功地将自己塑造为一种代表神圣力量的形象。⑤

二　魏晋南北朝时期的城市宗教

佛教不仅作为外来文明来到中国,经过西域等地域传来的佛教文明一

---

① 《隋书》卷 7《礼仪志二》,第 136 页。

② 《周书》卷 3《孝闵帝》,第 45 页。

③ 刘凤雪、赵昆生:《北魏祭祀制度研究》,山西大同大学学报(社会科学版)2018 年第 1 期,第 54—58 页。

④ [加]卜正民主编:[美]陆威仪著,李磊译,周媛校:《分裂的帝国:南北朝》,中信出版社 2016 年版,第 212 页。

⑤ [加]卜正民主编:[美]陆威仪著,李磊译,周媛校:《分裂的帝国:南北朝》,中信出版社 2016 年版,第 213 页。

开始来到中原还有着夷夏之辨的内涵。佛教的中国化过程是一个中外文明与夷夏文明碰撞融合的过程。道教具有隐居山林的特点,但魏晋南北朝时期,道教也是城市中具有影响力的宗教。

关于佛教传入有几种说法:一是从南海传入。二是从大月氏传入。三是汉末北方佛教的南下,刺激了交州佛教的流行。①

1. 三国两晋时期的城市佛教

魏明帝时,对佛教不感兴趣,曾"欲坏宫西佛图"。当时有外国沙门显示神迹,用金盘盛水置于殿前,用佛舍利投入于水,五色光起,打动了明帝。于是明帝为之"作周阁百间。佛图故处,凿为濛汜池,种芙蓉于中。"之后有天竺沙门昙柯迦罗来到洛阳,传播戒律,并在"洛中构白马寺"。②

西晋时期,佛教有了进一步发展,当时"洛中佛图有四十二所矣。"沙门的穿着也有所变化,"汉世沙门,皆衣赤布,后乃易以杂色。"③西晋时期,恭帝非常信佛,他小时候喜爱涉猎杀马,后来有人告诉他"马者国姓,而自杀之,不祥之甚。"此后他"深信浮屠道,铸货千万,造丈六金像,亲于瓦官寺迎之,步从十许里。"④

佛教南传到达当时的岭南一带,地方上的官员与僧人们也有交往,可见佛教势力影响深入。"陈郡袁宏为南海太守,与弟颖叔及沙门支法防共登罗浮山,至石室口,见道开形骸如生,香火瓦器犹存。"⑤

十六国时期,五胡的统治者对佛教的引进起到了很大的作用,五胡崇信佛教,尤其是二石。后来姚兴欢迎鸠摩罗什,佛法开始在北方如日中天。⑥姚兴对佛经的翻译和佛教的发展就起到了巨大的推动作用,"兴既托意于佛道,公卿已下莫不钦附,沙门自远而至者五千余人。起浮图于永贵里,立波若台于中宫,沙门坐禅者恒有千数。州郡化之,事佛者十室而九矣。"⑦

石季龙对图澄非常推崇,"百姓因澄故多奉佛,皆营造寺庙,相竞出家,真伪混淆,多生愆过。"⑧佛教势力非常强大,在地方城市中大建塔寺,"澄时

① 葛兆光:《中国思想史》(第一卷),复旦大学出版社 2001 年版,第 376 页。
② 《魏书》卷 114《释老志》,第 3028—3029 页。
③ 《魏书》卷 114《释老志》,第 3028—3029 页。
④ 《晋书》卷 10《安帝恭帝》,第 270 页。
⑤ 《晋书》卷 95《艺术》,第 2492 页。
⑥ 钱穆:《国史大纲》,商务印书馆 2001 年版,第 362 页。
⑦ 《晋书》卷 117《姚兴载记上》,第 2985 页。
⑧ 《晋书》卷 95《艺术》,第 2487 页。

止鄴城寺中，弟子遍于郡国。……及澄之所在，无敢向其方面涕唾者。”①

十六国时期的凉州政权对佛教在中国的发展起到了重要的中介作用。沮渠蒙逊在凉州爱好佛法，罽宾沙门昙摩谶受到了他的推崇。后来北魏灭凉，将沙门们都迁到了平城，对北魏的佛教发展产生了巨大的影响。② 佛家在当时深入民间，如有个叫吕绍的妻子张氏“年十四，绍死，便请为尼。吕隆见而悦之，欲秽其行”，他不愿受辱，“口诵佛经，俄然而死。”③

总之，佛教在两晋十六国时期，已经在中国城市中有了大规模的传播。西晋时，洛阳有佛寺四十二所，信佛者多了。④ 对中国的政治、经济、文化以及社会风俗都有很大的影响。城市是文化中心，佛教在洛阳、长安、建康以及地方郡县中心城市中形成了巨大的势力，在城市中的传播使佛教不仅与中原文明有了一个融合，利用中国文化特点传播佛教，是佛教很快受到大众信仰的重要原因。

2. 南朝时期的城市佛教

佛教在南朝城市中已经达到了“自帝王至于民庶，莫不归心。经诰充积，训义深远，别为一家之学焉”的境地。面对佛教的影响，一些政治家已经注意到了控制佛教的问题。东晋较早提出“使沙门敬王者”，之后桓玄也提出了类似的动议，但是都没有得到采纳。刘宋大明六年有的大臣上奏，“以为沙门接见，比当尽虔礼敬之容，依其本俗，则朝徽有序，乘方兼遂矣。”但是到了“前废帝初，复旧”。⑤ 佛教在四川地区也很流行，刘义隆看到佛教徒众，非常警惕，但是不能阻止其发展，“时蜀沙门法成，鸠率僧旅，几于千人，铸丈六金像。”⑥南朝城市及地方上的佛寺不断增长，东晋有佛寺一千七百六十八所，刘宋有佛寺一千九百十三所，南齐有二千零十五所，萧梁有二千八百四十六所，侯景之乱后还有佛寺一千二百三十二所，只建康的佛寺就有五百余所。⑦

刘宋时代，境内城市出现了许多有道高僧，流传于世。如彭城人道生，父亲曾经是广戚令。他出家为沙门法大弟子。因为聪明颖悟，十五岁就能

---

① 《晋书》卷 95《艺术》，第 2488 页。

② 《魏书》卷 114《释老志》，第 3032 页。

③ 《晋书》卷 96《列女》，第 2526 页。

④ 韩国磐：《魏晋南北朝史纲》，人民出版社 1983 年版，第 532 页。

⑤ 《宋书》卷 97《夷蛮》，第 2387 页。

⑥ 《魏书》卷 52《胡叟传》，第 1150 页。

⑦ 韩国磐：《魏晋南北朝史纲》，人民出版社 1983 年版，第 534 页。

讲经，长大后对佛经更是“立顿悟义，时人推服之。”他后来死在庐山，名僧慧琳为之耒。① 刘宋时期的建康城中，佛教流行，“有慧严、慧议道人，并住东安寺，学行精整，为道俗所推。时斗场寺多禅僧，京师为之语曰：‘斗场禅师窟，东安谈义林。’”中外佛教文化的交流也非常活跃。“大明中，外国沙门摩诃衍苦节有精理，于京都多出新经，《胜鬘经》尤见重内学。”②王宫贵族在地方也多有信佛的，如“义宣至镇，勤自课厉，政事修理。……多畜嫔媵，后房千余，尼媪数百，男女三十人。崇饰绮丽，费用殷广。”③

南齐时，佛教成为一些人的精神寄托，“晚年以后，尤遵释教。宅内立道场，环绕礼忏，六时不辍。诵《法华经》，每日一遍。”受到萧衍的褒奖。④

南梁时期，萧衍敬佛在江南影响巨大，不仅大造佛寺，设立道场讲经，而且自己多次捐身寺院，大量布施⑤，在江南城市掀起了大规模的佛教崇拜，开设法会时：“京师倾属，观者百数十万人。所设金银供具等物，并留寺供养，并施钱一千万为寺基业。”⑥中外文明交相辉映，在南朝城市中成为盛况，谢举“尤长玄理及释氏义。为晋陵郡时，常与义僧递讲经论，征士何胤自虎丘山赴之。其盛如此。先是，北渡人卢广有儒术，为国子博士，于学发讲，仆射徐勉以下毕至。”⑦

陈朝时期，佛教依然流行，陈霸先如萧衍一样多次捐身，又掀起了对佛教的崇拜，陈后主也非常信佛，“后主在东宫，令陵讲大品经，义学名僧，自远云集，每讲筵商较，四座莫能与抗。”⑧

佛教对于南北交往也是一个媒介，王固因崇信佛教而被选到西魏出使“居丧以孝闻。又崇信佛法，及丁所生母忧，遂终身蔬食，夜则坐禅，昼诵佛经，兼习《成实论》义，而于玄言非所长。尝聘于西魏。”⑨

佛教传到中国，经过西域，开始“皆胡言也。”⑩盖吴的反叛作为灭佛事件的引爆点，也和卢水胡对西域的交通之争有间接的关联。⑪ 少数民族对

① 《宋书》卷97《夷蛮》，第2388—2391页。
② 《宋书》卷97《夷蛮》，第2392页。
③ 《宋书》卷68《武二王》，第1799页。
④ 《梁书》卷51《处士》，第751页。
⑤ 《梁书》卷7《高祖郗皇后》，第159页。
⑥ 《梁书》卷54《诸夷》，第791页。
⑦ 《梁书》卷37《谢举传》，第530页。
⑧ 《陈书》卷26《徐陵传》，第334页。
⑨ 《陈书》卷21《王固传》，第282页。
⑩ 《魏书》卷114《释老志》，第3026—3027页。
⑪ 刘淑芬：《中古的佛教与社会》，上海古籍出版社2008年版，第13页。

佛教在中国的流布有相当的贡献，一则早年的僧人大都不是汉人，二则一直要到五胡十六国时期后赵建武元年（335 年），氐人君主石虎方正式准许汉人出家。之前汉人私度出家都是不合法的。可见在公元 4 世纪以前，僧人多不是汉人。① 这样中原文明、外来文明和草原文明都以佛教为纽带开始碰撞融合起来。佛教在北朝时期尤为兴盛，但是盛极而衰，在北魏道武帝时期和北周武帝时期因政治与经济上的原因遭到了暂时的毁灭式的打击。

3. 北朝时期城市的佛教

北魏鲜卑部落在没有与中原和西域直接来往之前，不知道佛教。随着他们不断南下，佛教开始进入了他们的视野："及神元与魏、晋通聘，文帝又在洛阳，昭成又至襄国，乃备究南夏佛法之事。""帝好黄老，颇览佛经。"魏帝在天兴元年，下诏在当时的京城平城"建饰容范，修整宫舍，令信向之徒，有所居止。"并且在这一年"作五级佛图、耆阇崛山及须弥山殿，加以缋饰。别构讲堂、禅堂及沙门座，莫不严具焉。"佛教开始在平城传播开来。之后，魏太宗也"好黄老，又崇佛法"，北魏各地也逐渐"建立图像"，和尚们还负责"敷导民俗。"②北魏世祖在位时"亦遵太祖、太宗之业，每引高德沙门，与其谈论。于四月八日，舆诸佛像，行于广衢，帝亲御门楼，临观散花，以致礼敬。"③之后，统治者对佛教已经有了很深的信仰，打造佛寺、讲经说法等成为城市时尚。

佛教在北魏后宫中也颇受欢迎，灵太后"锐于缮兴，在京师则起永宁、太上公等佛寺，功费不少，外州各造五级佛图。又数为一切斋会，施物动至万计。百姓疲于土木之功，金银之价为之踊上，削夺百官事力，费损库藏，兼曲赉左右，日有数千。"④《洛阳珈蓝记》记载永宁寺的位置在宫前阊阖门南一里御道西。西对永康里，南界昭玄曹，北临御史台。阊阖门前御道东有左卫府。府南有司徒府。司徒府南有国子学，堂内有孔丘像，颜渊、子路问政在侧。国子学南有宗正寺，寺南有太庙，庙南有护军府，府南有衣冠里。御道西有右卫府，府南有太尉府。⑤ 可见其所处行政中心位置，反映了当时各种势力在都城的权衡。

魏末时，洛阳佛寺一千三百六十七所。迁都邺城后，洛阳还有四百二十

---

① 刘淑芬：《中古的佛教与社会》，上海古籍出版社 2008 年版，第 26 页。
② 《魏书》卷 114《释老志》，第 3030 页。
③ 《魏书》卷 114《释老志》，第 3032 页。
④ 《魏书》卷 19 中《景穆十二王》，第 480 页。
⑤ 杨衒之撰，周祖谟校释：《洛阳珈蓝记校释》，中华书局 1987 年版，第 17—18 页。

一所。宣武帝时,共有一万三千七百二十七所。东魏北齐时,僧尼二百万人,寺庙三万余所。北齐末年,僧尼有三百余万人,北周的寺庙也超过了万数。① 城市寺庙占有很大一部分。

佛教代表着一种社会和经济势力。② 佛教在北土流行后"政教不行,礼仪大坏,鬼道炽盛,视王者之法篾如也。"③城市中的佛教徒常常领导信徒,组织以俗人为主体的信仰团体,称为义或法义,而自身则成为这种团体的指导者,称为邑师。④ 北魏统治者感受到佛教对政权的负面影响,如"关右之民,自比年以来,竞设斋会,假称豪贵,以相煽惑,显然于众坐之中,以谤朝廷,无上之心,莫此为甚。"⑤统治者也限制佛教发展,如孝文帝曾下诏"沙门不得去寺浮游民间,行者仰以公文。"⑥

北魏道武帝时期更是对佛教加以灭绝。道武帝灭佛,原因有文化宗教等方面的因素,"政教不行,礼义大坏,鬼道炽盛,视王者之法,蔑如也。"⑦同时也有政治上对凉州迁来的佛教徒的猜忌有关。"太延中,凉州平,徙其国人于京邑,沙门佛事皆俱东,象教弥增矣。寻以沙门众多,诏罢年五十已下者。"⑧

北魏高宗即位,才开始对佛教弛禁,"今制诸州郡县,于众居之所,各听建佛图一区。"⑨北魏末年,对都城佛寺又进行了一次整治,对地方城市中的佛寺进行了清理。⑩

4. 佛教与文明的融合

南北佛教交流,互相促进,李同轨在北魏精通佛法,"出帝幸平等寺,僧徒讲法,敕同轨论难"。后来出使到南梁,梁武帝"遂集名僧于其爱敬、同泰二寺,讲《涅槃大品经》,引同轨预席。"⑪中国的和尚也有到天竺学习佛经的,最为著名的是法显。⑫ 沙门惠始本姓张,是清河人,曾在长安向罗什学

---

① 韩国磐:《魏晋南北朝史纲》,人民出版社 1983 年版,第 537 页。
② 刘淑芬:《中古的佛教与社会》,上海古籍出版社 2008 年版,第 33 页。
③ 严耀中:《北魏前期政治制度》,吉林教育出版社 1990 年版,第 210—211 页。
④ 刘淑芬:《中古的佛教与社会》,上海古籍出版社 2008 年版,第 34 页。
⑤ 《魏书》卷 47《卢玄传附卢渊传》,第 1048 页。
⑥ 《魏书》卷 7 上《高祖纪上》,第 137 页。
⑦ 《魏书》卷 114《释老志》,第 3034—3035 页。
⑧ 《魏书》卷 114《释老志》,第 3032 页。
⑨ 《魏书》卷 114《释老志》,第 3035—3036 页。
⑩ 《魏书》卷 114《释老志》,第 3047 页。
⑪ 《魏书》卷 84《儒林》,第 1860 页。
⑫ 《魏书》卷 114《释老志》,第 3031 页。

习,后来被赫连政权抓到统万城,后北魏灭统万,惠始又被抓到了平城,后来死在了八角寺。“送葬者六千余人,莫不感恸。”①可见当时北魏城市中佛教信仰的盛况。

北魏时期,西域沙门大量到平城传播佛教,对佛教在北魏的传播起到了很大的作用。如师贤是罽宾国人,原来是在凉城,后来到平城,为北魏皇帝造像。② 佛道二教也有融合的趋势,如北魏显祖时期,对佛教“敦信尤深,览诸经论,好老庄。每引诸沙门及能谈玄之士,与论理要。”并开始大建佛寺,“于时起永宁寺,构七级佛图,高三百余尺,基架博敞,为天下第一。”③

南方佛教注重学理,而多位居士。北方高僧先以方术助其义理,遂与北方旧学统治经学而以阴阳家相纠合。北魏太武帝时,遂以实际政治问题而引发佛道二教的斗争。④ 南北佛教走向融合,中外典籍互相融通,如“汝南安城人周颙“泛涉百家,长于佛理。著《三宗论》”,其关于空假名的说法受到了西凉智林道人的赞赏。⑤ 慧思在北方长期休养,看到了北方无状坐禅和南方空谈义理的弊病,提出了义理和禅定结合修行,使身心化合,内外统一和谐的修行思想,因年事已高,让自己的得意弟子智者前往南方弘法。可见南北佛教文化融合已成为一种趋势。⑥

近年在四川成都市发掘出了大量南朝以及唐代的佛教雕像表明,四川成都一带也是佛教文化的重要传播地区。⑦

从白马寺到永宁寺再到定林寺,佛教的空间得到扩展;从安世高到僧绍、宝唱等,佛教的经典也逐渐齐备;从简单的法事仪式到南北朝时期的佛教仪式,佛教的仪式也得到了定型。⑧

总之,北魏以来,佛教在城市中有了巨大的发展,“佛经流通,大集中国,凡有四百一十五部,合一千九百一十九卷。”城市成为佛教传播的圣地,改变对城市的政治、社会经济以及社会文化风俗乃至城市空间布局都有巨大的影响。但是佛教对北魏城市政治经济带来了许多负面的影响,“正光已后,天下多虞,工役尤甚,于是所在编民,相与入道,假慕沙门,实避调役,

① 《魏书》卷114《释老志》,第3033页。
② 《魏书》卷114《释老志》,第3037页。
③ 《魏书》卷114《释老志》,第3037页。
④ 钱穆:《国史大纲》,商务印书馆2001年版,第365页。
⑤ 《南齐书》卷41《周颙传》,第731页。
⑥ 赵剑敏:《慧思指引智者往陈朝弘法动因考》,殷宪、马志强:《北朝研究》(第二辑),北京燕山出版社2008年版,第334页。
⑦ 李晓东、危兆盖、雷健:《穿越千年,南朝佛像多蜀籍》,《光明日报》2014年12月25日。
⑧ 葛兆光:《中国思想史》(第一卷),复旦大学出版社2001年版,第444页。

猥滥之极，自中国之有佛法，未之有也。略而计之，僧尼大众二百万矣，其寺三万有余。流弊不归，一至于此，识者所以叹息也。”①

《魏书·释老志》僧人数目表

年代	寺数	僧尼数	附注
孝文帝太和元年	平城约百所，四方：6478所	平城：二千余。四方：77258人。	太和十年，遣僧尼还俗者1327名。
宣武帝延昌中	天下12727所	僧徒日众	
孝明帝神龟元年	洛阳500	僧徒日众	
魏末：民多为沙门避役	天下：3万。洛阳：1367	天下：二百万	佛经流布，中国经415部，合1919卷。

（钱穆：《国史大纲》，商务印书馆2001年版，第369页。）

佛教传入中国，从西北到东南，城市是其主要的传播地域，形成了一个城市传播链，成为佛教传播发展的轨迹，对城市社会生活的变迁也产生了影响，佛教知识体系和它所倡导的生活方式、组织形态都潜移默化地改变着中古人们的生活态度和存在方式，国家势力同佛教对传统血缘宗族社会的解构相呼应，对血缘圈层社会的进一步摧毁起到了重要作用。②

北齐政权对佛教依然崇信，佛教僧徒在宫廷中处于重要地位。晋阳沙门阿秃师曾被北齐诸童问禄位，他看到文宣帝时“举手再三指天而已，口无所言。见者异之。”③魏孝静帝的姐姐文襄敬皇后元氏，“性爱佛法，因此为尼。”④北齐大臣中也多有崇信佛教的，如崔暹在魏、梁通好时，“要贵皆遣人随聘使交易”，崔暹只要佛经，梁武帝听说后“为缮写，以幡花宝盖赞呗送至馆焉。”⑤一些北齐大臣“广费人工，大营寺塔，为高祖所责。”⑥佛教成为当时各国交往的中介，代人刘世清“能通四夷语，为当时第一。后主命世清作突厥语翻《涅槃经》，以遗突厥可汗。”⑦

周武帝崇信儒教，对佛教有反感，一度灭佛。⑧ 当时一些北周的大臣也

① 《魏书》卷114《释老志》，第3048页。
② 尚永琪：《3—6世纪佛教传播背景下的北方社会群体研究》，吉林大学中国古代史博士论文，2006年。
③ 《北齐书》卷3《文宣纪》，第43—44页。
④ 《北齐书》卷9《后妃》，第125页。
⑤ 《北齐书》卷32《陆法和传》，第432页。
⑥ 《北齐书》卷18《高隆之传》，第236页。
⑦ 《北齐书》卷20《羌举传》，第267页。
⑧ 《周书》卷40《王轨传》，第711页。

对佛教不感兴趣,如"天和中,著诗预论周、隋废兴及皇家受命,并有征验。性尤不信释教,尝上疏极论之。"①但北周佛教的信仰者依然是不少的,如中山人甄玄成"博达经史,善属文。……詧深信佛法,常愿不杀诵《法华经》人。玄成素诵《法华经》,遂以此获免。"②"褚该……恒寄住诸佛寺,好游行民家,兼历造王公邸第。所至之处,人皆敬而信之。"③

佛教作为外来文明传入中国,一开始与方术和玄学有相似之处,其相信灵魂不灭和报业轮回的思想也在中国传统文化中具有土壤,因而在魏晋动乱时期人们关注自身命运的情况下迅速传播,东晋时期达到了高潮。一些高僧也利用方术传播佛教,博得了北方游牧民族统治者的信任。随着佛教深入传统,其与中国传统文化及其中国社会经济、政治利益具有了冲突,南北方都出现了灭佛的思想与运动。但是冲突只是佛教与中国传统文化整合的一个阶段,每一次灭佛之后,佛教都反而进一步发展,在文明融合的双向选择中,佛教最终成为中华文明不可缺少的一部分。④

5. 魏晋南北朝时期的城市道教

道教在汉代城市开始发展起来,先是老子受到了崇拜。汉末张角利用太平道起义,道教开始有流行起来。之后,张鲁、卢循、司马道子等都与道教有关。南北朝时期,南方玄学家族对道教发展起到了很大的作用,北方北魏的统治者也对道教非常崇拜。韦伯所说导师与其弟子一起住在城外,过着隐居的生活,这在中国和印度是日后形成道教寺院的萌芽。⑤ 但道教与城市也有着千丝万缕的联系。

张角之后,张鲁的祖父张凌在汉中一带以五斗米道著称。之后张鲁据有汉中,自号"师君",建立政权,其组织"大都与黄巾相似。"他们在汉中县城中设立义舍,无偿为鲁人提供食宿。组织内部人人平等,"雄据巴、汉垂三十年。"⑥后来张鲁被曹操所灭。

三国时期王昶所言"尊儒者之教,履道家之言"是多数当政的玄学名士的立身行事的共同倾向。⑦ 东晋以来,江左社会中道教和佛教同步发展。

① 《周书》卷47《艺术》,第850—851页。
② 《周书》卷48《萧詧传》,第872页。
③ 《周书》卷47《艺术》,第850—851页。
④ 汤一介:《佛教与中国文化》,宗教文化出版社1999年版。
⑤ [德]马克斯·韦伯:《儒教与道教》,江苏人民出版社2003年版,第154页。
⑥ 《三国志》卷8《魏书·张鲁传》,第263—264页。
⑦ 田余庆:《东晋门阀政治》,北京大学出版社1989年版,第350页。

信仰者遍及各个阶层，上自皇室、士族，下至平民。佛道也彼此包容，并行不悖。① 佛教与道教传播上的重要差别在于佛教重信仰，道教重法术。②

西晋时期道教经典受到学者的推崇。如石楷“弱冠知名，尤精《老》、《易》，少与王戎齐名。”③道家的兴起有政治上的因素。晋代以来佛道多介入政治，其与城市的关系开始密切起来。城市中起义者时常用道术为起义的招牌，如道士李脱“自言八百岁，故号李八百。自中州至建鄴，以鬼道疗病，又署人官位，时人多信事之。弟子李弘养徒灊山，云应谶当王。”④

东晋的许多城市豪门信奉道教中的五斗米道和天师道。如王羲之家世代信奉五斗米道，郄愔信奉天师道。此外如陈郡殷仲堪、会稽孔愉等。⑤ 到南方的传统儒家士族开始沾染玄学之风，如郗鉴先世，在两晋之际，没有脱离东汉儒学家族的轨道，直到郗鉴的子侄辈，才完成向玄学士族的转化过程。⑥ 按照晋代时尚，旧时儒学大族如果不转习玄风，一般是难于继续为世所重的。⑦ 东晋士大夫向往道家理想更盛，玄学家族占据东晋南朝主流。郗愔“与姊夫王羲之、高士许询并有迈世之风，俱栖心绝谷，修黄老之术。后以疾去职，乃筑宅章安，有终焉之志。十许年间，人事顿绝。”⑧殷浩“尤善玄言，与叔父融俱好《老》《易》。”⑨“郗愔及弟昙奉天师道，而充与弟崇准信释氏，谢万讥之云：‘二郗谄于道，二何佞于佛。’”⑩范汪“尤好《老庄》，任自然趣。疾笃，百姓欲为之祈祷，家人又请祭神。”⑪可见这些人物为城市社会所欣赏，受到社会尊重。体现了道家在当时社会上的地位。东晋时期，著名的孙恩起义与道教有关。琅邪人孙恩“世奉五斗米道。”⑫南朝时期道家已经较为流行，如南齐时，杜京产“颇涉文义，专修黄老。”⑬

在北方黄老之术也非常流行，苻坚的侄子苻朗“神气爽迈，幼怀远操，

① 田余庆：《东晋门阀政治》，北京大学出版社 1989 年版，第 303 页。
② 田余庆：《东晋门阀政治》，北京大学出版社 1989 年版，第 304 页。
③ 《晋书》卷 35《石楷传》，第 1047 页。
④ 《晋书》卷 58《周玘传》，第 1575 页。
⑤ 韩国磐：《魏晋南北朝史纲》，人民出版社 1983 年版，第 218 页。
⑥ 田余庆：《东晋门阀政治》，北京大学出版社 1989 年版，第 103 页。
⑦ 田余庆：《东晋门阀政治》，北京大学出版社 1989 年版，第 106 页。
⑧ 《晋书》卷 67《郗愔传》，第 1801 页。
⑨ 《晋书》卷 77《陆晔传》，第 2043 页。
⑩ 《晋书》卷 77《陆晔传》，第 2030 页。
⑪ 《晋书》卷 75《王湛传》，第 1991 页。
⑫ 《晋书》卷 5《孝怀帝孝愍帝》，第 135—136 页。
⑬ 《南齐书》卷 54《高逸》，第 942 页。

不屑时荣。”爱好玄谈，“著《苻子》数十篇行于世，亦《老》《庄》之流也。”①北魏太祖“好老子之言，诵咏不倦。”在天兴中，还设立了置仙人博士，立仙坊，还为道士张曜“造静堂于苑中，给洒扫民二家。”②北魏世祖时，道士寇谦之受到了赏识。道教在北魏产生了很大的影响。寇谦之“少修张鲁之术”③后来带来弟子四十多人到平城，“起天师道场于京城之东南，重坛五层，遵其新经之制。道士百二十人衣食，齐肃祈请，六时礼拜，月设厨会数千人。”④

考古发现显示南方城市地区的葬俗有道家的痕迹。道教起源于中原地区，这些习俗来自中原地区，汉末动乱造成了道教这些习俗的外传。⑤

总之，魏晋南北朝的城市中道教虽然一度有一定的影响，但是因为其义理和势力不足，在城市中与佛教相比势力有限。

对外来宗教的信仰也反映了当时中外文明融合的情况，羯人信奉火祆教，故于邺都建胡天。胡天又称祠，或称庙，因是外来宗教，所以又曰胡天。邺都胡天在城内西部，似在后宫或附近。⑥ 对于胡天的祭祀一直延续到北齐时期乃至隋唐时期，后来隋朝大兴、长安坊内一些宗教建筑名称、方位也与邺城相仿。如总持寺、庄严寺、妙胜尼寺、祆寺、东明观等。⑦

三　儒释道三教碰撞与融合

从佛教传入中国和道家和玄学兴起，中国传统儒家就与之对立。王坦“尤非时俗放荡，不敦儒教，颇尚刑名学，著《废庄论》曰：……群方所资而莫知谁氏，在儒而非儒，非道而有道。弥贯九流，玄同彼我，万物用之而不既，亹亹日新而不朽，昔吾孔老固已言之矣。”⑧如陶侃“性聪敏，勤于吏职，恭而近礼，爱好人伦。”对道家颇为不屑，曾说：“《老》《庄》浮华，非先王之法言，不可行也。君子当正其衣冠，摄其威仪，何有乱头养望自谓宏达邪！”⑨与一尊儒教的汉代不同，六朝隋唐时代，与儒教相抗衡的佛教和道教盛行，三教

---

① 《晋书》卷 114《苻坚载记下》，第 2937 页。
② 《魏书》卷 114《释老志》，第 3049—3050 页。
③ 《魏书》卷 114《释老志》，第 3049—3050 页。
④ 《魏书》卷 114《释老志》，第 3052—3053 页。
⑤ 韦正：《魏晋南北朝考古》，北京大学出版社 2013 年版，第 528 页。
⑥ 牛润珍：《古都邺城研究——中世纪东亚都城制度探源》，中华书局 2015 年版，第 132 页。
⑦ 牛润珍：《古都邺城研究——中世纪东亚都城制度探源》，中华书局 2015 年版，第 268 页。
⑧ 《晋书》卷 75《王湛列传》，第 1965—1966 页。
⑨ 《晋书》卷 65《王导列传》，第 1774 页。

相互竞争的思想状况表面化了。①

儒教与佛教的对立包含着种族和民族与文化的对立,佛教开始传入中国,被视为夷狄文明,不入正统,东晋时彭城王绂要求为乐贤堂有先帝手画佛象作颂。当时有大臣认为"佛者,夷狄之俗,非经典之制。先帝量同天地,多才多艺,聊因临时而画此象,至于雅好佛道,所未承闻也。……敕史官,上称先帝好佛之志,下为夷狄作一象之颂,于义有疑焉。"结果遭到了否决。② 可见此时对待佛教还有着一个华夷之辨的问题。

石季龙对图澄非常推崇,著作郎王度指出:"佛,外国之神,非诸华所应祠奉。汉代初传其道,惟听西域人得立寺都邑,以奉其神,汉人皆不出家。"他希望石季龙禁止赵人烧香拜佛,"百辟卿士下逮众隶,例皆禁之,其有犯者,与淫祀同罪。其赵人为沙门者,还服百姓。"但是石季龙因为图澄的原故决定"朕出自边戎,忝君诸夏,至于飨祀,应从本俗。佛是戎神,所应兼奉,其夷赵百姓有乐事佛者,特听之。"③

对于佛教道教,一些儒家也提出了激烈的反对,认为佛教道教与中国传统文明不合。如北魏时,大臣瑒曾指出:佛教"三千之罪,莫大不孝,不孝之大,无过于绝祀。然则绝祀之罪,重莫甚焉。"而佛道"弃家绝养,既非人理,尤乖礼情,堙灭大伦,且阙王贯。"他咒骂二者为鬼教,他还指出二教教人逃避国家服役等弊端。面对指责,沙门都统僧暹等以瑒为谤毁佛法,泣诉灵太后。④

北魏崔浩"非毁佛法,而妻郭氏敬好释典,时时读诵。浩怒,取而焚之,捐灰于厕中。"后来崔浩被杀,"置之槛内,送于城南,使卫士数十人溲其上,呼声嗷嗷,闻于行路。自宰司之被戮辱,未有如浩者,世皆以为报应之验也。"⑤可见当时儒佛斗争之激烈。

北朝时期,三教之间辩论成为一道政治社会风景:谦之认为"佛是九流之一家。当世名士,竞以佛理来难,谦之还以佛义对之,竟不能屈。以时所行历,多未尽善,乃更改元修撰,为一家之法。"⑥纥机辩有智数,"时复与沙门讲论,或分宵达曙,而心力无怠,道俗叹服之。"⑦周武帝对三教有所不同,

---

① [日]宫崎洋一:《书法文化》,[日]谷川道雄主编:《魏晋南北朝隋唐史学的基本问题》,中华书局2012年版,第299页。

② 《晋书》卷77《陆晔列传》,第2035页。

③ 《晋书》卷95《艺术列传》,第2487页。

④ 《魏书》卷53《李孝伯李冲列传》,第1177页。

⑤ 《魏书》卷35《崔浩列传》,第826页。

⑥ 《魏书》卷77《宋翻辛雄羊深杨机高崇列传》,第1710页。

⑦ 《魏书》卷93《恩幸列传》,第2008页。

“集群臣及沙门、道士等,帝升高座,辨释三教先后,以儒教为先,道教为次,佛教为后。”①

刘宋时期,佛道儒各家学者在当时也时常互相非毁,“屡见刻舷沙门,守株道士,交诤小大,互相弹射。或域道以为两,或混俗以为一。”如顾欢著《夷夏论》指出二者经文与旨意的不同:“佛教文而博,道教质而精:精非粗人所信,博非精人所能。佛言华而引,道言实而抑:抑则明者独进,引则昧者竞前。佛经繁而显,道经简而幽:幽则妙门难见,显则正路易遵。此二法之辨也。”认为他们的功用不同,“佛迹光大,宜以化物;道迹密微,利用为己。优劣之分,大略在兹。”宋司徒袁粲反驳以为三者可能是一回事:“孔、老、释迦,其人或同,观方设教,其道必异。孔、老治世为本,释氏出世为宗。发轸既殊,其归亦异。符合之唱,自由臆说。”②

在南齐也有许多大臣对佛教依然保有敌意,如张欣泰“上书陈便宜二十条,其一条言宜毁废塔寺。”③正如时人所指出的佛道之争,“非唯重道,兼亦殉利。”④

佛教来到中国,一开始就是借助中国本土文化进行传播的。《高僧传》卷一记载三国吴时康僧会与吴主孙皓之间曾经有过一次非常有象征性的对话。⑤ 三世纪以后,佛教在中国的传播,虽然看上去是佛教征服中国,但在上层思想世界中,其意义反而更多在于老庄思想中的某些精神凸显出来。……中国也征服了佛教,因为佛教在中国上层思想世界的传播,实际上是取代并接续了向秀、郭象以来老庄玄学的思路,继续着古代思想世界那种关于宇宙人生的玄思。⑥

佛家到中国来,依附老庄道家而生。但南渡的学者,渐渐由老庄转向佛教。其后道教又模仿佛教,成为一种新道教。⑦ 东晋时代,北方士人南渡,洛下的玄学风气就顺势笼罩了整个江南。⑧ 当时人们普遍地接受了老、庄玄旨,……成为一种资源、背景,一种接引和理解外来思想的本土资源和背景,佛教正是在这种相参中,渐渐进入了中国的上层知识界与思想界。⑨ 在

---

① 《周书》卷5《武帝本纪上》,第83页。

② 《南齐书》卷54《高逸列传》,第933页。

③ 《南齐书》卷51《张欣泰列传》,第882页。

④ 《南齐书》卷54《高逸列传》,第946—947页。

⑤ 葛兆光:《中国思想史》(第一卷),复旦大学出版社2001年版,第390页。

⑥ 葛兆光:《中国思想史》(第一卷),复旦大学出版社2001年版,第396页。

⑦ 钱穆:《国史大纲》,商务印书馆2001年版,第365页。

⑧ 葛兆光:《中国思想史》(第一卷),复旦大学出版社2001年版,第335页。

⑨ 葛兆光:《中国思想史》(第一卷),复旦大学出版社2001年版,第340页。

西北地区，大约从六世纪中期开始，高昌地区出土的遗物疏中还出现了佛道共存的内容。这反映了北朝晚期佛道关系的新变化。[①] 儒家也是佛教借以传播的本土资源。当时的高僧如慧远、僧肇等都研究老庄。道安则认为道家在儒家之下，孙绰认为释迦牟尼是大孝。[②] 用忠孝作为佛教的立身之由，使佛教信仰得到了古代中国思想的确认，使它的合理性依据被挪移在古代中国道德伦理的基石之上。[③]

随着文明的融合进程，佛道和儒学的竞争使三派融合，互相利用。[④] 许多人儒释道皆通，打通三教者日益成为共识或自觉意识。如范汪一方面"丧母，居丧尽礼，亲邻哀之。"体现了儒家的孝道，另一方面则"善谈名理。"[⑤]"尤好《老庄》，任自然趣。"[⑥]

北魏时期，三者合流融汇的情况日趋明显，北魏高祖一方面"天地、五郊、宗庙二分之礼，常必躬亲，不以寒暑为倦。……雅好读书，手不释卷。《五经》之义，览之便讲，学不师受，探其精奥。史传百家，无不该涉。"另一方面则"善谈《庄》、《老》，尤精释义。"[⑦]高允"推财与二弟而为沙门，名法净。未久而罢。性好文学，担笈负书，千里就业。博通经史天文术数，尤好《春秋公羊》。"[⑧]魏主于式乾殿为诸僧及朝臣讲《维摩诘经》。时魏主专尚释氏，不事经籍。中书侍郎河东裴炎隽以为："伏愿经书互览，孔、释兼存，则内外俱周，真俗斯畅矣。"[⑨]

杜弼与魏帝在九龙殿对话，魏帝问其道佛同异，弼对曰："佛性法性，止是一理。"诏又问曰："佛性既非法性，何得为一？"对曰："性无不在，故不说二。"诏又问曰："说者皆言法性宽，佛性狭，宽狭既别，非二如何？"弼又对曰："在宽成宽，在狭成狭，若论性体，非宽非狭。"诏问曰："既言成宽成狭，何得非宽非狭？若定是狭，亦不能成宽。"对曰："以非宽狭，故能成宽狭，宽狭所成虽异，能成恒一。"[⑩]可见，对道佛理论开始合一。佛家的思辨已经深

---

① 韦正：《魏晋南北朝考古》，北京大学出版社 2013 年版，第 526 页。
② 钱穆：《国史大纲》，商务印书馆 2001 年版，第 364 页。
③ 葛兆光：《中国思想史》（第一卷），复旦大学出版社 2001 年版，第 435 页。
④ 马志强：《北朝儒学教育刍谈》，殷宪、马志强著：《北朝研究》（第一辑），北京燕山出版社 2008 年版，第 242 页。
⑤ 《晋书》卷 75《王湛列传》，第 1982 页。
⑥ 《晋书》卷 75《王湛列传》，第 1991 页。
⑦ 《魏书》卷 7 下《高祖纪下》，第 186—187 页。
⑧ 《魏书》卷 48《高允列传》，第 1067 页。
⑨ 《资治通鉴》卷 147《梁纪三·高祖武皇帝（三）》，中华书局 2011 年版，第 4677 页。
⑩ 《北齐书》卷 24《杜弼列传》，第 348—349 页。

入用来理解中国传统文化了。

沙门慧琳是秦郡秦县人,出家在冶城寺,“兼外内之学,为庐陵王义真所知。尝著《均善论》。”以黑白二人对话的形式讨论儒佛道。认为三教虽然不同,但“六度与五教并行,信顺与慈悲齐立耳。殊涂而同归者,不得守其发轮之辙也。”①寇谦之采用佛教徒输入的天竺医药天算之学,以改进他家世传的道教,是道教史上的重要事件。②

北魏以来士人学者多兼通三教,文明与种族的差异日渐淡漠,“佛狸已来,稍僭华典,胡风国俗,杂相揉乱。”③昌黎人孙绍“通涉经史,颇有文才,阴阳术数,多所贯涉。”“曾著《释典论》,虽不具美,时有可存。”④

社会教育中,儒释道都流行,人们任由所学。如丹阳人徐之才,五岁诵孝经,八岁略通义旨,又与从兄康造梁太子詹事汝南周舍宅听老子。年十三,召为太学生,粗通礼、易。⑤ 北周时期的士人修养也体现了儒释道三教合流的趋势。河东解县人柳敏“事母以孝闻。性好学,涉猎经史,阴阳卜筮之术,靡不习焉。”⑥卢光“性崇佛道,至诚信敬。……令光于桑门立处造浮图,掘基一丈,得瓦钵、锡杖各一。太祖称叹,因立寺焉。……其精诚守正如此。撰《道德经章句》,行于世。”⑦“深既专经,又读诸史及《苍》、《雅》、篆籀、阴阳、卜筮之书。”⑧周武帝一度禁佛、道二教,经、像悉毁,罢沙门、道士,并令还俗。并禁诸淫祀,非祀典所载者尽除之。⑨ 但不久周复佛、道二教,旧沙门、道士精志者,简令入道。⑩

北周武帝又以佛、道、儒三教不同,“令韦夐辨其优劣。夐以三教虽殊,同归于善,其迹似有深浅,其致理殆无等级。乃著《三教序》奏之。帝览而称善。”⑪574 年,周武帝下令成立通道观,收容儒释道各种文化人成立了一个三教合一的文化机构,象征着三教合流的取向。⑫

在南朝三教也出现了合流的趋向,一些士人与道佛都有往来,“有法略

---

① 《宋书》卷 97《夷蛮列传》,第 2388—2391 页。

② 陈寅恪著,万绳楠整理:《魏晋南北朝史讲演录》,黄山书社 1987 年版,第 356 页。

③ 《南齐书》卷 57《魏虏列传》,第 990 页。

④ 《魏书》卷 78《孙绍列传》,第 1723 页。

⑤ 《北齐书》卷 33《徐之才列传》,第 444 页。

⑥ 《周书》卷 32《柳敏列传》,第 560 页。

⑦ 《周书》卷 45《儒林列传》,第 808 页。

⑧ 《周书》卷 45《儒林列传》,第 812 页。

⑨ 《资治通鉴》卷 171《陈纪五·高宗宣皇帝上之下》,中华书局 2011 年版,第 5437 页。

⑩ 《资治通鉴》卷 174《陈纪八·高宗宣皇帝下之上》,中华书局 2011 年版,第 5516 页。

⑪ 《周书》卷 31《韦孝宽韦夐列传》,第 545—546 页。

⑫ 葛兆光:《中国思想史》(第一卷),复旦大学出版社 2001 年版,第 449 页。

道人，先为义康所供养，粗被知待；又有王国寺法静尼亦出入义康家内，皆感激旧恩，规相拯拔，并与熙先往来。”①鲁郡鲁人孔淳之“爱好坟籍”，而又“居会稽剡县，性好山水”，“当游山，遇沙门释法崇，因留共止，遂停三载。”②南齐时期，有王室贵族“移居鸡笼山邸，集学士抄《五经》、百家，依《皇览》例为《四部要略》千卷。招致名僧，讲语佛法，造经呗新声。道俗之盛，江左未有也。”③可见此时儒家与佛教相互包容，各自发展。

宗教势力在山岳与城市之间互动。东晋后期，在神仙思想的影响下，新道教运动积极在山中寻求修道的场所。佛教寺院与山岳相结合的现象为中国佛教所独有，其背后有着道教的影响。④ 东晋以降，江南社会四周的山中形成了融道教、佛教、隐逸者于一炉的空间场所。⑤ 从南朝末到初唐时期，广泛营建于山中、都市、宫廷、村落等地的道馆带有治、精舍的性质，而且对道馆内部的秩序以及男女道士的上下关系也都作出了规定。庐山的陆修静在建康修订道教的经典目录，死后回到庐山。陶弘景及其弟子也是在建康与茅山之间奔走。⑥

儒释道在当时为江南士人并重，文明与种族观念的差异已经有些淡漠，如吴郡吴人张融留下遗书，要求自己死后，“三千买棺，无制新衾。左手执《孝经》、《老子》，右手执小品《法华经》。妾二人，哀事毕，各遣还家。”⑦他曾作《门律》认为：“道之与佛，逗极无二。”⑧三家皆通的学者屡见不鲜，“吴郡杜京产，洁静为心，谦虚成性，通和发于天挺，敏达表于自然。学遍玄、儒，博通史、子，流连文艺，沈吟道奥。”⑨飓士“著《周易两系》《庄子内篇训》，注《易经》、《礼记》、《春秋》、《尚书》、《论语》、《孝经》、《丧服》、《老子要略》数十卷。”⑩濮阳鄄城人吴苞“善《三礼》及《老》、《庄》。宋泰始中，过江聚徒教学。”⑪伯珍

① 《宋书》卷69《刘湛范晔列传》，第1823页。
② 《宋书》卷93《隐逸列传》，第2284页。
③ 《南齐书》卷40《武十七王列传》，第698—699页。
④ [日]都筑晶子：《六朝时代的江南社会与道教》，[日]谷川道雄主编：《魏晋南北朝隋唐史学的基本问题》，中华书局2012年版，第262—263页。
⑤ [日]都筑晶子：《六朝时代的江南社会与道教》，[日]谷川道雄主编：《魏晋南北朝隋唐史学的基本问题》，中华书局2012年版，第264页。
⑥ [日]都筑晶子：《六朝时代的江南社会与道教》，[日]谷川道雄主编：《魏晋南北朝隋唐史学的基本问题》，中华书局2012年版，第266页。
⑦ 《南齐书》卷41《张融周颙列传》，第729页。
⑧ 《南齐书》卷54《高逸列传》，第935页。
⑨ 《南齐书》卷54《高逸列传》，第942页。
⑩ 《南齐书》卷54《高逸列传》，第944页。
⑪ 《南齐书》卷54《高逸列传》，第945页。

"好释氏、老庄，兼明道术。"①文惠太子、竟陵王子良并好释法。吴兴孟景翼是道士，一次子良在玄圃园开众僧大会，让景翼礼佛，景翼不肯。子良送他《十地经》。景翼造《正一论》认为："在佛曰实相，在道曰玄牝。道之大象，即佛之法身。以不守之守守法身，以不执之执执大象。"②可见他虽然不肯礼佛，但是认为佛道二者无实质差异。

梁武帝时期，儒释道三家都受到重视，包容发展已成趋势，"钟山造大爱敬寺，青溪边造智度寺，又于台内立至敬等殿。又立七庙堂，……造《制旨孝经义》，《周易讲疏》，及六十四卦、二《系》、《文言》、《序卦》等义，《乐社义》，《毛诗答问》，《春秋答问》，《尚书大义》，《中庸讲疏》，《孔子正言》，《老子讲疏》，凡二百余卷，并正先儒之迷，开古圣之旨。王侯朝臣皆奉表质疑，高祖皆为解释。修饰国学，增广生员，立五馆，置《五经》博士。……大同中，于台西立士林馆，领军硃异、太府卿贺琛、舍人孔子袪等递相讲述。皇太子、宣城王亦于东宫宣猷堂及扬州廨开讲，于是四方郡国，趋学向风，云集于京师矣。兼笃信正法，尤长释典，制《涅盘》、《大品》、《净名》、《三慧》诸经义记，复数百卷。听览余闲，即于重云殿及同泰寺讲说，名僧硕学，四部听众，常万余人。……不饮酒，不听音声，非宗庙祭祀、大会飨宴及诸法事，未尝作乐。"③梁武帝对佛教的崇信，使佛教得到了权力的保护，佛教以报应、轮回、鬼神等宗教融入维护传统伦理道德的阵营，在古代中国找到了自己的位置。④ 时人看到三者异同，"儒家之教，仁义礼乐，仁爱义宜，礼顺乐和而已；今则慈悲为本，常乐为宗，施舍惟机，低举成敬"，但"僧尼道士，矛盾相非。详寻两教，理归一极。但迹有左右，故教成先后。"⑤

南朝的一些士人已有意识地将三者融通当做学术志向："既崇周、孔之教，兼循老、释之谈，江左以来，斯业不坠，汝能修之，吾之志也。"⑥可见，魏晋南北朝时期的佛教不仅借助玄学与玄学相互融合发展，而且与儒家等思想学派皆有融合交流。⑦

总之，到了南北朝末期，南北方儒释道三家包容发展，互相融合的趋势已成定局。原来不同教义和夷夏之辨的痕迹已经逐渐失去，三家相互借鉴、

① 《南齐书》卷54《高逸列传》，第946页。
② 《南齐书》卷54《高逸列传》，第935页。
③ 《梁书》卷3《武帝本纪下》，第95—97页。
④ 葛兆光：《中国思想史》（第一卷），复旦大学出版社2001年版，第442页。
⑤ 《南齐书》卷54《高逸列传》，第946—947页。
⑥ 《梁书》卷41《王规列传》，第584页。
⑦ 汤用彤：《汉魏两晋南北朝佛教史》，上海书店出版社1991年版。汤用彤先生认为佛教在魏晋南北朝时期是佛教中国化的佛玄时期。

发展，为传统中华文明的重构打下了深厚的基础，体现了南北中外文明碰撞融合的历程。从公元五世纪到七世纪这两三百年的思想史，往往被看作是儒、道、释三种思潮纷争角立与彼此融合的历史过程，在这种互相渗透、交锋和砥砺中，中国思想史这三大思潮各自确立了自己的思想畛域，也逐渐接纳了异端思想成分。三教合流成为当时的思想取向。① 中国封建社会城市中的信仰中心的数目绝不亚于欧洲的教堂。但中国庙宇不像欧洲教堂那样有严格的界限，不少庙宇常常三教同祀，中国城市内的庙宇只能说是信仰中心，或者称为异化的市民共享空间。② 在三教合流的趋势中，佛教中国化了，道教自成体系，中国传统儒家经过东汉末年的新思潮通过长期发展的过程，一合于老庄的自然，再合于佛教的济俗之务，不但没有破坏，其理论基础更扩大了。③

佛教、道教等宗教势力时常隐于山林之中，但他们在城市中也有着极大的势力。他们在城市与山林之间游荡、互动，虽藏之山林而心意在城市，为在城市中立足而寄之于山林。城市是不同宗教碰撞、融合的主要场域。

四 国家对城市民间宗教的控制管理

魏晋南北朝时期的城市中的民间宗教也较为活跃，巫蛊、图谶、妖术、淫祠等等无不广泛存在于城市社会生活之中，如三国时期，“初临海罗阳县有神，自称王表。周旋民间，语言饮食，与人无异，然不见其形。又有一婢，名纺绩。”④

蜀国后来步兵校尉习隆、中书郎向充等曾在上书中提到：“自汉兴以来，小善小德而图形立庙者多矣。”⑤对一些功臣名人，由于受到老百姓的崇拜，也有立庙四级的，如晋代羊祜受到百姓的爱戴：“百姓于岘山祜平生游憩之所建碑立庙，岁时飨祭焉。望其碑者莫不流涕，杜预因名为堕泪碑。荆州人为祜讳名，屋室皆以门为称，改户曹为辞曹焉。”⑥

占卜是被广泛信仰的，东晋元帝晋王后，“置宗庙，使郭璞筮之，云‘享

① 葛兆光：《中国思想史》（第一卷），复旦大学出版社 2001 年版，第 427 页。
② 马克垚主编：《中西封建社会比较研究》，学林出版社 1997 年版，第 213 页。
③ 唐长孺：《魏晋南北朝史论丛》，商务印书馆 2010 年版，第 344 页。
④ 《三国志》卷 47《蜀书 · 吴主传》注引《襄阳记》，第 1148 页。
⑤ 《三国志》卷 35《蜀书 · 诸葛亮传》，第 928 页。
⑥ 《晋书》卷 34《羊祜杜预列传》，第 1022 页。

二百年。'"①刘耀对灾异现象非常迷信，大概有巫术信仰，受到了公卿的左右，"武功豕生犬，上邽马生牛，及诸妖变不可胜记。曜命其公卿各举博识直言之士一人，司空刘均举参军台产，曜亲临东堂，遣中黄门策问之。产极言其故，曜览而嘉之，引见东堂，访以政事。产流涕歔欷，具陈灾变之祸，政化之阙，辞旨谅直，曜改容礼之，即拜博士祭酒、谏议大夫，领太史令。其后所言皆验，曜弥重之，岁中三迁，历位尚书、光禄大夫、太子少师，位特进。"②石季龙也是天象的信仰者，但是对其他私自观察星象则非常警惕："置女太史于灵台，仰观灾祥，以考外太史之虚实。又置女鼓吹羽仪，杂伎工巧，皆与外侔。禁郡国不得私学星谶，敢有犯者诛。"③慕容垂则是一个谶纬的信仰者，"少好畋游，因猎坠马折齿，慕容儁僭即王位，改名，外以慕郤为名，内实恶而改之。寻以谶记之文，乃去'夬'，以'垂'为名焉。"④刘宋的孝武帝刘骏祭祀多神："孝武孝建初，更修起蒋山祠，所在山川，渐皆修复。明帝立九州庙于鸡笼山，大聚群神。"⑤拓跋部落早期有着巫文化烙印，拓跋开建都平城后，"有神巫诫开当有暴祸，唯诛清河杀万民，乃可以免。开乃灭清河一郡，常手自杀人，欲令其数满万。或乘小辇，手自执剑击檐辇人脑，一人死，一人代，每一行，死者数十。夜恒变易寝处，人莫得知，唯爱妾名万人知其处。万人与开子清河王私通，虑事觉，欲杀开，令万人为内应。夜伺开独处，杀之。开临死，曰：'清河、万人之言，乃汝等也。'"⑥

民间信仰是多元的，如苻坚的母亲对西门豹非常信仰，求子于豹祠，苻坚祖苻洪，"从石季龙徙邺，家于永贵里。其母苟氏尝游漳水，祈子于西门豹祠，其夜梦与神交，因而有孕，十二月而生坚焉。"⑦

士人之中也有许多信仰各种怪异现象的如：京兆人段业"博涉史传，有尺牍之才，为杜进记室，从征塞表。儒素长者，无他权略，威禁不行，群下擅命，尤信卜筮、谶记、巫觋、征祥，故为奸佞所误。"⑧民间也有以道术惑众，图谋政治的人，"时有道士李脱者，妖术惑众，自言八百岁，故号李八百。自中州至建鄴，以鬼道疗病，又署人官位，时人多信事之。弟子李弘养徒灊山，云

① 《晋书》卷10《安帝恭帝本纪》，第270页。
② 《晋书》卷103《刘曜载记》，第2698页。
③ 《晋书》卷106《季龙载记上》，第2765页。
④ 《晋书》卷123《慕容垂载记》，第3077页。
⑤ 《宋书》卷17《志第七·礼四》，第488页。
⑥ 《宋书》卷95《索虏列传》，第2323页。
⑦ 《晋书》卷113《苻坚载记上》，第2886页。
⑧ 《晋书》卷129《沮渠蒙逊载记》，第3192页。

应谶当王。”①

民间各种信仰在东晋南朝时期非常盛行,“凡鬼道惑众,妖巫破俗,触木而言怪者不可数,寓采而称神者非可算。其原本是乱男女,合饮食,因之而以祈祝,从之而以报请,是乱不诛,为害未息。凡一苑始立,一神初兴,淫风辄以之而甚。今修堤以北,置园百里,峻山以右,居灵十房,糜财败俗,其可称限。又针药之术,世寡复修,诊脉之伎,人鲜能达。民因是益征于鬼,遂弃于医,重令耗惑不反,死夭复半。今太医宜男女习教,在所应遣吏受业。如此,故当愈于媚神之愚,征正腠理之敝矣。”②慕容俨利用神术安定军心,可见当时人们对此信仰的程度,“城中先有神祠一所,俗号城隍神,公私每有祈祷。于是顺士卒之心,乃相率祈请,冀获冥祐。须臾,冲风欻起,惊涛涌激,漂断荻洪。约复以铁锁连治,防御弥切。俨还共祈请,风浪夜惊,复以断绝,如此者再三。城人大喜,以为神功。”③巫蛊现象在北魏的宫廷里也盛行,如“在孝文幽皇后,亦冯熙女。……后渐忧惧,与母常氏求托女巫,祷厌无所不至,愿高祖疾不起,一旦得如文明太后辅少主称命者,赏报不赀。又取三牲宫中妖祠,假言祈福,专为左导。母常或自诣宫中,或遣侍婢与相报答”。④

在统治者看来,民间的这些信仰不仅不利于治理,而且有时还对统治者构成威胁,曹操在青州时期,就非常注意对所谓淫祠的治理,当时“城阳景王刘章以有功于汉,故其国为立祠,青州诸郡转相仿效,济南尤盛,至六百余祠。贾人或假二千石舆服导从作倡乐,奢侈日甚”,导致“民坐贫穷”,曹操到这里后,对祠屋进行了毁灭,禁止官民祭祀,“遂除奸邪鬼神之事,世之淫祀由此遂绝。”⑤魏国建立后,对待民间祭祀多不合朝廷法度的情况采取了相应的措施,于“青龙元年,诏诸郡国山川不在祠典者勿祠。”⑥但当时依然有不少“非法祭祀”。后来曹丕颁布《禁淫祀诏》指出:“先王制礼,所以昭孝事祖,大则郊社,其次宗庙。三辰五行,名山大川,非此族也,不在祀典。叔世衰乱,宠信巫史,至乃宫殿之内,户牖之间,无不沃酹,甚矣甚惑也。自今,其敢设非祀之祭,巫祝之言,皆以执左道论,著于令典。”⑦魏明帝时期,清理

① 《晋书》卷58《列传》,第1575页。
② 《宋书》卷82《周朗沈怀文列传》,第2100页。
③ 《北齐书》卷20《慕容俨列传》,第280—281页。
④ 《魏书》卷13《皇后列传》,第332页。
⑤ 《三国志》卷1《魏书·武帝纪》注引《魏书》,第4页。
⑥ 《三国志》卷3《魏书·明帝纪》,第99页。
⑦ 《三曹集》,岳麓书社1992年版,第134页。

了其他城祭祀以及宗教行为"诏诸郡国山川不在祠典者勿祠。"①"崇明正礼,废去淫祀,多所匡正。"②

晋武帝对怪异现象非常反感,"太医司马程据献雉头裘,帝以奇技异服典礼所禁,焚之于殿前。"③石勒统治下"禁州郡诸祠堂非正典者皆除之,其能兴云致雨,有益于百姓者,郡县更为立祠堂,殖嘉树,准岳渎已下为差等。"④苻坚则推崇儒家,对其他信仰采取严禁的态度:"及王猛卒,坚置听讼观于未央之南。禁《老》、《庄》、图谶之学。中外四禁、二卫、四军长上将士,皆令修学。课后宫,置典学,立内司,以授于掖庭,选阉人及女隶有聪识者署博士以授经。"⑤姚兴也下诏书:"禁百姓造锦绣及淫祀。"⑥

北魏的统治者也对民间信仰采取严禁的态度,早在北魏建国之初,就"废诸淫祀,而胡天神不在其列。"⑦北魏时期,著名的汉族大臣司徒崔浩也上奏要求:"神祀多不经,案祀典所宜祀,凡五十七所,余复重及小神,请皆罢之。"得到了皇帝的应允。⑧ 北魏世宗时下诏,对民间信仰采取严厉措施:"愚民无识,信惑妖邪,私养师巫,挟藏谶记、阴阳、图纬、方伎之书;又沙门之徒,假西戎虚诞,生致妖孽。非所以壹齐政化,布淳德于天下也。自王公已下至于庶人,有私养沙门、师巫及金银工巧之人在其家者,皆遣诣官曹,不得容匿。限今年二月十五日,过期不出,师巫、沙门身死,主人门诛。明相宣告,咸使闻知。庚戌,诏曰:自顷以来,军国多事,未宣文教,非所以整齐风俗,示轨则于天下也。今制自王公已下至于卿士,其子息皆诣太学。其百工伎巧、驺卒子息,当习其父兄所业,不听私立学校。违者师身死,主人门诛。"⑨在北魏孝文帝时期也下诏:"图谶之兴,起于三季。既非经国之典,徒为妖邪所凭。自今图谶、秘纬及名为《孔子闭房记》者,一皆焚之。留者以大辟论。又诸巫觋假称神鬼,妄说吉凶,及委巷诸卜非坟典所载者,严加禁断。"⑩北魏肃宗的时候"诏除淫祀,焚诸杂神。"⑪司马光曾指出魏自如中国

① 《三国志》卷3《魏书·明帝纪》,第99页。
② 《三国志》卷24《魏书·韩暨传》,第678页。
③ 《晋书》卷3《武帝本纪》,第69页。
④ 《晋书》卷105《石勒载记下》,第2748页。
⑤ 《晋书》卷113《苻坚载记上》,第2897页。
⑥ 《晋书》卷117《姚兴载记上》,第2978页。
⑦ 《魏书》卷13《皇后列传》,第336页。
⑧ 《魏书》卷108之一《志第十·礼四之一》,第2739页。
⑨ 《魏书》卷4《世祖纪下》,第97页。
⑩ 《魏书》卷7上《高祖纪上》,第155页。
⑪ 《魏书》卷9《肃宗纪》,第229页。

以来,虽破用古礼祀天地、宗庙、百神,而犹循其旧俗,所祀胡神甚众。”北魏时期,有司奏诸祠祀合一千零七十五所,岁用牲七万五千五。北魏皇帝恶其多杀,下诏俭省:“自今非天地、宗庙、社稷、皆勿用牲,荐以酒脯而已。”①并规定:“自今图谶、密纬,一皆焚之,留者以大辟论!”又严禁诸巫及委巷卜筮非经典所载者。② 北齐时期,武强人苏琼除南清河太守,禁断淫祠。③ 北齐设立昭玄宫,管理全国宗教。④

刘宋政权也对一些民间所谓“淫祠”普遍禁止,宋武帝永初二年,“普禁淫祀。由是蒋子文祠以下,普皆毁绝。”⑤陈后主对民间各种神怪信仰也采取禁绝的态度,“又僧尼道士,挟邪左道,不依经律,民间淫祀妖书诸珍怪事,详为条制,并皆禁绝。”⑥“诏所在淫祠自蒋子文以下皆除之,其先贤及以勋德立祠者,不在此例。”⑦一些具有儒家官员在地方民间的信仰往往采取禁止的态度,将之作为治理而移风易俗的目标,如太原祁人王神念“少好儒术,尤明内典。神念性刚正,所更州郡必禁止淫祠。时青、冀州东北有石鹿山临海,先有神庙,妖巫欺惑百姓,远近祈祷,糜费极多。及神念至,便令毁撤,风俗遂改。”⑧

总之,魏晋南北朝时期,各政权对多元的民间信仰大多采取了较为严厉的禁绝态度,具有巩固政权加强对人们思想信仰控制的意识形态意义。

小　　结

魏晋南北朝时期,城市是祭祀的中心。随着民族与文明融合的进程,为树立与维护自己政权的合法性,中原地区的传统祭祀方式受到了游牧民族政权的推崇。皇帝身份最重要的建构与展示是郊祀礼,而郊祀礼来自于儒学理论。⑨ 郊祭是加强皇权的重要手段。佛教与道教信仰在城市中得到了空前的发展,在文明融合之中,儒家与佛教、道教从对立逐渐走向了融合,以

① 《资治通鉴》卷133《宋纪十五・太宗明皇帝下》,中华书局2011年版,第4244页。
② 《资治通鉴》卷136《齐纪二・世祖武皇帝上之下》,中华书局2011年版,第4340页。
③ 《北齐书》卷46《循吏列传》,第643—644页。
④ 王连龙:《新见北朝墓志集释》,中国书籍出版社2013年版,第160页。
⑤ 《宋书》卷17《志第七・礼四》,第488页。
⑥ 《陈书》卷6《后主本纪》,第108页。
⑦ 《资治通鉴》卷119《宋纪一・高祖武皇帝》,中华书局2011年版,第3801页。
⑧ 《梁书》卷39《王神念列传》,第556页。
⑨ 甘怀真:《从天下国家的观点论中国中古的朝代》,《中国中古史研究》编委会:《中国中古史研究:中国中古史青年学者联谊会会刊(第二卷)》,中华书局2011年版,第19页。

儒释道为基本底色的中华文明主流文化基本形成。城市中的各种神秘文化信仰,被城市中的统治者进行着越来越严格的管制。

魏晋北朝时期,山林中的祭祀、宗教景观与秦汉时期相比发生了比较大的变化,尤其表现为佛寺、道观在南北方的山林中分布,形成了新的宗教与权力的景观。但是这一时期山林中的祭祀与宗教寺馆与城市政治势力及四郊的祭祀和宗教寺馆有千丝万缕的联系。[①]

从这一时期城市祭祀、宗教建筑总的分布看来,一方面从地方和山林向都城或中心城市集中,名山大川的祭祀受到了一定的限制,便于控制;一方面从都城内部向郊区外溢。这固然体现了祭祀和宗教更加依附于皇权及都城权力的外溢,但同时也反映了在多元文明碰撞融合之下,政权依据自身的需要对祭祀、宗教势力的重新布局与安排、整合。

从秦汉魏晋南北朝时期的城市祭祀、宗教及其空间位置来看,城市祭祀、宗教是服务于现实皇权的,围绕在皇权周围。在各级郡县城市中,行政权力也处在中心地位,各种宗庙和祭祀场所分列在城市的不同角落。[②] 这是中国城市一般形态。而罗马城市则是完全不同的原则布局与历史,罗马人的广场相当于希腊卫城和广场二者的结合。宗教习惯最终支配了城市朝向本身的原则问题。[③] 宽阔的商业街一直延伸到天际线,两边的柱廊又往往加强了这种深远感,这就是这些城镇的一个典型特色……沿这类街道行走,你会看到绵延不绝的私人住房,其间时时夹杂有各种公共建筑。[④] 宗教祭祀场所与商业中心的结合,成为城市布局的中心,体现了中西城市文明不同的内涵。

---

① 魏斌:《"山中"的六朝史》,《文史哲》2017 年第 4 期,第 115—129 页。

② [加]卜正民主编:[美]陆威仪著,李磊译,周媛校:《分裂的帝国:南北朝》,中信出版社 2016 年版,第 86 页。

③ [美]刘易斯·芒福德著,宋俊岭,倪文彦译:《城市发展史——起源、演变和前景》,中国建筑出版社 2005 年版,第 158 页。

④ [美]刘易斯·芒福德著,宋俊岭,倪文彦译:《城市发展史——起源、演变和前景》,中国建筑出版社 2005 年版,第 162 页。

第七章：佛教与魏晋南北朝时期城市变迁

魏晋南北朝时期的城市是佛教传播的中心。佛教在魏晋南北朝时期的传播对城市产生了重要影响，佛寺改变了城市的布局，佛教寺院的财富在城市经济中占有重要地位，佛教在政治上具有号召力，佛寺成为城市政治斗争的后院，城市社会风俗也沾染了佛教的色彩。佛教文明与传统儒家、道教文明以及城市民俗文化逐渐融合，佛教贯通南北城市，成为中华文明的一部分，为中国重新统一打下了社会文化心理的基础。城市中文明的融合也改变了外来的佛教，使其日益中国化。

佛教开始流行于中国大约在汉武帝时期，遣霍去病讨匈奴，当时匈奴"昆邪王杀休屠王，将其众五万来降。获其金人，帝以为大神，列于甘泉宫。金人率长丈余，不祭祀，但烧香礼拜而已。此则佛道流通之渐也。"东汉明帝在洛阳雍关西设立白马寺，摩腾、法兰等当时的高僧"卒于此寺。"①随之其他城市中也出现了佛寺。北魏时"洛阳、彭城、姑臧、临淄皆有阿育王寺，盖成其遗迹焉。"②可见佛教在其来到中国之始就是在以城市为中心传播。

东汉末年的动乱为佛教在社会的传播创造了条件，佛教于东汉末年在一些城市中已经具有了很大的规模，信徒众多，笮融"聚众数百，往依于谦，谦使督广陵、下邳、彭城运粮。遂断三郡委轮，大起浮屠寺。上累金盘，下为重楼，又堂阁周回，可容三千许人，作黄金涂像，衣以锦彩。每浴佛，辄多设饮饭，布席于路，其有就食及观者且万余人。"③这时佛教在中原地区有了很大的势力，在城市中有大规模的佛寺、徒众以及组织，可以进行盛大的祈祷和慈善活动。

关于魏晋南北朝时期对以后的隋唐时期制度的影响有北方与南方孰为主流之争。④ 从更为广阔的视野来看，魏晋南北朝时期不仅存在着南北方之间或曰草原文明与农耕文明之间的种族与文化的碰撞与融合，而且中外文明的交流也对这一时期历史的发展有着重要影响。其中佛教是这一时期对中国影响最大的外来文明。

---

① 《魏书》卷114《释老志》，第3025页。

② 《魏书》卷114《释老志》，第3027—3028页。

③ 《后汉书》卷73《陶谦列传》，第2368页。

④ 苏小华：《北镇势力与北朝政治文化》，中国社会科学出版社2012年版，第3页。

魏晋南北朝时期是佛教在中国传播的一个重要时期,长期的战争与社会动荡为佛教的传播创造了有利的社会条件。作为文明中心的城市在佛教的传播中依然具有中心的地位。而佛教对这一时期的城市布局、政治、经济以及社会文化也都产生了重要的影响。学术界对这一时期的佛教与城市发展与变迁的关系还缺少充分深入的研究。①

一 佛教传播与城市布局的变迁

随着佛教在中国的传播,大量的佛寺开始在城市中修建,对魏晋南北朝时期的城市布局产生了一定的影响。

西晋末天下大乱之后,北方"五胡"政权多推崇佛教,大兴佛寺,如石季龙在邺城一带修建佛寺"初止邺城西沙门法綝祠中,后徙临漳昭德寺。于房内造重阁,高八九尺,于上编管为禅室,常坐其中。"②姚兴在宫中兴建佛寺,对地方城市起到了示范效应,"引诸沙门于澄玄堂听鸠摩罗什演说佛经。……起浮图于永贵里,立波若台于中宫,沙门坐禅者恒有千数。州郡化之,事佛者十室而九矣。"③

南北朝时期,佛教信徒更加向城市都邑集中,《魏书·释老志》记载:昔如来阐教,多依山林,今此僧徒,恋著城邑,……非但京邑如此,天下州镇僧寺亦然。④ 佛寺更大量地在城市中修建,对城市布局产生重大影响。城市王公贵族大量投资兴建佛寺,佛教促使北方城市格局发生大改观,如北魏平城郭城内的寺院非常多,有上百所,僧尼两千余人。主要的大寺有永宁寺、天官寺、建明寺、报德寺和皇舅寺等。⑤ 北魏大臣元熙"为政不能仁厚,而信佛法,自出家财,在诸州镇建佛图精舍,合七十二处。"⑥佛寺的修建浪费了大量的物资,成为一大弊政,"鸾爱乐佛道,修持五戒,不饮酒食

① 刘淑芬:《中古的佛教与社会》,上海古籍出版社 2008 年版。书中探讨了佛教与南北朝社会发展的关系。付志刚:《中古史上佛教与城市空间流变研究》,《宗教学研究》2015 年第 1 期。认为佛教成为中古城市社会发展的新动力,推动了"唐宋革命"。还有一些文章论述佛教对这个时期城市文化艺术、建筑、城市布局等的影响,兹不赘述。研究此时期佛教代表作为汤用彤的《汉魏两晋南北朝佛教史》(中华书局 2016 年版),对佛教与此时期城市发展变迁的关系也着墨不多。

② 《晋书》卷 95《艺术列传》,第 2492 页。

③ 《晋书》卷 117《姚兴载记上》,第 2985 页。

④ 何兹全:《魏晋南北朝史略》,第 228 页。

⑤ 李凭:《北魏平城时代》,社会科学文献出版社 2000 年版,第 300 页。

⑥ 《魏书》卷 83 上《外戚列传》,第 1819 页。

肉,积岁长斋。缮起佛寺,劝率百姓,共为土木之劳,公私费扰,颇为民患。”[①]王建“在冀州,年老,颇殖财货,大兴寺塔,为百姓所苦。”[②]北魏后期,灵太后好佛,营建诸寺,无复穷已,令诸州各建五级浮屠,民力疲敝。诸王、贵人、宦官、羽林各建寺于洛阳,相高以壮丽。[③] 洛阳佛寺占据了两个坊,佛寺和尼庵共有 1367 座。[④] 以致于公元 503 年,皇帝下令不要在城内建塔和寺、庵。[⑤] 但在河阴之役后,“诸元尽灭,王侯宅第,多题为寺。寿丘里闾,列刹相望。”[⑥]

北齐时期大起佛寺“凿晋阳西山为大佛像,一夜然油万盆,光照宫内。又为胡昭仪起大慈寺,未成,改为穆皇后大宝林寺,穷极工巧,运石填泉,劳费亿计,人牛死者不可胜纪。”[⑦]

北朝时期,佛教遍布北朝各地城乡,成为地标,如位于铜驼街西的永宁寺周长 1040 米,“中有九层浮屠一所,架木为之,举高九十丈。上有金刹(柱)复高十丈,合去一千尺,合上下有一百二十铎、金钉五千四百枚。去京师百里,已遥见之。”[⑧]崔巨伦因“夜阴失道,惟看佛塔户而行。”[⑨]邺城佛寺也遍布城市四方,如韩陵山寺在邺南,邺东大觉寺,邺西龙山云门寺,宝山寺。[⑩]

东魏迁都邺城后,洛阳还有四百二十一所。至宣武帝时,北朝共有佛寺一万三千七百二十七所。东魏北齐时,僧尼二百万,寺庙三万余所。北齐末年,僧尼有三百余万人,北周的寺庙也超过了万数。[⑪] 中心城市和地方郡县城市中的寺庙占有很大一部分。如邺城地区的佛寺就有四千多所,僧尼达八万多人。

在高昌郡—唐西州时期,中亚地区内部的交流也随着佛教传播、商业往

---

① 《北齐书》卷 8《后主幼主纪》,第 113 页。

② 《魏书》卷 30《王建列传》,第 713 页。

③ 《资治通鉴》卷 149《梁纪五 · 高祖武皇帝(五)》,中华书局 2011 年版,第 4731 页。

④ [德]阿尔弗雷德 · 申茨:《幻方——中国古代的城市》,中国建筑工业出版社 2009 年版,第 181 页。

⑤ [德]阿尔弗雷德 · 申茨:《幻方——中国古代的城市》,中国建筑工业出版社 2009 年版,第 184 页。

⑥ 杨衒之撰,周祖谟校释:《洛阳珈蓝记校释》,中华书局 1987 年版,第 167 页。

⑦ 《北齐书》卷 8《后主幼主纪》,第 113 页。

⑧ 何一民:《中国城市史》,武汉大学出版社 2012 年版,第 198—199 页。

⑨ 《魏书》卷 56《郑羲崔辩列传》,第 1252 页。

⑩ 牛润珍:《古都邺城研究——中世纪东亚都城制度探源》,中华书局 2015 年版,第 230—232 页。

⑪ 韩国磐:《魏晋南北朝史纲》,人民出版社 1983 年版,第 537 页。

来、联姻、战争等因素日益密切,中亚城市的布局式样从中亚西部传到中亚东部,城市的中心不再是王宫或衙署,而是寺院,确立了佛教至高无上的地位。①

南方的东晋和南朝政权,佛教寺院在城市中也得到了广泛的修筑,所谓南朝四百八十寺。东晋南朝时期的城市佛寺多为贵族建造,不仅数量众多而且规模宏大,"元嘉十二年,丹阳尹萧摩之奏曰:'佛化被于中国,已历四代,形像塔寺,所在千数,进可以击心,退足以招劝。而自顷以来,情敬浮末,不以精诚为至,更以奢竞为重。旧宇颓弛,曾莫之修,而各务造新,以相姱尚。甲第显宅,于兹殆尽,材竹铜彩,糜损无极,无关神祇,有累人事。建中越制,宜加裁检,不为之防,流道未息。"可见佛寺在城市中的修建已经对皇权构成了威胁,故此萧摩之"请自今以后,有欲铸铜像者,悉诣台自闻;兴造塔寺精舍,皆先诣在所二千石通辞,郡依事列言本州;须许报,然后就功。其有辄造寺舍者,皆依不承用诏书律,铜宅林苑,悉没入官。'"②城市中佛寺的修建到梁武帝萧衍时期达到极盛,亦成为南朝弊政,"至乃大兴寺塔,广缮台堂,昭阳到景,垂珠衔璧,峥嵘刻削,千门万户。鞭挞疲民,尽其筋骨,延壤运石,悲歌掩途,死而可祈,甘同仙化。"③

据统计,东晋有佛寺一千七百六十八所,刘宋有佛寺一千九百一十三所,南齐有二千零十五所,萧梁有二千八百四十六所,侯景之乱后还有佛寺一千二百三十二所。政治文化中心城市中的佛寺占据了大部分,如建康的佛寺就有五百余所。④

南北佛教建筑分布也有不同特点,在南方佛寺多在偏远的山区,北方多在城市和城镇。但不论南北佛寺都与皇帝的宫殿布局类似。⑤ 南方佛教偏重理学,北方注重实行。故而北方佛寺多于南方,南方佛寺不如北方的盛大。南方的佛寺多为贵族建造,北方许多佛寺为平民所造。北方贵族造的寺院 839 所,而平民造的三万多所。⑥

佛寺在城市中的分布有的在皇宫苑囿,如北齐时期"诏以城南双堂闰位之苑,乃造大总持寺。"⑦佛寺的建筑形制有如宫殿,时常互换:"诏以三台

① 李肖:《交河故城的形制布局》,文物出版社 2003 年版,第 275 页。
② 《宋书》卷 97《夷蛮列传》,第 2386 页。
③ 《魏书》卷 98《萧衍列传》,第 2180 页。
④ 韩国磐:《魏晋南北朝史纲》,第 534 页。
⑤ [德]阿尔弗雷德·申茨:《幻方——中国古代的城市》,中国建筑工业出版社 2009 年版,第 186 页。
⑥ 刘淑芬:《六朝的城市与社会》,台北:台湾学生书局 1992 年版,第 183 页。
⑦ 《北齐书》卷 7《武成纪》,第 91 页。

宫为大兴圣寺。"①"先是童谣云:"中兴寺内白凫翁,四方侧听声雍雍,道人闻之夜打钟。"时丞相府在北城中,即旧中兴寺也。"②也有在贵族官邸或府邸的,如北魏高祖"罢鹰师曹,以其地为报德佛寺。"③南朝时期,贵族信仰佛教,将住宅与佛寺建筑在一起,到梁朝时期,钟山茂林佛寺成为佛教的中心,贵族在城东清溪岸一片狭长的区域修造园宅。④"鱼复侯子响为江州,厚遣赠遗。……顷之,测送弟丧还西,仍留旧宅永业寺,绝宾友,唯与同志庾易、刘虬、宗人尚之等往来讲说。"⑤北朝时期,佛寺也是人们居住的地方,而且人物混杂的寺庙不仅成为城市的主体建筑之一部分,而且也成为城市居民聚集从事各种活动的场所:"今之僧寺,无处不有。或比满城邑之中,或连溢屠沽之肆,或三五少僧,共为一寺。梵唱屠音,连檐接响,像塔缠于腥臊,性灵没于嗜欲,真伪混居,往来纷杂。"⑥佛寺还有慈善机构功能,张茂度创立城寺,"吊死抚伤,收集离散,民户渐复"。⑦当时西域一些国家的城市还以佛教塔寺为城市中心建筑,如尼雅城的遗址中心即为佛塔。⑧

总之,佛寺广泛分布于城市宫殿、住宅和市场之中,成为南北朝时期城市建筑中不可缺少的组成部分。

佛寺、佛塔林立,给当时南北城市外观涂上了浓厚的宗教色彩,体现了当时中外文明碰撞融合的光彩。城市中的佛寺布局与结构相互影响,如洛阳的永宁寺和平城的永宁寺有着渊源,与平城的永宁寺在布局、门址的平面和做工等方面都有着相似之处。⑨中国城市中的佛寺布局对周边国家的城市佛寺布局也有影响,如平壤永宁寺木塔位于院落中心。山门、佛塔、佛殿在中轴线上一字排开,中轴线左右对称,突出佛塔地位。这种前塔后殿的形式是中国北方地区早期佛寺的典型布局。⑩

---

① 《北齐书》卷7《武成纪》,第92页。
② 《北齐书》卷14《元海列传》,第183页。
③ 《魏书》卷13《皇后列传》,第329页。
④ 刘淑芬:《六朝的城市与社会》,台北:台湾学生书局1992年版,第51页。
⑤ 《南齐书》卷54《高逸列传》,第941页。
⑥ 《魏书》卷114《释老志》,第3044—3045页。
⑦ 《宋书》卷53《张茂列传》,第1509页。
⑧ 韦正:《魏晋南北朝考古》,北京大学出版社2013年版,第59页。
⑨ 王银田:《北魏平城明堂遗址再研究》,殷宪、马志强:《北朝研究》(第二辑),北京燕山出版社2008年版,第175页。
⑩ 韦正:《魏晋南北朝考古》,北京大学出版社2013年版,第440页。

二 佛教与城市政治

佛教在传入中国后,就受到了统治者的重视,不断渗入政治生活中,对城市中的政治生活产生了多方面的影响。

东汉白马寺成为中原城市中的第一所寺院,开始了佛教在中国的传播。十六国时期,“五胡”的统治者对佛教的传播起到了很大的作用,“五胡”统治者多崇信佛教。石季龙对佛图澄非常推崇,“百姓因澄故多奉佛,皆营造寺庙,相竞出家,真伪混淆,多生愆过。”①佛教势力非常强大,图澄“时止邺城寺中,弟子遍于郡国。……及澄之所在,无敢向其方面涕唾者。”②后来姚兴欢迎鸠摩罗什,佛法开始在北方如日中天。③ 姚兴对佛经的翻译和佛教的发展就起到了极大的推动作用,“兴既托意于佛道,公卿已下莫不钦附,沙门自远而至者五千余人。”④

十六国时期的凉州政权对佛教在中国的发展起到了重要的中介作用。沮渠蒙逊在凉州爱好佛法,罽宾沙门昙摩谶受到了他的推崇。后来北魏灭凉,将沙门们都迁到了平城,对北魏佛教的发展产生了巨大的影响。⑤

五胡十六国时期,一些佛教的沙门开始对统治们所任用,在政治上有很大的影响。如慕容德在定都的问题上游移不定,“沙门郎公素知占候,德因访其所适。郎公以为“宜先定旧鲁,巡抚琅邪,待秋风戒节,然后北围临齐,天之道也。”于是德大悦。⑥ 一些沙门还通过各种道术和显示神迹来影响统治者,如天竺人佛图澄“善诵神咒,能役使鬼神。……又能听铃音以言吉凶,莫不悬验。”后来被石勒召见“勒由此信之。”⑦因为图澄治好了石勒爱子石斌的病“勒诸子多在澄寺中养之。”⑧沙门吴进言于季龙曰:“胡运将衰,晋当复兴,宜若役晋人以厌其气。季龙于是使尚书张群发近郡男女十六万,车十万乘,运土筑华林苑及长墙于邺北,广长数十里。”⑨石季龙太子邃

① 《晋书》卷95《艺术列传》,第2487页。

② 《晋书》卷95《艺术列传》,第2488页。

③ 钱穆:《国史大纲》,商务印书馆2001年版,第362页。

④ 《晋书》卷117《姚兴载记上》,第2985页。

⑤ 《魏书》卷114《释老志》,第3032页。

⑥ 《晋书》卷127《慕容德载记》,第3165—3166页。

⑦ 《晋书》卷95《艺术列传》,第2485页。

⑧ 《晋书》卷95《艺术列传》,第2487页。

⑨ 《晋书》卷107《石季龙载记下》,第2782页。

要谋逆，而谓内竖曰："和尚神通，傥发吾谋。明日来者，当先除之。"①可见这些沙门已经在宫廷政治中具有了特殊的权位，当时一些沙门的意见对统治者决策有极大的影响，而且他们还善于掌握利用中国文化的因素如占卜、道术等发挥其在政治上的影响力。

北朝时期，一些沙门被邀请成为统治者的政治顾问，如"僧渊入国，坐兄弟徙于薄骨律镇，太和初得还。高祖闻其有文学，又问佛经，善谈论，敕以白衣赐褠帻，入听于永乐经武殿。"②许多政治人物还痴迷于佛教而不能自拔，如元熙"延致名德沙门，日与讲论，精勤不倦，所费亦不赀。"③又如"国珍年虽笃老，而雅敬佛法，时事齐洁，自强礼拜。至于出入侍从，犹能跨马据鞍。神龟元年四月七日，步从所建佛像，发第至阊阖门四五里。八日，又立观像，晚乃肯坐。"④沙门还常常成为政治军事任务的执行者，"遣沙门僧护诣彭城。僧护还称，贼发军向北，前锋将徐卓之已至彭城，大将军到彦之军在泗口，发马戒严，必有举斧之志。"⑤一些政治人物也以佛教为安身立命的退身之所，元愉"在困踬，颇知咎悔，恒读佛经，礼拜归心于善。"⑥

佛教寺院成为显示政治权力的空间，最为突出的就是洛阳的永宁寺，洛阳的永宁寺即使不是绝对的权力中心，也是彰显皇家权威之处。……凌驾于皇宫之上的佛塔，最大程度体现了皇家的权势。⑦

但佛教寺院的修建也时常成为城市政治上的弊政，引发了政治斗争和矛盾，如北魏大臣"鸾爱乐佛道，修持五戒，不饮酒食肉，积岁长斋。缮起佛寺，劝率百姓，共为土木之劳，公私费扰，颇为民患。"世宗听说后认为："北州土广，奸乱是由，准法寻愆，应加肃黜。"⑧北齐时期，统治者大起佛寺，造成了大量的浪费"五年春正月辛亥，诏以金凤等三台未入寺者施大兴圣寺。"⑨"凿晋阳西山为大佛像，一夜然油万盆，光照宫内。又为胡昭仪起大慈寺，未成，改为穆皇后大宝林寺，穷极工巧，运石填泉，劳费亿计，人牛死者

① 《晋书》卷95《艺术列传》，第2488页。
② 《魏书》卷24《燕凤许谦张衮崔玄伯邓渊列传》，第631页。
③ 《魏书》卷83上《外戚列传》，第1819页。
④ 《魏书》卷83下《外戚列传》，第1834页。
⑤ 《魏书》卷29《奚斤叔孙建列传》，第704页。
⑥ 《魏书》卷22《孝文五王列传》，第588页。
⑦ [加]卜正民主编：[美]陆威仪著，李磊译，周媛校：《分裂的帝国：南北朝》，中信出版社2016年版，第108页。
⑧ 《北齐书》卷8《后主幼主纪》，第113页。
⑨ 《北齐书》卷8《后主幼主纪》，第102页。

不可胜纪。"①"广费人工,大营寺塔,为高祖所责。"②

北朝时期,随着草原文明与中原农业文明的融合,社会矛盾也开始尖锐起来,佛教也成为城市社会政治问题,统治者对佛教的发展有了警觉,当时的人们纷纷踏入佛门,"于时民多绝户而为沙门。"导致"众役仍烦,百姓之情,方多避役。"③

还有些人利用佛教的旗号从事反抗,诸如北平人吴柱聚众千余,立沙门长为天子,破北平郡,转寇广都,入白狼城。④"沙门张翘自号无上王,与丁零鲜于次保聚党常山之行唐。夏四月,太守楼伏连讨斩之。"⑤北魏肃宗时"冀州沙门法庆既为妖幻,遂说勃海人李归伯。归伯合家从之,招率乡人,推法庆为主。法庆以归伯为十住菩萨、平魔军司、定汉王,自号'大乘'。杀一人者为一住菩萨,杀十人为十住菩萨。又合狂药,令人服之,父子兄弟不相知识,唯以杀害为事。于是聚众杀阜城令,破勃海郡,杀害吏人。"⑥沙门法秀谋逆,事发,成为重大的政治株连事件,如"平季,字稚穆,燕国蓟人。祖济,武威太守。父雅,州秀才,与沙门法秀谋反,伏诛。"⑦因为牵连的人太多,所以北魏政府决定采取怀柔办法以就危局"与其杀不辜,宁赦有罪。宜枭斩首恶,余从疑赦,不亦善乎?"高祖从之,得免者千余人。⑧

城市中的佛寺是政治调和与斗争的空间,北魏孝文帝要感念祖母的恩德,而决定"其以此地为太皇太后经始灵塔。于是罢鹰师曹,以其地为报德佛寺。"⑨北魏孝庄帝"步出云龙门外,为兆骑所絷,幽于永宁佛寺。兆扑杀皇子,污辱妃嫔,纵兵虏掠。停洛旬余,先令卫送庄帝于晋阳。兆后于河梁监阅财货,遂害帝于五级寺。"⑩"兰根忌帝雅德,还致毁谤,竟从崔㥄议,废帝于崇训佛寺,而立平阳王修为帝。帝既失位,乃赋诗曰:"时运正如此,唯有修真观。"⑪武成皇后胡氏,"自武成崩后,数出诣佛寺,又与沙门昙献通。"⑫

① 《北齐书》卷8《后主幼主纪》,第113页。
② 《北齐书》卷18《孙腾高隆之司马子如列传》,第236页。
③ 《魏书》卷53《李孝伯李冲列传》,第1177页。
④ 《资治通鉴》卷107《晋纪二十九·烈孝宗武皇帝中之下》,第3449页。
⑤ 《魏书》卷1《太祖纪》,第39页。
⑥ 《魏书》卷19上《景穆十二王列传》,第445页。
⑦ 《魏书》卷94《阉官列传》,第2032页。
⑧ 《魏书》卷93《恩幸列传》,第1988页。
⑨ 《魏书》卷13《皇后列传》,第329页。
⑩ 《魏书》卷95《尔朱兆列传》,第1662页。
⑪ 《魏书》卷11《废帝纪》,第278页。
⑫ 《北齐书》卷9《后妃列传》,第126—127页。

城市中的佛寺还是政治失败者的归宿和避难所,北魏“前废帝……少端谨,有志度。长而好学,事祖母、嫡母以孝闻。正始中,袭爵。王既绝言,垂将一纪,居于龙花寺,无所交通。”①“顺皇后召李入宫,毁击之,强令为尼于内。”②孝文废皇后冯氏,因为宫廷斗争失势,“遂为练行尼。后终于瑶光佛寺。”③北齐的文襄敬皇后元氏是“魏孝静帝之姊也。孝武帝时,封冯翊公主而归于文襄。”因为得罪了皇帝,“帝愈怒,裸后乱挝挞之,号天不已。盛以绢囊,流血淋漉,投诸渠水,良久乃苏,犊车载送妙胜尼寺。后性爱佛法,因此为尼。”④北周静皇帝上台,“其天中大皇后陈氏、天右大皇后元氏、天左大皇后尉迟氏并出俗为尼。”⑤北魏阉官和尼寺有密切的关系,一则尼寺是北魏后妃主要的习道场所。二则阉官得势和幼主嗣位太后临朝的政局有关,皇后信佛和建立寺院。三则由于受到佛教的影响,宦官出资建造的尼寺也都是尼寺,只有一个僧寺。⑥

佛教在北土流行后“政教不行,礼仪大坏,鬼道炽盛,视王者之法篾如也。”⑦北魏统治者感受到佛教对政权的负面影响,“关右之民,自比年以来,竞设斋会,假称豪贵,以相煽惑,显然于众坐之中,以谤朝廷,无上之心,莫此为甚。”⑧统治者为此也常常限制佛教发展,北魏世宗时期对佛家开始动手清理,下诏:“又沙门之徒,假西戎虚诞,生致妖孽。非所以壹齐政化,布淳德于天下也。自王公已下至于庶人,有私养沙门、师巫及金银工巧之人在其家者,皆遣诣官曹,不得容匿。限今年二月十五日,过期不出,师巫、沙门身死,主人门诛。明相宣告,咸使闻知。”⑨北魏道武帝时期更是对佛教加以灭绝。道武帝灭佛,原因有文化宗教等方面的因素,“政教不行,礼义大坏,鬼道炽盛,视王者之法,蔑如也。”⑩同时也与政治上对凉州迁来的佛教徒的猜忌有关,“太延中,凉州平,徙其国人于京邑,沙门佛事皆俱东,象教弥增矣。寻以沙门众多,诏罢年五十已下者。”⑪打击佛教对北魏统治者还有着复兴

① 《魏书》卷11《废帝纪》,第273页。
② 《魏书》卷22《孝文五王列传》,第589页。
③ 《魏书》卷13《皇后列传》,第332页。
④ 《北齐书》卷9《后妃列传》,第125页。
⑤ 《周书》卷9《静帝纪》,第131页。
⑥ 刘淑芬:《中古的佛教与社会》,上海古籍出版社2008年版,第54页。
⑦ 严耀中:《北魏前期政治制度》,吉林教育出版社1990年版,第210—211页。
⑧ 《魏书》卷47《卢玄传附卢渊传》,第1048页。
⑨ 《魏书》卷4《世祖纪下》,第97页。
⑩ 《魏书》卷114《释老志》,第3034—3035页。
⑪ 《魏书》卷114《释老志》,第3032页。

传统问题，承续正统儒学的功用。① 孝文帝也曾下诏"沙门不得去寺浮游民间，行者仰以公文。"②

北魏高宗即位，才开始对佛教弛禁，"今制诸州郡县，于众居之所，各听建佛图一区。"③北魏末年，对都城佛寺又进行了一次整治，对地方城市中的佛寺进行了清理。④

考古材料显示，北周僧尼集团曾出现了较大的发展，表明武帝继位之初并没有明显反感佛教。⑤ 后来北周武帝灭佛也是出于政治经济上的考虑，采取了断然措施。

此外，北方城市中的人们为了建立佛寺，还成立了一些组织，成为城市社会具有影响的势力。佛教代表着一种社会和经济势力。⑥ 城市中的佛教徒常常领导信徒，组织以俗人为主体的信仰团体，称为义或法义，而自身则成为这种团体的指导者，称为邑师。⑦ 其中的成员不仅有朝廷的达官贵人，也有城市平民。⑧

佛教对南方城市政治也有较大的影响。东晋时期，佛教的信仰者遍及各个阶层，上自皇室、士族，下至平民。佛道也彼此包容，并行不悖。⑨ 佛教在南朝城市中已经达到了"自帝王至于民庶，莫不归心。经诰充积，训义深远，别为一家之学焉"的境地。⑩

面对佛教的影响，一些政治家已经注意到了控制佛教的问题，"先是，晋世庾冰始创议，欲使沙门敬王者，后桓玄复述其义，并不果行。"大明六年，刘裕再次上奏建议"以为沙门接见，比当尽虔礼敬之容，依其本俗，则朝徽有序，乘方兼遂矣。"得到了皇帝的允许，但是都没有得到实行，到了"前废帝初，复旧。"⑪佛教在四川地区也很流行，刘义隆看到佛教徒众，非常警惕，但是已无力阻止其发展，"时蜀沙门法成，鸠率僧旅，几于千人，铸丈六

① 何德章：《北魏国号与正统问题》，《历史研究》1992年第3期，第123页。

② 《魏书》卷7上《高祖纪上》，第137页。

③ 《魏书》卷114《释老志》，第3035—3036页。

④ 《魏书》卷114《释老志》，第3047页。

⑤ 于春、郭峰：《陕西泾阳太壶寺藏北周如来立像调查与研究》，《考古与文物》2021年第4期，第94—100页。

⑥ 刘淑芬：《中古的佛教与社会》，上海古籍出版社2008年版，第33页。

⑦ 刘淑芬：《中古的佛教与社会》，上海古籍出版社2008年版，第34页。

⑧ 颜娟英主编：《北朝佛教石刻拓片百品》，台北：中央研究院历史语言研究所，2008年。

⑨ 田余庆：《东晋门阀政治》，北京大学出版社1989年版，第303页。

⑩ 《宋书》卷97《夷蛮列传》，第2387页。

⑪ 《宋书》卷97《夷蛮列传》，第2387页。

金像。"①

南朝时期,佛教对政治的影响超越了东晋时代,成为统治者宣示其合法性的重要手段,当时政治家们就已经认识到了佛教的政治功能是"进可以击心,退足以招劝。"②梁武帝萧衍是一个非常信仰佛教的政治家,"初,衍崇信佛道,于建业起同泰寺,又于故宅立光宅寺,于钟山立大爱敬寺,兼营长千二寺,皆穷工极巧,殚竭财力,百姓苦之。"③对佛教的迷信导致梁武帝不务政事,最终在侯景之乱中覆灭。但佛教的政治影响力却保留下来,陈霸先登基当天就召集佛教徒召开无遮大法会,"上出佛牙于杜姥宅,设无遮大会,帝亲出阙前膜拜。"④举办大会,以佛牙瑞兆来收服民心,宣誓天命。可见佛牙舍利在人们心中的地位。⑤ 陈霸先如萧衍一样多次捐身,又掀起了对佛教的崇拜,陈后主也非常信佛,"后主在东宫,令陵讲大品经,义学名僧,自远云集,每讲筵商较,四座莫能与抗。"⑥佛教信仰在南朝已经成为政治合法性的重要象征。

佛教中人也得到了统治者的利用,刘宋文帝以"慧琳道人善谈论,因与议朝廷大事,遂参机要,宾客辐辏,门车常有数十辆,四方赠赂相系。"⑦南齐"太子与竟陵王子良俱好释氏,立六疾馆以养穷民。"⑧

佛教和佛寺往往也是南朝政治的后院和归宿,政治斗争的败亡者往往投托于佛寺,"政值镇恶军,冲之不得去;回冲蒯恩军,军人斗已一日,疲倦,毅得从大城东门出奔牛牧佛寺,自缢死。"⑨陈后主因宠爱张贵妃,他的皇后因此"居处俭约,衣服无锦绣之饰,左右近侍才百许人,唯寻阅图史、诵佛经为事"。⑩

东晋南朝佛教的沙门也常是政治事件与动乱的参与者,如卢循与沙门有往来,"沙门慧远有鉴裁,见而谓之曰:'君虽体涉风素,而志存不轨。'"⑪"南彭城蕃县民高阇、沙门释昙标、道方等共相诳惑,自言有鬼神龙凤之

① 《魏书》卷52《胡叟列传》,第1150页。
② 《宋书》卷97《夷蛮列传》,第2386页。
③ 《陈书》卷2《高祖本纪下》,第34页。
④ 《资治通鉴》卷167《陈纪一·高祖武皇帝》,中华书局2011年版,第5267页。
⑤ 刘淑芬:《中古的佛教与社会》,上海古籍出版社2008年版,第321页。
⑥ 《陈书》卷26《徐陵列传》,第334页。
⑦ 《资治通鉴》卷120《宋纪二·太祖文皇帝上之上》,中华书局2011年版,第3847页。
⑧ 《南齐书》卷21《文惠太子列传》,第401页。
⑨ 《宋书》卷45《王镇恶列传》,第1366—1367页。
⑩ 《陈书》卷7《世祖沈皇后列传》,第130页。
⑪ 《晋书》卷100《载记序》,第2634页。

瑞,常闻箫鼓音,与秣陵民蓝宏期等谋为乱。”他们“要结殿中将军苗允、员外散骑侍郎严欣之、司空参军阚千纂、太宰府将程农、王恬等,谋克二年八月一日夜起兵攻宫门”,政变失败后,“党与死者数十人。”①沙门往往还充当政治顾问,成为政变的蛊惑者,“初,沙门释僧含粗有学义,谓竣曰:‘贫道粗见谶记,当有真人应符,名称次第,属在殿下。’竣在彭城尝向亲人叙之,言遂宣布,闻于太祖。时元凶巫蛊事已发,故上不加推治。”②南齐时期,建康莲华寺道人释法智“与州民周盘龙等作乱,四百人夜攻州城西门,登梯上城,射杀城局参军唐颖,遂入城内。”③南梁时期:“有妖贼沙门僧强自称为帝,土豪蔡伯龙起兵应之。僧强颇知幻术,更相扇惑,众至三万,攻陷北徐州,济阴太守杨起文弃城走。”④南陈时期又有“沙门慧摽涉猎有才思,及宝应起兵。”⑤南朝的佛教与南朝不同的政治阶层还存在着复杂的关系。⑥

和北方一样,佛教的泛滥也是南朝城市重要的政治问题,南朝政权也多次颁布毁佛灭佛的诏令,南宋世祖大明二年,有昙标道人与羌人高阇谋反,“上因是下诏曰:‘佛法讹替,沙门混杂,未足扶济鸿教,而专成逋薮。加奸心频发,凶状屡闻,败乱风俗,人神交怨。可付所在,精加沙汰,后有违犯,严加诛坐。’于是设诸条禁,自非戒行精苦,并使还俗。而诸寺尼出入宫掖,交关妃后,此制竟不能行。”⑦陈后主也感到佛教对政权的威胁,曾下诏曰:“又僧尼道士,挟邪左道,不依经律,民间淫祀妖书诸珍怪事,详为条制,并皆禁绝。”⑧

佛教在南北城市政治生活中具有重要影响的情况之下,对佛教的信仰也引发了南北的政治竞争,成为南北政权意识形态之争的工具,如日本学者指出“梁武帝希望将舍身的仪式定位为借用佛教所举行的国家仪式以及象征世间万象更新的仪礼,同时实现国家的团结。不应忘记的是,当时同样希望借助佛教实现镇护北朝的行动,当然也进入武帝的视野中,而他对佛教的虔诚崇拜,在追求实现天下再一统的南北两朝中亦具有意识形态

---

① 《宋书》卷75《王僧达颜竣列传》,第1957—1958页。

② 《宋书》卷75《王僧达颜竣列传》,第1960页。

③ 《南齐书》卷27《刘怀珍李安民王玄载列传》,第511页。

④ 《梁书》卷32《陈庆之兰钦列传》,第463页。

⑤ 《陈书》卷19《沈炯虞荔弟寄马枢列传》,第262页。

⑥ 魏斌:《南朝佛教与乌伤地方——从四通梁陈碑刻谈起》,《文史》2015年第3期,第79—115页。

⑦ 《宋书》卷97《夷蛮列传》,第2386页。

⑧ 《陈书》卷6《后主本纪》,第108页。

战的一面。”①

南朝时期与南方和西南的许多海外国家建立了属国关系，城市和佛教在与这些国家的交往中起到了重要的作用。周边尤其是南方属国以中国城市宫殿建筑的壮丽和佛寺恢弘而倾心向化，如“西南夷诃罗驼国，元嘉七年，遣使奉表曰：伏承圣主，信重三宝，兴立塔寺，周满国界。城郭庄严，清净无秽，四衢交通，广博平坦。……愿敕广州时遣舶还，不令所在有所陵夺。愿自今以后，赐年年奉使。今奉微物，愿垂哀纳。”②呵罗单国、阇婆婆达国、天竺迦毗黎国、天竺迦毗黎国等也都以南朝“城郭馆宇，如忉利天宫，宫殿高广，楼阁庄严”“犹如化城，宫殿庄严，街巷平坦”③“正法治化，共养三宝”④而纷纷表示“愿见信受，诸有所请，唯愿赐听”。⑤

南齐时期，扶南国在给南齐政权的上书中表示中国“佛法兴显，从僧殷集，法事日盛，王威严整，朝望国轨，慈愍苍生，八方六合，莫不归伏。”⑥南朝时期“海南诸国，大抵在交州南及西南大海洲上，自梁革运，其奉正朔，修贡职，航海岁至，逾于前代矣。”⑦南朝城市宫殿、佛寺高大壮丽和佛教文化的发达在与南洋各国的交往中起到了重要的作用。

由上述可见，佛教在南北城市政治生活中已经占有重要地位，具有巨大的影响。

三 佛教与城市经济

佛教在南北城市中的发展吸引了大量的城市人口，也耗费了大量的财富，佛寺也是城市中财富的积储地。

汉唐时期，传法高僧多与商人同行来到汉地，西行求法的僧侣也多与商人结伴，商人除向寺院与僧侣布施外，还在佛经传递、译经、修筑寺庙等活动中发挥积极的作用，且最早一批在中土出家的僧侣中就有胡商的后代。印

① ［日］川本芳昭著，余晓潮译《魏晋南北朝：中华的崩溃与扩大》，广西师范大学出版社 2014 年版，第 148 页。
② 《宋书》卷 97《夷蛮列传》，第 2380 页。
③ 《宋书》卷 97《夷蛮列传》，第 2385 页。
④ 《宋书》卷 97《夷蛮列传》，第 2381—2385 页。
⑤ 《宋书》卷 97《夷蛮列传》，第 2383—2384 页。
⑥ 《南齐书》卷 58《东南夷列传》，第 1015 页。
⑦ 《梁书》卷 54《诸夷列传》，第 783 页。

度和中亚地区的商人与佛教本就有着密切的联系。[①] 商人是中国最早接触到佛教的人群,也是外来传法僧人首选的传教对象,中土佛教寺院经济最先发展的部分即是商业。因而魏晋南北朝时期不少中土商人接受并信仰了佛教。当时一些中土商人直接参与了弘传佛法的活动,还协助僧侣前往各地传法,并帮助僧侣传递佛经。[②]

佛教的东来,使城市中的僧尼人口大量增加,成为人口成分的新组成部分,城市中僧尼数目很大,佛教占据大量城市人口。许多商人也信仰佛教,表明城市商业与佛教之间有着千丝万缕的联系。[③] 如在北朝时期,“自正光至此,京城内寺新旧且百所,僧尼二千余人,四方诸寺六千四百七十八,僧尼七万七千二百五十八人。”[④]城市人们因各种原因出家佛寺,高聪“有妓十余人,有子无子皆注籍为妾,以悦其情。及病,不欲他人得之,并令烧指吞炭,出家为尼。”[⑤]但主要还是经济原因导致人们大量加入佛寺,北魏沙门统昙曜奏:“平齐户及诸民有能岁输谷六十斛入僧曹者,即为僧祇户,粟为僧祇粟,遇凶岁,赈给饥民。”他还请求下令“民犯重罪及官奴,以为佛图户,以供寺洒扫。”魏主并许之。于是僧祇户、粟及寺户遍于州镇矣。[⑥] 北魏平城郭城内的寺院非常多,有上百所,僧尼两千余人。[⑦] 邺城都市及其郊区有僧尼八万人。城市佛教人口的增加给国家带来了许多问题,“魏自正光以后,四方多事,民避赋役,多为僧尼,至二百万人,寺有三万余区。至是,东魏始诏“牧守、令长擅立寺者,计其功庸,以枉法论。”[⑧]

南朝王公贵族蓄养僧尼,王宫贵族在地方也多有信佛的,花费大量的财物供养僧尼,如“义宣至镇,勤自课厉,政事修理。白皙,美须眉,长七尺五寸,腰带十围,多畜嫔媵,后房千余,尼媪数百,男女三十人。崇饰绮丽,费用殷广。”[⑨]建康有寺院大约700多所,僧尼人数在二万多人。[⑩] 南朝时期,建康也成为佛教的传播中心,寺院达到数百余座,僧尼10余万人。[⑪]

---

① 姚潇鸫:《试论汉唐时期商人在佛教东传中土过程中的作用》,《史林》2014年第5期,第31—38页。
② 姚潇鸫:《试述魏晋南北朝时期中土商人的佛教信仰》,《史林》2011年第2期,第41—48页。
③ 姚潇鸫:《试述魏晋南北朝时期中土商人的佛教信仰》,《史林》2011年第2期,第41—48页。
④ 《魏书》卷114《释老志》,第3039—3040页。
⑤ 《魏书》卷68《甄琛高聪列传》,第1522页。
⑥ 《资治通鉴》卷132《宋纪十四·太宗明皇帝中》,中华书局2011年版,第4219页。
⑦ 李凭:《北魏平城时代》,社会科学文献出版社2000年版,第300页。
⑧ 《资治通鉴》卷第158《梁纪十四·高祖武皇帝(十四)》,中华书局2011年版,第4992页。
⑨ 《宋书》卷68《武二王列传》,第1799页。
⑩ 刘淑芬:《六朝的城市与社会》,台北:台湾学生书局1992年版,第137页。
⑪ 何一民:《中国城市史》,武汉大学出版社2012年版,第206页。

佛教信仰与佛寺的修造还耗费了大量的社会财富。如佛教传入后，西晋时期，恭帝非常信佛，他小时候喜爱涉猎杀马，后来有人告诉他“马者国姓，而自杀之，不祥之甚。”此后他“深信浮屠道，铸货千万，造丈六金像，亲于瓦官寺迎之，步从十许里。”①北魏时期，“世祖敕货杂物服饰得数百万，起集善寺，月给第见钱百万，至上崩乃省。”“灵太后锐于缮兴，在京师则起永宁、太上公等佛寺，功费不少，外州各造五级佛图。又数为一切斋会，施物动至万计。百姓疲于土木之功，金银之价为之踊上，削夺百官事力，费损库藏，兼曲赉左右，日有数千。”②

佛教在北方城市中的流行对城市及乡村经济产生了负面影响，佛教导致百姓“方多避役。若复听之，恐捐弃孝慈，比屋而是。”不仅影响到国家的收入，对民间社会保障也造成很大的冲击。③ 北魏采取措施限制佛教的发展，让城市的工商业者和佛教徒从事农业，孝文帝时期曾下令“工商杂伎，尽听赴农。”“癸酉，诏沙门不得去寺浮游民间，行者仰以公文。”④城市中佛寺的资产也受到人们的觊觎，北齐时“徐州城中五级寺忽被盗铜像一百躯，有司征检，四邻防宿及纵迹所疑，逮系数十人。”⑤可见城市佛寺中财富之巨大。

北朝时期，佛教徒无论是在城市还是在乡村，都热心于福田事业，诸如建造佛寺，种树、建造浴池、施药看病、造桥、凿井、造厕所等行济活动。⑥ 在通都大邑的佛教寺院、僧人或俗众信徒，常将其所作福田的公共建设之功归美于地方守令镇将。⑦ 南北朝时期佛教兴盛，僧尼一度有免税、免役等待遇，还受到官府和民间的大量施舍，人们对寺院不赖债，也不敢偷盗。寺院经济发展，出现了以余资从事救济事业的质库。北齐时期“有阳平人郑子饶，诈依佛道，设斋会，用米面不多，供赡甚广，密从地藏渐出饼饭，愚人以为神力，见信于魏、卫之间。”⑧北齐武平六年，大水为灾。人民饥馑。七年，后主特诏寺院救济流亡。⑨

东晋时期佛教对城市经济的影响就已经明显显现出来，使得丹阳尹萧

① 《晋书》卷10《安帝恭帝纪》，第270页。

② 《魏书》卷19中《景穆十二王列传》，第480页。

③ 《魏书》卷53《李孝伯李冲列传》，第1177页。

④ 《魏书》卷7上《高祖纪上》，第137页。

⑤ 《北齐书》卷46《循吏列传》，第645页。

⑥ 刘淑芬：《中古的佛教与社会》，上海古籍出版社2008年版，第170页。

⑦ 刘淑芬：《中古的佛教与社会》，上海古籍出版社2008年版，第177页。

⑧ 《北齐书》卷41《皮景和列传》，第538页。

⑨ 《北齐书》卷8《后主幼主纪》，第109页。

摩提出了"请自今以后,有欲铸铜像者,悉诣台自闻;兴造塔寺精舍,皆先诣在所二千石通辞,郡依事列言本州;须许报,然后就功。其有辄造寺舍者,皆依不承用诏书律,铜宅林苑,悉没入官"的动议。①

南朝时期佛教在南方的城市经济中占有重要的地位,城市寺院中集聚了大量财富,"吴郭西台寺多富沙门,僧达求须不称意,乃遣主簿顾旷率门义劫寺内沙门竺法瑶,得数百万。"②战争时期佛寺成为军用物资的征集所在,"有司又奏军用不充,扬、南徐、兖、江四州富有之民,家资满五十万,僧尼满二十万者,并四分换一,过此率讨,事息即还。"③

南朝佛教的发展也对城市经济产生了很大的影响,尤其在梁武帝时期"衍崇信佛道,于建业起同泰寺,又于故宅立光宅寺,于钟山立大爱敬寺,兼营长千二寺,皆穷工极巧,殚竭财力,百姓苦之。曾设斋会,自以身施同泰寺为奴,其朝臣三表不许,于是内外百官共敛珍宝而赎之。衍每礼佛,舍其法服,著乾陀袈裟。令其王侯子弟皆受佛诫,有事佛精苦者,辄加以菩萨之号。其臣下奏表上书亦称衍为皇帝菩萨。衍所部刺史郡守初至官者,皆责其上礼献物,多者便云称职,所贡微少,言为弱惰。故其牧守,在官皆竞事聚敛,劫剥细民,以自封殖,多妓妾、粱肉、金绮。百姓怨苦,咸不聊生。"④梁武帝"又于寺设无捻大会,遣皇太子王侯朝贵等奉迎。是日,风景明和,京师倾属,观者百数十万人。所设金银供具等物,并留寺供养,并施钱一千万为寺基业。至四年九月十五日,高祖又至寺设无捻大会,竖二刹,各以金罂,次玉罂,重盛舍利及爪发,内七宝塔中。又以石函盛宝塔,分入两刹下,及王侯妃主百姓富室所舍金、银、镮、钏等珍宝充积。"⑤于是天下宝物多归入佛教寺院。

南北朝时期封建社会经济发生变革,商品经济得到发展,出现了许多官僚豪吏,也出现了大量贫民。南北朝货币经济发达,南北朝以前中国富豪的主要存款方式是窖藏,南北朝时期的佛寺出现了寄放钱财的事例。佛寺成为城市金融的融通地,南北朝时期,城市高利贷现象非常普遍。寺院成为城市从事高利贷的主要借贷方之一。⑥ 甚至州县地方政府也常常向寺院借

① 《宋书》卷2《高帝本纪下》,第33页。
② 《宋书》卷75《王僧达颜竣列传》,第1954—1955页。
③ 《宋书》卷75《索虏列传》,第2349页。
④ 《魏书》卷98《岛夷萧衍列传》,第2187页。
⑤ 《梁书》卷54《诸夷列传》,第791页。
⑥ 张承宗、魏向东:《魏晋南北朝商贸风俗研究》,殷宪、马志强:《北朝研究》(第二辑),北京燕山出版社2008年版,第357页。

贷,如北齐时道人道研为济州沙门统,“资产巨富,在郡多有出息,常得郡县为征。”①

四 城市佛教文明与南北中外文化交融

佛教文明的传入以及与中华诸文明的融合,致使共同的信仰将不同的民族文化联系起来。佛教开始被视为胡教。佛教传到中国,经过西域,开始“皆胡言也。”②

西来的佛教圣僧利用中国本土文化以占卜、神迹等引起中国统治者的兴趣,成为佛教在中国传播的门径之一。魏明帝时,对佛教不感兴趣,曾“欲坏宫西佛图。”当时有外国沙门显示神迹,用金盘盛水置于殿前,用佛舍利投入于水,五色光起,打动了明帝。于是明帝为之“作周阁百间。佛图故处,凿为濛氾池,种芙蓉于中。”之后有天竺沙门昙柯迦罗来到洛阳,传播戒律,并在“洛中构白马寺。”③西域人僧涉“少为沙门,苻坚时入长安。虚静服气,不食五谷,日能行五百里,言未然之事,验若指掌。”④沙门昙霍“行步如风云,言人死生贵贱无毫厘之差。人或藏其锡杖,昙霍大哭数声,闭目须臾,起而取之,咸奇其神异,莫能测也。”⑤天竺人佛图澄“少学道,妙通玄术。永嘉四年,来适洛阳,自云百有余岁,常服气自养,能积日不食。善诵神咒,能役使鬼神。……又能听铃音以言吉凶,莫不悬验。”⑥后来为石勒笃信。可见当时佛教是非常善于利用中国本土文化作为传播手段的。

从5—6世纪起,关中地区主要建造佛碑像的人是汉族和羌族;另外,也有少数是氐人和西域胡人,而没有新迁来的鲜卑人。⑦ 北凉是卢水胡人建立的。北凉在中国佛教史上占有相当重要的地位。北凉国主沮渠蒙逊、沮渠牧犍都崇信佛教,敬事僧人,赞助佛典的翻译;公元439年后,被西迁凉州人士有万余家——其中也有一部分僧人,最著名的是法进,沮渠安周即使在遐方的高昌,仍持续推展佛教,从事建寺、造像、译经等活动。⑧ 公元412年,沮渠蒙逊迁都凉州(姑臧)之后,由于沮渠家族对佛教的推展,更使得凉

---

① 《北齐书》卷46《循吏列传》,第643页。
② 《魏书》卷114《释老志》,第3026—3027页。
③ 《魏书》卷114《释老志》,第3028—3029页。
④ 《晋书》卷95《艺术列传》,第2497页。
⑤ 《晋书》卷95《艺术列传》,第2502页。
⑥ 《晋书》卷95《艺术列传》,第2485页。
⑦ 刘淑芬:《中古的佛教与社会》,上海古籍出版社2008年版,第27页。
⑧ 刘淑芬:《中古的佛教与社会》,上海古籍出版社2008年版,第12页。

州成为北方仅次于长安的译经中心。汤用彤认为“北凉沮渠氏,本可谓为佛法之国家。”①439 年,北魏军队军临姑臧城下时,登城帮助防守的僧人就有三千人,由此可见凉州佛教之盛。② 魏军攻下姑臧后,太武帝将凉州臣民三万家迁到平城,其中有不少僧人。③

北魏鲜卑部落在没有与中原和西域直接来往之前,不知道佛教。随着他们不断南下,佛教开始进入了他们的视野:“及神元与魏、晋通聘,文帝又在洛阳,昭成又至襄国,乃备究南夏佛法之事。帝好黄老,颇览佛经。”魏帝在天兴元年,下诏在当时的京城平城“建饰容范,修整宫舍,令信向之徒,有所居止。”并且在这一年“作五级佛图、耆阇崛山及须弥山殿,加以缋饰。别构讲堂、禅堂及沙门座,莫不严具焉。”佛教开始在平城传播开来。之后,太宗也“好黄老,又崇佛法”,北魏各地也逐渐“建立图像”,和尚们还负责“敷导民俗。”④北魏世祖在位时“亦遵太祖、太宗之业,每引高德沙门,与其谈论。于四月八日,舆诸佛像,行于广衢,帝亲御门楼,临观散花,以致礼敬。”⑤之后,统治者对佛教已经有了很深的信仰,打造佛寺,讲经说法等成为时尚。

北魏时期,西域和尚大量到平城传播佛教,对佛教在北魏的传播起到了很大的作用。时佛教盛于洛阳,中外沙门之外,自西域来者三千余人,魏主别为之立永明寺千余间以处之。⑥ 如师贤是罽宾国人,原来是在凉城,后来到平城,为北魏皇帝造像。⑦ 北魏显祖时期,对佛教“敦信尤深,览诸经论,好老庄。每引诸沙门及能谈玄之士,与论理要。”并开始大建佛寺,“于时起永宁寺,构七级佛图,高三百余尺,基架博敞,为天下第一。”⑧沙门惠始本姓张,是清河人,曾在长安向罗什学习,后来被赫连政权抓到统万城,后北魏灭统万,惠始又被抓到了平城,后来死在了八角寺。“送葬者六千余人,莫不感恸。”⑨可见当时北魏城市中佛教信仰的盛况。

北魏以来,佛教在城市中有了巨大的发展,“佛经流通,大集中国,凡有

---

① 汤用彤:《汉魏两晋南北朝佛教史》,商务印书馆 1938 年版,第 489 页。
② 刘淑芬:《中古的佛教与社会》,上海古籍出版社 2008 年版,第 29 页。
③ 刘淑芬:《中古的佛教与社会》,上海古籍出版社 2008 年版,第 30 页。
④ 《魏书》卷 114《释老志》,第 3030 页。
⑤ 《魏书》卷 114《释老志》,第 3032 页。
⑥ 《资治通鉴》卷第 147《梁纪三·高祖武皇帝(三)》,中华书局 2011 年版,第 4677 页。
⑦ 《魏书》卷 114《释老志》,第 3037 页。
⑧ 《魏书》卷 114《释老志》,第 3037 页。
⑨ 《魏书》卷 114《释老志》,第 3033 页。

四百一十五部，合一千九百一十九卷。”①城市成为佛教传播的圣地。

东魏北齐政权对佛教依然崇信，佛教僧徒在宫廷中处于重要地位。晋阳沙门阿秃师曾被北齐诸童问禄位，他看到文宣帝时“举手再三指天而已，口无所言。见者异之。”②魏孝静帝的姐姐文襄敬皇后元氏，“性爱佛法，因此为尼。”③北齐大臣中也多有崇信佛教的，如崔暹在魏、梁通好时，“要贵皆遣人随聘使交易”，崔暹只要佛经，梁武帝听说后“为缮写，以幡花宝盖赞呗送至馆焉。”④一些北齐大臣“广费人工，大营寺塔，为高祖所责。”⑤佛教成为当时各国交往的文化中介，代人刘世清“能通四夷语，为当时第一。后主命世清作突厥语翻译《涅槃经》，以遗突厥可汗”。⑥

周武帝崇信儒教，对佛教有反感，一度灭佛。⑦ 当时一些北周的大臣也对佛教不感兴趣，如“天和中，著诗预论周、隋废兴及皇家受命，并有征验。性尤不信释教，尝上疏极论之。”⑧但北周佛教的信仰者依然是不少的，如中山人甄玄成“博达经史，善属文。……詧深信佛法，常愿不杀诵《法华经》人。玄成素诵《法华经》，遂以此获免。”⑨“褚该……恒寄住诸佛寺，好游行民家，兼历造王公邸第。所至之处，人皆敬而信之。”⑩当时佛教的信仰深入上层及民间甚深。

在北方城市中，儒释道教育也有合流的趋势，许多学者兼为讲授，卢景裕“注《周易》、《尚书》、《孝经》、《礼记》、《老子》，其《毛诗》、《春秋左氏》。”⑪“景裕虽不聚徒教授，所注《易》大行于世。又好释氏，通其大义。”⑫王宫贵戚也多有兼爱儒释道者，如元愉“招四方儒学宾客严怀真等数十人，馆而礼之。所得谷帛，率多散施。又崇信佛道，用度常至不接。”⑬

佛教在中国南方的传播也非常广泛深入。佛教开始传入中国，被视为夷狄文明，不入正统，东晋时彭城王纮要求为乐贤堂有先帝手画佛象作颂。

① 钱穆：《国史大纲》，商务印书馆2001年版，第369页。
② 《北齐书》卷3《文宣纪》，第43—44页。
③ 《北齐书》卷9《后妃列传》，第125页。
④ 《北齐书》卷32《陆法和列传》，第432页。
⑤ 《北齐书》卷18《高隆之列传》，第236页。
⑥ 《北齐书》卷20《羌举列传》，第267页。
⑦ 《周书》卷40《王轨列传》，第711页。
⑧ 《周书》卷47《艺术列传》，第850—851页。
⑨ 《周书》卷48《萧詧列传》，第872页。
⑩ 《周书》卷47《艺术列传》，第850—851页。
⑪ 《魏书》卷84《儒林列传》，第1859页。
⑫ 《魏书》卷84《儒林列传》，第1860页。
⑬ 《魏书》卷22《孝文五王列传》，第590页。

当时有大臣认为"佛者,夷狄之俗,非经典之制。先帝量同天地,多才多艺,聊因临时而画此象,至于雅好佛道,所未承闻也。……敕史官,上称先帝好佛之志,下为夷狄作一象之颂,于义有疑焉。"结果遭到了否决。① 此时佛教还是有着华夷之辨的意味。佛教作为外来文明传入中国,一开始与方术和玄学有相似之处,其相信灵魂不灭和报业轮回的思想也在中国传统文化中具有土壤,因而在魏晋动乱时期人们关注自身命运的情况下迅速传播,东晋时期达到了高潮。佛学的教育也在南方城市中发展。

佛家在当时深入南方城市民间,如晋代有个叫吕绍的妻子张氏"年十四,绍死,便请为尼。吕隆见而悦之,欲秽其行",他不愿受辱,"口诵佛经,俄然而死。"②刘宋时代,境内城市出现了许多有道高僧,流传于世。如彭城人道生,父亲曾经是广戚令。他出家为沙门法大弟子。因为聪明颖悟,十五岁就能讲经,长大后对佛经更是"立顿悟义,时人推服之。"他后来死在庐山,名僧慧琳为之耒。③ 刘宋时期的建康城中,佛教流行,"有慧严、慧议道人,并住东安寺,学行精整,为道俗所推。时斗场寺多禅僧,京师为之语曰:'斗场禅师窟,东安谈义林。'"中外佛教文化的交流也非常活跃。"大明中,外国沙门摩诃衍苦节有精理,于京都多出新经,《胜鬘经》尤见重内学。"④

南齐时,佛教成为一些人的精神寄托,庾冼"晚年以后,尤遵释教。宅内立道场,环绕礼忏,六时不辍。诵《法华经》,每日一遍。"受到萧衍的褒奖。⑤ 竟陵王好佛法,"使孝嗣及庐江何胤掌知斋讲及众僧。"⑥南齐时期利用佛教还对外文化交流,促进了汉文化与周边少数民族的文化教育发展。⑦

南梁时期,梁武帝萧衍敬佛在江南影响巨大,不仅大造佛寺,设立道场讲经,而且自己多次捐身寺院,大量布施⑧,在江南城市掀起了大规模的佛教崇拜。中外文明交相辉映,在南朝城市中互相争竞,成为盛况,谢举"尤长玄理及释氏义。为晋陵郡时,常与义僧递讲经论,征士何胤自虎丘山赴之。其盛如此。先是,北渡人卢广有儒术,为国子博士,于学发讲,仆射徐勉以下毕至。"⑨

---

① 《晋书》卷77《陆晔列传》,第2035页。
② 《晋书》卷96《列女列传》,第2526页。
③ 《宋书》卷97《夷蛮列传》,第2388—2391页。
④ 《宋书》卷97《夷蛮列传》,第2392页。
⑤ 《梁书》卷51《处士列传》,第751页。
⑥ 《南齐书》卷44《徐孝嗣传》,第772页。
⑦ 《南齐书》卷59《氐羌列传》,第1032页。
⑧ 《梁书》卷7《高祖郗皇后列传》,第159页。
⑨ 《梁书》卷37《谢举列传》,第530页。

城市中佛学教育发达，如吴兴乌程人太史叔明“善《庄》、《老》，兼治《孝经》、《礼记》，其三玄尤精解，当世冠绝，每讲说，听者常五百余人。”①

私人讲学中，各家学派还有激烈的争论，对各家学说的竞争发展和融合起到了推进作用，庾承先“讲《老子》，远近名僧，咸来赴集，论难锋起，异端竞至。”②吴郡人皇侃“性至孝，常日限诵《孝经》二十遍，以拟《观世音经》。”“所撰《论语义》十卷，与《礼记义》并见重于世，学者传焉。”③可见当时的佛教教育传播也是非常广泛的，引发了儒释之竞争，同时也推动了不同学说的融合。

梁武帝后期对佛教的崇信，也激发了梁朝佛学教育的发展，“高祖大弘佛教，亲自讲说；太子亦崇信三宝，遍览众经。乃于宫内别立慧义殿，专为法集之所。招引名僧，谈论不绝。太子自立三谛、法身义，并有新意。”④“高祖方锐意释氏，天下咸从风而化。”⑤

佛学传播在陈朝依然非常繁盛，陈高祖时如梁武帝一样，主持法会，参加佛教仪式，“诏出佛牙于杜姥宅，集四部设无遮大会，高祖亲出阙前礼拜。”⑥甚至捐身佛寺。陈朝时期，各家教育合流的情况显现，如徐孝克“遍通《五经》，博览史籍，亦善属文。”后来他东游“居于钱塘之佳义里，与诸僧讨论释典，遂通《三论》。每日二时讲，旦讲佛经，晚讲《礼传》，道俗受业者数百人。”⑦沈德威“侍太子讲《礼传》。寻授太学博士，转国子助教。每自学还私室以讲授，道俗受业者数十百人，率常如此。”⑧南徐州刺史梁邵陵王纶“自讲《大品经》，令枢讲《维摩》、《老子》、《周易》，同日发题，道俗听者二千人”。⑨

受教育者也能享受到儒释道多方面的教育，如扶风郿人马枢“六岁，能诵《孝经》、《论语》、《老子》。及长，博极经史，尤善佛经及《周易》、《老子》义。”⑩甚或一些贵族家女子也兼学儒释道，如杨无醜，是洛州刺史杨懿的第四女，邑潼乡习仙里人，“该般若之玄旨，遵斑氏之秘诫”，可见女子受到佛

① 《梁书》卷48《儒林列传》，第679页。
② 《梁书》卷51《处士列传》，第753页。
③ 《梁书》卷48《儒林列传》，第680页。
④ 《梁书》卷8《昭明太子列传》，第166页。
⑤ 《梁书》卷12《韦睿列传》，第234—235页。
⑥ 《陈书》卷2《高祖纪下》，第34页。
⑦ 《陈书》卷26《徐孝克传》，第337页。
⑧ 《陈书》卷33《儒林列传》，第442页。
⑨ 《陈书》卷19《马枢列传》，第264页。
⑩ 《陈书》卷19《马枢列传》，第264页。

教与传统教育的双重熏陶。①

南陈的教育虽然因为战乱和朝廷存在的短暂而没有大的发展,但是在陈朝教育中显示出了一种多元合流与夷夏之辨消融的态势,这是东晋南朝以来,南北文化以及外来佛教文明融合的结果。

南北中外佛教交流,互相促进,李同轨在北魏精通佛法,“出帝幸平等寺,僧徒讲法,敕同轨论难。”后来出使到南梁,梁武帝“遂集名僧于其爱敬、同泰二寺,讲《涅盘大品经》,引同轨预席。”②中国的和尚也有到天竺学习佛经的,最为著名的是法显。③

南方佛教注重学理,而多为居士。北方高僧先以方术助其义理,遂与北方旧学统治经学而以阴阳家相纠合。北魏太武帝时,遂以实际政治问题而引发佛道二教的斗争。④ 南北佛教走向融合,中外典籍互相融通,如汝南安城人周颙“泛涉百家,长于佛理。著《三宗论》”,其关于空假名的说法受到了西凉智林道人的赞赏。⑤ 慧思在北方长期休养,看到了北方无状坐禅和南方空谈义理的弊病,提出了义理和禅定结合修行,使身心化合,内外统一和谐的修行思想,因年事已高,让自己的得意弟子智者前往南方弘法。可见当时南北佛教文化融合的一般趋势。⑥

从白马寺到永宁寺再到定林寺,佛教在南北城市的空间得到扩展;从安世高到僧绍、宝唱等,佛教的经典也逐渐齐备;从简单的法事仪式到南北朝时期的佛教仪式,佛教的仪式也得到了定型。⑦

一些高僧也利用方术传播佛教,博得了北方游牧民族统治者的信任。随着佛教深入传统,其与中国传统文化及其中国社会经济、政治利益具有了冲突,南北方都出现了灭佛的思想与运动。但是冲突只是佛教与中国传统文化整合的一个阶段,每一次灭佛之后,佛教都反而进一步发展,在文明融合的双向选择中,佛教最终成为中华文明不可缺少的一部分。⑧

佛教传入中国,从西北到东南,城市是其主要的传播场域,形成了一个城市传播链,为佛教传播发展的轨迹。佛教对城市社会也产生了影响,佛教

---

① 罗新、叶炜:《新出魏晋南北朝墓志疏证》,中华书局2005年版,第87页。

② 《魏书》卷84《儒林列传》,第1860页。

③ 《魏书》卷114《释老志》,第3031页。

④ 钱穆:《国史大纲》,商务印书馆2001年版,第365页。

⑤ 《南齐书》卷41《周颙传列》,第731页。

⑥ 赵剑敏:《慧思指引智者往陈朝弘法动因考》,殷宪、马志强:《北朝研究》(第二辑),北京燕山出版社2008年版,第334页。

⑦ 葛兆光:《中国思想史》(第一卷),复旦大学出版社2001年版,第444页。

⑧ 汤一介:《佛教与中国文化》,宗教文化出版社1999年版。

知识体系和它所倡导的生活方式、组织形态都潜移默化地改变着中古人们的生活态度和存在方式，国家势力同佛教对传统血缘宗族社会的解构相呼应，对血缘圈层社会的进一步摧毁起到了重要作用。①

佛教成为南北经济文化交流的重要纽带，从考古遗存可见，南朝早期金铜佛教造像与北方十六国金铜佛教造像具有某种相似性，或说明魏晋北方佛教随大族名僧一起南渡，以后北方僧众的不断南下也提高了南北佛教遗存的相似性。② 而东魏北齐的佛教遗存也受到南方地区的强烈影响，并孕育出新面貌。西魏北周佛教遗存形成健壮开朗的风格，并且借助军事和政治上的胜利成为隋唐佛教艺术的基本特征。③ 在北方，邯郸南响堂山佛教造像遗址和刻经反映了邺城地区北朝晚期净土信仰的广泛流行。④ 在南朝，高僧僧祐参与了剡溪大佛与南京栖霞山大佛的营造活动，剡溪大佛为弥勒，栖霞大佛为无量寿佛，反映了净土宗在南方地区的流行。⑤ 佛教在南北流行，对南北文化的交流起到了重要的作用。在南北政权的通使交往中，佛教文明也起到了沟通的作用，"魏、梁通和，要贵皆遣人随聘使交易，暹惟寄求佛经。梁武帝闻之，为缮写，以幡花宝盖赞呗送至馆焉。然而好大言，调戏无节。密令沙门明藏著《佛性论》而署己名，传诸江表。"⑥

佛教改变了南北城市的风俗，北魏皇帝甚至命令僧人巡游教化。⑦ 佛教的饮食禁忌在南北城市社会中越来越为人们所遵从，所谓年三月六持斋，也就是在一年之中的正、五、九月的三长斋月，从初一到十五日蔬食斋戒。每个月的刘寨日也要吃素的。最晚从东晋开始，中国佛教就开始实施三长斋月。南朝时期皇室修习斋戒的较平民为多。孝文帝在冯太后的影响下，信仰佛教，而且可能在六宫之内实行斋戒。在祭祀天地宗庙的时候也对以酒脯代替杀牲。梁武帝也要僧尼全面蔬食，因为从东晋以来，一些虔诚的俗家信徒已经开始持三月六斋。下令僧尼全面禁断酒肉，还受到了《涅槃经》

① 尚永琪：《3—6世纪佛教传播背景下的北方社会群体研究》，吉林大学，中国古代史博士论文，2006年。
② 韦正：《魏晋南北朝考古》，北京大学出版社2013年版，第379页。
③ 韦正：《魏晋南北朝考古》，北京大学出版社2013年版，第379页。
④ 韦正：《魏晋南北朝考古》，北京大学出版社2013年版，第467页。
⑤ 韦正：《魏晋南北朝考古》，北京大学出版社2013年版，第499页。
⑥ 《北齐书》卷三十《崔暹列传》，第405页。
⑦ ［日］冢本善隆：《冢本善隆著作集第二·北朝佛教史》，东京：大东出版社1974年版，第1—26页。

的影响而实行斋戒。还在祭祀的时候去掉牺牲。① 每年的正月十五成为佛祖神变燃灯之日。②

北魏洛阳居民文娱活动有许多佛教的内容,许多寺院常常有迎佛赛会,其中有角抵等戏吸引观众。北魏的寺院中有西域的风气,在每年四月八日佛诞节有赛会,有角抵等赛会表演。长秋寺四月四日有行像、避邪狮子、吐火以及异服等表演。四月七日到景明寺,八日到宣阳门散花敬佛。每逢佛的六斋节,每月八日、十四日、十五日、二十三日、二十六日、三十日。有音乐表演。不少寺院的园林成为都城中的游乐之处。③ 可见佛教文化与人们日常的娱乐已经融为一体了。寺庙是进行节日庆典与公开演出的中心场所,各族人民、各色人等在这里汇聚一堂。④

佛教促进了南北城市艺术的发展,北魏的宦官在洛阳城中建立六所寺院,这些寺院规模宏大,雕饰精致华丽,而特别以伎乐闻名当世。⑤ 佛寺的建筑和雕刻反映出了城市文化中文明融合的影响,如著名的洛阳永宁寺呈长方形,南北 301 米,东西 212 米,四面院墙中间部分各开一门。寺院内的主要建筑遗迹为木塔塔基与木塔后部的佛殿。木塔位于院落中心。山门、佛塔、佛殿在中轴线上一字排开,中轴线左右对称,突出佛塔地位。这种前塔后殿的形式是中国北方地区早期佛寺的典型布局。此外,还有位于邺城城郭内的赵彭城寺塔、固阳白灵城圐圙城西北隅子城东南角、大同方山思远佛寺,位于大同城北偏东方山上,是北魏文明太后冯氏陵园中的重要建筑等。⑥ 这些佛寺建筑吸收了中国传统建筑风格。水峪寺石窟是由普通官员和百姓建造的完全模仿皇家石窟的形制。男性供养人全为胡装,姓名多为汉人,可见社会风俗变化的剧烈。⑦ 佛教在社会文明的融合中起到了中介作用。北魏时期的敦煌佛教造像显示中国传统文化因素大量进入石窟之中,经过二三百年之后,汉族士人与外来文化在这个地区融合起来。⑧

① 刘淑芬:《中古的佛教与社会》,上海古籍出版社 2008 年版,第 77—80 页。

② 陈苏镇编著:《恢弘与古朴:秦汉魏晋南北朝的物质文明》,北京大学出版社 2009 年版,第 178 页。

③ 杨宽:《中国古代都城制度史》,上海人民出版社 2006 年版,第 282—286 页。

④ [加]卜正民主编,[美]陆威仪著,李磊译,周媛校:《分裂的帝国:南北朝》,中信出版社 2016 年版,第 107 页。

⑤ 刘淑芬:《中古的佛教与社会》,上海古籍出版社 2008 年版,第 46 页。

⑥ 韦正:《魏晋南北朝考古》,北京大学出版社 2013 年版,第 440 页。

⑦ 韦正:《魏晋南北朝考古》,北京大学出版社 2013 年版,第 469 页。

⑧ 韦正:《魏晋南北朝考古》,北京大学出版社 2013 年版,第 479 页。

小　　结

魏晋南北朝时期随着佛教的传播,作为文明中心的城市成为佛教传播的重要场所。佛教在城市的传播改变了城市的布局,佛教寺院遍布城市,在城市中官府、民居都有佛寺,佛寺不仅是人们信仰祈福之地,也是政治斗争的后院。佛教作为服务于南北朝政权的意识形态,还成为南北政治斗争的工具。佛寺还是城市公共场所,人们在此度过节日,从事交易。寺院富有财产,还为人们提供借贷金,还在战争时为国家提供财物。佛教受到了王公贵族的膜拜,一些佛教中的沙门还参与到政治事务之中,甚至还有一些沙门参与城市中的政治斗争。佛教信仰成为宣示政治合法性的一种手段。佛教是来自外来的宗教,在与中国各民族文明的碰撞融合中逐渐为各民族人们所信仰所接受,促进了民族融合的进程。这一过程就是佛教中国化的过程,也是佛教化中国的过程。在这一过程中,佛教与儒家、道家以及民间文化碰撞融合,佛教在城市教育中成为重要内容,在城市中与中国本土主流文化融合,成为中国文明的一部分。南北方因为佛教而具有了再次统一的文化心理基础,城市中壮丽的佛教建筑也成为吸引海外国家与中国建立关系的纽带。

魏晋南北朝时期,既是我国历史上的一个大动荡时期,也是我国南北中外文明的一个大融合阶段。在这个时期,社会动荡为佛教传播提供了社会条件,佛教作为一个外来宗教文明在动荡中得以传播到中国南北各地,得到了各民族的信仰。城市因为佛教而带有宗教色彩,佛教在城市中融合于中国文明,使中国文明呈现出了新的面貌。佛教在中国的传播中,自身也不断吸收中国文明的因素,日益中国化了。在魏晋南北朝时期文化与民族融合的基础上中国迎来了隋唐盛世,这不仅仅是中国本土南北民族融合的结果,也是中外文明交流的结晶。

第八章：魏晋南北朝时期的城市文学艺术

魏晋南北朝时期，在南北中外文明的交融中，城市文艺异常繁荣。文学、音乐、书法、美术、建筑等艺术形式交相辉映，城市文学、音乐出现了新风貌，城市与城郊的园林和佛寺集中体现了这一时期美术与建筑发展的成就。

一　魏晋南北朝时期城市文学

文明碰撞与融合使魏晋南北朝时期城市的文学及艺术的发展呈现出了光彩夺目、异彩纷呈的局面，成为中国文艺史上独特而重要的时期。这一时期城市变动巨大，出现许多新的城市风貌与风景，吸引着文学之士，而文人的作品又重塑着城市意象，形成了新的城市文化趋向，这成为南北城市广泛存在的现象。①

魏晋南北朝时期，文学因玄学兴起与佛教传播而注入了新的内容，南北民族文明的融合为文学加入了新的风格与形式，城市是新文学的发展园地之一②，城市的兴衰变迁对文学产生了很大的影响。到了汉末，有少量的诗歌对城市有一种新的探索，将城市当作获得个人体验的场所。还有一些诗歌从普通人甚至凄苦的穷人的角度来描绘城市。③

三国曹魏时期的曹氏父子都是大文学家。他们设立文学官员，大力提倡文学，徐幹“为司空军谋祭酒掾属，五官将文学”。④ 应瑒“转为平原侯庶子，后为五官将文学”。刘桢“以不敬被刑，刑竟署吏。咸著文赋数十篇”。⑤ 魏高贵乡公好学有文才，引沈及裴秀数于东堂讲宴属文，号沈为文籍先生，秀为儒林丈人。⑥ 邺城的西苑高会赋诗堪称建安文学盛世。⑦ 三

---

① 魏斌：《城楼、沙洲与寺院：南朝夏口的城市风景》，《唐研究》2021 年第 26 卷，第 93—118 页。

② 任重等：《魏晋南北朝的城市文学——以宋齐梁陈为例》，《井冈山学院学报》（哲学社会科学版）2006 年第 3 期。

③ ［加］卜正民主编：［美］陆威仪著，李磊译，周媛校：《分裂的帝国：南北朝》，中信出版社 2016 年版，第 87 页。

④ 《三国志》卷 21《魏书 · 王粲传》，第 599 页。

⑤ 《三国志》卷 21《魏书 · 王粲传》，第 601 页。

⑥ 《晋书》卷 39《王沈列传》，第 1143 页。

⑦ 牛润珍：《古都邺城研究——中世纪东亚都城制度探源》，中华书局 2015 年版，第 66 页。

台不仅是重要的城防设施,也为诗人提供了灵感。到了北齐时期,邺城汇集当时的南北士人,也是当时文学中心文化中心。①

三国时期,随着玄学的兴起和儒家的衰落,以文相尚,出现了一些大文学家,如王粲"善属文,举笔便成,无所改定,时人常以为宿构;然正复精意覃思,亦不能加也。著诗、赋、论、议垂六十篇。"②三国时期,文学艺术就已经沾染上了胡风,"刘植因呼常从取水自澡讫,傅粉。遂科头拍袒,胡舞五椎锻,跳丸击剑,诵俳优小说数千言。"③

晋代玄学的发展,为文学注入了活新力,人们寄情山水,文思泉涌,出现了众多的文学之士,文学之士具有家族门阀性,因为这些人有优越的城市生活环境、良好的教育以及家族的文学艺术基因,齐国临淄人左思,以其作不谢班张,作三都赋,豪贵之家竞相传写,洛阳为之纸贵。为后世名家张华、陆机等叹服。城市使左思产生了创作的欲望,城市的发展是左思创造的源泉。左思在描写三都时写了与都城无关的都城赋,不是像过去那些诗赋一样只专注于描绘帝国。④ 左思的兄长左贵"少好学,善缀文,名亚于思,武帝闻而纳之。泰始八年,拜修仪。受诏作愁思之文,因为《离思赋》"。⑤ 枣腆"以文章显,才艺尤美。"吴郡钱塘人褚陶"以坟典自娱。年十三,作《鸥鸟》、《水碓》二赋,见者奇之。"郡中的文学掾也多文学之士,高平人王沉"为时豪所抑。仕郡文学掾,郁郁不得志,乃作《释时论》。"⑥吴郡吴人张翰"有清才,善属文,而纵任不拘,时人号为'江东步兵。'"⑦谯国人曹毗"少好文籍,善属词赋。郡察孝廉,除郎中,蔡谟举为佐著作郎。""时桂阳张硕为神女杜兰香所降,毗因以二篇诗嘲之,并续兰香歌诗十篇,甚有文彩。"⑧江夏人李充"善楷书,妙参钟索,世咸重之。辟丞相王导掾,转记室参军。幼好刑名之学,深抑虚浮之士,尝著《学箴》。"⑨袁宏"文章绝美,曾为咏史诗,是其风情所寄"。⑩ 太原晋阳人王沈"好书,善属文"。⑪

① 牛润珍:《古都邺城研究——中世纪东亚都城制度探源》,中华书局2015年版,第155页。
② 《三国志》卷21《魏书·王粲传》,第599页。
③ 《三国志》卷21《魏书·王粲传》注引《魏略》,第603页。
④ [加]卜正民主编:[美]陆威仪著,李磊译,周媛校:《分裂的帝国:南北朝》,中信出版社2016年版,第89页。
⑤ 《晋书》卷31《后妃上列传》,第957页。
⑥ 《晋书》卷92《文苑列传》,第2381页。
⑦ 《晋书》卷92《文苑列传》,第2384页。
⑧ 《晋书》卷92《文苑列传》,第2386页。
⑨ 《晋书》卷92《文苑列传》,第2391页。
⑩ 《晋书》卷92《文苑列传》,第2391页。
⑪ 《晋书》卷39《王沈列传》,第1143页。

魏晋时期的文学体现了当时儒家的衰落和道家的影响。曹操虽是读书人,但对儒家伦理名教并不重视。曹丕很羡慕汉文帝时代的道家政治。曹植貌似是一个儒家,其实他的道家思想比他的老兄还浓厚得多。① 陆机的《文赋》体现出当时时代文艺思潮的特点。他认为德行文章并无本末之分,文学是进化的,对儒家的重德和复古思想是很大的冲击。② 魏晋文学中体现出的宗教哲学思想如道家的哲理、游仙的愿望、隐逸的思想、追求现世的快乐。③

晋代以来,文章竞为浮华,到北魏出现转折。④ 北魏的文人诗盛于孝文帝时期。495 年举行的北魏宫廷诗会,展示了北魏君臣的政治抱负和当时北魏诗歌的才气,是朝廷的诗言志的延续和发展。北魏诗歌中既表现了北魏士大夫的精神,也体现出了北魏女性的情怀。在继承传统融合南方诗歌的基础上创造出了质朴、刚健、苍凉、豪迈、沉郁的气质。⑤

北朝因为民族融合,南北文明的交流导致文学有鲜明的民族特色,统治者也大力提倡,延纳了不少人才,北魏高祖时"内侍长董丑奴营坟墓,将葬于城东,高祖登城楼以望之。京都文士为作哀诗及诔者百余人。"⑥城市引发了他们新的诗意情怀。伯茂好饮酒,"颇涉疏傲,久不徒官,曾为《豁情赋》……天平初迁邺,又为《迁都赋》,文多不载。"⑦元熙好文学,有风仪,名士多与之游。⑧ 北魏后期至北齐,南朝文学在北方城市流行并成为北方文化的组成部分。⑨

北魏儒学发展对文学具有很大的影响,从政治、文化上完成了北魏政权的汉化,而为其所影响的文学则通过情感表达方式的规定和情感类型的强调造成了鲜卑民族心理的汉化,完全改变了鲜卑上层贵族的民族特征。⑩

北齐建国后大力延揽人才,麇集了许多文学之士,城市文学繁盛,"霸图云启,广延髦俊,开四门以纳之,举八纮以掩之,邺京之下,烟霏雾集,河

---

① 刘大杰:《魏晋思想论》,上海古籍出版社 1998 年版,第 3—7 页。
② 刘大杰:《魏晋思想论》,上海古籍出版社 1998 年版,第 135—141 页。
③ 刘大杰:《魏晋思想论》,上海古籍出版社 1998 年版,第 146—149 页。
④ 《资治通鉴》卷 159《梁纪十五 · 高祖武皇帝(十五)》,中华书局 2011 年版,第 5021 页。
⑤ 童晓峰、陆晓春:《北魏文人诗散论》,殷宪、马志强:《北朝研究》(第二辑),北京燕山出版社 2008 年版,第 296 页。
⑥ 《魏书》卷 93《恩幸列传》,第 1990 页。
⑦ 《魏书》卷 85《文苑列传》,第 1872 页。
⑧ 《资治通鉴》卷 149《梁纪五 · 高祖武皇帝(五)》,中华书局 2011 年版,第 4742 页。
⑨ 罗新、叶炜:《新出魏晋南北朝墓志疏证》,中华书局 2005 年版,第 213 页。
⑩ 张鹏:《北魏儒学与文学》,西北大学中国古代文学博士论文,2008 年。

间邢子才、巨鹿魏伯起、范阳卢元明、巨鹿魏季景、清河崔长儒、河间邢子明、范阳祖孝征、乐安孙彦举、中山杜辅玄、北平阳子烈并其流也。复有范阳祖鸿勋亦参文士之列。天保中，李愔、陆卬、崔瞻、陆元规并在中书，参掌纶诰。其李广、樊逊、李德林、卢询祖、卢思道始以文章著名。”①高洋颇好文学，支持祖珽奏置文林馆，“多引文学之士以充之，谓之待招；以中书侍郎博陵李德林、黄门侍郎琅琊颜之推同判馆事，又命共撰《修文殿御览》。”②

北周也有许多文学之士，时人以为文章是“情性之风标，神明之律吕也。”僧垣“少好文史，不留意于章句。时商略今古，则为学者所称。”③南阳新野人庾信“既有盛才，文并绮艳，故世号为徐、庾体焉。”④琅邪临沂人颜之仪“博涉群书，好为词赋。尝献《神州颂》，辞致雅赡。”⑤在民族文明交融的时代，城市中出现了许多文武兼备之士，如东魏静帝，“美仪容，膂力过人，能挟石狮子逾宫墙，射无不中；好文学，从容沉雅。”⑥独孤藏“善隶书，银钩无以渝；好坟典，石经莫不谈。妙制文章，长咏咏，便骑射、爱朋友”。⑦

东晋南迁，玄学家族提倡老庄、佛道，推动了文明融合的趋势，在城市中造园林徜徉，中造出文学佳句。刘宋时期，傅亮“博涉经史，尤善文词。”⑧时有沙门释惠休，善属文，辞采绮艳，湛之与之甚厚。世祖命使还俗。⑨ 吴兴乌程人丘灵鞠“少好学，善属文。”⑩

梁高祖爱好文艺，推动了梁朝文学进入南朝大繁荣时期。武帝“聪明文思，光宅区宇，旁求儒雅，诏采异人，文章之盛，焕乎俱集。每所御幸，辄命群臣赋诗，其文善者，赐以金帛，诣阙庭而献赋颂者，或引见焉。其在位者，则沈约、江淹、任昉，并以文采妙绝当时。至若彭城到沆、吴兴丘迟、东海王僧孺、吴郡张率等，或入直文德，通宴寿光，皆后来之选也。约、淹、昉、僧孺，率别以功迹论。今缀到沆等文兼学者，至太清中人，为《文学传》云。”⑪一

① 《北齐书》卷45《文苑列传》，第602—603页。
② 《资治通鉴》卷171《陈纪五·高宗宣皇帝上之下》，中华书局2011年版，第5418页。
③ 《周书》卷47《艺术列传》，第840页。
④ 《周书》卷41《庾信列传》，第733页。
⑤ 《周书》卷40《颜之仪乐运列传》，第719页。
⑥ 《资治通鉴》卷160《梁纪十六·高祖武皇帝（十六）》，中华书局2011年版，第5051页。
⑦ 罗新、叶炜：《新出魏晋南北朝墓志疏证》，中华书局2005年版，第296页。
⑧ 《宋书》卷43《傅亮列传》，第1335页。
⑨ 《宋书》卷71《徐湛之列传》，第1847页。
⑩ 《南齐书》卷52《文学列传》，第889页。
⑪ 《梁书》卷49《文学列传上》，第685页。

些有地位的人物爱好文学,引纳文学人士,聚在一起,相互唱和,对城市文学的发展起到了推动的作用。昭明太子"性宽和容众,喜愠不形于色。引纳才学之士,赏爱无倦。恒自讨论篇籍,或与学士商榷古今;闲则继以文章著述,率以为常。于时东宫有书几三万卷,名才并集,文学之盛,晋、宋以来未之有也。"①王僧孺好坟籍,聚书至万余卷,率多异本,与沈约、任昉家书相埒。少笃志精力,于书无所不睹。其文丽逸,多用新事,人所未见者,世重其富。② 刘之遴好属文,多学古体,与河东裴子野、沛国刘显常共讨论书籍,因为交好。③ 范云"少机警有识,且善属文,便尺牍,下笔辄成,未尝定藁,时人每疑其宿构。""时吴兴沈约、新野庾杲之与抗同府,见而友之。"④吴兴故鄣人吴均"有俊才。沈约尝见均文,颇相称赏。天监初,柳恽为吴兴,召补主簿,日引与赋诗。均文体清拔有古气,好事者或斅之,谓为"吴均体"。⑤ 颍川长社人钟嵘在这个诗词歌赋繁荣的时代,成为品鉴的代表人物,推动了文学的发展。⑥

陈后主从小颇好讽咏,当政之后,招引文学士人,支持"祖珽奏立文林馆,于是更召引文学士,谓之待诏文林馆焉。"文林馆的成立招纳了三四十名当时具有文才的士人,成为文学史上的"一时盛事"。⑦ 陈朝也出现了一些文学名士,如陆瑜"少笃学,美词藻。州举秀才。""太建二年,太子释奠于太学,宫臣并赋诗,命瑜为序,文甚赡丽。"⑧

魏晋南北朝时期,都城的规划和建设规模宏巨,具有了新的规制,引发了一大批描写都城的都赋文学作品。栗山雅央将六朝的都赋进行分类,认为东晋以后都城赋的特征是,无论南北朝都局限于自己本国,以向王朝表明政治态度为中心,由此可以看出向传统汉代都城赋的回归。⑨

在南北文学艺术的融合中,产生了四声。陈寅恪先生认为四声的产生是南北中外文明交融的产物。四声发明于南方是因为南朝文士每人至少说两种语言:洛阳音和吴语。四声在南齐永明时期发明是善声沙门与审音文

① 《梁书》卷8《昭明太子列传》,第167页。
② 《梁书》卷33《王僧孺列传》,第474页。
③ 《梁书》卷40《刘之遴弟之亨列传》,第574页。
④ 《梁书》卷13《范云沈约列传》,第229页。
⑤ 《梁书》卷49《文学列传上》,第698—699页。
⑥ 《梁书》卷49《文学列传上》,第694页。
⑦ 《北齐书》卷45《文苑列传》,第603—604页。
⑧ 《陈书》卷34《文学列传》,第463页。
⑨ [日]堀内淳一、杨振红:《2014年日本的魏晋南北朝史研究》,《中国史研究动态》2017年第3期,第55页。

士合作的结果。[①] 善声沙门几乎全部都是居住在建康的西域胡人，或建康土著。[②]

文字、音韵、训诂等专著的大量涌现，有力地保证了在政局动荡时代维护中国多民族、多方言环境下汉语言文字的稳定性，也保证了中国千年文化传统传播继承、发展的延续性。语言传播和在官场政治传播中的科举同等处于特殊重要的地位，北方方言在汉民族共同语形成过程中的作用也越来越得到加强。[③]

总之，魏晋南北朝以来，文学大发展，出现了无数文人才子，对中国文学做出了巨大的贡献。赋的代表性人物和作品有"子桓之品藻人才，仲治之区判文体，陆机辨于《文赋》，李充论于《翰林》，张视擿句褒贬，颜延图写情兴，各任怀抱，共为权衡。"四五七言诗的代表有"陈思《代马》群章，王粲《飞鸾》诸制，四言之美，前超后绝。少卿离辞，五言才骨，难与争鹜。桂林湘水，平子之华篇，飞馆玉池，魏文之丽篆，七言之作，非此谁先？卿、云巨丽，升堂冠冕，张、左恢廓，登高不继，赋贵披陈，未或加矣。显宗之述傅毅，简文之摛彦伯，分言制句，多得颂体。裴頠内侍，元规凤池，子章以来，章表之选。孙绰之碑，嗣伯喈之后；谢庄之诔，起安仁之尘。颜延《杨瓒》，自比《马督》，以多称贵，归庄为允。王褒《僮约》，束皙《发蒙》，滑稽之流，亦可奇玮。五言之制，独秀众品。"文学理论的名家和名著有："建安一体，《典论》短长互出；潘、陆齐名，机、岳之文永异。江左风味，盛道家之言：郭璞举其灵变；许询极其名理；仲文玄气，犹不尽除；谢混情新，得名未盛。颜、谢并起，乃各擅奇，休、鲍后出，咸亦标世。朱蓝共妍，不相祖述。"江南文学则以谢灵运、鲍照、傅咸和应璩等各代表三种不同的风格体裁。[④]

在《隋书》中，将诗词歌赋等文学作品定在集部，为后来之滥觞。《隋书》中记有集五百五十四部，六千六百二十二卷。通计亡书，合一千一百四十六部，一万三千三百九十卷。[⑤] 可见当时魏晋南北朝时期的文学成就蔚为大观。这一时期城市形态的变迁与城市中南北中外文明融合，为文学的发展提供了大量素材与条件。这一时期的城市文学书写具有从国家、政治

---

① 陈寅恪著，万绳楠整理：《魏晋南北朝史讲演录》，黄山书社 1987 年版，第 362 页。

② 陈寅恪著，万绳楠整理：《魏晋南北朝史讲演录》，黄山书社 1987 年版，第 365 页。

③ 金冠军、戴元光主编，金志鸿著：《中国传播思想史（古代卷上）》，上海交通大学出版社 2005 年版，第 411 页。

④ 《南齐书》卷 52《文学列传》，第 907—908 页。

⑤ 《隋书》卷 35《志第三十·经籍四集道经佛经》，第 1090 页。

向个人、社会生活转向的趋势。①

二　魏晋北朝时期的城市艺术

刘成纪指出中国儒家讲礼乐文明,礼乐精神是中华民族的立国精神,它在中国传统政治价值体系中占据着本体地位。中国传统政治带有鲜明的"美治主义"色彩,中国美学和传统政治的关系具有本末体用的两重性,美既对现实政治实践具有引领作用,同时也以"润色鸿业"的方式服务于现实政治。② 城市中文明融合与祭祀布局的变迁对传统的礼乐文明注入了新内涵。在魏晋南北朝这个文明碰撞融合的时代,传统的礼乐文明一方面受到了冲击,一方面注入了外来文明的新元素,改变了面貌,得到了新的诠释。礼乐依然是正统性不可或缺的表达方式。

城市的发展变迁与统治者的奢侈审美的需求,导致这个时期城市中的艺术得到很大的发展。

1. 城市音乐与舞蹈

中国传统的音乐制作与传统文明相应和,与哲学和政治相联系,是政治正当性的重要表征:"圣人观四时之变,刻玉纪其盈虚,察五行之声,铸金均其清浊,所以遂八风而宣九德,和大乐而成政道。"③

中国传统的所谓雅乐以"五声、八音、六律、十二管,为之纲纪。"主要用于朝廷礼仪和祭祀。但是,魏晋南北朝时期的动乱与政权的更迭,使传统的雅乐在不断流失和寻找之中:"汉末天下大乱,乐工散亡,器法堙灭,魏武始获杜夔,使定乐器声调。夔依当时尺度,权备典章。及武帝受命,遵而不革。至泰始十年,光禄大夫荀勖奏造新度,更铸律吕。元康中,勖子籓嗣其事,未及成功,属永嘉之乱,中朝典章,咸没于石勒。及元帝南迁,皇度草昧,礼容乐器,扫地皆尽,虽稍加采掇,而多所沦胥,终于恭、安,竟不能备。"④

汉末时期,作为统治者的曹操具有很高的音乐修养和爱好,"太祖时征长安,大延宾客,怒瑀不与语,使就技人列。瑀善解音,能鼓琴,遂抚弦而歌,因造歌曲……为曲既捷,音声殊妙,当时冠坐,太祖大悦。"⑤

---

① 王柳芳:《城市与文学:两汉魏晋南北朝为考察对象》,苏州大学文学博士论文,2011 年 5 月。

② 刘成纪:《中国美学与传统政治文明》,《光明日报》2017 年 1 月 16 日。

③ 《晋书》卷 16《律历志上》,第 473 页。

④ 《晋书》卷 16《律历志上》,第 474—477 页。

⑤ 《三国志》卷 21《魏书・王粲传》注引《文士传》,第 600 页。

汉末到两晋时期,因为动乱导致雅乐流失,一旦政权稳定,人们还不断重新找回雅乐,这对王朝的正统性也有着一定的意义,曹操先后让柴玉、杜夔和荀勖等重新制作雅乐。①

汉末三国时期的杜夔对当时恢复雅乐和传统音乐的发展起到了很大作用,在当时的音乐家中,杜夔被认为最为正统,"河南邵登、张泰、桑馥,各至太乐丞,下邳陈颃司律中郎将。自左延年等虽妙於音,咸善郑声,其好古存正莫及夔。"②荆州牧刘表让他"与孟曜为汉主合雅乐,乐备。"后来刘琮投降曹操后,以夔为军谋祭酒,参太乐事,因令创制雅乐。""夔善钟律,聪思过人,丝竹八音,靡所不能,惟歌舞非所长。时散郎邓静、尹齐善咏雅乐,歌师尹胡能歌宗庙郊祀之曲,舞师冯肃、服养晓知先代诸舞,夔总统研精,远考诸经,近采故事,教习讲肄,备作乐器,绍复先代古乐,皆自夔始也。""黄初中,为太乐令、协律都尉。汉铸钟工柴玉巧有意思,形器之中,多所造作,亦为时贵人见知。夔令玉铸铜钟,其声均清浊多不如法,数毁改作。"③

汉末时期的周瑜也是一位著名的音乐家"少精意于音乐,虽三爵之后,其有阙误,瑜必知之,知之必顾,故时人谣曰:'曲有误,周郎顾。'"④

城市中祭祀的发展需要乐舞,这是传统的皇家舞蹈与音乐,所谓正乐、雅乐。它具有很大的政治意义,三国曹魏时"有司奏改汉氏宗庙安世乐曰正世乐,嘉至乐曰迎灵乐,武德乐曰武颂乐,昭容乐曰昭业乐,云(翻)[翘]舞曰凤翔舞,育命舞曰灵应舞,武德舞曰武颂舞,文(昭)[始]舞曰大(昭)[韶]舞,五行舞曰大武舞。"⑤希望如此能淡化人们对汉代的历史记忆。

魏晋时期的城市贵族们的生活中离不开音乐,也出现了一些有名的音乐家,如何晏"尚方珍玩,充牣其家;……及将吏、师工、鼓吹、良家子女三十三人,皆以为伎乐。诈作诏书,发才人五十七人送鄴台,使先帝婕妤教习为伎。擅取太乐乐器。"⑥酒酣作乐而起舞,自汉至唐皆流行。起舞旋转乃是常规,不只是西域的胡旋舞。⑦ 北地泥阳人傅玄"博学善属文,解钟律。"⑧

西晋改设乐官,"协律校尉,汉协律都尉之职也,魏杜夔为之。及晋,改

① 《晋书》卷16《律历志上》,第490页。
② 《三国志》卷29《魏书·方技传》注引《傅玄序》,第807—808页。
③ 《三国志》卷29《魏书·方技传》,第806页。
④ 《三国志》卷54《吴书·周瑜传》,第1265页。
⑤ 《三国志》卷2《魏书·文帝纪》注引《魏书》,第83页。
⑥ 《三国志》卷9《魏书·诸夏侯曹传》,第284—285页。
⑦ 周一良:《魏晋南北朝史札记》,中华书局1985年版,第12页。
⑧ 《晋书》卷47《傅玄列传》,第1317页。

为协律校尉。”①十六国时期的女伎乐俑多面部点红彩,手持或怀抱鼓、筝、琵琶等中国传统乐器,梳十字形发髻,这种发髻在东晋墓葬中也比较常见,它们应都来源于魏晋伎乐形象。② 可见魏晋时期的乐舞还在很大程度上延续了传统。

五胡入华,带来了少数民族的音乐,尤其是西域的乐舞,为南北人们所喜爱,为此还引发了秦燕两国的一场战争。慕容超母妻在长安被姚兴控制,姚兴趁机要求慕容超送“太乐诸伎,若不可,使送吴口千人”作为交换,慕容超的左仆射段晖议认为:“太乐诸伎,皆是前世伶人,不可与彼,使移风易俗,宜掠吴口与之。”③但是最终慕容超“遣其仆射张华、给事中宗正元入长安,送太乐伎一百二十人于姚兴。兴大悦,延华入宴。酒酣,乐作。”④后来慕容超正旦朝群臣于东阳殿,“闻乐作,叹音佾不备,悔送伎于姚兴,遂议入寇。……于是遣其将斛谷提、公孙归等率骑寇宿豫,陷之,执阳平太守刘千载、济阴太守徐阮,大掠而去。简男女二千五百,付太乐教之。”⑤慕容鲜卑音乐发展经历了三个阶段,早期民歌具有浓郁的民族风格,第二阶段在吸收了汉族传统音乐的基础上逐渐将两者结合并先后与氐族、羌族、拓跋、匈奴、羯族及域外民族国家的音乐相互融合吸收,上升为汉化的宫廷音乐,第三阶段随着慕容国家的消亡,其音乐融入到中华民族的音乐体系之中。⑥

东晋定鼎江南,也在不断恢复雅乐,以维护自己的正统性,“永嘉之乱,海内分崩,伶官乐器,皆没于刘、石。”⑦直到谢石等归建康,得秦乐工,能习旧声,于是宗庙始备金石之乐。⑧

东晋的帝王们许多也是音乐的爱好者,如东晋孝武帝招陶伊饮宴,“帝命伊吹笛。伊神色无迕,即吹为一弄,……帝善其调达,乃敕御妓奏笛。”⑨

玄学之风带动了音乐的发展,名士王玄、阮修“并以鲲初登宰府,便至

① 《晋书》卷24《职官志》,第736页。
② 韦正:《魏晋南北朝考古》,北京大学出版社2013年版,第103页。
③ 《晋书》卷128《慕容超载记》,第3178页。
④ 《晋书》卷128《慕容超载记》,第3179页。
⑤ 《晋书》卷128《慕容超载记》,第3180页。
⑥ 黎虎:《魏晋南北朝史论》,学苑出版社1999年版,第582—616页。
⑦ 《晋书》卷23《乐志下》,第697页。
⑧ 《资治通鉴》卷150《晋纪二十七·烈孝宗武皇帝上之下》,中华书局2011年版,第3364页。
⑨ 《晋书》卷81《王逊蔡豹羊鉴刘胤桓宣列传》,第2119—2120页。

黜辱,为之叹恨。鲲闻之,方清歌鼓琴,不以屑意,莫不服其远畅,而恬于荣辱。”①玄学世家中音乐家辈出,在音乐中体现出了魏晋风度:陶伊“善音乐,尽一时之妙,为江左第一。”②谢安爱好声律以致影响到了其政治仕途“期功之惨,示废妓乐颇以成俗。坦之非而苦谏之”。③

刘宋初期,正统庙堂乐舞开始初步恢复,“南郊始设登歌。”④“祠南郊迎神,奏《肆夏》。皇帝初登坛,奏登哥。初献,奏《凯容》、《宣烈》之舞。送神,奏《肆夏》。祠庙迎神,奏《肆夏》。皇帝入庙门,奏《永至》。皇帝诣东壁,奏登哥。初献,奏《凯容》、《宣烈之舞》。终献,奏《永安》。送神奏《肆夏》。”⑤之后,传统的雅乐有所发展,但对传统雅乐虽然有许多人要求恢复,可是似乎没有成功,南齐时期王僧虔希望向中原搜取传统雅乐,“僧虔留意雅乐,升明中所奏,虽微有厘改,尚多遗失。是时上始欲通使,僧虔与兄子俭书曰:‘古语云‘中国失礼,问之四夷’。计乐亦如。苻坚败后,东晋始备金石乐,故知不可全诬也。北国或有遗乐,诚未可便以补中夏之阙,且得知其存亡,亦一理也。但《鼓吹》旧有二十一曲,今所能者十一而已,意谓北使会有散役,得今乐署一人粗别同异者,充此使限。虽复延州难追,其得知所知,亦当不同。若谓有此理者,可得申吾意上闻否? 试为思之。’”事竟不行。⑥梁武帝也力求探寻恢复传统的雅乐,对宫廷音乐进行了搜集和整理:“是时对乐者七十八家,咸多引流略,浩荡其词,皆言乐之宜改,不言改乐之法。帝既素善钟律,详悉旧事,遂自制定礼乐。又立为四器,名之为通。”⑦在王僧虔的建议下,南齐朝廷还对于所谓郑卫淫声采取了改造的措施,“命有司悉加补缀”。⑧

南朝时期是我国民间音乐发展的一个重要时期,城市中出现了许多新的音乐形式,“朝廷礼乐多违正典,民间竞造新声杂曲。”⑨人们对传统的所谓雅乐正声失去了兴趣,宋大明以来,“声伎所尚,多郑卫淫俗,雅乐正声鲜有好者。惠基解音律,尤好魏三祖曲及《相和歌》,每奏,辄赏悦不能已。”⑩

---

① 《晋书》卷 49《列传》,第 1377 页。
② 《晋书》卷 81《王逊蔡豹羊鉴刘胤桓宣列传》,第 2119—2120 页。
③ 《晋书》卷 75《王湛列传》,第 1968 页。
④ 《资治通鉴》卷 124《宋纪六·太祖文皇帝中之中》,中华书局 2011 年版,第 3984 页。
⑤ 《宋书》卷 19《志第九乐一》,第 544—545 页。
⑥ 《南齐书》卷 33《王僧虔张绪列传》,第 594—595 页。
⑦ 《隋书》卷 13《志第八音乐上》,第 289 页。
⑧ 《资治通鉴》卷 134《宋纪十六·顺皇帝下》,中华书局 2011 年版,第 4293 页。
⑨ 《南齐书》卷 33《王僧虔张绪列传》,第 594—595 页。
⑩ 《南齐书》卷 46《萧惠基列传》,第 811 页。

刘宋的音乐在魏晋的基础上有所发展创新,“魏、晋之世,有孙氏善弘旧曲,宋识善击节倡和,陈左善清哥,列和善吹笛,郝索善弹筝,硃生善琵琶,尤发新声。”①在综合了魏晋曲目之上有了许多新的创造,如“《但歌》四曲,出自汉世。无弦节,作伎,最先一人倡,三人和。魏武帝尤好之。时有宋容华者,清彻好声,善唱此曲,当时特妙。自晋以来,不复传,遂绝。《相和》,汉旧歌也。丝竹更相和,执节者歌。本一部,魏明帝分为二,更递夜宿。本十七曲,硃生、宋识、列和等复合之为十三曲。”②有的人以其音乐才能而得到了升迁,南兰陵人萧思话“以博诞游遨为事,好骑屋栋,打细腰鼓,侵暴邻曲,莫不患毒之。自此折节,数年中,遂有令誉。好书史,善弹琴,能骑射。高祖一见,便以国器许之。”③以音乐造祸者亦有之,刘宋时期的沈勃“善弹琴”,但为人轻浮而奢侈“比奢淫过度,妓女数十,声酣放纵。”④杜骥“第五子幼文,薄于行。……家累千金,女伎数十人,丝竹昼夜不绝,与沈勃、孙超之居止接近,常相从,又并与阮佃夫厚善。佃夫死,废帝深疾之。帝微行夜出,辄在幼文门墙之间,听其弦管,积久转不能平,于是自率宿卫兵诛幼文、勃、超之等。幼文兄叔文为长水校尉,及诸子侄在京邑方镇者并诛。”⑤

城市民间也有许多人擅长音律,会稽人孔琳之“好文义,解音律,能弹棋,妙善草隶。”⑥谯郡铚人戴颙“父善琴书,颙并传之,凡诸音律,皆能挥手。会稽剡县多名山,故世居剡下。颙及兄勃,并受琴于父。父没,所传之声,不忍复奏,各造新弄,勃五部,颙十五部。”⑦贵族们爱好音乐,过着骄奢淫逸的生活,也搜罗了许多有才艺的民间艺人,成为艺术史上的奇谈,泰山梁甫人羊侃“善音律,自造《采莲》、《棹歌》两曲,甚有新致。姬妾侍列,穷极奢靡。有弹筝人陆太喜,著鹿角爪长七寸。儛人张净琬,腰围一尺六寸,时人咸推能掌中儛。又有孙荆玉,能反腰帖地,衔得席上玉簪。敕赉歌人王娥儿,东宫亦赉歌者屈偶之,并妙尽奇曲,一时无对。”⑧南阳涅阳人宗炳喜爱游乐,“曾谓人曰:‘抚琴动操,欲令众山皆响。’古有《金石弄》,为诸桓所重,桓氏亡,其声遂绝,惟炳传焉。太祖遣乐师杨观就炳受之。”⑨

① 《宋书》卷19《志第九乐一》,第560页。
② 《宋书》卷21《志第十一乐三》,第603页。
③ 《宋书》卷78《萧思话刘延孙列传》,第2011页。
④ 《宋书》卷63《沈演之列传》,第1686—1687页。
⑤ 《宋书》卷65《杜骥列传》,第1722页。
⑥ 《宋书》卷56《谢瞻孔琳之列传》,第1559—1560页。
⑦ 《宋书》卷93《隐逸列传》,第2276页。
⑧ 《梁书》卷39《羊侃子鹍羊鸦仁列传》,第561—562页。
⑨ 《宋书》卷93《隐逸列传》,第2279页。

南齐帝王也有很深的音乐修养，成为其与臣下维系关系的佳话，“上曲宴群臣数人，各使效伎艺。褚渊弹琵琶，王僧虔弹琴，沈文季歌《子夜》，张敬儿舞，王敬则拍张。”①对北方胡人的音乐也非常喜爱，“与左右作羌胡伎为乐。”②

南朝乐舞中也有着民族与文明融合的痕迹，城市宫廷及民间“角抵、像形、杂伎，历代相承有也。其增损源起，事不可详，大略汉世张衡《西京赋》是其始也。魏世则事见陈思王乐府《宴乐篇》，晋世则见傅玄《元正篇》、《朝会赋》。江左咸康中，罢紫鹿、跂行、鳖食、笮鼠、齐王卷衣、绝倒、五案等伎，中朝所无，见《起居注》，并莫知所由也。太元中，苻坚败后，得关中檐橦胡伎，进太乐，今或有存亡，案此则可知矣”。③

南齐时期出现了许多音乐家，吴郡钱唐人杜栖“从儒士刘瓛受学。善清言，能弹琴饮酒，名儒贵游多敬待之。”④吴郡吴人陆厥与“吴兴沈约、陈郡谢朓、琅邪王融以气类相推毂。汝南周颙善识声韵。约等文皆用宫商，以平上去入为四声，以此制韵，不可增减，世呼为‘永明体’”⑤祖冲之解钟律，当时独绝，莫能对者。⑥

梁朝的音乐文化在侯景之乱后辗转流落到了北方，融入到了南北融合的潮流之中。台城沦没，简文帝受制于侯景“自此乐府不修，风雅咸尽矣。及王僧辩破侯景，诸乐并送荆州。经乱，工器颇阙，元帝诏有司补缀才备。荆州陷没，周人不知采用，工人有知音者，并入关中，随例没为奴婢。”⑦

陈朝初年，陈武帝对宫廷音乐在继承的基础上进行了改造：“诏求宋、齐故事。……是时并用梁乐，唯改七室舞辞。”⑧

陈后主爱好文学音乐，“初即位，……后主每引宾客对贵妃等游宴，则使诸贵人及女学士与狎客共赋新诗，互相赠答，采其尤艳丽者以为曲词，被以新声，选宫女有容色者以千百数，令习而歌之，分部迭进，持以相乐。其曲有《玉树后庭花》、《临春乐》等，大指所归，皆美张贵妃、孔贵嫔之容色也。”⑨沉湎于音乐的陈后主也在音乐中走向了亡国的道路，“及后主嗣位，

① 《南齐书》卷23《褚渊徐嗣王俭列传》，第435页。
② 《南齐书》卷1《高帝本纪上》，第10页。
③ 《南齐书》卷11《志第三乐》，第195页。
④ 《南齐书》卷55《孝义列传》，第966页。
⑤ 《南齐书》卷52《文学列传》，第898页。
⑥ 《南齐书》卷52《文学列传》，第903—906页。
⑦ 《隋书》卷13《志第八音乐上》，第304页。
⑧ 《隋书》卷13《志第八音乐上》，第306页。
⑨ 《陈书》卷7《张贵妃列传》，第131—132页。

耽荒于酒，视朝之外，多在宴筵。尤重声乐，遣宫女习北方箫鼓，谓之《代北》，酒酣则奏之。又于清乐中造《黄鹂留》及《玉树后庭花》、《金钗两臂垂》等曲，与幸臣等制其歌词，绮艳相高，极于轻薄。男女唱和，其音甚哀。”①吴兴武康人章昭达“每饮会，必盛设女伎杂乐，备尽羌胡之声，音律姿容，并一时之妙，虽临对寇敌，旗鼓相望，弗之废也。”②可见，南北音乐此时交融甚深。

鼓吹是当时皇帝、贵族出行时的乐队，内容多为歌功颂德。鼓吹在魏晋南朝时期是一种标志地位的乐舞仪仗，在这一时期也有变迁，“孙权观魏武军，作鼓吹而还，此又应是今之鼓吹。魏、晋世，又假诸将帅及牙门曲盖鼓吹，斯则其时谓之鼓吹矣。魏、晋世给鼓吹甚轻，牙门督将五校，悉有鼓吹。”在南齐时期对鼓吹曲目进行了重新编订：“鼓吹，宋、齐并用汉曲，又充庭用十六曲。高祖乃去四曲，留其十二，合四时也。更制新歌，以述功德。”③一共十篇，融入了佛教的因素，音乐上文明交融是当时时代特征的体现。陈武帝令“其鼓吹杂伎，取晋、宋之旧，微更附益。旧元会有黄龙变、文鹿、师子之类，太建初定制，皆除之。至是蔡景历奏，悉复设焉。其制，鼓吹一部十六人，则箫十三人，笳二人，鼓一人。东宫一部，降三人，箫减二人，笳减一人。诸王一部，又降一人，减箫一。庶姓一部，又降一人，复减箫一。”④

关于鼓吹还留下了一些典故，“晋江左初，临川太守谢摛每寝，辄梦闻鼓吹。有人为其占之曰：‘君不得生鼓吹，当得死鼓吹尔。’摛击杜韬战没，追赠长水校尉，葬给鼓吹焉”。⑤

鼓吹在北魏时期也是重要的出行仪式，同时也体现不同的等级：“诸州镇戍，各给鼓吹乐，多少各以大小等级为差。诸王为州，皆给赤鼓、赤角，皇子则增给吴鼓、长鸣角，上州刺史皆给青鼓、青角，中州已下及诸镇戍，皆给黑鼓、黑角。乐器皆有衣，并同鼓色。”鼓吹的内容也与南朝不同，对前代的名称进行了改动：“鼓吹二十曲，皆改古名，以叙功德。第一，汉《硃鹭》改名《水德谢》，言魏谢齐兴也。第二，汉《思悲翁》改名《出山东》，言神武帝战广阿，创大业，破尔硃兆也。第三，汉《艾如张》改名《战韩陵》，言神武灭四胡，定京洛，远近宾服也。第四，汉《上之回》改名《殄关陇》，言神武遣侯莫陈悦诛贺拔岳，定关、陇，平河外，漠北款，秦中附也。第五，汉《拥离》改名

① 《隋书》卷13《志第八音乐上》，第309页。
② 《陈书》卷11《章昭达列传》，第184页。
③ 《隋书》卷13《志第八音乐上》，第305页。
④ 《隋书》卷13《志第八音乐上》，第306页。
⑤ 《宋书》卷19《志第九乐一》，第558—559页。

《灭山胡》，言神武屠刘蠡升，高车怀殊俗，蠕蠕来向化也。第六，汉《战城南》改名《立武定》，言神武立魏主，天下既安，而能迁于邺也。第七，汉《巫山高》改名《战芒山》，言神武斩周十万之众，其军将脱身走免也。第八，汉《上陵》改名《擒萧明》，言梁遣兄子贞阳侯来寇彭、宋，文襄帝遣太尉、清河王岳，一战擒殄，俘馘万计也。第九，汉《将进酒》改名《破侯景》，言文襄遣清河王岳摧殄侯景，克复河南也。第十，汉《君马黄》改名《定汝颍》，言文襄遣清河王岳，擒周大将军王思政于长葛，汝、颍悉平也。第十一，汉《芳树》改名《克淮南》。言文襄遣清河王岳，南翦梁国，获其司徒陆法和，克寿春、合肥、钟离、淮阴，尽取江北之地也。第十二，汉《有所思》改名《嗣丕基》，言文宣帝统缵大业也。第十三，汉《稚子班》改名《圣道洽》，言文宣克隆堂构，无思不服也。第十四，汉《圣人出》改名《受魏禅》，言文宣应天顺人也。第十五，汉《上邪》改名《平瀚海》，言蠕蠕尽部落入寇武州之塞，而文宣命将出征，平殄北荒，灭其国也。第十六，汉《临高台》改名《服江南》，言文宣道洽无外，梁主萧绎来附化也。第十七，汉《远如期》改名《刑罚中》，言孝昭帝举直措枉，狱讼无怨也。第十八，汉《石留行》改名《远夷至》，言时主化沾海外，西夷诸国，遣使朝贡也。第十九，汉《务成》改名《嘉瑞臻》，言时主应期，河清龙见，符瑞总至也。第二十，汉《玄云》改名《成礼乐》，言时主功成化洽，制礼作乐也。古又有《黄雀》、《钓竿》二曲，略而不用，并议定其名，被于鼓吹。”①

鼓吹在北齐也有独特之处，用来彰显北齐政权的合法性及政治抱负："武帝以梁鼓吹熊罴十二案，每元正大会，列于悬间，与正乐合奏。宣帝时，革前代鼓吹，制为十五曲。第一，改汉《硃鹭》为《玄精季》，言魏道陵迟，太祖肇开王业也。第二，改汉《思悲翁》为《征陇西》，言太祖起兵，诛侯莫陈悦，扫清陇右也。第三，改汉《艾如张》为《迎魏帝》，言武帝西幸，太祖奉迎，宅关中也。第四，改汉《上之回》为《平窦泰》，言太祖拥兵讨泰，悉擒斩也。第五，改汉《拥离》为《复恒农》，言太祖攻复陕城，关东震肃也。第六，改汉《战城南》为《克沙苑》，言太祖俘斩齐十万众于沙苑，神武脱身至河，单舟走免也。第七，改汉《巫山高》为《战河阴》，言太祖破神武于河上，斩其将高敖曹、莫多娄贷文也。第八，改汉《上陵》为《平汉东》，言太祖命将平随郡安陆，俘馘万计也。第九，改汉《将进酒》为《取巴蜀》，言太祖遣军平定蜀地也。第十，改汉《有所思》为《拔江陵》，言太祖命将擒萧绎，平南土也。第十一，改汉《芳树》为《受魏禅》，言闵帝受终于魏，君临万国也。第十二，改汉

① 《隋书》卷14《志第九音乐中》，第330—331页。

《上邪》为《宣重光》，言明帝入承大统，载隆皇道也。第十三，改汉《君马黄》为哲皇出，言高祖以圣德继天，天下向风也。第十四，改汉《稚子班》为《平东夏》，言高祖亲率六师破齐，擒齐主于青州，一举而定山东也。第十五，改古《圣人出》为《擒明彻》，言陈将吴明彻侵轶徐部，高祖遣将尽俘其众也。”但好大喜功的宣帝因排场过大，种下了败亡的命运，“晨出夜还，恒陈鼓吹。尝幸同州，自应门至赤岸，数十里间，鼓乐俱作。祈雨仲山还，令京城士女于衢巷奏乐以迎之。公私顿敝，以至于亡。”①

北朝舞蹈中的夷夏融合表现也非常明显。北魏始创，宫廷内的乐舞还非常驳杂，综合了东西南北各民族的乐舞，魏太祖“置《皇始》之舞，复有吴夷、东夷、西戎之舞。乐府之内，有此七舞。”“太和初，郊庙但用《文始》、《五行》、《皇始》三舞而已。”②随着汉化的深入，为树立政权合法性，北魏乐舞不断利用资源恢复正统的雅乐，并综合所存乐舞，有所创新，“是以黄帝作《咸池》之乐，颛顼有《承云》之舞，尧为《大章》，舜则《大韶》，禹为《大夏》、汤为《大濩》，周曰《大武》，秦曰《寿人》，汉为《大予》，魏名《大钧》，晋曰《正德》。”“汉来所存，二舞而已。请以《韶舞》为《崇德》，《武舞》为《章烈》，总名曰《嘉成》。”“凡音乐以舞为主，故干戈羽龠，礼亦无别，但依旧为文舞、武舞而已。”③魏世祖攻统万及姑臧后，得到雅乐器服和演奏的工人，将他们带回了平城。到了孝文帝时期，“始命有司访民间晓音律者议定雅乐，……又命中书监高闾参定”。④

对传统雅乐的恢复也是北魏政权证明其正统性的要求，但从曹魏到北魏，雅乐始终没有确定下来，“魏世杜夔亦以通乐制律，晋中书监荀勖持夔律校练八音，以谓后汉至魏尺长古尺四分有余。又得古玉律，勖新律命之，谓其应合，遂改晋调，而散骑侍郎阮咸讥其声高。永嘉以后，中原丧乱，考正钟律，所未闻焉。其存于夷裔，声器而已。”⑤

北魏时期虽然在统一北方的过程中获得了不少音乐工人和乐器、乐谱，孝文帝希望藉此将正声雅乐一劳永逸地固定下来，令高闾“广旌儒林，推寻乐府，依据《六经》，参诸国志，以黍裁寸，将均周汉旧章。”在“高闾修正音律，久未能定”⑥的情况下，孝文帝“参考经记，以一黍之大，用成分体，准之

① 《隋书》卷14《志第九音乐中》，第342页。
② 《魏书》卷109《志第十四乐五》，第2825—2843页。
③ 《魏书》卷109《志第十四乐五》，第2825—2843页。
④ 《资治通鉴》卷137《齐纪三·世祖武皇帝中》，中华书局2011年版，第4391页。
⑤ 《魏书》卷107上《志第八律历三上》，第2657页。
⑥ 《魏书》卷107上《志第八律历三上》，第2658页。

为尺,宣布施行”。①

草原民族喜爱歌舞,帝后贵族大多能歌善舞,在外交场合乐舞起到了独特的作用,“太后曾与高祖幸灵泉池,燕群臣及籓国使人、诸方渠帅,各令为其方舞。高祖帅群臣上寿,太后忻然作歌,帝亦和歌。遂命群臣各言其志,于是和歌者九十人。”②

北魏时期也出现了许多音乐家,如高允“虽处贵重,志同贫素。性好音乐,每至伶人弦歌鼓舞,常击节称善。”③后来在中书监任上被皇帝诏令议定律令“令乐部丝竹十人五日一诣允以娱其志。”④赵煦“好音律,以善歌闻于世。”⑤对新的歌舞,流行于民间,裴谐“颇有文学。善鼓琴,以新声手势,京师士子翕然从学”。⑥

乐舞为南北所喜爱,居然能成为战争中迷惑对方的手段,魏恭帝三年,陆腾平叛,“于城下多设声乐及诸杂伎,示无战心。诸贼果弃其兵仗,或携妻子临城观乐。腾知其无备,密令众军俱上,诸贼惶惧,不知所为。遂纵兵讨击,尽破之,斩首一万级,俘获五千人。”⑦

北齐时期也有寻求雅乐的追求,“齐神武霸迹肇创,迁都于邺,犹曰人臣,故咸遵魏典。及文宣初禅,尚未改旧章。宫悬各设十二镈钟于其辰位,四面并设编钟磬各一簨虡,合二十架。设建鼓于四隅。郊庙朝会同用之。……珽因采魏安丰王延明及信都芳等所著《乐说》而定正声。始具宫悬之器,仍杂西凉之曲,乐名《广成》,而舞不立号,所谓“洛阳旧乐”者也。⑧“有司奏太祖献武皇帝庙宜奏《武德》之乐,舞《昭烈》之舞;世宗文襄皇帝庙宜奏《文德》之乐,舞《宣政》之舞;显祖文宣皇帝庙宜奏《文正》之乐,舞《光大》之舞。”⑨

东魏城市民间的音乐舞蹈深受西域影响,东魏杏仁形壶体反正两面模印相同的胡人乐舞图,画中共有五人,皆深目高鼻,戴胡帽、着胡靴,中间一人右臂上扬,左臂向后摆动,扭臀微抬右脚,向左回首,呈旋转姿态,舞于莲座之上,右边二人,一人撮口吹笛,一人双手作击拍状,左边二人,一人击钹,

---

① 《魏书》卷 19 上《景穆十二王列传》,第 453 页。
② 《魏书》卷 13《皇后列传》,第 329 页。
③ 《魏书》卷 48《高允列传》,第 1089 页。
④ 《资治通鉴》卷 135《齐纪一 · 太祖高皇帝》,中华书局 2011 年版,第 4307 页。
⑤ 《魏书》卷 86《孝感列传》,第 1882 页。
⑥ 《魏书》卷 71《裴叔业列传》,第 1577 页。
⑦ 《周书》卷 28《陆腾列传》,第 471 页。
⑧ 《隋书》卷 14《志第九音乐中》,第 313 页。
⑨ 《北齐书》卷 6《孝昭本纪》,第 82—83 页。

一人弹琵琶,烘托出热热闹闹的西域乐舞场面。①

歌舞在北朝的城郊祭祀中是重要的仪式,"武成之时,始定四郊、宗庙、三朝之乐。群臣入出,奏《肆夏》。牲入出,荐毛血,并奏《昭夏》。迎送神及皇帝初献、礼五方上帝,并奏《高明》之乐,为《覆寿》之舞。皇帝入坛门及升坛饮福酒,就燎位,还便殿,并奏《皇夏》。以高祖配飨,奏《武德》之乐。为《昭烈》之舞。裸地,奏登歌。其四时祭庙及禘祫皇六世祖司空、五世祖吏部尚书、高祖秦州刺史、曾祖太慰武贞公、祖文穆皇帝诸神室,并奏《始基》之乐,为《恢祚》之舞。高祖神武皇帝神室,奏《武德》之乐,为《昭烈》之舞。文襄皇帝神室,奏《文德》之乐,为《宣政》之舞。显祖文宣皇帝神室,奏《文正》之乐,为《光大》之舞。肃宗孝昭皇帝神室,奏《文明》之乐,为《休德》之舞。其入出之仪,同四郊之礼。今列其辞云。"②

高阳康穆王湜"文宣崩,兼司徒,导引梓宫,吹笛,云"至尊颇知臣不",又击胡鼓为乐。"③兰陵武王长恭"武士共歌谣之,为《兰陵王入阵曲》是也。"④郑述祖"能鼓琴,自造《龙吟十弄》,云尝梦人弹琴,寤而写得。当时以为绝妙。所在好为山池,松竹交植。盛馔以待宾客,将迎不倦。"⑤北齐时期帝王士人都爱好西域胡舞,达到了非常境界,"收既轻疾,好声乐,善胡舞"。⑥

北齐的城市民间音乐也受到西域的影响,在社会民间形成一时风气:"杂乐有西凉鼙舞、清乐、龟兹等。然吹笛、弹琵琶、五弦及歌舞之伎,自文襄以来,皆所爱好。至河清以后,传习尤盛。后主唯赏胡戎乐,耽爱无已。于是繁手淫声,争新哀怨。故曹妙达、安未弱、安马驹之徒,至有封王开府者,遂服簪缨而为伶人之事。后主亦自能度曲,亲执乐器,悦玩无倦,倚弦而歌。别采新声,为《无愁曲》,音韵窈窕,极于哀思,使胡兒阉官之辈,齐唱和之,曲终乐阕,莫不殒涕。虽行幸道路,或时马上奏之,乐往哀来,竟以亡国。"⑦外来的曲艺杂技也受到城市人们的欢迎,"世有祝师及诸幻术,尤能履火蹈刀,种瓜移井,倏忽之间,十变五化。"⑧

城市中的歌舞为民间所爱,成为北朝城市人们生活不可或缺的一部分,

① 韦正:《魏晋南北朝考古》,北京大学出版社 2013 年版,第 272 页。
② 《隋书》卷 14《志第九音乐中》,第 313—314 页。
③ 《北齐书》卷 10《高祖十一王列传》,第 138 页。
④ 《北齐书》卷 11《文襄六王列传》,第 147 页。
⑤ 《北齐书》卷 29《郑述祖列传》,第 398 页。
⑥ 《北齐书》卷 37《魏收列传》,第 485 页。
⑦ 《隋书》卷 14《志第九音乐中》,第 330—331 页。
⑧ 《颜氏家训 · 归心第十六》。

祖珽"天性聪明,事无难学,凡诸伎艺,莫不措怀,文章之外,又善音律。"①"性疏率,不能廉慎守道。又自解弹琵琶,能为新曲,招城市年少歌舞为娱,游集诸倡家。"②北朝时期,有人以音乐而仕途畅通,"士开幼而聪慧,选为国子学生,解悟捷疾,为同业所尚。天保初,世祖封长广王,辟士开府行参军。世祖性好握槊,士开善于此戏,由是遂有斯举。加以倾巧便僻,又能弹胡琵琶,因此亲狎。"③

北魏以来,并州就有大量的胡人活动。北齐时期胡人在邺城聚集,并穿梭于邺城和陪都晋阳之间。宫廷内部胡歌胡舞非常流行,为考古与碑刻资料所证实。④ 北齐的宫廷音乐和喜好不仅关系政权兴亡,对城市民间社会风习也有影响,明武帝为"正月朔旦,会群臣于紫极殿,始用百戏。武帝保定元年,诏罢之。及宣帝即位,而广召杂伎,增修百戏。鱼龙漫衍之伎,常陈殿前,累日继夜,不知休息。好令城市少年有容貌者,妇人服而歌舞相随,引入后庭,与宫人观听。戏乐过度,游幸无节焉。"⑤崔芬墓和徐敏行墓两幅图像展示了从北齐到隋朝山东地区胡舞传播,从胡人到汉人,从原汁原味到吸收改造的历程。⑥ 外来胡人及其颇具特色的文化,吸引了作为主体的汉人和鲜卑人,但胡人的文化只能归属于后者的政权之下。胡人的文化只有主动融入中原文化,才能有生存空间,方可展现自身文化。作为接受方,汉人与鲜卑人对外来文化进行一番改造后才能接受其文化。⑦

北周的统治者主张复古以求政权合法性,故而雅乐的恢复成为复古行为重要的一部分,建国不久就"初造《山云舞》,以备六代之乐。"孙绍远为太常"广召工人,创造乐器,土木丝竹,各得其宜。为黄钟不调,绍远每以为意。"后来他经过佛寺听到浮图三层鸣铎的声音有所发悟,"雅合宫调……以八为数。"但周武帝读史书,"见武王克殷而作七始,又欲废八而悬七。"⑧北周的宫廷音乐还借鉴了南方梁朝的因素,"周太祖迎魏武入关,乐声皆阙。恭帝元年,平荆州,大获梁氏乐器,以属有司。""及建六官,乃诏曰:'六乐尚矣,其声歌之节,舞蹈之容,寂寥已绝,不可得而详也。但方行古人之事,可不本于兹乎?自宜依准,制其歌舞,祀五帝日月星辰。'"之后,"六代

① 《北齐书》卷39《崔季舒祖珽列传》,第516页。
② 《北齐书》卷39《崔季舒祖珽列传》,第514页。
③ 《北齐书》卷50《恩幸列传》,第686页。
④ 毕波:《中古长安的粟特胡人:以长安为中心》,中国人民大学出版社2011年版,第28页。
⑤ 《隋书》卷14《志第九音乐中》,第342页。
⑥ 毕波:《中古长安的粟特胡人:以长安为中心》,中国人民大学出版社2011年版,第40页。
⑦ 毕波:《中古长安的粟特胡人:以长安为中心》,中国人民大学出版社2011年版,第37页。
⑧ 《周书》卷26《孙绍远弟澄兄子兕斛斯征列传》,第430页。

乐成,奏于崇信殿。群臣咸观。其宫悬,依梁三十六架。朝会则皇帝出入,奏《皇夏》。皇太子出入,奏《肆夏》。王公出入,奏《骜夏》。五等诸侯正日献玉帛,奏《纳夏》。宴族人,奏《族夏》。大会至尊执爵,奏登歌十八曲。食举,奏《深夏》,舞六代《大厦》、《大护》、《大武》、《正德》、《武德》、《山云之舞》。于是正定雅音,为郊庙乐。创造钟律,颇得其宜。宣帝嗣位,郊庙皆循用之,无所改作。"①

西域音乐也逐渐被融入了北周的宫廷之中:"太祖辅魏之时,高昌款附,乃得其伎,教习以备飨宴之礼。及天和六年,武帝罢掖庭四夷乐。其后帝娉皇后于北狄,得其所获康国、龟兹等乐,更杂以高昌之旧,并于大司乐习焉。采用其声,被于钟石,取《周官》制以陈之。"②北周胡人在长安宫廷中表演乐舞,成为节日庆典中不可缺少的节目,也为当时城市中民间社会所喜爱。③ 从墓碑和考古资料来看,同州、原州、凉州以及夏州、秦州、甘州等地城市中有着大量的胡汉鲜卑文化交融的图景。④

南北朝时期,宫廷乐工的演奏者并编入户,有专门的机构教育之:"自汉至梁、陈乐工,其大数不相逾越。及周并齐,隋并陈,各得其乐工,多为编户。至六年,帝乃大括魏、齐、周、陈乐人子弟,悉配太常,并于关中为坊置之,其数益多前代。顾言等又奏,仙都宫内,四时祭享,还用太庙之乐,歌功论德,别制其辞。七庙同院,乐依旧式。又造飨宴殿庭宫悬乐器,布陈簨虡,大抵同前,而于四隅各加二建鼓、三案。又设十二镈,镈别钟磬二架,各依辰位为调,合三十六架。至于音律节奏,皆依雅曲,意在演令繁会,自梁武帝之始也,开皇时,废不用,至是又复焉。"到南北结束时,天下一统,乐工集中于都城,"高祖时,宫悬乐器,唯有一部,殿庭飨宴用之。平陈所获,又有二部,宗庙郊丘分用之。至是并于乐府藏而不用。更造三部:五郊二十架,工一百四十三人。庙庭二十架,工一百五十人。飨宴二十架,工一百七人。舞郎各二等,并一百三十二人。"⑤

南北朝时期,南北音乐方面具有一定差异,但已有相互借鉴融合的趋势,"南方水土和柔,其音清举而切旨,失在浮浅,其辞多鄙俗;北方山川深厚,其音沉浊而化钝,的其质直,其辞多古语。然冠冕君子,南方为优,闾里

① 《隋书》卷14《志第九音乐中》,第332页。
② 《隋书》卷14《志第九音乐中》,第342页。
③ 毕波:《中古长安的粟特胡人:以长安为中心》,中国人民大学出版社2011年版,第46页。
④ 毕波:《中古长安的粟特胡人:以长安为中心》,中国人民大学出版社2011年版,第57—68页。
⑤ 《隋书》卷15《志第十音乐下》,第374页。

小人,北方为愈。易服而与之谈……而南染吴越,北杂夷虏,皆有深弊,不可具论。"①

2. 书　法

魏晋南北朝是中国书法大发展的重要时期,书法作为一种视觉艺术逐渐兴起,也体现出当时人们对独立自治的美学世界的向往。② 三国时期书法名家辈出,三国曹魏的钟繇是楷书的重要创立者之一。此外,"邯郸淳、卫觊及诞并善书,有名。觊孙恒撰四体书势。"汉末蔡邕"采斯、喜之法,为古今杂形,然精密简理不如淳也。"杜度"号善作篇,后有崔瑗、崔寔亦皆称工。""凡家之衣帛,必书而后练之,临池学书,池水尽黑。下笔必为楷则,号'忽忽不暇草',寸纸不见遗,至今世人尤宝之。"刘伯英兄弟善书,"又有姜孟颖、梁孔达、田彦和及韦仲将之徒,皆伯英弟子,有名於世。"③卫觊"好古文、鸟篆、隶草,无所不善。"④胡昭善史书,"与锺繇、邯郸淳、卫觊、韦诞并有名,尺牍之迹,动见模楷焉。"⑤邯郸淳"博学有才章,又善苍、雅、虫、篆、许氏字指。"⑥孙吴的重臣彭城人张昭"少好学,善隶书"。⑦ 书法还成为进阶之梯,韦诞"为武都太守,以能书留补侍中,魏氏宝器铭题皆诞书云。"⑧

晋代书法进一步发展,"真草书迹……乘晋余俗,相与事之。"⑨解修"明秀有美称,善隶书。"⑩索靖、卫瓘"俱以善草书知名,帝爱之。瓘笔胜靖,然有楷法,远不能及靖。"⑪王珉"少有才艺,善行书,名出珣右。"⑫东晋时期隶楷行草并行,行草流行于民间。⑬

南朝时期,书法成为士人的必备功课,出现了一批著名的书法大家,齐太祖"善书,及即位,笃好不已。"他与王僧虔赌书,示僧虔古迹十一帙,就求

① 《颜氏家训·音辞第十八》,中华书局 2016 年版。
② [加]卜正民主编:[美]陆威仪著,李磊译,周媛校:《分裂的帝国:南北朝》,中信出版社 2016 年版,第 233 页。
③ 《三国志》卷 21《魏书·刘劭传》注引《文章叙录》,第 621 页。
④ 《三国志》卷 21《魏书·卫觊传》,第 612 页。
⑤ 《三国志》卷 11《魏书·管宁传》,第 362 页。
⑥ 《三国志》卷 21《魏书·王卫二刘傅传》注引《魏略》,第 603 页。
⑦ 《三国志》卷 52《吴书·张昭传》,第 1219 页。
⑧ 《三国志》卷 21《魏书·王卫二刘传》注引《文章叙录》,第 621 页。
⑨ 《颜氏家训·杂艺第十九》,中华书局 2016 年版。
⑩ 《晋书》卷 93《外戚列传》,第 2419 页。
⑪ 《晋书》卷 60《解系列传》,第 1648 页。
⑫ 《晋书》卷 65《王导列传》,第 1758 页。
⑬ 罗宗真:《魏晋南北朝考古》,文物出版社 2019 年版,第 164 页。

能书人名。“僧虔得民间所有帙中所无者——吴大皇帝、景帝、归命侯书,桓玄书,及王丞相导、领军洽、中书令珉、张芝、索靖、卫伯儒、张翼十二卷奏之。又上羊欣所撰《能书人名》一卷。”①可见当时人们对书法的热爱以及名家辈出的书法作品非常珍贵。刘义隆“博涉经史,善隶书。”②会稽人孔琳之“妙善草隶。”③顺阳人范晔“博涉经史,善为文章,能隶书,晓音律。”④周颙“少从外氏车骑将军臧质家得卫恒散隶书法,学之甚工。文惠太子使颙书玄圃茅斋壁,国子祭酒何胤以倒薤书求就颙换之,颙笑而答曰:“天下有道,丘不与易也。”⑤书圣王羲之的书法“初不胜庾翼、郗愔,及其暮年方妙。”他的书法被庾亮称赞胜过“伯英章草十纸,……焕若神明,顿还旧观。”⑥墓碑是研究书法的重要实物资料。萧敷、萧融夫妇的墓志是南朝书法的代表性作品。⑦

书法艺术的发展还表现在对书法艺术的总结和评论的大量出现,关于书法第一部理论著作是赵壹的《非草书》。⑧ 卫恒善草隶书,为《四体书势》曰:“魏初有钟胡二家为行书法,俱学之于刘德升,而钟氏小异,然亦各有巧,今大行于世云。”“汉兴而有草书,不知作者姓名。至章帝时,齐相杜度号善作篇。后有崔瑗、崔寔,亦皆称工,杜氏杀字甚安,而书体微瘦。崔氏甚得笔势,而结字小疏。弘农张伯英者,因而转精甚巧。……韦仲将谓之草圣。伯英弟文舒者,次伯英。又有姜孟颖、梁孔达,田彦和及韦仲将之徒,皆伯英弟子,有名于世,然殊不及文舒也。罗叔景、赵元嗣者,与伯英并时,见称于西州,而矜巧自与,众颇惑之。故英自称‘上比崔杜不足,下方罗赵有余。’河间张超亦有名,然虽与崔氏同州,不如伯英之得其法也。”⑨还有时人评价当时书法发展的历程与时代变迁的特色,“末代去朴归华,舒笺点翰,争相跨尚,竞其工拙。伯英临池之妙,无复余踪;师宜悬帐之奇,罕有遗迹。逮乎钟王以降,略可言焉。钟虽擅美一时,亦为回绝,论其尽善,或有所疑。”“献之虽有父风,殊非新巧。观其字势疏瘦,如隆冬之枯树;览其笔踪

① 《南齐书》卷33《王僧虔张绪列传》,第594—595页。

② 《宋书》卷5《文帝本纪》,第71页。

③ 《宋书》卷56《谢瞻孔琳之列传》,第1559—1560页。

④ 《宋书》卷69《刘湛范晔列传》,第1819页。

⑤ 《南齐书》卷41《张融周颙列传》,第732页。

⑥ 《晋书》卷80《王羲之列传》,第2100页。

⑦ 罗宗真:《魏晋南北朝考古》,文物出版社2019年版,第161页。

⑧ [加]卜正民主编:[美]陆威仪著,李磊译,周媛校:《分裂的帝国:南北朝》,中信出版社2016年版,第234页。

⑨ 《晋书》卷36《卫瓘列传》,第1061—1067页。

拘束，若严家之饿隶。”“子云近出，擅名江表，然仅得成书，无丈夫之气”，“所以详察古今，研精篆素，尽善尽美，其惟王逸少乎！观其点曳之工，裁成之妙，烟霏露结，状若断而还连；凤翥龙蟠，势如斜而反直。玩之不觉为倦，览之莫识其端，心慕手追，此人而已。”①王志善草隶，当时以为楷法。齐游击将军徐希秀亦号能书，常谓志为“书圣”。② 书法的评论和总结对书法艺术的发展也起到了推动的作用，也是书法艺术发展的必然现象。

北朝的书法名家也不少。济北人张景仁“以学书为业，遂工草隶，选补内书生。与魏郡姚元标、颍川韩毅、同郡袁买奴、荥阳李超等齐名，世宗并引为宾客。”③河南洛阳人刘仁之“粗涉书史，真草书迹，颇号工便。”④河东闻喜人裴敬宪“工隶草，解音律，五言之作，独擅于时。”⑤季明“从司徒崔浩学楷篆，自是家传其法。季明亦传习之，颇与许氏有异。”⑥范阳涿人卢诞“博学善隶书，有名于世。……当时咸称其高尚焉。”⑦

北朝碑刻书法对后世影响很大。北魏早期平城铭石的基本书体是楷式隶书或者隶意楷书。⑧ 北魏早期平城时期的铭刻书迹，甚至包括墨写书迹，与同时代的南朝书风并无二致。但是对南北铭刻书迹的对比中发现，同一时期的南北碑版书迹，往往是南朝的楷化程度重一些，北朝的则隶意较为浓重。⑨ 在南北铭刻书迹一起进行当中，北与南可能存在一个时期差。这个时间差大概是二十年左右。南朝发展到萧梁，由于梁武帝特别提倡，流行体书风的地位可能有了一个大的提高。但是就铭刻书体看，南北已基本趋于一致。⑩ 北魏前期官方正式场合多用楷隶或隶楷。特征为古拙、朴茂、庄重、雄浑。迁洛后，平城的铭石书法与洛阳同一时期的一致，以方笔楷书为主。⑪

---

① 《晋书》卷80《王羲之列传》，第2107页。

② 《梁书》卷20《王志列传》，第320页。

③ 《北齐书》卷44《儒林列传》，第591页。

④ 《魏书》卷81《刘仁之列传》，第1794页。

⑤ 《魏书》卷85《文苑列传》，第1870页。

⑥ 《周书》卷47《艺术列传》，第845页。

⑦ 《周书》卷45《儒林列传》，第806—807页。

⑧ 殷宪：《北魏早期平城墓铭析》，殷宪、马志强著：《北朝研究》（第一辑），北京燕山出版社2008年版，第173页。

⑨ 殷宪：《北魏早期平城墓铭析》，殷宪、马志强著：《北朝研究》（第一辑），北京燕山出版社2008年版，第182页。

⑩ 殷宪：《北魏早期平城墓铭析》，殷宪、马志强著：《北朝研究》（第一辑），北京燕山出版社2008年版，第187页。

⑪ 马志强：《近五六年来北朝史研究概述》，殷宪、马志强：《北朝研究》（第二辑），北京燕山出版社2008年版。

北魏造像题记书法以斜画紧结合平画宽结为主要特征。北魏时期,关中远离京城,书写者文化程度低,形成了造像题记质朴、烂漫、粗糙、率意的风格,充满了灵感和奇思妙想。同时由于南北文化的交流,关中地区的书风也开始向规整、紧凑的风格转变,书中的隶书遗迹已不是很明显。因为受到了南方书风的影响,西魏碑刻的书法走向规范和整体。北周和北齐依然是复古的楷隶书体和南方秀美的书风交织在一体,但是最终是南方书风取得了主导地位。魏碑体书法特征以斜画紧结的洛阳体和以平画宽结的长安体共同构成,同时吸收了南方书法的特点,在西魏时期,两地书风开始了本质上的交融,经过北周,到隋朝开始全面融合。① 东魏迁都邺城,洛阳工匠也随行,对于河北的碑体有着一定的影响。② 但北朝时期碑刻中文字讹误和俗写现象很多,这是当时社会政治动荡导致的。魏晋的楷、行、草书为新字体,加剧了混乱现象。十六国后期,长期动乱,导致了文字错乱。③

魏晋南北朝隋唐时代是书法"典范"形成时代。④ 法帖才是形成中国书法历史的原动力。⑤ 佛教文明的传入对书法艺术产生了影响,魏晋以来碑志及经生抄写儒家、佛教经典为一种风格之书体。⑥

南北方城市中,宫殿、住宅、园林等都须题写匾额,留下了许多著名书家的墨宝,如邺城宫殿每组建筑群左右对称,南北照应,宫、殿、台、阁、楼、观亭、榭及园林相映成趣,宫殿区、铜雀苑及三台,既有职能区分,又相互连接构成一个有机整体的建筑群,布局结构严谨合理,宫殿题榜都是当时著名的书法家梁鹄所书。⑦ 在城市贵族文化中,书法成为一种能带来名望的艺术,书法市场也因这种需求而产生。书法作品是作者个性的一种延展,书法作品之所以珍贵就是因为他与写作者本人密切相连。⑧

3. 绘画与雕刻

魏晋南北朝时期的绘画也有很大的成就,顾恺之"尤善丹青,图写特

① 岳红记:《北朝关中地区的魏碑书法》,中国社会科学出版社 2013 年版,第 199—200 页。
② 王连龙:《新见北朝墓志集释》,中国书籍出版社 2013 年版,第 80 页。
③ 王连龙:《新见北朝墓志集释》,中国书籍出版社 2013 年版,第 10 页。
④ [日]宫崎洋一:《书法文化》,[日]谷川道雄主编:《魏晋南北朝隋唐史学的基本问题》,中华书局 2012 年版,第 279 页。
⑤ [日]宫崎洋一:《书法文化》,[日]谷川道雄主编:《魏晋南北朝隋唐史学的基本问题》,中华书局 2012 年版,第 290 页。
⑥ 周一良:《魏晋南北朝史札记》,中华书局 1985 年版,第 93 页。
⑦ 牛润珍:《古都邺城研究——中世纪东亚都城制度探源》,中华书局 2015 年版,第 54 页。
⑧ [加]卜正民主编:[美]陆威仪著,李磊译,周媛校:《分裂的帝国:南北朝》,中信出版社 2016 年版,第 235 页。

妙，谢安深重之，以为有苍生以来未之有也。"①谯国人戴逵"少博学，好谈论，善属文，能鼓琴，工书画，其余巧艺靡不毕综。"②宗测善画，"自图阮籍遇苏门于行障上，坐卧对之。又画永业佛影台，皆为妙作。"③

雕刻艺术在这个时期也有巨大的发展，其与佛教的传入有着密切的关系，体现了当时民族与文明的融合。魏晋时期，内地的佛教遗存呈现出北冷南热的情况。虽然文献记载佛教活动中心在中原地区，但实物遗存几乎没有发现，南方地区发现的实物远比文献记载丰富，但其中只有少数可以推定具有佛教本来的含义，多数似乎都已转化为中国本土的神仙性质。南方地区的这种仙佛杂糅的局面因晋政权的南渡而终止。十六国早中期北方地区只确认了数例金铜造像。④

魏晋十六国中原北方地区几乎没有发现佛教的遗物，南方地区的佛教遗物来自何方，有四种说法：滇缅路、海路、中原、西域四种说法。⑤ 佛塔崇拜与流行小乘佛教是中国新疆南部地区佛教的重要特点。北凉石塔反映了河西与新疆南部地区的联系，北凉文化与佛教文化依然整合之中。⑥ 十六国晚期至南北朝早期佛教遗存多有发现。新兴的造窟运动在河西地区遗留下可观的遗存，石窟、造像和壁画的面貌不可避免地体现出现新疆地区的强烈影响，这种状况一直维持到北魏太武帝灭佛。南朝早期金铜佛教造像与北方十六国金铜佛教造像具有某种相似性，或说明魏晋北方佛教随大族名僧一起南渡，以后北方僧众的不断南下也提高了南北佛教遗存的相似性。⑦

长江下游地区的佛像和奉佛胡俑从东吴中晚期出现，到东晋初年突然消失。东晋明帝宠佛，佛教在东晋取得了东吴西晋无可比拟的地位，不允许将佛教与丧葬活动关联在一起。在汉人的心中，佛是长生不老的外来神仙，有飞翔和幻形法力，并与中国古代圣贤一样能救助众生。⑧

南北朝中晚期，南方地区创造出佛教艺术新形式，北方在太和改革前，佛法不灭三世、七世的思想乃至鲜卑民族的体貌特征都被注入石窟和造像之中。改革后，佛像乃至于供养人都穿上了南方盛行的褒衣博带式服装，人物形象也秀骨清像化。北魏分裂后，北方地区东西部走上各自发展之途。

① 《晋书》卷92《文苑列传》，第2404页。
② 《晋书》卷94《隐逸列传》，第2457页。
③ 《南齐书》卷54《高逸列传》，第941页。
④ 韦正：《魏晋南北朝考古》，北京大学出版社2013年版，第379页。
⑤ 韦正：《魏晋南北朝考古》，北京大学出版社2013年版，第402页。
⑥ 韦正：《魏晋南北朝考古》，北京大学出版社2013年版，第436页。
⑦ 韦正：《魏晋南北朝考古》，北京大学出版社2013年版，第379页。
⑧ 韦正：《魏晋南北朝考古》，北京大学出版社2013年版，第400页。

东魏、北齐的佛教遗存受到南方地区的强烈影响,并孕育出新面貌。西魏、北周佛教遗存形成健壮开朗的风格,并且借助军事和政治上的胜利成为隋唐佛教艺术的基本特征。①

佛寺的建筑和雕刻反映出了城市文化中文明融合的影响。如著名的洛阳永宁寺呈长方形,南北 301 米,东西 212 米,四面院墙中间部分各开一门。寺院内的主要建筑遗迹为木塔塔基与木塔后部的佛殿。木塔位于院落中心。山门、佛塔、佛殿在中轴线上一字排开,中轴线左右对称,突出佛塔地位。这种前塔后殿的形式是中国北方地区早期佛寺的典型布局。② 邯郸南响堂山佛教造像遗址和刻经反映了邺城地区北朝晚期净土信仰的广泛流行。③ 水峪寺石窟是由普通官员和百姓建造的完全模仿皇家石窟的形制。男性供养人全为胡装,姓名多为汉人,可见社会风俗变化的剧烈。④ 北魏时期的敦煌佛教造像显示中国传统文化因素大量进入石窟之中,经过二三百年之后,汉族士人与外来文化在这个地区融合起来。⑤ 僧祐参与了剡溪大佛与南京栖霞山大佛的营造活动,剡溪大佛为弥勒,栖霞大佛为无量寿佛,反映了净土宗在南方地区的流行。广元位于嘉陵江上游的东岸,是益州通往汉中、关中、甘肃东南部的咽喉要地,这里的石窟特点来自北方。⑥

佛寺分布、佛像雕刻和佛寺遗址遗物出土情况看,各具特点而又相互影响。公元 5 世纪初,北方和新疆地区有一定的关系。公元 5 世纪末,南方造像影响北方。公元 6 世纪中,中原石窟又影响西南,隋朝以后渐趋一致。地方城市与都城交互影响。⑦

魏晋南北朝时期的帝王与贵族陵墓前往往有巨大的石兽。汉代石兽受到西方影响,到了六朝石兽综合了本土和西方二者的因素。⑧ 江南石柱有着希腊风格,在中国工匠的融合之下,造型典雅优美。⑨

从六朝建康莲纹瓦当的遗存和流传上看,可以看到整个东亚地区的各民族在公元 3—6 世纪期间密切的文化联系。与此相联系的窑业体系、建筑

---

① 韦正:《魏晋南北朝考古》,北京大学出版社 2013 年版,第 379 页。
② 韦正:《魏晋南北朝考古》,北京大学出版社 2013 年版,第 440 页。
③ 韦正:《魏晋南北朝考古》,北京大学出版社 2013 年版,第 467 页。
④ 韦正:《魏晋南北朝考古》,北京大学出版社 2013 年版,第 469 页。
⑤ 韦正:《魏晋南北朝考古》,北京大学出版社 2013 年版,第 479 页。
⑥ 韦正:《魏晋南北朝考古》,北京大学出版社 2013 年版,第 499 页。
⑦ 罗宗真:《魏晋南北朝考古》,文物出版社 2019 年版,第 66 页。
⑧ 罗宗真:《魏晋南北朝考古》,文物出版社 2019 年版,第 107 页。
⑨ 罗宗真:《魏晋南北朝考古》,文物出版社 2019 年版,第 111 页。

技术体系和以佛教为代表的艺术体系和精神文化体系的播迁。①

4. 园林和佛寺

园林是魏晋南北朝时期城市中的重要景观,讲究与自然景观融合,体现了道家的思想。园林是城市艺术的集大成者,是当时城市建筑、文学、美术、雕刻、书法艺术的完美结合,也是城市文化精神的外在表现。南方都城建康把半公共领域的兴起当做展现文化力的活动之所以能够发生的背景,这其中最重要的就是城市园林与乡村庄园。② 园林不仅将城市与城郊转化为山水景观并为文学聚会提供了适宜的场所,还为诗歌提供了海量的意象。③ 有的园林也体现了统治者的奢侈与腐化,如东昏侯"于阅武堂起芳乐苑。山石皆涂以五采;跨池水立紫阁诸楼观,壁上画男女私亵之像。"④

与园林一样佛寺也体现了魏晋南北朝时期城市艺术的集中场所。佛寺的建筑、内部的装饰和宝物都是这一时期建筑、美术、雕刻、书法、文学等艺术形式的综合体现。

总之,魏晋南北朝时期的城市文艺有了一定的发展,并且具有民族融合与文明交融的鲜明特色,反映了作为文明与民族融合中心的城市的功能。

小　结

魏晋南北朝时期的城市文学艺术空前繁荣,城市的发展和变迁为城市文学艺术发展提供了土壤,各种文学艺术形式得到了充分的展现,反映了当时不同文明背景之下人们的生活状态与精神追求。这一时期的城市文学展现了南北中外文明融合的气象,体现出了城市不同以往的新面貌。雅乐不仅是城市宫廷艺术,更为重要的是统治者合法性象征。南北城市中的乐舞都有着南北中外融合的因素,反映了当时时代的特点。书法、雕刻、绘画等艺术形式得到了巨大发展,园林和佛寺集中了魏晋南北朝时期艺术的精华。

---

① 贺云翱:《六朝瓦当与六朝都城》,文物出版社 2005 年版,第 58 页。

② [加]卜正民主编:[美]陆威仪著,李磊译,周媛校:《分裂的帝国:南北朝》,中信出版社 2016 年版,第 93 页。

③ [加]卜正民主编:[美]陆威仪著,李磊译,周媛校:《分裂的帝国:南北朝》,中信出版社 2016 年版,第 99 页。

④ 《南齐书》卷 7《东昏侯本纪》,第 104 页。

佛教是促进艺术发展的一个重要的精神源泉和物质载体。魏晋南北朝时期城市文学艺术的发展充分体现了这个时期城市中文明融合的成果。艺术的发展使魏晋南北朝城市呈现出了新面貌。

结　　语

城市的变迁与文明的变迁互为表里。魏晋南北朝时期的城市是中国城市史上的又一巨变。魏晋南北朝时期,国家陷入了分裂动荡,民族冲突导致分裂的政权形成了多个南北区域中心。战乱中城市是避乱的堡垒,也是民族、文明融合的熔炉。在民族、文明的融合中,城市布局呈现出了新的变迁,中轴线为特色的华夏城市布局特色为南北都城采纳,并在民族文明碰撞与融合中不断发展完善。佛寺、道观成为城市布局中新风景线。地方城市在这一时期呈现出与以往不同的风光。南北城市因地域与文化差异而显示出了不同的特色。城市人口因战乱而比例提高,民族融合导致城市风俗胡夷杂糅,城市经济特色依然延续了秦汉时代的基本特征,作为政治中心的城市在政治体系和管理制度在民族、文明的融合中出现了新的形态,宗教信仰多元化,文学艺术在不同文明的碰撞融合中璀璨辉煌。总之,中华文明在城市中呈现出了新的面貌。

魏晋南北朝时期,战争、动乱和民族矛盾以及自然灾害导致这个时期的城市受到了极大的而且是全方位的破坏,全国范围内的城市都受到了冲击。但这个时期也是中国历史上城市建设的一个高峰期,出于安全、防卫以及炫耀享乐等因素,城市建设也得到空前的发展。城市建设成为华夏文明传播的重要方式与内容。这个时期城市的兴建也是文明融合的方式之一,具有中华型城市特点的城市规划与布局在南北不同民族政权的城市传播并日益完善。因战乱导致秦汉时期三级城市体系发生了巨变,中心城市呈现多元化,出现了与郡县并行的军镇等镇成城市系统;属国城市体系也复杂交错。但秦汉以来形成的多元一体的城市体系格局没有根本的改变,体现了中华文明特有的包容性与延续性特征。罗马崩溃后,新的游牧民破坏了罗马的城市结构,但没有积极建设新的城市,给欧洲带来了长期的荒废。而中国的游牧民则重新建造了国都,……这种不同的结果原因在于中国华北的中央欧亚游牧民族政权强大与中国城市建设传统的优点融合。① 不同的城市文明制度与特色导致的历史发展路口上的差异,是导致中西方发展走上不同

① [日]妹尾达彦:《城市的生活与文化》,[日]谷川道雄主编:《魏晋南北朝隋唐史学的基本问题》,中华书局 2012 年版,第 365 页。

道路的关键因素之一。

魏晋北朝时期，城市的类型出现了新的变迁，尤其是坞堡和军镇的出现，是文明碰撞的结果。城市建筑的空间布局出现了历史上转折性的变动，主要表现在城市范围空前扩张，有的在原有城内建立子城，有的建立军镇后来发展成为子城。城市规划更加适应于战争与战略的需要。中心城市的布局在文明的碰撞融合中确立了中轴线布局格局，对后世产生了巨大的影响。围绕中轴线，城市的宫殿、市场、住宅呈现出新的布态。城市空间尤其是都城空前扩大，布局更为封闭，体现了这个时代的特点。佛教寺院成为这个时期城市建筑中必不可少的亮丽风景。空间布局的变迁体现了中外南北文明融合的成果，为后世都城基本形制。以行政中心为中心的城市中轴线布局形制与古罗马以广场和商业中心为中心的布局不同，体现了中西不同的城市文明特色。

城市是政治的中心。不同民族的政治制度在城市中碰撞融合，形成了胡汉杂糅的二元化的政治制度特色。城市也是十六国以来实施离散部落的中心，北方周边民族通过城市进入中华文明的城市—农耕网络，利用城市完成了离散部落的第一步，走向封建化。北方游牧民族入主中原对汉族及其他部族也采取了二元化的政策，中华文明多元一体的体制得以延续与丰富。以城市为桥头堡，南下的中原文明与南方山越民族不断融合。在南北中外文明的碰撞融合中，一种新的政治认同意识也在萌发。以中心城市的规制为媒介，合法性认同逐步超越了血缘民族及文化而以一统天下为归宿。

魏晋南北朝时期城市的管理制度在这时期也有了变化。在管理体系与机制上与政治经济及城市社会变动相应发生了变化。城市管理的思想多元化，法家的管理思想一度受到统治者的青睐。随着文明融合的进程，儒家的管理思想越来越受到重视。这个时期的城市管理体现出了文明碰撞与融合的时代特征。魏晋南北朝时期，城市管理继承了秦汉时期的制度管理体系，同时也有了新的管理方式与社会治理制度，最为重要的创新就是里坊制度，逐步成为城市基层管理的基本单位。在不同民族文明的碰撞中，城市管理中出现了许多好的管理者，也有大量的坏的管理者。城市管理中的民族问题日益受到重视，随着民族融合进程，城市管理中越来越重视“夷夏欢悦”的管理局面与效果。

魏晋南北朝时期城市的人口也处在一个移动、大变动的时期。周边少数民族的人口入主中原城市，佛教信徒在城市中大量存在，来自周边和其他国家的人口在城市中也占有一定的比例。在战乱中，城市成为人们的避风港，各种不同文化背景的人们在城市中共同生活，在经济、文化和婚姻方面互相融合。各种文明在城市这个异质空间中碰撞融合发展,是这个时期贯穿于中国城市历史的主题,是以汉族为主体的多元的中华各族由分散、接触、冲撞,走向交流、混杂、融合,最终形成一体的过程。①

魏晋南北朝时期,虽然经历了战乱,城市经济都一度遭到了空前破坏,前朝积攒下来的城市物质文明成果毁灭殆尽。但因战乱导致的中原文明重心的转移,导致南方城市经济得到了发展,南京、广州、武汉等中心区域城市经济得到了开发。北方中原城市虽然遭到了毁灭性破坏,但是,随着南北文明融合,城市经济也繁荣起来。周边城市因为政权的兴衰,经济发展也不断兴衰变换。城市工商业受到政府控制的传统在魏晋南北朝时期得到了延续。南北贸易和中外贸易得到了空前的发展,城市成为南北中外贸易链条上的明珠,对推动南北中外贸易起到了巨大的推动作用,促进了文明的融合与交流。佛教因素在城市经济中具有重要的作用。各地方、各民族以及与周边国家经济交往有了进一步的发展,城市成为南北中外经济发展与交往链条上的明珠。城市交通有了一定的发展,扩展了城市之间的联系。城市作为交通网络上大大小小的层次性空间结点,就承担着区域内的物资、商品、人口和信息的流通、中转和集散作用。② 南北方城市都有一定的发展。不同政权之间城市经济有着广泛的联系。

魏晋南北朝时期城市社会的风俗在文明的碰撞融合下发生巨大的变化,首先城市人们的物质生活有了巨大的变迁,人们的衣食住行体现出了草原文明与中原农业文明杂糅的特点。北方草原民族的饮食习惯、衣着打扮以及日常用度受到中原人们的喜爱,中原人们的物质文明也融入到草原文明之中。城市社会中儒家礼俗因为战乱和儒家的衰落而出现了崩溃,道家养生玄谈以及隐逸等风行,占卜、巫术、风角等对少数民族有着很大的吸引力,佛教文明也是通过这些神秘主义的技艺作为传入中国的途径之一。人民在城市中聚族而居的风习依然。民族之间通婚越来越普遍,成为民族融合的重要途径。因为外来文明和中原文明在城市中碰撞融合,城市中风俗华夷混杂。中原农业文明与草原文明以及外来文明不断融合,佛教成为各种日常节日和习俗的新的载体。城市人们生活风俗在文明的碰撞融合中出现了新的面貌,胡风汉制、中外杂糅成为城市民俗文化的新特点。

魏晋南北朝时期,城市是精神文明的中心。中国传统的祭祀文化也在

① 罗贤佑:《关于中国民族史研究的几点思考》,《烟台大学学报》2014 年第 5 期。转自《新华文摘》2014 年第 23 期,第 56 页。

② 陈刚:《六朝建康历史地理及信息化研究》,南京大学出版社 2012 年版,第 80 页。

文明的碰撞融合中发生了变迁。明堂问题一直是南北方争论不断的议题。佛教和道教在城市中的影响不断扩大。魏晋南北朝的祭祀,对前代的祭祀有所变革,尤为重要的是加入了许多草原文化的因子。这个时期是我国祭祀文化发展的一个重要时期。传统的祭祀得以延续的同时,也进行了改革,孔子祭祀的地位有了很大的提高。都城作为政治中心,在祭祀文化中的地位也进一步提高。都城作为祭祀的中心,对加强政治上的集权起到了很大的作用。魏晋南北朝时期,城市是祭祀中心。随着民族与文明融合的进程,中原地区的传统祭祀方式受到了少数民族政权的推崇。城市宗教中,佛教与道教信仰得到了空前的发展,在文明融合之中,儒家与佛教、道教从对立逐渐走向了融合,以儒释道为基本内容的中华文明主流文化基本形成。城市中的各种神秘文化信仰,被城市中的统治者进行着越来越严格的管制。都市四郊的祭祀与城市宗教建筑的布局不仅是皇权集中的体现,也是对不同势力在政治秩序上的统筹安排。

魏晋南北朝时期的城市风貌因政治与战争而发生了巨变,出现了不同以往的城市风景。民族文明的碰撞融合也创造出了不同风格的城市艺术。文学、音乐、书法、绘画、园林建筑、雕塑等艺术形式大放异彩,成为城市文明内涵的重要组成部分,也与社会政治有着密切关系。

学术界常常争论到底是南朝还是北朝对日后隋唐时代制度的影响更为重大。唐长孺等学者提出了南朝化理论,认为唐朝之后,北朝在经济、文化、制度等方面的影响逐渐淡化,向南朝转变。而陈寅恪、钱穆、田余庆等学者则指出北朝血统、文化对中华文明注入了活力,北朝制度为历史主流的观点。周一良也认为北朝在历史上的作用及其对隋唐历史发展的影响都远远超过南朝。李治安认为,隋及唐前期循着“南朝”“北朝”两制度因素融汇发展。隋及唐前期基本实行“北朝”制度,又推动“南朝”与“北朝”线索的整合,中唐以后整合完毕,国家整体上向“南朝化”过渡。① 有日本学者指出魏晋南北朝是一个“汉民族与异民族、异文化之间的大对抗、大融合时期。”他们对此时期胡汉关系的大趋势,使用了中国化一词。指出了原来非正统的王朝成为正统的耐人寻味的发展进程。内藤湖南认为这个时期受中华文化浸润的异民族给中国文化以反作用,使中国这个逐步衰退的民族得以返青。② 草原政体和农业政体在地理、生产方式、组织上各具比较优势,他们

① 李治安:《唐宋变革与两个南北朝》“初识南开——史学名家讲坛”。http://news.nankai.edu.cn/zhxw/system/2015/12/11/000260295.shtml。

② [日]川本芳昭著,余晓潮译:《魏晋南北朝:中华的崩溃与扩大》,广西师范大学出版社2014年版,阎步克序,第7页。

互相学习模仿，在竞争中融合。① 在关注南北文明碰撞融合的同时，中西文明的交往也非常值得关注。来自西方的佛教、波斯、中亚各国文明等与中华文明在这一时期交往影响甚深，成为中华文明中新的元素，在文明的碰撞与融合中，中华文明出现了新的生机。

总之，魏晋南北朝时期是我国文明特点转变的一个关键时期，上启秦汉，下开隋唐，对于中国走上独特道路具有承上启下的作用。之所以如此，正是在这个时期中华文明吸收了南北中外文明的新的因素，注入了新的文化活力。魏晋南北朝的城市是文明交融的中心场域，魏晋南北朝城市发展与变迁也是文明融合的成果。

① 赵鼎新：《国家、战争与历史发展：前现代中西模式的比较》，浙江大学出版社2015年版，第103页。

参考资料

一、基本史料

[晋]陈寿著[刘宋]裴松之注:《三国志》,中华书局1982年版。
[宋]司马光等著:《资治通鉴》,中华书局2011年版。
[唐]房玄龄等撰:《晋书》,中华书局1974年版。
[唐]李延寿:《南史》,中华书局1983年版。
[唐]李延寿:《北史》,中华书局1974年版。
[北齐]魏收:《魏书》,中华书局1984年版。
[唐]李百药:《北齐书》,中华书局1972年版。
[唐]令狐德芬等撰:《周书》,中华书局1983年版。
[梁]沈约撰:《宋书》,中华书局1983年版。
[唐]姚思廉:《梁书》,中华书局1983年版。
[梁]萧子显:《南齐书》,中华书局1983年版。
[唐]姚思廉:《陈书》,中华书局1983年版。
[唐]魏征等撰:《隋书》,中华书局1997年版。
[晋]刘珍等:《东观汉记》,吴树平校注,中州古籍出版社1987年版。
[北魏]郦道元撰:《水经注校》,王国维校,上海人民出版社1984年版。
刘义庆:《世说新语》,刘孝标注,王根林标点,上海古籍出版社2012年版。
王利器:《颜氏家训集解》(增补本),中华书局1993年版。
杨衒之:《洛阳伽蓝记》,周祖谟校释,中华书局1963年版。
李吉甫:《元和郡县图志》,中华书局1983年版。

二、考古碑刻资料

韦正:《魏晋南北朝考古》,北京大学出版社2013年版。
罗宗真:《魏晋南北朝考古》,文物出版社2019年版。
赵万里:《汉魏南北朝墓志集释》,科学出版社1956年版。
罗新、叶炜:《新出魏晋南北朝墓志疏证》,中华书局2005年版。
赵超:《汉魏南北朝墓志汇编》,天津古籍出版社1992年版。
王连龙:《新见北朝墓志集释》,中国书籍出版社2013年版。

三、著　　作

白翠琴:《魏晋南北朝民族史》,四川民族出版社1996年版。

毕波:《中古长安的粟特胡人:以长安为中心》,中国人民大学出版社2011年版。
曹文柱主编:《中国文化通史·魏晋南北朝卷》,中共中央党校出版社2000年版。
曹文柱主编:《中国社会通史·秦汉魏晋南北朝卷》,山西教育出版社1996年版。
陈刚:《六朝建康历史地理及信息化研究》,南京大学出版社2012年版。
陈苏镇编著:《恢弘与古朴:秦汉魏晋南北朝的物质文明》,北京大学出版社2009年版。
陈桥驿:《水经注论丛》,浙江大学出版社2008年版。
陈啸江:《三国经济史》,中山大学1936年版。
陈连庆:《秦汉魏晋南北朝少数民族姓氏研究》,吉林文史出版社1993年版。
陈金凤:《魏晋南北朝中间地带研究》,天津古籍出版社2005年版。
陈寅恪:《隋唐制度渊源略论稿》,商务出版社1945年版。
陈寅恪:《金明馆丛稿初编》,上海古籍出版社1980年版。
陈寅恪著,万绳楠整理:《魏晋南北朝史讲演录》,黄山书社1987年版。
陈戍国:《魏晋南北朝礼制研究》,湖南教育出版社1995年版。
成一农:《中国子城考》,《古代城市形态研究方法新探》,社会科学文献出版社2009年版。
成一农:《空间与形态——三至七世纪中国历史城市地理研究》,兰州大学出版社2012年版。
范寿康:《魏晋之清谈》,商务出版社1934年版。
方立天:《魏晋南北朝佛教论丛》,中华书局1982年版。
费孝通:《费孝通文集》,群言出版社1999年版。
韩国磐:《北朝经济试探》,上海人民出版社1958年版。
韩国磐:《南朝经济试探》,上海人民出版社1963年版。
韩国磐:《魏晋南北朝史纲》,人民出版社1983年版。
韩国磐:《北朝隋唐的均田制度》,上海人民出版社1984年版。
贺昌群:《魏晋思想初论》,商务出版社1946年版。
贺昌群:《汉唐间封建的国有土地制与均田制》,上海人民出版社1958年版。
贺云翱:《六朝瓦当与六朝都城》,文物出版社2005年版。
何一民:《中国城市史》,武汉大学出版社2012年版。
何兹全:《魏晋南北朝史略》,上海人民出版社1958年版。
何兹全:《读史集》,上海人民出版社1982年版。
何兹全主编:《五十年来汉唐佛教寺院经济研究》,北京师范大学出版社1986年版。
胡宝国:《将无同:中古史研究论文集》,中华书局2021年版。
胡孚琛:《魏晋神仙道教》,人民出版社1989年版。
黄惠贤:《中国政治制度通史·魏晋南北朝卷》,人民出版社1996年版。
黄烈:《中国古代民族史研究》,人民出版社1987年版。
侯旭东:《五六世纪北方民众佛教信仰》,中国社会科学出版社1998年版。

胡鸿:《能夏则大与渐慕华风:政治体视角下的华夏与华夏化》,北京师范大学出版社 2017 年版。

高敏:《魏晋南北朝经济史》,上海人民出版社 1996 年版。

高敏:《魏晋南北朝兵制研究》,大象出版社 1998 年版。

干春松、孟彦弘编:《王国维学术经典集》,江西人民出版社 1997 年版。

葛剑雄:《中国移民史》第 2 卷,福建人民出版社 1997 年版。

葛兆光:《七世纪前中国的知识、思想与信仰世界》,复旦大学出版社 1998 年版。

郭朋:《汉魏两晋南北朝佛教》,齐鲁书社 1986 年版。

谷霁光:《谷霁光史学文集》,江西人民出版社 1996 年版。

简修炜:《六朝史稿》,华东师范大学出版社 1994 年版。

蒋福亚:《管豹集——魏晋南北朝史散论》,国家图书出版社 2014 年版。

蒋赞初:《六朝隋唐时期武昌与京口(润州)城的兴废及其城址的变迁》,《长江中下游历史考古论文集》,科学出版社 2001 年版。

姜波:《汉唐都城礼制建筑研究》,文物出版社 2003 年版。

金冠军、戴元光主编,金志鸿著:《中国传播思想史(古代卷上)》,上海交通大学出版社 2005 年版。

孔繁:《魏晋玄谈》,辽宁教育出版社 1991 年版。

康乐:《从西郊到南郊——国家祭典与北魏政治》,台北:稻乡出版社 1995 年版。

黎虎:《魏晋南北朝史论》,学苑出版社 1999 年版。

黎虎:《汉唐外交制度史》,兰州大学出版社 1998 年版。

李凭:《北魏平城时代》,社会科学文献出版社 2000 年版。

李祖桓:《仇池国志》,书目文献出版社 1986 年版。

李剑农:《魏晋南北朝隋唐经济史稿》,三联书店 1959 年版。

李孝聪:《历史城市地理》,山东教育出版社 2007 年版。

李孝聪:《中国城市的历史空间》,北京大学出版社 2015 年版。

李亚农:《拓跋族的前封建制》,上海人民出版社 1959 年版。

李万生:《侯景之乱与北朝政局》,中国社会科学出版社 2003 年版。

厉以宁:《资本主义的起源——比较经济史研究》,商务印书馆 2003 年版。

刘长东:《晋唐弥陀净土信仰研究》,巴蜀书社 2000 年版。

刘峰、王莉莉:《文化传播视域下齐鲁文化的传承与嬗变》,吉林文史出版社 2018 年版。

刘淑芬:《中古的佛教与社会》,上海古籍出版社 2008 年版。

刘振东:《中国儒学史 · 魏晋南北朝卷》,广州:广东教育出版社 1998 年版。

刘莹:《北魏讲武考——草原传统与华夏礼仪之间》,《魏晋南北朝隋唐史资料》第 35 辑,上海古籍出版社 2017 年版。

逯耀东:《从平城到洛阳——拓跋魏文化转变的历程》,中华书局 2006 年版。

鲁西奇:《中国历史空间结构》,广西师范大学出版社 2014 年版。

鲁西奇:《中国历史的南方脉络》,《人群·聚落·地域社会:中古南方史地初探》,厦门大学出版社 2012 年版。

鲁西奇:《城墙内外:古代汉水流域城市的形态与空间结构》,中华书局 2011 年版。

洛阳市文物局、洛阳白马寺汉魏故城文物保管所编:《汉魏洛阳故城研究》,科学出版社 2000 年版。

罗新、叶炜:《新出魏晋南北朝墓志疏证》,中华书局 2005 年版。

罗新:《北族名号研究》,北京大学出版社 2009 年版。

罗新:《黑毡上的北魏皇帝》,海豚出版社 2014 年版。

吕思勉:《两晋南北朝史》,华中科技大学出版社 2016 年版。

马长寿:《北狄与匈奴》,三联书店 1962 年版。

马长寿:《乌桓与鲜卑》,上海人民出版社 1962 年版。

马长寿:《氐与羌》,上海人民出版社 1984 年版。

马长寿:《碑铭所见前秦至隋初的关中部族》,中华书局 1985 年版。

马克垚主编:《中西封建社会比较研究》,学林出版社 1997 年版。

齐涛:《魏晋隋唐乡村社会研究》,山东人民出版社 1995 年版。

钱穆:《国史大纲》,商务印书馆 2001 年版。

任重、陈仪:《魏晋南北朝城市管理研究》,中国社会科学出版社 2003 年版。

容肇祖:《魏晋的自然主义》,商务出版社 1935 年版。

《三曹集》,岳麓书社 1992 年版。

唐长孺:《山居存稿》,武汉大学出版社 2013 年版。

唐长孺:《三至六世纪江南大土地所有制的发展》,上海人民出版社 1957 年版。

唐长孺:《魏晋南北朝史论丛》,商务印书馆 2010 年版。

唐长孺:《魏晋南北朝史论丛续编》,三联书店 1959 年版。

唐长孺:《魏晋南北朝隋唐史三论》,武汉大学出版社 1993 年版。

唐长孺:《魏晋南北朝史论拾遗》,中华书局 1983 年版。

汤用彤:《汉魏两晋南北朝佛教史》,上海书店出版社 1991 年版。

汤一介:《郭象与魏晋玄学》,北京大学出版社 2000 年版。

汤一介:《魏晋南北朝时期的道教》,陕西师范大学出版社 1988 年版。

陶希圣、武仙卿:《南北朝经济史》,商务出版社 1936 年版。

田余庆:《东晋门阀政治》,北京大学出版社 1989 年版。

田余庆:《秦汉魏晋史探微》,中华书局 1993 年版。

田余庆:《拓跋史探》(修订本),生活·读书·新知三联书店 2011 年版。

万绳楠:《魏晋南北朝史论稿》,安徽教育出版社 1983 年版。

万绳楠:《魏晋南北朝文化史》,黄山书社 1992 年版。

王伊同:《五朝门第》,金陵大学 1943 年。

王仲荦:《魏晋南北朝隋初唐史》,上海人民出版社 1961 年版。

王仲荦:《魏晋南北朝史》,上海人民出版社 1979 年版。

王葆玹:《正始玄学》,齐鲁书社 1987 年版。
王晓毅:《中国文化的清流》,中国社会科学出版社 1991 年版。
汪征鲁:《魏晋南北朝选官体制研究》,福建人民出版社 1995 年版。
许抗生:《三国两晋玄佛道简论》,齐鲁书社 1991 年版。
杨宽:《中国古代都城制度史》,上海人民出版社 2006 年版。
杨筠如:《九品中正与六朝门阀》,商务出版社 1930 年版。
严耕望:《魏晋南北朝地方行政制度》(史语所专刊四十五),台湾 1963 年版。
严耕望:《严耕望史学论文集》,上海古籍出版社 2009 年版。
严耀中:《北魏前期政治制度》,吉林教育出版社 1990 年版。
阎步克:《察举制度变迁史稿》,辽宁大学出版社 1991 年版。
姚薇元:《北朝胡姓考》,科学出版社 1958 年版。
佚名:《三辅黄图》,陈直校正,陕西人民出版社 1980 年版。
余鹏飞:《三国经济史》,河南大学出版社 1992 年版。
余太山:《两汉魏晋南北朝与西域关系史研究》,中国社会科学出版社 1995 年版。
殷宪、马志强著:《北朝研究》(第一辑),北京燕山出版社 2008 年版。
赵超:《汉魏南北朝墓志汇编》,天津古籍出版社 1992 年版。
张泽咸:《晋唐史论集》,中华书局 2008 年版。
张宏斌:《国家建构与文化认同——以北魏的兴废进行的考察》,人民出版社 2016 年版。
张金龙:《魏晋南北朝文献丛稿》,甘肃教育出版社 2017 年版。
张旭华:《制度、经济与中原历史——魏晋南北朝史研究文集》,人民出版社 2018 年版。
章权才:《魏晋南北朝隋唐经学史》,广州:广东人民出版社 1996 年版。
郑也夫:《城市社会学》,中国城市出版社 2002 年版。
郑欣:《魏晋南北朝史探索》,山东大学出版社 1989 年版。
周伟洲:《汉赵国史》,山西人民出版社 1986 年版。
《中国中古史研究》编委会:《中国中古史研究:中国中古史青年学者联谊会会刊(第二卷)》,中华书局 2011 年版。
周长山:《汉代城市研究》,人民出版社 2001 年版。
周一良:《魏晋南北朝史论集》,中华书局 1963 年版。
周一良:《魏晋南北朝史札记》,中华书局 1985 年版。
周一良:《魏晋南北朝史论集续编》,北京大学出版社 1991 年版。
周振鹤:《中国历史政治地理十六讲》,中华书局 2013 年版。
朱大渭:《六朝史论》,中华书局 1998 年版。
朱大渭等:《魏晋南北朝社会生活史》,中国社会科学出版社 1998 年版。
朱绍侯:《魏晋南北朝土地制度与阶级关系》,中州古籍出版社 1988 年版。
朱希祖:《朱希祖六朝历史考古论集》,南京大学出版社 2009 年版。

祝总斌:《两汉魏晋南北朝宰相制度研究》,中国社会科学出版社 1990 年版。

庄华峰:《魏晋南北朝社会》,安徽人民出版社 2009 年版。

[德]阿尔弗雷德·申茨:《幻方——中国古代的城市》,中国建筑工业出版社 2009 年版。

[德]马克斯·韦伯:《经济与历史支配的类型》,广西师范大学出版社 2004 年版。

[美]乔尔·科特金:《全球城市史》(修订版),社会科学文献出版社 2005 年版。

[美]施坚雅著,叶光庭译,陈桥驿校:《中华帝国晚期的城市》,中华书局 2000 年版。

[美]崔瑞德、鲁唯一编:《剑桥中国秦汉史:公元前 221—公元 220 年》,中国科学技术出版社 1995 年版。

[美]斯蒂芬·李特约翰著,史安斌译:《人类传播理论》,清华大学出版社 2004 年版。

[美]詹姆斯·凯瑞著,丁未译:《作为文化的传播》,中国人民大学出版社 2020 年版。

[美]哈罗德·拉斯韦尔著,何道宽译:《社会传播的结构与功能》,中国传媒大学出版社 2013 年版。

[美]彼得斯著,何道宽译:《交流的无奈:思想传播史》,华夏出版社 2004 年版。

[加]哈罗德·伊尼斯著,何道宽译:《帝国与传播》,中国人民大学出版社 2003 年版。

[日]川本芳昭著,余晓潮译《魏晋南北朝:中华的崩溃与扩大》,广西师范大学出版社 2014 年版。

[日]川本芳昭:《魏晋南北朝时代的民族问题》,东京:汲古书院 1998 年版。

[日]斯波义信著,布和译:《中国都市史》,北京大学出版社 2013 年版。

[日]谷川道雄主编:《魏晋南北朝隋唐史学的基本问题》,中华书局 2012 年版。

[日]前田正名著,李凭、孙耀、孙蕾译:《平城历史地理学研究》,书目文献出版社 1994 年版。

[日]松下宪一:《北魏胡族体制论》,札幌:北海道大学出版会,2007 年。

[日]冢本善隆:《冢本善隆著作集第二·北朝佛教史》,东京:大东出版社 1974 年版。

四、论　　文

曹文柱、李传军:《二十世纪魏晋南北朝史研究》,《历史研究》2002 年第 5 期。

陈奕玲:《2011 年魏晋南北朝史研究综述》,《中国史研究动态》2012 年第 5 期。

陈晨捷:《西汉时期齐鲁地区社会风气的变迁》,《齐鲁学刊》2011 年第 3 期。

陈苏镇:《秦汉殿式建筑的布局》,《中国史研究》2016 年第 3 期。

陈苏镇:《魏晋洛阳宫的形制与格局》,《考古学报》2021 年第 3 期。

陈寅恪:《天师道与滨海地区之关系》,《历史语言研究所集刊》,1933 年第 4 本。

陈寅恪:《桃花源记旁证》,《清华学报》,1936 年第 1 本。

陈寅恪:《府兵制前期史料试释》,《历史语言研究所集刊》,1937 年第 11 本。

成一农:《中国古代城市城墙史研究综述》,《中国史研究动态》2007 年第 1 期。

成一农:《中国古代地方城市形态研究现状评述》,《中国史研究》2010 年第 1 期。

成一农:《里坊制及相关问题研究》,《中国史研究》2015 年第 3 期。

成一农:《中国古代城市选址研究方法的反思》,《中国历史地理论丛》2012 年第 1 期。

成一农:《历史不一定是发展史——中国古代都城形态史的解构》,《云南大学学报(社会科学版)》2017 年第 11 期。

崔彦华:《"洛阳—平城"两都格局与北魏政权之败亡》,《山西大学学报(哲学社会科学版)》2012 年第 4 期。

丹尼斯 · 格拉弗林、李凭:《评〈洛阳的回忆——杨衒之与故都(493—534)〉》,《古籍整理研究学刊》1985 年第 4 期。

邓端本:《两晋南北朝时期广州外贸考略》,《广州研究》1985 年第 2 期。

杜晓宇:《20 世纪 80 年代以来的秦汉边郡研究》,《中国史研究动态》2011 年第 6 期。

杜世铎:《北魏史》,山西出版传媒集团 · 北岳文艺出版社 2017 年版。

范兆飞:《2016 年的魏晋南北朝史研究》,《中国史研究动态》2017 年第 3 期。

高敏:《东汉魏晋州郡兵制度的演变》,《历史研究》1996 年第 3 期。

高荣:《张家山汉简所见的亭及其吏员——秦汉亭制研究之三》,《西北师大学报》(社会科学版)2008 年第 5 期。

郭黎安:《六朝建都与军事重镇的分布》,《中国史研究》1999 年第 4 期。

郭湖生:《子城制度——中国城市史专题研究之一》《东方学报(京都)》,第 57 卷。

郭湖生:《魏晋南北朝至隋唐宫室制度沿革——兼论日本平城京的宫室制度》,《东南文化》1990 年第 1 期。

韩建华:《"中国中世纪都城系统"的考古学观察——以长安城为中心》,《西部考古》2017 年第 3 期。

韩树峰:《秦汉刑徒散论》,《历史研究》2005 年第 3 期。

郝建平:《近二十年来秦汉商业经济研究评述》,《阴山学刊》2012 年第 3 期。

胡宝国:《东晋南朝的书籍整理与学术总结》,《中国史研究》2017 年第 1 期。

胡鸿:《十六国的华夏化:"史相"与"史实"之间》,《中国史研究》2015 年第 1 期。

胡鸿:《秦汉帝国扩张的制约因素及突破口》,《中国社会科学》2014 年第 5 期。

胡鸿:《六朝时期的华夏网络与山地族群——以长江中游地区为中心》,《历史研究》2016 年第 5 期。

侯旭东:《北魏境内胡族政策初探——从〈大代持节豳州刺史山公寺碑〉说起》,《中国社会科学》2008 年第 5 期。

花勇:《比较历史分析方法的当代复兴》,中国社会科学网—中国社会科学报,2017

年3月2日。

黄志宏:《中国古代都城空间结构的演变》,《泉州师范学院学报》2009年第4期。

李小波、陈喜波:《汉长安“斗城说”的再思考》,《考古与文物》2001年第4期。

李兴:《西汉京兆尹置县研究》,《三门峡职业技术学院学报》2012年第2期。

李军:《魏晋南北朝高等教育管理体制的演变》,《中国史研究》1996年第2期。

李佳艳:《秦汉工商业者犯罪研究》,《首都师范大学学报》(社会科学版)2004年第1期。

李书吉、崔彦华:《北齐陪都晋阳与欧亚大陆经济文化交流》,《中国经济史研究》2009年第2期。

连宏:《两汉魏晋弃市刑考辨》,《兰州学刊》2012年第9期。

梁丽红:《也谈北魏离散部落的问题——与杨恩玉同志商榷》,《晋阳学刊》2009年第2期。

刘兵:《再造洛阳城——匈奴汉国平阳城概貌初探》,武汉大学中国三至九世纪研究所编,《魏晋南北朝隋唐史资料(第四十三辑)》2021年5月版。

刘庆柱:《中国古代都城遗址布局形制的考古发现所反映的社会形态变化研究》,《考古学报》2006年第3期。

刘庆柱:《中国古代都城遗址布局形制的考古发现所反映的社会形态变化研究》,《考古学报》2006年第3期。

刘庆柱:《从“双轴线”到“中轴线”》,《社会科学报》2016年5月6日。

刘庆柱:《汉长安城布局结构辨析——与杨宽先生商榷》,《考古》1987年第10期。

刘庆柱:《再论汉长安城布局结构及其相关问题——答杨宽先生》,《考古》1992年第7期。

刘庆柱:《关于赵王城在中国古代宫城发展史上的地位》,《邯郸学院学报》2009年第1期。

刘鹏九:《中国古代县官制度初探》,《史学月刊》1992年第6期。

刘涛、钱国祥、肖淮雁、郭晓涛、王睿:《河南洛阳市北魏洛阳城津阳们内大道遗址发掘简报》,《考古》2009年第10期。

刘立欣、刘绘宇:《城市的足迹——非自然因素在中国古代都城选址中的重要作用》,《华中建筑》2009年第8期。

刘临安:《中国古代城市中聚居制度的演变及特点》,《西安建筑科技大学学报》1996年第1期。

鲁西奇:《释“蛮”》,《文史》2008年第3辑。

鲁西奇:《中古时代滨海地域的“水上人群”》,《历史研究》2015年第3期。

罗贤佑:《关于中国民族史研究的几点思考》,《烟台大学学报》2014年第5期。转自《新华文摘》2014年第23期。

罗新:《王化与山险——中古早期南方诸蛮历史命运之概观》,《历史研究》2009年第2期。

罗新:《民族起源的想象与再想象——以嘎仙洞的两次发现为中心》,《文史》2013年第2辑。

罗新:《王化与山险——中古早期南方诸蛮历史命运之概观》,《历史研究》2009年第2期。

罗新本:《郡国大中正考》,《历史研究》1994年第5期。

楼劲:《魏晋以来的“禅让革命”及其思想背景》,《华东师范大学学报(哲学社会科学版)》2017年第3期。

吕京庆、代朋:《齐国古都临淄形制研究》,《四川建筑科学研究》2012年第5期。

蒋福亚:《“闭门为市”释》,《首都师范大学学报》(社会科学版)2010年第1期。

堀内明博、于德源:《北魏平城》,《大同高等专科学校学报》1994年第4期。

堀内淳一、杨振红:《2014年日本的魏晋南北朝史研究》,《中国史研究动态》2017年第3期。

牟发松:《十六国北朝政区演变的背景、特征及趋势略论——以特殊政区为中心》,《华中师范大学学报:人文社会科学版》2017年第5期。

牟发松:《北魏解散部落政策与领民酋长制之渊源新探》,《华东师范大学学报(哲学社会科学版)》2017年第5期。

聂晓雨、程有为:《汉魏洛阳城宫城形制及其影响》,《中州学刊》2017年第8期。

钱国祥:《由阊阖门谈汉魏洛阳宫城形制》,《考古》2003年第7期。

彭福华、任重:《魏晋南北朝的市场管理》,《江汉论坛》2004年第12期。

卜安淳:《礼序·法序,解构·复构——秦汉大变局与社会秩序大变迁》,《南京大学学报》(哲学·人文科学·社会科学版)2010年第1期。

饶宗颐:《早期青州城与佛教的姻缘》,《中国史研究》2001年第3期。

任重、陈仪:《魏晋南北朝城市规划与建筑管理》,《临沂师范学院学报》2004年第1期。

任重:《魏晋南北朝的城市与农业》,《上海交通大学学报》(哲学社会科学版)2005年第3期。

任重:《魏晋南北朝城市的粮食供应》,《扬州大学学报》(人文社会科学版)2006年第4期。

任重:《魏晋南北朝夷蛮城市史的几个问题》,《广西民族研究》2002年第2期。

沈长云、李秀亮:《西周时期“里”的性质》,《历史研究》2011年第4期。

沈刚:《王莽营建东都问题探讨》,《中国历史地理论丛》2005年第3期。

史念海、史先智:《论十六国和南北朝时期长安城中的小城、子城和皇城》,《中国历史地理论丛》1997年第1期。

宋杰:《东汉的洛阳狱》,《历史研究》2007年第6期。

宋仁桃:《战国秦汉城市人口结构初探——以农民问题为中心》,《史学月刊》2006年第5期。

孙伟刚:《戏、丽邑与丽山园——兼论秦始皇帝陵丽邑的功能与作用》,《考古与文物》2009 年第 4 期。

孙正军《宗子维城——北朝隋唐宗子军小考》,《魏晋南北朝隋唐史资料》第 37 辑,上海古籍出版社 2018 年版。

陶新华:《北魏后期的中正制新论》,《历史教学》2004 年第 1 期。

谭其骧:《陈胜乡里阳城考》,《社会科学战线》1981 年第 2 期。

唐长孺:《范长生与巴氐据蜀的关系》,《历史研究》1954 年第 4 期。

田余庆:《贺兰部落离散问题——北魏“离散部落”个案考察之一》,《历史研究》1997 年第 2 期。

童恩正:《近年来中国西南民族地区战国秦汉时代的考古发现及其研究》,《考古学报》1980 年第 4 期。

王翠萍:《北魏洛阳城的空间形态结构及布局艺术》,《西北建筑工程学院学报》(自然科学版)1998 年第 3 期。

王淳航:《六十年来六朝城市史研究回顾与展望》,《江苏省六朝史研究会会议论文集》2009 年 9 月 26 日。

王大建:《魏晋南北朝时期的豪族与游侠》,《山东大学学报》(哲学社会科学版)2003 年第 2 期。

王炬:《谷水与洛阳诸城址的关系初探》,《考古》2011 年第 10 期。

王连儒:《汉、晋琅琊郡地域郡治及户籍人口变迁考略》,《聊城大学学报》(社会科学版)2003 年第 5 期。

王觅道:《古都西安的护城河》,《中国历史地理论丛》1997 年第 3 期。

王鑫义:《魏晋南北朝时期淮河流域的商业和城市》,《史学月刊》2001 年第 5 期。

王晓琨:《内蒙古河套地区秦汉时期城址的分布及类型》,《草原文物》2011 年第 2 期。

王晓琨:《秦汉时期河套地区古代城市的历史观察》,《草原文物》2012 年第 2 期。

王银田:《北魏平城明堂遗址研究》,《中国史研究》2000 年第 1 期。

王子今、吕宗力:《秦汉时期中原的群都》,《史学月刊》2011 年第 9 期。

王子今:《走马楼简牍所见“吏”在城乡联系中的特殊作用》,《浙江社会科学》2005 年第 5 期。

王永平:《汉魏六朝时期江东大族的形成及其地位的变迁》,《扬州大学学报》(人文社会科学版)2000 年第 4 期。

王彦辉、薛洪波:《从户的相关立法谈秦汉政府对人口的控制》,《东北师大学报》(哲学社会科学版)2013 年第 1 期。

王万盈:《拓跋鲜卑在汉化过程中的文化转变》,《西北师大学报(社会科学版)》1997 年第 5 期。

魏爱堂:《郡县化统治和人口迁移对百越汉化的影响》,《龙岩师专学报》2000 年第 2 期。

魏坚:《河套地区战国秦汉塞防研究》,《边疆考古研究》2007 年第 10 期。

魏向东:《论魏晋南北朝时期的"市"》,《江苏社会科学》2004年第5期。

魏斌:《南朝建康的东郊》,《中国史研究》2016年第3期。

魏斌:《城楼、沙洲与寺院:南朝夏口的城市风景》,《唐研究》2021年第26卷。

魏斌:《南朝建康的东郊》,《中国史研究》2016年第3期。

魏斌:《东晋寻阳陶氏家族的变迁》,《中国史研究》2002年第4期。

魏斌、孙正军、仇鹿鸣、永田拓治、胡鸿、吴承翰:《重绘中古史的可能性(笔谈)》,《文史哲》2020年第6期。

魏斌:《从领民酋长到华夏长吏:库狄干石窟的兴造与部落记忆》,《历史研究》2018年第3期。

魏斌:《"山中"的六朝史》,《文史哲》2017年第4期。

魏斌:《南朝佛教與烏傷地方——從四通梁陳碑刻談起》,《文史》2015年第3期。

魏斌:《吴简释姓——早期长沙编户与族群问题》,《魏晋南北朝隋唐史资料》第24辑,2008年。

吴宏岐、郭用和:《濮阳城址的历史变迁》,《中国历史地理论丛》1999年第1期。

吴承明:《秦以后的中国是有中国特色的封建社会》,《史学月刊》2008年第3期。

吴朋飞:《商丘古城发展研究——兼析明代商丘城市的历史地理问题》,《商丘师范学院学报》2010年第2期。

吴庆洲:《象天法地意匠与中国古都规划》,《华中建筑》1996年第2期。

吴松岩:《从考古学视野看北魏初期离散部落政策》,《内蒙古大学学报(哲学社会科学版)》2012年第1期。

吴晓亮、曹宇:《北魏平城经济结构转型研究》,《云南民族大学学报》(哲学社会科学版)2012年第2期。

夏增民:《"方城隘口"与战国秦汉政局》,《南都学坛》2011年第3期。

肖瑞玲:《秦汉对北部边郡的开发》,《中国边疆史地研究》1996年第4期。

谢华:《秦汉私营工商业多层次考察》,《文史博览》(理论)2008年第5期。

谢绍鹢:《秦汉边郡概念小考》,《中国历史地理论丛》2009年第3期。

辛德勇:《三论霸上的位置》,《中国历史地理论丛》1989年第1期。

邢福来等:《统万城遗址近几年考古工作收获》,《考古与文物》2011年第5期。

闫雪梅:《龟兹都城探析》,《考古与文物》2021年第4期。

熊铁基:《我的三十年秦汉史研究报告》,《史学月刊》2011年第5期。

徐国栋:《北魏平城时代的丝绸之路》,《沧桑》2009年第2期。

薛瑞泽:《西周至隋唐洛阳市场的变迁》,《洛阳师范学院学报》2006年第6期。

杨恩玉:《北魏离散部落与社会转型——就离散的时间、内涵及目的与唐长孺、周一良、田余庆诸名家商榷》,《文史哲》2006年第6期。

杨勇、洪石:《"汉代城市和聚落考古与汉文化国际学术研究会"纪要》,《考古》2011年第6期。

杨国庆:《城墙的文化意义与当代城墙文化保护》,《中国文化遗产》2011年第1期。

杨宽:《西汉长安布局结构的再探讨》,《考古》1989 年第 4 期。

杨宽:《西汉长安布局结构的探讨》,《文博》1984 年第 1 期。

姚声正、徐桂林、刘全:《魏晋南北朝城市文化的特色——以建康佛教文化为例》,《兰台世界》2009 年第 7 期。

姚潇鸫:《试述魏晋南北朝时期中土商人的佛教信仰》,《史林》2011 年第 2 期。

姚潇鸫:《试论汉唐时期商人在佛教东传中土过程中的作用》,《史林》2014 年第 5 期。

于春、郭峰:《陕西泾阳太壶寺藏北周如来立像调查与研究》,《考古与文物》2021 年第 4 期。

于云翰:《魏晋南北朝时期城市风俗探论》,《社会科学辑刊》1998 年第 5 期。

袁钟仁:《古代广州地区是西方经济文化交流的重要枢纽》,《暨南学报》(哲学社会科学版),1994 年第 2 期。

张鸿雁:《论中国封建城市经济发展的总体特点》,《中国史研究》1997 年第 1 期。

张南、周伊:《秦汉城市发展史论》,《安徽史学》1989 年第 4 期。

张捷:《近二十年来魏晋南北朝城市研究综述》,《淮阴师范学院学报》(哲学社会科学版)2005 年第 27 卷。

张金龙:《北魏洛阳里坊制度探微》,《历史研究》1999 年第 6 期。

张荣强:《前秦建原籍与汉唐间籍帐制度的变化》,《历史研究》2009 年第 3 期。

张旭华、王海燕:《魏晋南北朝北方商业都会的兴衰》,《许昌师专学报》1998 年第 2 期。

张鸣华:《东汉南宫考》,《中国史研究》2004 年第 2 期。

张欣:《秦汉长吏再考——与邹水杰先生商榷》,《中国史研究》2010 年第 3 期。

张小稳:《北朝都督、行台与总管长官等级考辨》,《北华大学学报》(社会科学版)2009 年第 4 期。

张燕:《建安许都官学令考——兼论汉魏之际郑学地位之上升》,《史林》2011 年第 2 期。

张志忠:《秦汉代郡平邑城址初探》,《文物世界》2009 年第 1 期。

张志忠:《大同古城的历史变迁》,《晋阳学刊》2008 年第 2 期。

张泽洪:《两晋南朝的蛮府和左郡县》,《四川师范学院学报》(哲学社会科学版)1999 年第 1 期。

张学锋:《建康都城圈的东方——以破冈渎的探讨为中心》,《魏晋南北朝隋唐史资料》第 32 辑,上海古籍出版社 2015 年版。

赵一匡:《魏晋南北朝时期的金城郡》,《兰州学刊》1980 年第 3 期。

赵建永:《佛教中国化的三阶段阐释:以汤用彤中国佛教史三期划分为中心》,《世界宗教文化》2020 年第 2 期。

钟晓青:《魏晋南北朝建筑装饰研究》,《文物》1999 年第 12 期。

钟铁:《中国古代市场的历史演变》,《固原师专学报》1992 年第 3 期。

钟炜:《从高凉县郡沿革看俚区羁縻式分治》,《广东石油化工学院学报》2011 年第 2 期。

钟翀:《江南子城的形态变迁及其筑城史研究》,《史林》2014 年第 4 期。

朱士光:《西安地区周秦汉及隋唐时期古都文化之主要内涵与基本特点》,《长安大学学报》(社会科学版)2011 年第 4 期。

诸山:《魏晋南北朝城市治安管理论略》,《扬州大学学报(人文社科版)》2007 年第 2 期。

中村圭尔:《魏晋南北朝的城市与官人》,井上徹、杨振红编:《中日学者论中国古代城市社会》,三秦出版社 2007 年版。

五、学 位 论 文

曹峻:《百越都城海洋性初探》,厦门大学考古及博物馆学硕士论文,2002 年。

陈玉亮:《秦汉郡县治安研究》,首都师范大学中国古代史硕士论文,2006 年。

傅晶:《魏晋南北朝园林史研究》,天津大学建筑设计及其理论博士论文,2004 年。

巩宝平:《汉代民间力量与地方政治关系研究》,山东大学中国古代史博士论文,2009 年。

郭鹏:《北魏都督制论考》,山西大学中国古代史硕士论文,2008 年。

郭善兵:《汉唐皇帝宗庙制度研究》,华东师范大学中国古代史博士论文,2005 年。

过超:《北朝九品中正制度研究三题》,南京师范大学硕士论文,2016 年。

黄清敏:《魏晋南北朝教育制度述论》,福建师范大学历史学博士,2003 年。

柯慰臣:《魏晋社会上层生活消费研究》,江西师范大学中国古代史硕士论文,2012 年。

雷富饶:《北朝宗庙祭祀制度研究》,兰州大学中国古代史硕士论文,2011 年。

李传军:《歌谣俗语与两汉魏晋南北朝社会》,北京师范大学中古代史博士论文,2005 年。

刘佳:《魏晋南北朝时期邺城城市建设与更新发展钩沉》,河北工业大学硕士论文,2007 年。

刘甫晟:《魏晋南北朝时期博戏及博戏赌博现象初探》,成都体育学院体育人文社会学硕士论文,2012 年。

罗晶:《关中城市化群城镇体系时空演变及结构优化研究》,陕西师范大学人文地理学硕士论文,2012 年。

马莹:《北朝七夕风俗与西域文化》,山东大学硕士论文,2014 年。

卜冬雪:《六朝节日研究》,兰州大学中国古代史硕士论文,2010 年。

曲凤东:《儒学与魏晋南北朝时期的家庭教育》,曲阜师范大学专门史硕士论文,2007 年。

孙亚蒙:《魏晋南北朝邺城地区佛教信仰研究——以现存石刻文献为中心》,河北大学硕士论文,2016 年。

孙险峰:《空间与时间:北魏宇宙观与政治文化研究》,郑州大学中国古代史博士论文,2016年。

孙靖国:《桑干河流域历史城市地理研究》,北京大学历史系博士毕业论文,2009年。

许岩:《魏晋南北朝僧人的社会交往研究》,郑州大学硕士论文,2016年。

薛晓强:《新绛城市历史地理研究》,陕西师范大学硕士论文,2016年。

王瑜:《两汉风水信仰研究》,西北大学中国古典文献学硕士论文,2011年。

王永江:《秦汉时期官式建筑装饰符号象征意义的研究》,东北林业大学城市规划与设计硕士论文,2011年。

王俊梅:《秦汉郡县属吏研究》,中国人民大学中古代史博士论文,2008年。

王佩环:《中国古代室内设计风格变迁——中国古代室内设计初探》,武汉理工大学设计艺术学硕士论文,2005年。

王柳芳:《城市与文学——以两汉魏晋南北朝为考察对象》,苏州大学中国古代文学博士论文,2011年。

温乐平:《秦汉社会消费问题研究》,华中师大历史文献博士论文,2005年。

武冠芳:《魏晋南北朝北方地区生态环境研究》,山西大学专门史硕士论文,2009年。

闫功迅:《魏晋南朝县令长家世与任迁探析》,河北师范大学中国古代史硕士论文,2010年。

尹建东:《两汉魏晋南北朝关东豪族研究》,四川大学中国古代史博士论文,2002年。

于涌:《北朝文学之形成与南北文学互动》,东北师范大学博士论文,2014年。

岳焕宽:《魏晋南北朝地区校尉郎将制度考》,青海师范大学中古代史硕士论文,2011年。

翟媛:《从生态地理和经济地理学看战国时期城市的繁荣》,西北大学中国古代史硕士论文,2009年。

张国斌:《洛阳珈蓝记中的城市设计文化研究》,华东师范大学设计艺术学硕士论文,2011年。

张丽君:《魏晋南北朝赌博研究》,江西师范大学中国古代史硕士,2009年。

张丽萍:《先秦至南北朝家训研究》,西北大学博士论文,2016年。

张玲:《秦汉关隘制度研究》,河南大学中国古代史博士论文,2012年。

张捷:《南北朝"市"的研究》,华东师范大学中国古代史硕士论文,2006年。

张炜:《略论北魏都城城市规划》,内蒙古大学考古与博物馆学硕士论文,2012年。

张腾辉:《从"帝都"到"天下"——秦汉都城空间形态与空间性质的嬗变》,复旦大学中国古代史博士论文,2012年。

张一兵:《明堂制度研究——明堂制度的渊源》,吉林大学中国古代史博士论文,2004年。

朱成实:《魏晋南北朝恶钱研究——兼及实物货币的流通及其质劣化》,上海师范大学博士论文,2016 年。

周伟明:《论北魏平凉户》,湖南师范大学中国古代史硕士论文,2005 年。

周能俊:《孙吴的荆州政策与社会控制》,上海师范大学中国古代史硕士论文,2010 年。

后　记

本书写作基本完成后，在人民出版社支持下申请了国家后期资助项目，有幸得中。在评审专家的修改意见的指点下，经过修改，再经刘松弢编辑的编辑和校对，得以出版。

我本是学习中国近现代史的，博士期间从事近代城市民间金融研究。博士毕业后，想继续深造一下。承蒙四川大学城市所何一民导师不弃，并诚邀我参与他的重点项目《中国城市通史编纂》秦汉魏晋南北朝部分的写作，便又进入了中国古代城市史领域学习。在追随何老师研习城市史的过程中，深感自己基础薄弱，视野狭窄，出站时间一再延宕，才勉强完成了自己的任务。但在何老师不断提点之下，对中国古代城市史也有所窥探，略有所得。在完成项目任务之后，又集中精力在魏晋南北朝城市部分有所深入，集成此书，抛砖引玉。

本书得以出版，除感恩合作导师何一民外，还要感谢审阅申报成果的五位匿名评审专家，他们对本书价值进行了肯定的同时，也提出许多中肯的批评和建议，给我以极大启发。感谢人民出版社刘松弢编辑一直支持本书的申报与出版，并悉心编辑校对了书稿。书中谬误及不足之处，当由我个人负责。

冯　剑

2023 年 11 月

责任编辑:刘松弢

图书在版编目(CIP)数据

魏晋南北朝城市发展变迁研究/冯剑 著. —北京:人民出版社,2024.7
(国家社科基金后期资助项目)
ISBN 978 - 7 - 01 - 026495 - 0

Ⅰ.①魏… Ⅱ.①冯… Ⅲ.①城市史-研究-中国-魏晋南北朝时代
Ⅳ.①K928.5

中国国家版本馆 CIP 数据核字(2024)第 077203 号

魏晋南北朝城市发展变迁研究

WEIJIN NANBEICHAO CHENGSHI FAZHAN BIANQIAN YANJIU

冯 剑 著

人民出版社 出版发行
(100706 北京市东城区隆福寺街 99 号)

中煤(北京)印务有限公司印刷 新华书店经销

2024 年 7 月第 1 版 2024 年 7 月北京第 1 次印刷
开本:710 毫米×1000 毫米 1/16 印张:19.25
字数:350 千字

ISBN 978 - 7 - 01 - 026495 - 0 定价:75.00 元

邮购地址 100706 北京市东城区隆福寺街 99 号
人民东方图书销售中心 电话 (010)65250042 65289539